职业院校"十四五"规划课证融通教材

根据全国会计专业技术初级资格考试大纲编写

初级会计实务

邓芹芹　王新兰　田东旭　主编

中国石化出版社
HTTP://WWW.SINOPEC-PRESS.COM
中国经济出版社
CHINA ECONOMIC PUBLISHING HOUSE

内 容 提 要

本书主要以会计基础、财务会计、管理会计、政府会计四个部分为依托，重点讲解了相关会计实务的账务处理，可以帮助读者理解并掌握有关初级会计实务的相关知识，对考试的题型、难度有一定的了解。本书设有考试变化与备考建议、考点精析与强化训练、章节训练答案三个部分的内容。其中考试变化与备考建议可以让读者了解方向，把握重点，便于备考。

本书适合职业院校财经类专业学生和在职财务人员参考使用。

图书在版编目(CIP)数据

初级会计实务/邓芹芹，王新兰，田东旭主编. —北京：中国石化出版社，2021. 7(2023. 2 重印)
ISBN 978-7-5114-6361-6

Ⅰ. ①初… Ⅱ. ①邓… ②王… ③田… Ⅲ. ①会计实务-职业教育-教材 Ⅳ. ①F233

中国版本图书馆 CIP 数据核字(2021)第 127552 号

中国石化出版社出版发行

地址:北京市东城区安定门外大街 58 号
邮编:100011 电话:(010)57512500
发行部电话:(010)57512575
http://www. sinopec-press. com
E-mail:press@ sinopec. com
北京富泰印刷有限责任公司印刷
全国各地新华书店经销

*

787×1092 毫米 16 开本 24 印张 602 千字
2021 年 7 月第 1 版　2023 年 2 月第 2 次印刷
定价:66. 00 元

《初级会计实务》编委会

主　编：

邓芹芹　湖南省湘北职业中专学校

王新兰　东莞电子科技学校

田东旭　东莞市电子科技学校

副主编：

张琛琪　湖南省新邵县工业职业中等专业学校

骆丽娜　湛江财贸中等专业学校

何华姿　广东省清远工贸职业技术学校

邓玉芳　湖南省娄底市双峰县职业中专学校

编　委：

雷　鹏　常德市临澧县职业中专学校

李昌伟　四川省宜宾市工业职业技术学校

黄利昆　四川省商务学校

袁险峰　重庆市璧山职业教育中心

冼旺灿　广东省东莞市机电工程学校

杨　赞　广东省贸易职业技术学校

杨馥榕　广州市高级技工学校

许有琴　福建省晋江安海职业中专学校

雷　蓓　湖北现代教育学校随州市一职中

前　言

近年来，我国财税政策改革力度较大，不断推出新的财税政策，比如2019年增值税的税率下调、个人所得税的专项附加扣除、2020年新冠疫情下对小微企业的税收优惠等。本书紧跟专业前沿，吃透国家最新的财税政策，结合职业院校一线教学中的师生反馈和当前中高职学生的知识和能力要求而设计编写。

本书主要以会计基础、财务会计、管理会计、政府会计四个部分为依托，重点讲解了相关会计实务的账务处理，可以帮助读者理解并掌握有关初级会计实务的相关知识，对考试的题型、难度有一定的了解。

本书设有考试变化与备考建议、考点精析与强化训练、章节训练答案三个部分的内容。其中考试变化与备考建议可以让读者了解方向，把握重点，便于备考。考点精析与强化训练又按章节分为学情分析、主要内容导图、重难点解析、真题回顾、章节训练五个部分。其中，主要内容导图可以让读者掌握本章节的知识脉络；重难点解析可以让读者理解并掌握知识点；真题回顾和章节训练可以让读者灵活运用知识点，有针对性地对相关知识进行整合与提升，提升应考能力。

本书内容全面，重难点突出，题型丰富，讲解到位，既可供学生自学，又可作为职业院校会计专业和财经类其他专业的专业基础课程教学辅导用书。

由于编者水平有限，书中疏漏之处在所难免，恳请读者批评指正，并提出宝贵意见和建议。

目　　录

第一部分　考试变化与备考建议 …………………………（1）
第二部分　考点精析与强化训练 …………………………（3）
第一章　会计概述 …………………………（3）
第一节　会计概念、职能和目标 …………………………（4）
第二节　会计基本假设、会计基础、会计信息质量要求 …………………………（7）
第三节　会计要素及其确认与计量 …………………………（10）
第四节　会计科目和借贷记账法 …………………………（13）
第五节　会计凭证、会计账簿与账务处理程序 …………………………（18）
第六节　财产清查 …………………………（26）
第七节　财务报告 …………………………（29）
第二章　资产 …………………………（55）
第一节　货币资金 …………………………（56）
第二节　应收及预付款项 …………………………（62）
第三节　交易性金融资产 …………………………（73）
第四节　存货 …………………………（80）
第五节　固定资产 …………………………（103）
第六节　无形资产和长期待摊费用 …………………………（115）
第三章　负债 …………………………（148）
第一节　短期借款 …………………………（149）
第二节　应付账款及预收款项 …………………………（150）
第三节　应付职工薪酬 …………………………（155）
第四节　应交税费 …………………………（159）
第四章　所有者权益 …………………………（196）
第一节　实收资本 …………………………（196）
第二节　资本公积 …………………………（205）
第三节　留存收益 …………………………（210）
第五章　收入、费用和利润 …………………………（231）
第一节　收入 …………………………（232）
第二节　费用 …………………………（253）
第三节　利润 …………………………（261）

第六章　财务报表 …………………………………………………………（291）
第一节　资产负债表 ……………………………………………………（291）
第二节　利润表 …………………………………………………………（294）
第三节　所有者权益变动表 ……………………………………………（295）
第四节　附注 ……………………………………………………………（297）
第七章　管理会计基础 ……………………………………………………（308）
第一节　管理会计概述 …………………………………………………（308）
第二节　产品成本核算的要求和一般程序 ……………………………（310）
第二节　产品成本的归集和分配 ………………………………………（312）
第四节　产品成本计算 …………………………………………………（319）
第八章　政府会计基础 ……………………………………………………（343）
第一节　政府会计概述 …………………………………………………（343）
第二节　政府单位会计核算 ……………………………………………（349）

第一部分　考试变化与备考建议

梦在远方，路在脚下。你的每一份付出都会有收获，每一次突破都是成长。希望你好好做题，好好考试，收获属于自己的成功！

一、考试变化

章节	变化
第一章	本章对部分表述进行了微调，无实质性变动
第二章	1. 应收账款：将“主要包括企业销售商品或提供劳务等应向有关债务人收取的价款及代购货单位垫付的包装费、运杂费”中新增“增值税”，变成“主要包括企业销售商品或提供劳务等应向有关债务人收取的价款、增值税及代购货单位垫付的包装费、运杂费” 2. 应收股利：删除企业在持有长期股权投资期间，被投资单位发放现金股利或利润时有关的会计处理 3. 存货：将毛利率法核算中的“销售额”改为“销售净额” 4. 固定资产：在分类中将“企业除短期租赁和低价值资产租赁租入的固定资产，在租赁期内，应视同自有固定资产进行管理”改为“企业除短期租赁和低价值资产租赁租入的固定资产，该资产在租赁期内，应作为使用权资产进行核算与管理”
第三章	1. 预收账款：调整了科目登记内容，以便于更准确地区分“预收账款”和“合同负债” 2. 应付职工薪酬：将明细科目“工资、奖金、津贴和补贴”改为“工资”，将明细科目“工会经费和职工教育经费”改为“工会经费”和“职工教育经费”两个明细 3. 删除了“矿产资源补偿费”
第四章	将“资本公积不会影响企业的损益”改为“资本公积中资本溢价（或股本溢价）不会影响企业的损益”
第五章	1. 税金及附加：删除“环境保护税、耕地占用税、契税、车辆购置税” 2. 利得和损失：删除“债务重组” 3. 营业外收支：删除“债务重组利得、债务重组损失”
第六章	长期待摊费用：将相关内容改为“长期待摊费用的摊销期限只剩一年或不足一年的，或预计在一年内（含一年）进行摊销的部分，不得归类为流动资产，仍在该非流动资产项目中列示，不转入一年内到期的非流动资产项目”
第七章	本章对部分表述进行了微调，无实质性变动
第八章	新增事业单位收入类科目和费用类科目内容

二、题型分布

题型	题量	分值	应试技巧
单选题	24	1.5分/个（共36分）	单选题的答案具有唯一性，所以一般知识点比较单一，综合性不是很强，以文字题为主，附以简单的计算题。对于熟悉的知识点可以直接选择正确答案，对于有犹豫的知识点采用排除法提高正命中率，对于完全没有印象的知识点也要猜测一个，不能空缺

续表

题型	题量	分值	应试技巧
多选题	12	2分/个 (共24分)	多选题综合性较强、难度大，需要大家非常准确地记住完整的知识点。其做题原则与单选题一样，先直接、再排除、最后猜
判断题	10	1分/个 错误-0.5 (共10分)	判断题的正确率为50%，但因为判错会倒扣分，所以其得分率并不高。判断题做题需要注意细节，抓关键词，对于不是很有把握的题可以选择不做，以免倒扣分
不定项选择题	15	2分/个 (共30分)	不定项选择题综合性强，考试方式灵活多变，相关题目之间还有较大的关联性，需要较强的综合运用能力，对所学知识能够融会贯通。根据评分标准，做题时如果无法判断是单选题还是多选题时，选择最有把握的选项，尽量少选

三、备考建议

1. 入门

零基础的学员要反复学习第一章，学会分辨会计要素以及熟悉各会计科目，知道“借”“贷”含义，了解会计分录的编制原则。

2. 夯实基础

根据考纲逐章进行学习，结合辅导书边学边练，加深对知识的理解与运用，做到可以全面且深入地掌握并理解基础知识。

3. 能力提升

可根据历年真题揣测出题思路，掌握解题技巧，分清楚易错易混点，突破重难点，总结做题经验。

4. 考前冲刺

注重查漏补缺，将前面各阶段做题时标注的错题再重点梳理重做一遍，学会识别题目中的陷阱。

第二部分　考点精析与强化训练

第一章　会计概述

学情分析

教材变化	仅针对部分内容的表述进行了修改或增删，无实质性变化
学习特点	本章属于会计课程的入门知识，内容比较多且零碎，但本章是之后学习的“奠基石”，其中会计要素、科目、账户、借贷记账法是学员必须全面掌握的“全书核心基础性内容”，请各位学员切勿忽视本章内容！ 【注意】本章内容与之后的知识有颇多联系，部分知识在本章节仅是简单描述，具体应用在后面章节有详细探讨
主要内容 学习要求	1. 会计概念：能准确理解会计的定义及会计的特征 2. 会计职能：能准确划分基本职能和拓展职能及两者的关系 3. 基本假设：能熟记四个基本假设及特点 4. 会计基础：能准确区分权责发生制和收付实现制 5. 会计信息质量要求：注意对八个要求的理解及区分 6. 会计要素：理解定义、各要素的确认条件、会计要素计量属性及其应用原则 7. 会计等式：能准确区分财务状态等式、经营成果等式和第三会计等式 8. 会计科目及账户：能准确识别科目的分类、掌握账户分类及四个金额要素 9. 借贷记账法：能熟记每类账户的结构及记账原则、会计分录的分类及试算平衡的公式 10. 会计凭证、会计账簿与账务处理程序：能熟悉原始凭证和记账凭证的分类、会计凭证的保管要求、会计账簿的分类和登记要点、总分类账与明细分类账平行登记的要点及财务处理程序的优缺点 11. 财产清查：了解财产清查的分类和程序 12. 财务报告：了解财务报告的定义、目标及财务报表的组成

主要内容导图

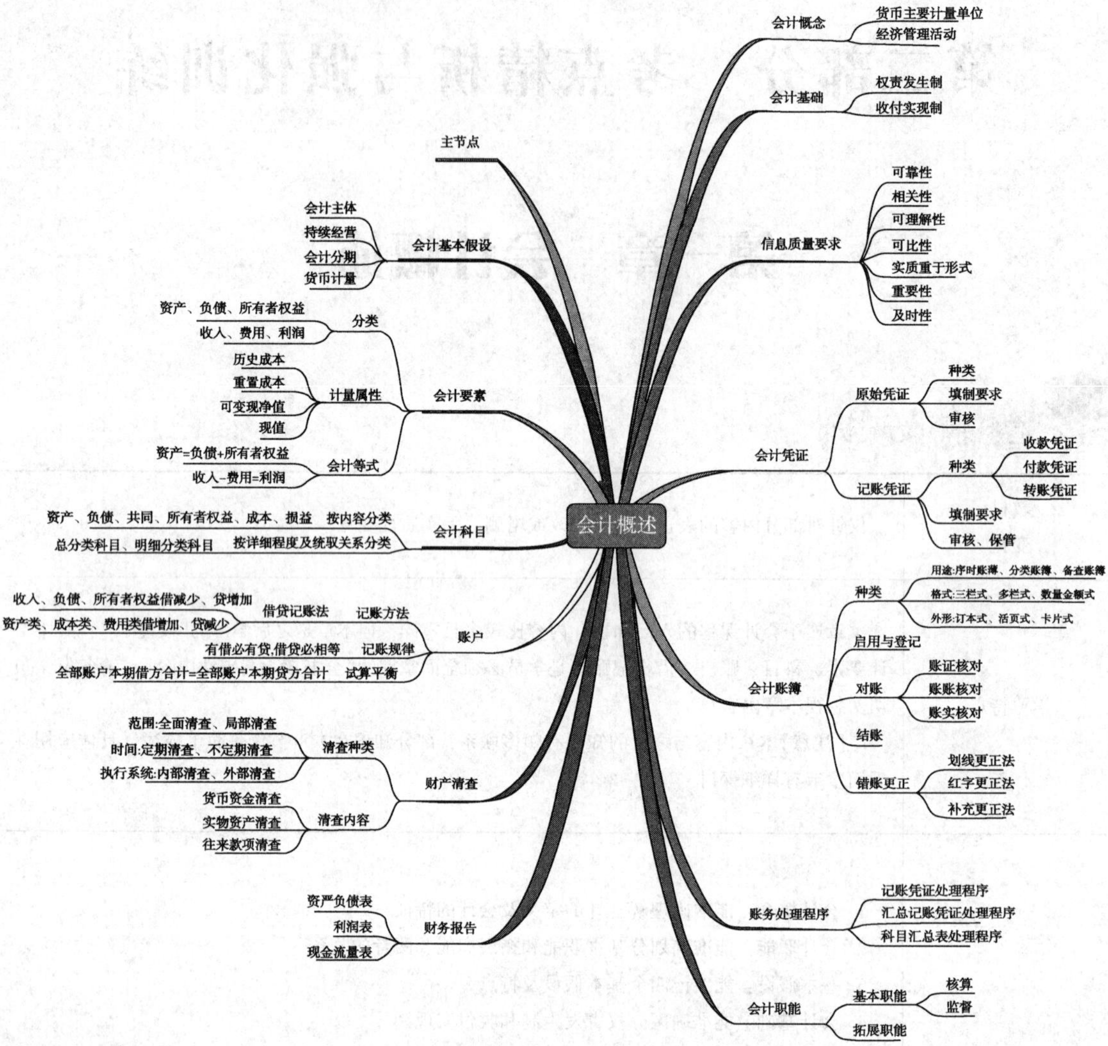

第一节　会计概念、职能和目标

学情分析

本节重点掌握以下内容：

1. 会计概念：准确理解会计的定义及会计的特征。
2. 会计职能：准确划分基本职能和拓展职能及两者的关系。

主要内容导图

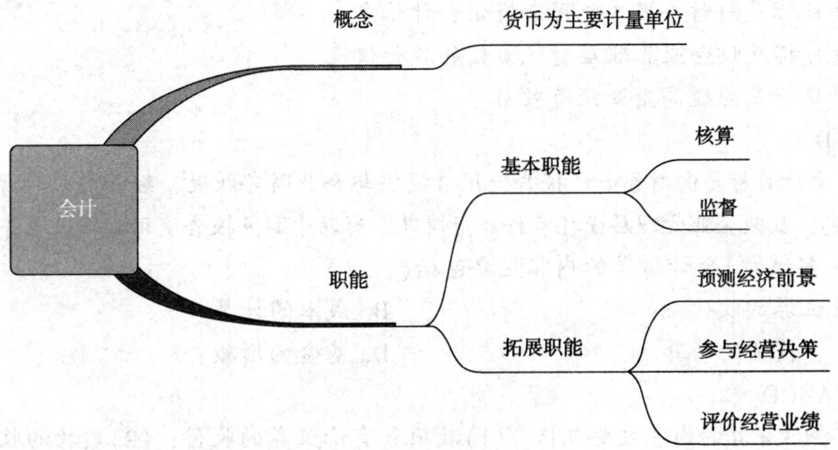

重、难点解析

<table>
<tr><td colspan="2">会计概念</td><td colspan="2">以货币为主要计量单位，采用专门方法和程序，对企业和行政、事业单位的经济活动进行完整的、连续的、系统的核算和监督，以提供经济信息和反映受托责任履行情况为主要目的的经济管理活动</td></tr>
<tr><td rowspan="4">会计职能</td><td rowspan="3">会计基本职能</td><td>核算职能：会计以货币为主要计量单位，对特定主体的经济活动进行确认、计量、记录和报告，贯穿于经济活动的全过程，是会计最基本的职能</td><td>会计核算的内容主要包括：①款项和有价证券的收付；②财物的收发、增减和使用；③债权、债务的发生和结算；④资本、基金的增减；⑤收入、支出、费用、成本的计算；⑥财务成果的计算和处理；⑦需要办理会计手续、进行会计核算的其他事项</td></tr>
<tr><td>监督职能：会计的监督职能，是指对特定主体经济活动和相关会计核算的真实性、合法性和合理性进行审查</td><td>真实性：根据实际发生的经济业务核算；合法性：符合国家有关法律法规；合理性：符合客观规律，经营要求</td></tr>
<tr><td colspan="2">会计核算是基础；会计监督是质量的保障，两者相辅相成，辩证统一</td></tr>
<tr><td>会计拓展职能</td><td colspan="2">预测经济前景，参与经济决策，评价经济业绩</td></tr>
</table>

【例题·单选题】下列属于将一个会计主体持续的生产经营活动划分为若干个相等的会计期间的会计核算基本假设是(　　)。

A. 持续经营　　B. 会计年度　　C. 会计分期　　D. 会计主体

『答案』C

『解析』会计分期是指将一个企业持续经营的经济活动划分为一个个连续的、长短相同的期间，以便分期结算账目和编制财务会计报告。

【例题·单选题】根据财务报告等提供的信息，定量或定性地判断和推测经济活动的发展变化规律，属于拓展职能中的(　　)。

A. 预测经济前景　　B. 会计监督　　C. 参与经济决策　　D. 评价经济业绩

『答案』A

『解析』预测经济前景是根据财务报告等提供的信息，定量或定性地判断和推测经济活动的发展变化规律，以指导和调节经济活动，提高经济效益。

【例题·单选题】下列关于会计的目标中，说法不正确的是(　　)。

A. 会计目标是要求会计工作完成的任务或达到的标准

B. 会计目标是向财务报告使用者提供会计信息

C. 会计目标反映企业管理层受托责任的履行情况

D. 会计目标是为提高企业经济效益

『答案』D

『解析』会计目标是向财务会计报告使用者提供与企业财务状况、经营成果和现金流量等有关的会计信息，反映企业管理层受托责任履行情况，有助于财务报告使用者作出经济决策。

【例题·多选题】会计核算的内容主要包括(　　)。

A. 有价证券的收付　　B. 成本的计算

C. 债权、债务的结算　　D. 基金的增减

『答案』ABCD

『解析』会计核算的内容主要包括：(1)款项和有价证券的收付；(2)财物的收发、增减和使用；(3)债权、债务的发生和结算；(4)资本、基金的增减；(5)收入、支出、费用、成本的计算；(6)财务成果的计算和处理；(7)需要办理会计手续、进行会计核算的其他事项。

【例题·判断题】会计是以货币为唯一计量单位，反映和监督一个单位经济活动的一种经济管理工作。(　)

『答案』×

『解析』会计是以货币为主要计量单位，反映和监督一个单位经济活动的一种经济管理工作。

【例题·判断题】会计核算贯穿于经济活动的全过程，是会计最基本的职能。(　　)

『答案』√

真题回顾

【例题·单选题】(2019年)下列各项中，对企业会计核算资料的真实性、合法性和合理性进行审查的会计职能是(　　)。

A. 参与经济决策职能　　B. 评价经营业绩职能

C. 监督职能　　D. 核算职能

『答案』C

『解析』会计的监督职能，是指对特定主体经济活动和相关会计核算的真实性、合法性和合理性进行审查。

【例题·多选题】(2017年)下列各项中，关于会计职能的表述正确的有(　　)。

A. 监督职能是核算职能的保障

B. 核算职能是监督职能的基础

C. 预测经济前景，参与经济决策，评价经济业绩

D. 核算与监督是基本职能

『答案』ABCD

『解析』会计的基本职能包括核算职能和监督职能。会计核算是会计监督的基础；会计监督是会计核算的保障。会计拓展职能包括预测经济前景、参与经济决策、评价经营业绩等。

第二节　会计基本假设、会计基础、会计信息质量要求

学情分析

本节重点掌握以下内容：

1. 会计基本假设：理解、区分会计基本假设的相关内容。
2. 会计基础：正确划分收付实现制和权责发生制。
3. 会计信息质量要求：理解信息质量要求内容，正确区分八个信息质量要求。

主要内容导图

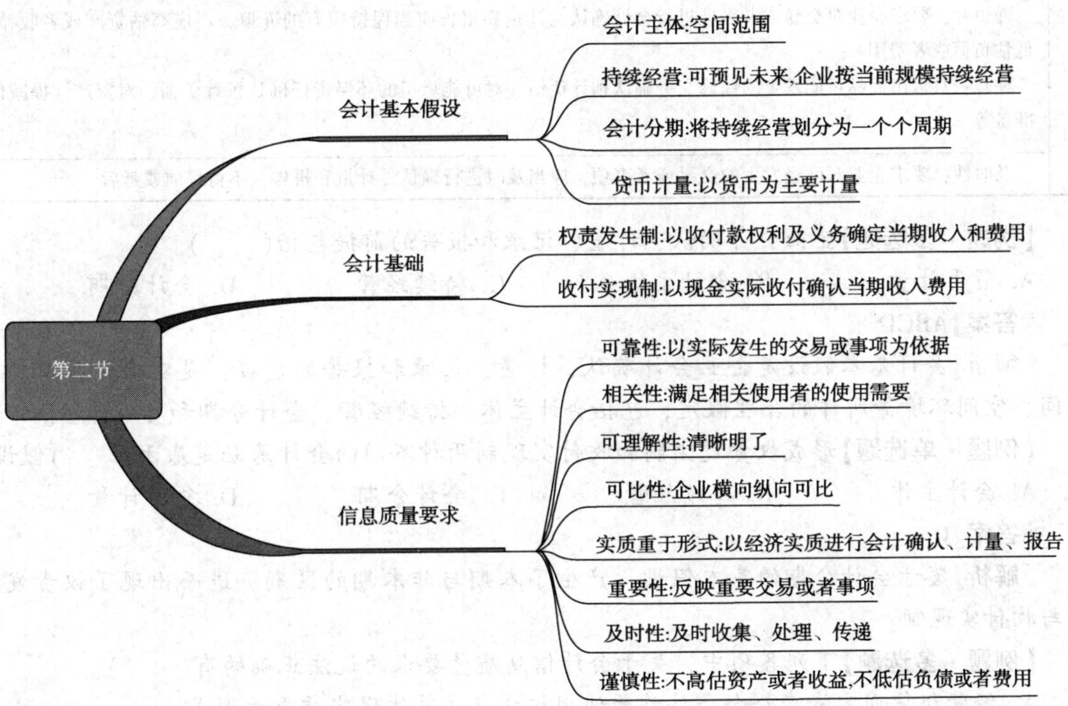

重、难点解析

会计基本假设	会计主体：是指会计工作服务的特定对象，是企业确认计量和报告的空间范围
	持续经营：是指在可以预见的未来，企业将会按当前的规模和状态继续经营下去，也不会大规模削减业务
	会计分期：是指将一个企业持续经营的生产经营活动划分为一个个连续的、长短相同的期间。注意：持续经营是会计分期的前提
	货币计量：会计主体在会计确认、计量和报告时以货币计量，来反映会计主体的生产经营活动。注意：货币是主要的计量单位，并非唯一的计量单位

续表

会计基础	权责发生制：取得收取款项的权利或支付款项的义务为标志来确定本期收入和费用的会计核算基础。注意：企业会计和政府财务会计
	收付实现制：以现金的实际收付为标志来确定本期收入和支出的会计核算基础。注意：政府预算会计
会计信息质量要求	可靠性：要求企业以实际发生的交易或者事项为依据进行确认、计量和报告，如实反映符合确认和计量要求的会计要素及其他相关信息，保证会计信息真实可靠、内容完整
	相关性：要求企业提供的会计信息应当与投资者等财务报告使用者的经济决策需要相关，有助于投资者等财务报告使用者对企业过去、现在或未来的情况作出评价或者预测
	可理解性：可理解性要求企业提供的会计信息应当清晰明了，便于投资者等财务报告使用者理解和使用
	可比性：要求企业提供的会计信息应当相互可比，包括同一企业不同时期可比和不同企业相同会计期间可比
	实质重于形式：要求企业应当按照交易或事项的经济实质进行会计确认、计量和报告，不应仅以交易或事项的法律形式为依据。体现：融资租赁方式租入的资产
	重要性：要求企业提供的会计信息应当反映与企业财务状况、经营成果和现金流量有关的所有重要交易或者事项。注意：重要性的应用需要依赖职业判断，从项目的性质和金额大小两方面加以判断
	谨慎性：要求企业对交易或者事项进行会计确认、计量和报告应当保持应有的谨慎，不应高估资产或者收益、低估负债或者费用 注意：对售出商品可能发生的保修义务确认预计负债、对可能承担的环保责任确认预计负债、对资产计提减值准备等
	及时性：要求企业对已经发生的交易或者事项，应当及时进行确认、计量和报告，不得提前或延后

【例题·多选题】企业会计确认、计量、记录和报告的前提包括(　　)。

A. 货币计量　　B. 会计主体　　C. 持续经营　　D. 会计分期

『答案』ABCD

『解析』会计基本假设是企业会计确认、计量、记录和报告的前提，是对会计核算所处时间、空间环境等所作的合理假定，包括会计主体、持续经营、会计分期和货币计量。

【例题·单选题】形成权责发生制和收付实现制两种不同的会计基础是基于(　　)假设。

A. 会计主体　　B. 持续经营　　C. 会计分期　　D. 货币计量

『答案』C

『解析』鉴于会计分期的基本假设，产生了本期与非本期的区别，进而出现了权责发生制与收付实现制。

【例题·多选题】下列各项中，关于会计信息质量要求的说法正确的有(　　)。

A. 经营租赁固定资产符合条件作为使用权资产核算体现实质重于形式

B. 计提坏账准备体现谨慎性

C. 不做假账体现重要性

D. 企业前后各项应用的会计政策一致体现可比性

『答案』ABD

『解析』C. 不做假账体现可靠性，可靠性要求企业应当以实际发生的交易或者事项为依据进行会计确认、计量和报告(选项 C 不正确)。选项 B 属于会计信息谨慎性原则；选项 D 属于会计信息可比性原则。

【例题·单选题】甲公司确认当月办公大楼租金 50 万元，用银行存款支付 5 万元，45 万元未付。按照权责发生制和收付实现制分别确认费用(　　)。

A. 5 万元；50 万元　B. 50 万元；0 万元　C. 50 万元；50 万元　D. 50 万元；5 万元

『答案』D

『解析』权责发生制应按 50 万元确认，而收付实现制按实际支付的 5 万元确认。

【例题 · 判断题】会计分期是对持续经营假设的有效延续。(　　)

『答案』√

【例题 · 判断题】在持续经营的基本假设下，会计确认、计量和报告应当以企业持续、正常的生产经营活动为前提。(　　)

『答案』√

【例题 · 判断题】甲公司存货发出计价采用移动加权平均法，因管理需要将其改为月末一次加权平均法违背可比性原则。(　　)

『答案』×

『解析』此变更属于会计政策变更，变更后的会计政策可以提供更可靠、更相关的会计信息则不违背可比性原则。

【例题 · 判断题】政府财务会计实行收付实现制。(　　)

『答案』×

『解析』政府会计分为预算会计和财务会计。预算会计实行收付实现制，财务会计实行权责发生制。

真题回顾

【单选题】(2019 年)下列各项中，不属于企业会计基本假设的是(　　)。

A. 货币计量　B. 会计主体　C. 实质重于形式　D. 持续经营

『答案』C

『解析』选项 C，属于企业会计信息质量要求。

【单选题】(2018 年)下列各项中，属于对企业会计核算空间范围所作的合理假设是(　　)。

A. 会计主体　B. 会计分期　C. 货币计量　D. 持续经营

『答案』A

『解析』会计主体，是指会计工作服务的特定对象，是企业会计确认、计量和报告的空间范围。

【多选题】(2017 年)下列各项中，关于企业会计信息可靠性表述正确的有(　　)。

A. 企业应当保持应有的谨慎，不高估资产或者收益、低估负债或费用

B. 企业提供的会计信息应当相互可比

C. 企业应当保证会计信息真实可靠、内容完整

D. 企业应当以实际发生的交易或事项为依据进行确认、计量和报告

『答案』CD

『解析』可靠性要求企业应当以实际发生的交易或者事项为依据进行会计确认、计量和报告(选项 D 正确)，如实反映符合确认和计量要求的会计要素及其他相关信息，保证会计

信息真实可靠、内容完整(选项 C 正确)。选项 A 属于会计信息谨慎性原则；选项 B 属于会计信息可比性原则。

第三节　会计要素及其确认与计量

学情分析

本节重点掌握以下内容：

1. 会计要素：掌握会计要素的特征，确认条件及分类。
2. 会计要素计量属性：掌握会计要素计量属性。
3. 会计等式：掌握会计等式的表现形式及交易事项对会计等式的影响。

主要内容导图

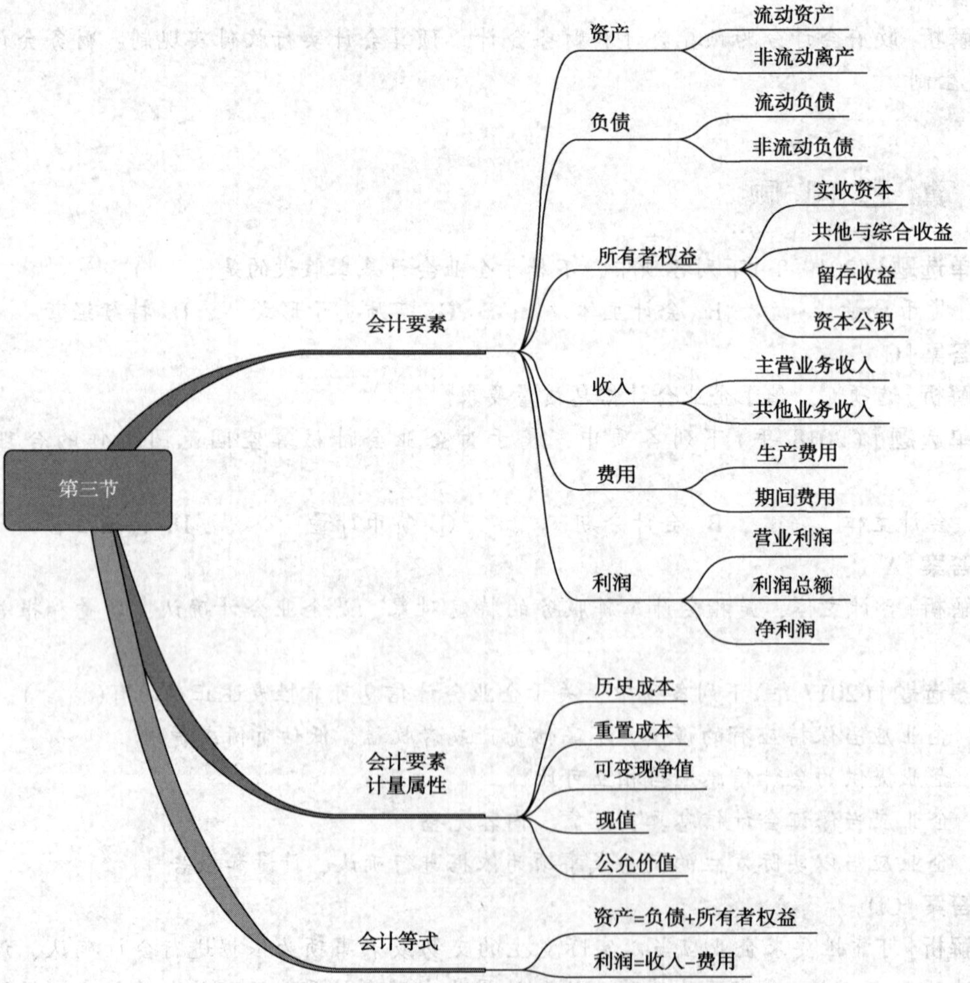

重、难点解析

<table>
<tr><td rowspan="18">会计要素</td><td rowspan="9">财务状况</td><td rowspan="3">资产</td><td colspan="2">特征：过去的交易或事项，经济利益流入，拥有或控制</td></tr>
<tr><td colspan="2">确认条件：经济利益很可能流入企业，成本和价值能可靠计量</td></tr>
<tr><td colspan="2">分类：流动资产（货币资金、存货、应收账款、预付账款等）
非流动资产（固定资产、无形资产、长期股权投资、长期待摊费用）</td></tr>
<tr><td rowspan="3">负债</td><td colspan="2">特征：过去的交易或事项，经济利益流出，现时义务</td></tr>
<tr><td colspan="2">确认条件：经济利益很可能流出企业，金额可靠计量</td></tr>
<tr><td colspan="2">分类：流动负债（短期借款、应付账款、预收账款等）
非流动负债（应付债券、长期应付款、长期借款）</td></tr>
<tr><td rowspan="3">所有者权益</td><td colspan="2">特征：不需要偿还、参与企业利润的分配、清算时，先清偿负债</td></tr>
<tr><td colspan="2">确认条件：资产总额扣除债权人权益后的净额</td></tr>
<tr><td colspan="2">分类：实收资本、其他综合收益、留存收益、资本公积</td></tr>
<tr><td rowspan="9">经营成果</td><td rowspan="3">收入</td><td colspan="2">特征：日常活动、与所有者投入资本无关、导致所有者权益增加</td></tr>
<tr><td colspan="2">确认条件：承诺履行义务；明确权利和义务；明确的支付条款；具有商业实质；对价很可能收回</td></tr>
<tr><td colspan="2">分类：主营业务收入、其他业务收入</td></tr>
<tr><td rowspan="3">费用</td><td colspan="2">特征：日常活动；与向所有者分配利润无关；导致所有者权益减少</td></tr>
<tr><td colspan="2">确认条件：经济利益很可能流出；可靠计量；导致资产减少或负债增加</td></tr>
<tr><td colspan="2">分类：生产费用、期间费用（销售费用、财务费用、管理费用）</td></tr>
<tr><td rowspan="3">利润</td><td colspan="2">特征：一定时期的经营成果。是收入减费用，利得减去损失后净额</td></tr>
<tr><td colspan="2">确认条件：收入和费用以及利得和损失的确认</td></tr>
<tr><td colspan="2">分类：营业利润＝营业收入－营业成本－税金及附加－期间费用－资产减值损失＋（－）投资收益＋（－）公允价值变动收益＋其他收益＋（－）资产处置损失
利润总额＝营业利润＋营业外收入－营业外支出
净利润＝利润总额－所得税费用</td></tr>
<tr><td colspan="3" rowspan="5">会计要素计量属性</td><td>历史成本：实际支付的现金或现金等价物</td><td>不考虑以后市场价格变化影响</td></tr>
<tr><td>重置成本：重新取得同样资产需支付的现金或现金等价物</td><td>盘盈固定资产</td></tr>
<tr><td>可变现净值：预计售价减相关成本费用后的净值。</td><td>存货资产减值</td></tr>
<tr><td>现值：未来现金流折现后的价值</td><td>非流动资产可收回金额、摊余成本</td></tr>
<tr><td>公允价值：有序交易中，出售资产或转移负债，收到支付的价格</td><td>交易性金融资产</td></tr>
<tr><td colspan="3" rowspan="5">会计等式</td><td rowspan="3">资产＝负债＋所有者权益　或者　资产＝权益
（是复式记账法的基础；是编制资产负债表、余额试算平衡的依据；任何时点均保持恒等的关系）</td><td>基本会计等式</td></tr>
<tr><td>财务状况等式</td></tr>
<tr><td>静态会计等式</td></tr>
<tr><td rowspan="2">收入－费用＝利润（编制利润表的依据）</td><td>经营成果等式</td></tr>
<tr><td>动态会计等式</td></tr>
</table>

【多选题】下列各项中，属于费用的有(　　)。

A. 主营业务成本　　B. 税金及附加

C. 其他业务成本　　D. 管理费用

『答案』ABCD

『解析』费用通常包括主营业务成本、其他业务成本、税金及附加、销售费用、管理费用、财务费用等

【多选题】下列各项中，属于留存收益的有(　　)。

A. 实收资本　　B. 盈余公积

C. 本年利润　　D. 未分配利润

『答案』BD

『解析』所有者权益的来源包括所有者投入的资本、其他综合收益、留存收益等。其中，留存收益包括盈余公积和未分配利润。

【单选题】下列各项中，反映企业财务状况的会计要素是(　　)。

A. 收入　　B. 成本　　C. 所有者权益　　D. 利润

『答案』C

『解析』资产、负债和所有者权益侧重于反映企业的财务状况。

【多选题】某企业2019年营业利润3 200万元，营业外收入500万元，营业外支出100万元，净利润3 100万元。关于该企业2019年度有关指标的表述，正确的有(　　)

A. 利润总额3 700万元　　B. 所得税费用500万元

C. 利润总额3 600万元　　D. 所得税费用900万元

『答案』BC

『解析』利润总额=3 200+500-100=3 600万元，所得税费用=3 600-3 100=500万元

【多选题】根据我国企业会计准则的规定，企业在对会计要素进行计量时，一般采用(　　)，采用其他计量属性的，应当保证所确定的会计要素金额能够取得并能可靠计量。

A. 历史成本　　B. 重置成本

C. 公允价值　　D. 现值

『答案』A

『解析』企业在对会计要素进行计量时，一般应当采用历史成本计量属性。

【多选题】“资产=负债+所有者权益”，这一会计恒等式是(　　)。

A. 复式记账的理论基础　　B. 设置账户的理论依据

C. 编制利润表的理论依据　　D. 编制资产负债表的理论依据

『答案』AD

『解析』选项B，账户是根据会计科目设置的；选项C会计报表中利润表的编制依据是“收入-费用=利润”。

【单选题】下列各项中，关于以银行存款偿还所欠货款业务对会计要素影响的表述正确的是(　　)。

A. 一项资产增加，另一项资产等额减少

B. 一项资产与一项负债等额增加

C. 一项负债增加，另一项负债等额减少

D. 一项资产与一项负债等额减少

『**答案**』D

『**解析**』以银行存款偿还所欠货款会计分录为借：应付账款 贷：银行存款，所以是一项资产与一项负债等额减少，选项 D 正确。

真题回顾

【**单选题**】(2019 年) 下列各项中，企业应确认为资产的是(　　)。

A. 月末发票账单未到按暂估价值入账的已入库原材料

B. 自行研发专利技术发生的无法区分研究阶段和开发阶段的支出

C. 已签订采购合同尚未购入的生产设备

D. 行政管理部门发生的办公设备日常修理费用

『**答案**』A

『**解析**』选项 BD，应记入"管理费用"科目；选项 C，无须进行账务处理。

【**单选题**】(2019 年) 下列各项中，企业确定盘盈固定资产的入账价值时所采用的会计计量属性是(　　)。

A. 可变现净值　　B. 重置成本

C. 现金　　D. 公允价值

『**答案**』B

『**解析**』盘盈的固定资产，应按重置成本确定其入账价值，借记"固定资产"科目，贷记"以前年度损益调整"科目。

【**多选题**】(2017 年) 企业的会计计量属性包括(　　)。

A. 重置成本　　B. 历史成本　　C. 公允价值　　D. 现值

『**答案**』ABCD

『**解析**』会计计量属性主要包括历史成本、重置成本、可变现净值、现值和公允价值等。

第四节　会计科目和借贷记账法

学情分析

本节重点掌握以下内容：

1. 会计科目：掌握会计科目的定义、分类及常用科目的概念。

2. 会计账户：掌握会计账户的分类、功能与结构计量属性。理解会计科目和会计账户的区别与联系。

3. 借贷记账法：掌握借贷记账法的账户结构、记账规则及试算平衡。

主要内容导图

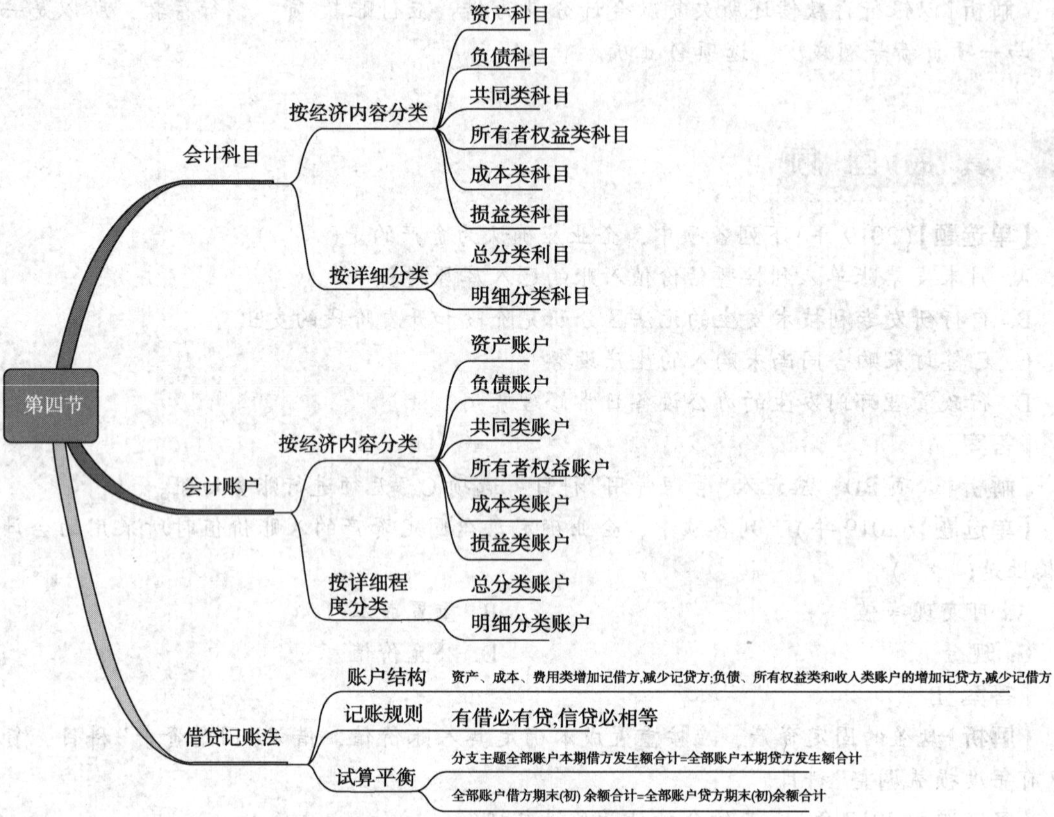

重、难点解析

<table>
<tr><td rowspan="10">会计科目</td><td colspan="3">定义：对会计要素具体内容进行分类核算的项目</td></tr>
<tr><td rowspan="6">反映经济内容</td><td colspan="2">资产类：库存现金、应收账款、无形资产等</td></tr>
<tr><td colspan="2">负债类：短期借款、应付账款、长期借款等</td></tr>
<tr><td colspan="2">共同类：清算资金往来、外汇买卖等</td></tr>
<tr><td colspan="2">所有者权益类：实收资本、资本公积</td></tr>
<tr><td colspan="2">成本类：制造费用、生产成本</td></tr>
<tr><td colspan="2">损益类：主营业务成本、主营业务收入、管理费用</td></tr>
<tr><td colspan="2" rowspan="2">提供信息的详细程度及其统驭关系</td><td>总分类科目(统驭和控制)</td></tr>
<tr><td>明细分类科目(补充和说明)</td></tr>
<tr><td rowspan="3">会计账户</td><td colspan="3">定义：反映会计要素增减变动情况及其结果的载体</td></tr>
<tr><td colspan="2">与会计科目的联系</td><td>科目是设置账户的依据，分类方式相同</td></tr>
<tr><td colspan="2">与会计科目的区别</td><td>账户具有一定的格式和结构</td></tr>
</table>

续表

<table>
<tr><td rowspan="6">借贷记账法</td><td colspan="3">定义：以“借”“贷”作为记账符号，对每一笔经济业务都在两个或两个以上相互联系的账户中以借贷相等的金额进行登记的一种复式记账方法</td></tr>
<tr><td colspan="2">账户的结构</td><td>资产、成本、费用类增加记借方，减少记贷方；负债、所有者权益类和收入类账户的增加记贷方，减少记借方</td></tr>
<tr><td colspan="2">记账规则</td><td>有借必有贷，借贷必相等</td></tr>
<tr><td rowspan="3">试算平衡</td><td colspan="2">全部账户本期借方发生额合计=全部账户本期贷方发生额合计</td></tr>
<tr><td colspan="2">全部账户借方期末(初)余额合计=全部账户贷方期末(初)余额合计</td></tr>
<tr><td colspan="2">不影响平衡关系的错误：漏记，重记，借贷双方同时记错(金额相等)，账户错误，方向错误，多记少记相互抵销</td></tr>
</table>

【例题·单选题】下列会计科目中，属于损益类科目的是(　　)。

A. 盈余公积　　B. 固定资产　　C. 制造费用　　D. 财务费用

『答案』D

『解析』选项A，属于所有者权益类科目；选项B，属于资产类科目；选项C，属于成本类科目。

【例题·单选题】下列选项中，与“累计折旧”账户的结构相同的是(　　)。

A. 应收账款　　B. 无形资产　　C. 累计摊销　　D. 原材料

『答案』C

『解析』“累计折旧”是“固定资产”的备抵账户，“累计摊销”是“无形资产”的备抵账户，二者都是借方登记减少额，贷方登记增加额，期末余额一般在贷方。选项ABD，属于资产类账户，借方登记增加额，贷方登记减少额，期末余额一般在借方。

【例题·单选题】下列属于二级科目的是(　　)。

A. 应交税费　　B. 应交增值税　　C. 应收账款　　D. 库存现金

『答案』B

『解析』选项ACD，属于一级科目。

【例题·多选题】下列各项中，在借贷记账法下，账户的借方登记的项目有(　　)。

A. 资产的减少　　B. 负债的减少

C. 费用的减少　　D. 所有者权益的减少

『答案』BD

『解析』在借贷记账法下，借方登记资产类、成本类和费用类账户的增加，负债类、所有者权益类和收入类账户的减少。

【例题·多选题】以下有关账户的阐述中，正确的有(　　)。

A. 账户是根据会计科目设置的

B. 账户具有一定格式和结构

C. 账户是用于分类反映会计要素增减变动情况及其结果的载体

D. 账户不具有一定格式和结构

『答案』ABC

『解析』账户是根据会计科目设置的，具有一定的格式和结构，用于分类反映会计要素增减变动情况及其结果的载体。

【例题·单选题】下列关于借贷记账法的表述中，错误的是(　　)。

A. 借贷记账法以“借”和“贷”作为记账符号

B. 借贷记账法是一种复式记账法

C. 借贷记账法遵循“有借必有贷，借贷必相等”的记账规则

D. 借贷记账法下，“借”表示增加，“贷”表示减少

『答案』D

『解析』在借贷记账法下，“借”和“贷”表示增加还是减少，取决于账户的性质。

【例题·多选题】下列各项中，通过编制试算平衡表无法发现的记账错误有(　　)。

A. 记录某项经济业务的借、贷方向颠倒

B. 某项经济业务借方金额多记、贷方金额少记

C. 漏记某项经济业务

D. 重记某项经济业务

『答案』ACD

『解析』选项 B，会导致借贷方发生额不相等，可以通过编制试算平衡表发现记账错误。

真题回顾

【单选题】(2020 年)下列选项中，会导致试算不平衡的因素是(　　)。

A. 重记某项经济业务　　B. 漏记某项经济业务

C. 借方多记金额　　D. 借贷科目用错

『答案』C

『解析』不影响借贷双方平衡关系的错误通常有：(1)漏记某项经济业务(选项 B)；(2)重记某项经济业务(选项 A)；(3)某项经济业务记录的应借、应贷科目正确，但借贷双方金额同时多记或少记，且金额一致；(4)某项经济业务记错有关账户(选项 D)；(5)某项经济业务在账户记录中，颠倒了记账方向；(6)某借方或贷方发生额中，偶然发生多记或少记并相互抵销。

【单选题】(2018 年)根据科目内容计入成本类账户的是(　　)。

A. 主营业务成本　　B. 制造费用　　C. 管理费用　　D. 其他业务成本

『答案』B

『解析』账户是根据科目设置的，成本类科目，是对可归属于产品生产成本、劳务成本等的具体内容进行分类核算的项目，主要有“生产成本”“制造费用”“劳务成本”“研发支出”等科目。成本类科目应计入对应的成本类账户，所以选项 B 正确。

【单选题】(2018 年)将无力支付的商业承兑票据转为企业应付账款，对会计等式的影响是(　　)。

A. 一项资产减少一项负债减少　　B. 一项负债减少一项所有者权益减少

C. 一项资产增加一项负债增加　　D. 一项负债增加一项负债减少

『答案』D

『解析』企业无力支付票款，由于商业承兑汇票已经失效，应将应付票据按账面余额转

作应付账款，借记“应付票据”科目，贷记“应付账款”科目。对会计等式的影响为一项负债增加一项负债减少。

【单选题】(2018年)根据科目内容计入成本类账户的是( )。

A. 主营业务成本　　B. 制造费用

C. 管理费用　　D. 其他业务成本

『答案』B

『解析』账户是根据科目设置的，成本类科目，是对可归属于产品生产成本、劳务成本等的具体内容进行分类核算的项目，主要有“生产成本”“制造费用”“合同取得成本”“合同履约成本”“研发支出”等科目。

【单选题】(2017年)“实收资本”账户的期末余额等于( )。

A. 期初余额+本期借方发生额+本期贷方发生额

B. 期初余额+本期借方发生额-本期贷方发生额

C. 期初余额-本期借方发生额-本期贷方发生额

D. 期初余额+本期贷方发生额-本期借方发生额

『答案』D

『解析』实收资本是所有者权益类科目，借方表示减少，贷方表示增加。所以“实收资本”账户的期末余额=期初余额+本期贷方发生额-本期借方发生额。

【单选题】(2017年)下列各项中，不通过所有者权益类科目核算的是( )。

A. 固定资产报废毁损的净损失　　B. 接受投资者投入的货币资金

C. 发行的股票产生的溢价　　D. 提取的法定盈余公积

『答案』A

『解析』所有者权益类科目主要包括：实收资本(股本)、资本公积、盈余公积、利润分配等。选项A，记入“营业外支出”，不属于所有者权益类科目；选项B，借记“银行存款”，贷记“实收资本(股本)”；选项C，记入“资本公积——股本溢价”；选项D，借记“利润分配”，贷记“盈余公积”。

【判断题】(2020年)借贷记账法的记账规则“有借必有贷，借贷必相等”是余额试算平衡的直接依据。( )

『答案』×

『解析』借贷记账法的记账规则“有借必有贷，借贷必相等”是发生额试算平衡的直接依据

【判断题】(2019年)采用重置成本计量时，资产应当按照现在购买相同或者相似资产所需支付的现金或者现金等价物的金额计量。( )

『答案』√

【判断题】(2018年)公允价值，是指市场参与者在计量日发生的有序交易中，出售一项资产所能收到或者转移一项负债所需支付的价格。( )

『答案』√

【判断题】(2017年)在借贷记账法下，企业为检查账户记录是否正确，可以使用发生额和余额试算平衡两种平衡计算方法。( )

『答案』√

『解析』试算平衡包括发生额试算平衡和余额试算平衡。

【判断题】(2017 年)借贷记账法下，发生额试算平衡的直接依据是“资产=负债+所有者权益”会计恒等式。(　　)

『答案』×

『解析』发生额试算平衡的直接依据是借贷记账法的记账规则，即“有借必有贷，借贷必相等”。题目中表述的是余额试算平衡的依据。

第五节　会计凭证、会计账簿与账务处理程序

学情分析

本节重点掌握以下内容：

1. 会计凭证：掌握会计凭证的定义、分类、填制要求及填制方法。

2. 会计账簿：掌握会计账簿的定义、分类、登记要求及登记方法；掌握结账、对账、错账更正方法。

3. 账务处理程序：掌握三种账务处理程序的特点、优缺点及适用范围。

主要内容导图

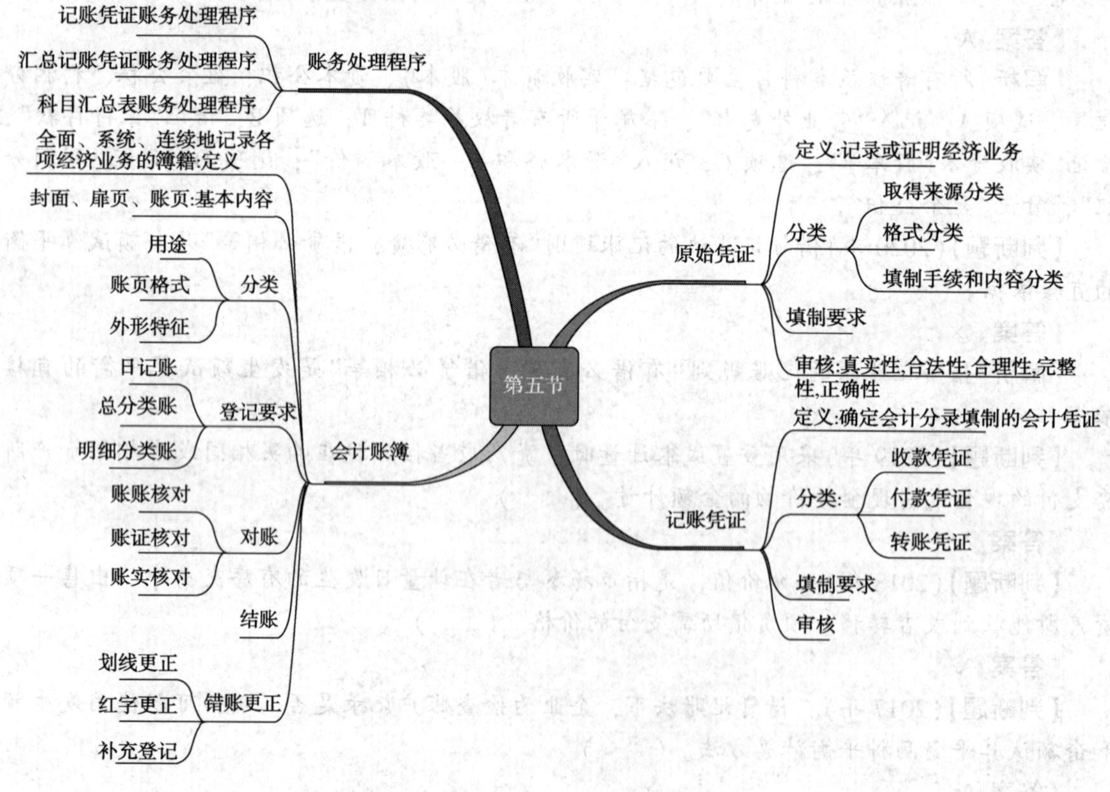

重、难点解析

<table>
<tr><td rowspan="12">原始凭证</td><td>定义</td><td colspan="2">用以记录或证明经济业务的发生或完成情况</td></tr>
<tr><td rowspan="3">分类</td><td colspan="2">取得来源：自制凭证(领料单、入库单、借款单)
外来凭证(飞机票、火车票、发票)</td></tr>
<tr><td colspan="2">格式：通用凭证(发票、收据)
专用凭证(领料单、折旧计算表)</td></tr>
<tr><td colspan="2">填制的手续和内容：
一次凭证(银行结算凭证、单次领料单)
累计凭证(限额领料单)
汇总凭证(领料凭证汇总表、工资计算汇总表)</td></tr>
<tr><td rowspan="5">填制要求</td><td colspan="2">记录真实，内容完整，手续完备</td></tr>
<tr><td colspan="2">书写清楚：不得连笔，不得留空，小写(无角无分用 00 或-，有角无分用 0)，大写(楷书或行书，有分无正或整)</td></tr>
<tr><td colspan="2">编号连续：不得撕毁，因错作废(作废戳记)</td></tr>
<tr><td colspan="2">不得涂改、刮擦、挖补：金额错误，重开；其他错误，重开或更正并加盖印章</td></tr>
<tr><td colspan="2">及时填写，及时审核</td></tr>
<tr><td>审核</td><td colspan="2">真实性，合法性，合理性，完整性，正确性</td></tr>
<tr><td rowspan="11">记账凭证</td><td>定义</td><td colspan="2">根据审核无误的原始凭证，确定会计分录后填制的会计凭证</td></tr>
<tr><td rowspan="3">分类</td><td colspan="2">收款凭证：库存现金和银行存款收款业务</td></tr>
<tr><td colspan="2">付款凭证：库存现金和银行存款付款业务</td></tr>
<tr><td colspan="2">转账凭证：不涉及现金或银行存款业务</td></tr>
<tr><td rowspan="5">填制要求</td><td colspan="2">不附原始凭证：结账和错账更正</td></tr>
<tr><td colspan="2">不同类别和内容的原始凭证不能汇总</td></tr>
<tr><td colspan="2">连续编号：付款凭证不得由出纳人员编号</td></tr>
<tr><td colspan="2">填制记账凭证时若发生错误，重新填制
当年内发现错误：红字注销，蓝字订正
金额错误：红字调减，蓝字调增
以前年度错误：蓝字更正</td></tr>
<tr><td colspan="2">空行划线注销</td></tr>
<tr><td>审核</td><td colspan="2">项目齐全，科目、金额正确，与原始凭证一致，办理收付款业务后，加盖“收讫”或“付讫”戳记</td></tr>
<tr><td rowspan="3">会计账簿</td><td>定义</td><td colspan="2">是指具有一定格式的账页组成的，以经过审核的会计凭证为依据
全面、系统、连续地记录各项经济业务的簿籍</td></tr>
<tr><td>基本内容</td><td colspan="2">封面、扉页、账页</td></tr>
<tr><td>分类</td><td>用途</td><td>分类账簿：总分类账户、明细分类账户
序时账簿：逐日、逐笔登记
备查账簿：补充登记</td></tr>
</table>

续表

会计账簿	分类	账页格式	三栏式：日记账，总账，资本、债权、债务明细账 多栏式：收入、成本、费用明细账 数量金额式：原材料、库存商品明细账
		外形特征	订本式：总账、日记账 活页式：明细账 卡片式：固定资产明细账
	启用	封面：单位名称和账簿名称 订本式账簿：不得跳页、缺号 活页式账簿：定期装订成册	
	登记要求	1. 资料齐全 2. 蓝黑墨水或碳素墨水，红墨水：冲销错误记录，登记减少数，登记负数余额 3. 连续编号：空页、空行用红色墨水笔划对角线注销，或注明“此页空白”或“此行空白” 4. 无余额的账户：借或贷栏内注明“平”，余额栏元位处注明“0”转次页以及承前页 5. 不得刮擦、挖补或用褪色药水更改	
	日记账	三栏式、多栏式、订本式	
		现金日记账：根据现金收付款凭证及银行存款付款凭证登记 银行存款日记账：根据银行存款收付款凭证及现金收款凭证登记	
	总分类账	三栏式、订本式	
		登记方法：依据记账凭证、科目汇总表、汇总记账凭证登记	
	明细分类账	三栏式、多栏式、数量金额式、订本式、活页式、卡片式	
		登记方法：根据记账凭证和原始凭证登记	
	平行登记	方向相同，期间一致，金额相等	
	对账	账证核对：账簿记录和会计凭证核对 账账核对：总分类账簿之间，明细分类账簿之间，总分类账簿与所辖明细分类账簿，总分类账簿与序时账簿 账实核对：库存现金日记账账面余额与现金实际库存数，银行存款日记账账面余额与银行对账单余额定期核对，各项财产物资明细账账面余额与财产物资实有数额定期核对，债权债务明细账账面余额与对方单位债权债务账面记录核对	
	结账	总账账户：平时只需要结出月末余额，年末结出全年发生额和年末余额 明细账户：不需要按月结计本期发生额：应收、应付款、各项财产物资明细账；需要按月结计发生额：收入、费用等明细账 日记账：按月结记发生额和余额	
	错账更正	划线更正法：结账前账簿记录错误，记账凭证无误；过账前记账凭证错误 红字更正法：记账凭证和账簿记录错误，金额大于应记金额 补充登记法：记账凭证和账簿记录错误，金额小于应记金额	

账务处理程序	记账凭证账务处理程序	根据记账凭证登记总账
		优点：简单明了，总账反映经济业务的详细情况 缺点：登记总账工作量大
		适用于规模较小，经济业务量较少的企业
	汇总记账凭证账务处理程序	根据汇总收付转记账凭证登记总账
		优点：减轻登记总账的工作量 缺点：不利于会计核算的日常分工
		适用于规模较大，经济业务较多的单位
	科目汇总表账务处理程序	根据科目汇总表登记总账
		优点：减轻登记总账的工作量，并可以做到试算平衡 缺点：不能反映各个账户之间对应关系，不利于查对账目
		适用于经济业务较多的单位

【例题·多选题】下列各项中，属于原始凭证应当具备的基本内容的有(　　)。

A. 填制凭证的日期　　B. 经济业务内容

C. 经办人员签名或盖章　　D. 记账符号

『答案』ABC

『解析』原始凭证应当具备以下基本内容(也称为原始凭证要素)：(1)凭证的名称；(2)填制凭证的日期；(3)填制凭证单位名称和填制人姓名；(4)经办人员的签名或者盖章；(5)接受凭证单位名称；(6)经济业务内容；(7)数量、单价和金额。选项D，属于记账凭证应当具备的基本内容。

【例题·多选题】原始凭证按填制手续及内容不同分为(　　)。

A. 一次凭证　　B. 累计凭证　　C. 汇总凭证　　D. 外来凭证

『答案』ABC

『解析』选项D，外来原始凭证属于按照取得来源进行的分类。

【例题·多选题】企业购买产品，用转账支票支付，所涉及的会计凭证有(　　)。

A. 增值税发票　　B. 转账支票存根　　C. 转账凭证　　D. 付款凭证

『答案』ABD

『解析』会计凭证按其填制程序和用途不同分为原始凭证和记账凭证两类。选项AB，属于“企业购买产品，用转账支票支付”这笔业务的原始凭证；发生经济业务时，企业需要编制记账凭证，记账凭证按反映的经济内容可分为收款凭证、付款凭证和转账凭证。本业务应根据增值税发票与转账支票存根编制付款凭证，所以选项D也正确。

【例题·多选题】在填制记账凭证时，下列做法正确的有(　　)。

A. 将不同类型业务的原始凭证合并编制一张记账凭证

B. 反映付款业务的会计凭证不得由出纳人员编号

C. 从银行提取现金时只编制现金收款凭证

D. 记账凭证日期必须填写

『答案』BD

『解析』选项A，记账凭证可以根据每一张原始凭证填制，或根据若干张同类的原始凭证汇总编制，不能将不同类型业务的原始凭证合并编制一张记账凭证；选项B，为便于监督，反映付款业务的会计凭证不得由出纳人员编号；选项C，从银行提取现金时只填制银行存款付款凭证；选项D，填制凭证日期属于记账凭证必须具备的基本内容之一。

【例题·单选题】下列账簿中，必须采用订本式账簿的是(　　)。

A. 原材料明细账　　B. 库存商品明细账

C. 库存现金日记账　　D. 固定资产明细账

『答案』C

『解析』库存现金日记账必须使用订本账。原材料明细账和库存商品明细账采用活页式账簿。固定资产明细账采用卡片式账簿。

【例题·判断题】账簿记录是编制原始凭证和记账凭证的直接依据。(　　)

『答案』×

『解析』记账凭证和原始凭证是登记账簿的依据。

【例题·判断题】启用订本式账簿时，应当从第一页到最后一页顺序编定页数，不得跳页、缺号。使用活页式账簿时，应当按账户顺序编号，无须定期装订成册。(　　)

『答案』×

『解析』使用活页式账簿时，应当按账户顺序编号，并须定期装订成册。

【例题·多选题】库存现金日记账的登记依据有(　　)。

A. 银行存款收款凭证　　B. 库存现金收款凭证

C. 库存现金付款凭证　　D. 银行存款付款凭证

『答案』BCD

『解析』银行存款收款凭证应作为银行存款日记账的登记依据。

【例题·单选题】2020年3月15日，某企业财务人员发现当月初登记入账的一笔交易出现记账错误，该笔交易的记账凭证和账簿记录中应借、应贷会计科目及记账方向无误，但所记金额小于应记账金额，可以采用的错账更正方法是(　　)。

A. 补充登记法　　B. 红字更正法　　C. 试算平衡法　　D. 划线更正法

『答案』A

『解析』记账后发现记账凭证中会计科目无误，所记金额小于应记金额，导致账簿记录错误的，应采用补充登记法。

【例题·单选题】记账凭证账务处理程序的优点是(　　)。

A. 总分类账反映经济业务较详细　　B. 减轻了登记总分类账的工作量

C. 不利于会计核算的日常分工　　D. 便于核对账目和进行试算平衡

『答案』A

『解析』选项B，是汇总记账凭证账务处理程序和科目汇总表账务处理程序的优点；选项C，不利于会计核算的日常分工是汇总记账凭证账务处理程序的缺点；选项D，可进行试算平衡属于科目汇总表的优点。

【例题·单选题】汇总记账凭证账务处理程序的适用范围为(　　)。

A. 规模小、收付业务多而转账业务少的企业

B. 规模大、收付业务多而转账业务少的企业

C. 规模小、收付业务少而转账业务多的企业

D. 规模大、收付业务少而转账业务多的企业

『答案』B

『解析』该账务处理程序适用于规模较大、经济业务较多的单位，特别是转账业务少而收、付款业务较多的单位。

【例题·单选题】记录不涉及库存现金和银行存款业务的记账凭证是(　　)。

A. 收款凭证　　B. 付款凭证　　C. 转账凭证　　D. 记账凭证

『答案』C

『解析』选项 A 记录涉及库存现金和银行存款业务的收款业务，选项 B 记录涉及库存现金和银行存款业务的付款业务，选项 D 为通用记账凭证，可用于记录所有的经济业务。

真题回顾

【单选题】(2020 年)下列各项中，属于企业外来原始凭证的是(　　)。

A. 内部使用的借款单　　B. 领料单

C. 产品入库单　　D. 职工出差报销的飞机票

『答案』D

『解析』选项 ABC，属于企业自制原始凭证。

【单选题】(2019 年)下列各项中，关于企业销售产品货款尚未收到的业务，应填制的记账凭证是(　　)。

A. 汇总凭证　　B. 转账凭证　　C. 付款凭证　　D. 收款凭证

『答案』B

『解析』因为货款尚未收到所以不涉及“银行存款”和“库存现金”科目，即填制转账凭证。

【单选题】(2019 年)会计人员在结账前发现记账凭证填制无误，但登记入账时误将 600 元写成 6 000 元，下列更正方法正确的是(　　)。

A. 补充登记法　　B. 划线更正法　　C. 横线登记法　　D. 红字更正法

『答案』B

『解析』在结账前发现账簿记录有文字或数字错误，而记账凭证没有错误，应当采用划线更正法。

【单选题】(2018 年)某企业结账前发现账簿记录中有一笔金额为 3 457 元的销售业务误记为 3 475 元，相关的记账凭证没有错误。下列各项中，属于该企业应采用正确的错账更正方法的是(　　)。

A. 补充登记法　　B. 划线更正法　　C. 更正账页法　　D. 红字更正法

『答案』B

『解析』在结账前发现账簿记录有文字或数字错误，而记账凭证没有错误，应当采用划线更正法。

【单选题】(2018 年)企业在遭受自然灾害时对存货进行的清查属于(　　)。

A. 全面定期清查　　B. 局部定期清查

C. 局部不定期清查　　D. 全面不定期清查

『答案』C

『解析』发生灾害是不能预见的，所以针对遭受灾害的存货进行清查属于局部不定期清查。

【单选题】会计人员在结账前发现记账凭证填制无误，但登记入账时误将600元写成6 000元，应采用的更正方法是(　　)。

A. 补充登记法　　B. 划线更正法　　C. 横线登记法　　D. 红字更正法

『答案』B

『解析』在结账前发现账簿记录有文字或数字错误，而记账凭证没有错误，应当采用划线更正法。

【单选题】(2017年)下列各项中，属于账实核对的是(　　)。

A. 总账和明细账核对　　B. 银行存款日记账和银行对账单核对

C. 账簿记录和记账凭证核对　　D. 总账和日记账核对

『答案』B

『解析』选项AD，属于账账核对；选项C，属于账证核对。

【例题·单选题】(2017年)下列各项中，关于银行存款日记账的表述正确的是(　　)。

A. 应按实际发生的经济业务定期汇总登记

B. 仅以银行存款付款凭证为记账依据

C. 应按企业在银行开立的账户和币种分别设置

D. 不得使用多栏式账页格式

『答案』C

『解析』选项A，应逐日逐笔登记银行存款日记账；选项B，应根据银行存款付款凭证、银行存款收款凭证和库存现金付款凭证登记银行存款日记账；选项D，银行存款日记账可以选择多栏式账页格式。

【多选题】(2020年)下列各项中，企业应根据相关业务的原始凭证编制收款凭证的有(　　)。

A. 收取出租包装押金　　B. 从银行存款中提取现金

C. 将库存现金送存银行　　D. 销售产品取得货款存入银行

『答案』AD

『解析』将现金存入银行，从银行提取现金只需编制付款凭证，选项B和C需要编制付款凭证。

【多选题】(2019年)下列各项中，属于会计账簿的是(　　)。

A. 备查簿　　B. 日记账　　C. 总账　　D. 明细账

『答案』ABCD

『解析』会计账簿按照用途可以分为：序时账簿、分类账簿和备查账簿，其中，序时账簿又称日记账；分类账簿可以分为总分类账簿和明细分类账簿。

【多选题】(2018年)下列各项中，属于原始凭证应当具备的基本内容的有(　　)。

A. 记账符号　　B. 交易或事项的内容

C. 经办人员签名或盖章　　D. 编制凭证的日期

『答案』BCD

『解析』原始凭证的格式和内容因经济业务和经营管理的不同而有所差异，但原始凭证应当具备以下基本内容(也称为原始凭证要素)：(1)凭证的名称；(2)填制凭证的日期；(3)填制凭证单位名称和填制人姓名；(4)经办人员的签名或者盖章；(5)接受凭证单位名称；(6)经济业务内容；(7)数量、单价和金额。

【多选题】(2018 年)总账与明细账平行登记的要点包括(　　)。

A. 记账人员相同　　B. 会计期间相同

C. 记账方向相同　　D. 金额相同

『答案』BCD

『解析』总账与明细账平行登记的要点包括：方向相同、期间一致、金额相等。

【多选题】(2018 年)下列各项中，适合采用三栏式明细分类账簿进行明细账核算的有(　　)。

A. 向客户赊销商品形成的应收账款　　B. 生产车间发生的制造费用

C. 购买并验收入库的原材料　　D. 向银行借入的短期借款

『答案』AD

『解析』各种日记账、总账以及资本、债权、债务明细账都可采用三栏式账簿。选项 B，适用多栏式账簿；选项 C，适用数量金额式账簿。

【例题·判断题】(2020 年)企业生产车间在一定时期内领用原材料多次使用同一张“限额领料单”，该领料单属于累计原始凭证。(　　)

『答案』对

【例题·判断题】(2019 年)会计人员在记账过程中，除结账和更正错账可以不附原始凭证外，其他记账凭证必须附原始凭证。(　　)

『答案』对

【例题·多选题】(2019 年)下列各项中，企业应根据相关业务的原始凭证填制收款凭证的有(　　)。

A. 销售产品取得货款存入银行　　B. 从银行存款中提取现金

C. 收取出租包装物租金　　D. 将库存现金送存银行

『答案』AC

『解析』选项 BD，涉及“库存现金”和“银行存款”之间的相互划转业务，只填制付款凭证。

【例题·判断题】(2018 年)原始凭证金额有错误的，应当由出具单位在原始凭证上更正，并在更正处加盖出具单位公章或财务专用章。(　　)

『答案』×

『解析』原始凭证金额有错误的，应当由出具单位重开，不得在原始凭证上更正。原始凭证有其他错误的，应当由出具单位重开或更正，更正处加盖出具单位印章。

【例题·判断题】(2017 年)会计人员记账过程中，除了结账和更正错账无须粘贴原始凭证，其他一律需要粘贴原始凭证。(　　)

『答案』√

『解析』除结账和更正错账可以不附原始凭证外，其他记账凭证必须附原始凭证。

【例题·判断题】(2016 年)科目汇总表账务处理程序下，企业应直接根据记账凭证逐笔登记总分类账。(　　)

『答案』×

『解析』科目汇总表账务处理程序下，应根据科目汇总表登记总分类账。

第六节　财产清查

学情分析

本节重点掌握以下内容：

财产清查：掌握财产清查的种类、清查方法及财产清查结果相关的会计处理。

主要内容导图

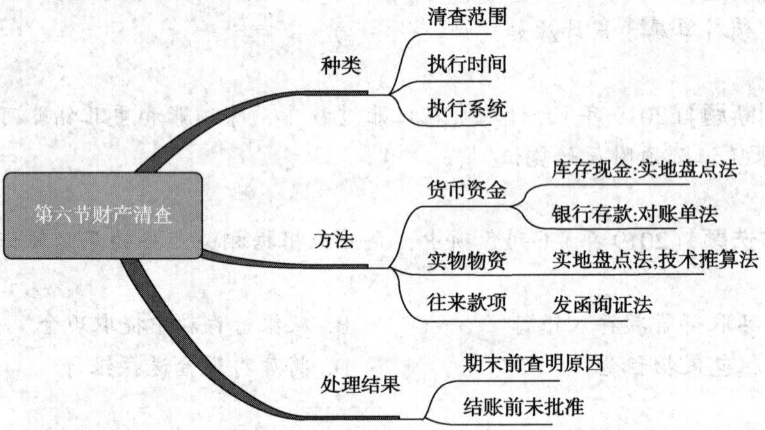

重、难点解析

财产清查的种类	清查范围	全面清查
		局部清查
	清查时间	定期清查
		不定期清查
	执行系统	内部清查
		外部清查
财产清查的方法	货币资金	库存现金：实地盘点法，库存现金盘点报告表(原始凭证)
		银行存款：银行存款日记账和对账单核对并编制银行存款余额调节表
	实物资产	实地盘点法，技术推算法
		盘存单，实存账存对比表(原始凭证)
	往来款项	发函询证法
清查结果的处理	期末前查明原因—批准—结账前处理完毕 结账前未批准—先处理+说明—批准后再调整	

【例题·单选题】企业实行股份制改造前，为了明确经济责任，需进行(　　)。

A. 定期清查　　B. 内部清查　　C. 全面清查　　D. 外部清查

『答案』C

『解析』企业实行股份制改造前，为了明确经济责任，需进行全面清查。

【例题·多选题】下列各项资产中，采用实地盘点法的清查对象有(　　)。

A. 库存现金　　B. 应收账款　　C. 银行存款　　D. 库存商品

『答案』AD

『解析』选项 B，往来账项的清查一般用发函询证的方法进行核对；选项 C，银行存款的清查采用的是与开户行核对账目的方法进行核对。

【例题·单选题】2020 年 3 月 31 日，某企业银行存款日记账余额为 150 万元，与银行对账单余额不符，经核对发现，3 月 14 日企业收到货款 10 万元并入账，银行尚未入账；3 月 30 日银行代缴水电费 2 万元并入账，企业未收到银行付款通知，不考虑其他因素，调节后该企业的银行存款余额为(　　)万元。

A. 142　　B. 148　　C. 158　　D. 162

『答案』B

『解析』以企业银行存款日记账余额为基础进行调节时，应加上“银行已收、企业未收”，减去“银行已付、企业未付”，所以调节后该企业的银行存款余额=150-2=148(万元)。

【例题·判断题】定期清查和不定期清查均既可以是全面清查，也可以是局部清查。(　　)

『答案』√

【例题·单选题】某企业 2019 年 12 月 31 日银行存款日记账的余额为 15 000 元，经逐笔核对，发现未达账项如下：银行已收，企业未收 9 200 元；银行已付，企业未付 200 元。假定不考虑其他因素，该企业的实有存款金额为(　　)元。

A. 24 000　　B. 6 000　　C. 5 600　　D. 24 400

『答案』A

『解析』该企业的实有存款金额=15 000+9 200-200=24 000(元)。

真题回顾

【多选题】(2020 年)下列各项中，企业必须进行财产全面清查的有(　　)。

A. 清产核资　　B. 股份制改造

C. 单位改变隶属关系　　D. 单位主要领导人离任交接前

『答案』ABCD

『解析』全面清查，是指对所有的财产进行全面的盘点和核对。需要进行全面清查的情况通常有：(1)年终决算前；(2)在合并、撤销或改变隶属关系前；(3)中外合资、国内合资前；(4)股份制改造前；(5)开展全面的资产评估、清产核资前；(6)单位主要领导调离工作前等。

【多选题】(2019 年)发函询证法一般适用的清查项目有(　　)。

A. 应收账款　　B. 应付账款　　C. 预付账款　　D. 预收账款

『答案』ABCD

『解析』往来款项(应收、应付款项和预收、预付款项等)的清查一般采用发函询证的方法。

【多选题】(2019年)下列各项中，关于财产清查的相关表述正确的有(　　)。

A. 往来款项清查一般采用发函询证方法

B. 实物资产清查采用实地盘点法和技术推算法

C. 库存现金清查采用实地盘点法

D. 银行存款清查采用与开户行核对账目的方法

『答案』ABCD

『解析』往来款项的清查一般采用发函询证的方法进行核对，选项A正确；实物资产的清查主要采用实地盘点和技术推算法，选项B正确；库存现金的清查采用实地盘点法，选项C正确；银行存款的清查采用与开户银行核对账目的方法进行，选项D正确。

【多选题】(2018年)下列各项中，采用发函询证方法进行财产清查的有(　　)。

A. 银行存款　　B. 应收账款　　C. 预付账款　　D. 存货

『答案』BC

『解析』往来款项主要包括应收、应付款项和预收、预付款项等，往来款项的清查一般采用发函询证的方法进行核对。银行存款的清查是采用与开户银行核对账目的方法进行的。存货等实物资产的清查方法主要包括实地盘点法和技术推算法。

【多选题】(2018年)下列各项中，关于财产清查的相关表述正确的有(　　)。

A. 往来款项清查一般采用发函询证方法

B. 库存现金清查采用实地盘点法

C. 银行存款清查采用与开户行核对账目的方法

D. 实物资产清查只能采用实地盘点法

『答案』ABC

『解析』选项D，实物资产的清查方法主要有实地盘点法和技术推算法，并不是所有的实物资产都能用实地盘点法进行清查。

【多选题】(2018年)下列各项中，企业必须进行财产全面清查的有(　　)。

A. 股份制改造前　　B. 单位改变隶属关系前

C. 单位主要领导人离任交接前　　D. 清产核资前

『答案』ABCD

【判断题】(2019年)银行存款余额调节表可以作为调整企业银行存款账面余额的记账依据。(　　)

『答案』×

『解析』“银行存款余额调节表”只是为了核对账目，不能作为调整企业银行存款账面记录的记账依据。

【例题·判断题】(2018年)银行存款余额调节表中，银行应减去企业已收银行未收。(　　)

『答案』×

『解析』银行存款余额调节表中，银行应减去企业已付银行未付。

第七节　财务报告

学情分析

本节重点掌握以下内容：

财务报告：掌握财务报告的定义、目标及组成。

主要内容导图

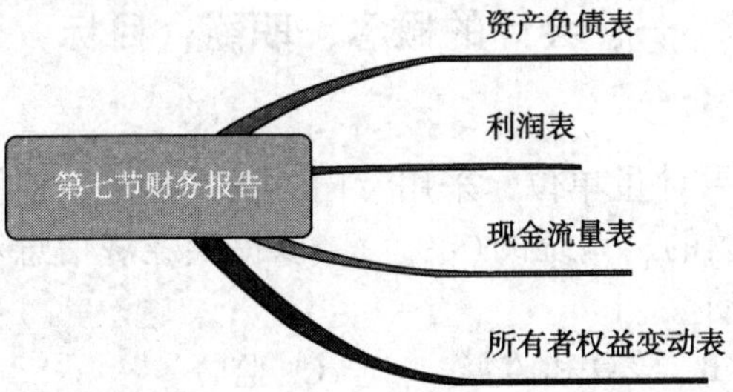

重、难点解析

知识点	考点	
财务报表的组成	四表	资产负债表
		利润表
		现金流量表
		所有者权益变动表
	一注	附注

【例题·多选题】下列选项中，属于财务报表的有(　　)。

A. 资产负债表　　B. 利润表

C. 现金流量表　　D. 财务报表附注

『答案』ABCD

『解析』财务报表包括资产负债表、利润表、现金流量表、所有者权益变动表和附注。

【例题·判断题】财务报告的目标包括向财务报告使用者提供与企业财务状况、经营成果和现金流量等有关的会计信息，反映企业管理层受托责任履行情况，有助于财务报告使用者作出经济决策。(　　)

『答案』√

真题回顾

【例题·判断题】(2018 年) 企业对外提供的财务报告中，附注是不可或缺的重要组成部分。(　　)

『答案』√

『解析』附注是财务报表不可或缺的组成部分，是对在资产负债表、利润表、现金流量表和所有者权益变动表等报表中列示项目的文字描述或明细资料的补充，以及对未能在这些报表中列示项目的说明等。

同步练习

一、会计的概念、职能、目标

一、单项选择题

1. 会计是以货币为主要计量单位，采用专门方法和程序，对企业和行政、事业单位的经济活动进行完整的、连续的、系统的(　　)，以提供经济信息和反映受托责任履行情况为主要目的的经济管理活动。

A. 核算　　B. 核算和监督　　C. 监督　　D. 预测

2. 衡量不同单位经营情况，最直接、有效的方法是以(　　)作为主要计量单位。

A. 劳动　　B. 实物　　C. 时间　　D. 货币

3. 如果财务报告能够满足(　　)的会计信息需求，通常情况下也可以满足其他使用者的大部分信息需求。

A. 债权人　　B. 政府及其有关部门

C. 社会公众　　D. 投资者

4. 下列各项中，对会计职能的表述不正确的是(　　)。

A. 监督是会计的拓展职能　　B. 评价经营业绩是会计的拓展职能

C. 预测经济前景是会计的拓展职能　　D. 核算是会计的基本职能

5. 下列各项中，对企业会计核算资料的真实性、合法性和合理性进行审查的会计职能是(　　)。

A. 监督职能　　B. 评价经营业绩职能

C. 参与经济决策职能　　D. 核算职能

6. 下列各项中，不属于会计监督的内容的是(　　)。

A. 经济业务的真实性审查　　B. 经济业务的合法性审查

C. 财务收支的合理性审查　　D. 反映企业过去发生的交易或事项

7. 下列关于会计基本职能的说法中，不正确的是(　　)。

A. 即使没有会计监督，会计核算也可以提供高质量的会计信息

B. 会计核算是会计监督的基础

C. 会计监督是会计核算的质量保障

D. 没有核算提供的各种信息，监督就失去了依据

8. 下列各项中，不属于会计目标的有(　　)。

A. 有助于财务报告使用者作出经济决策

B. 向财务报告使用者提供会计信息

C. 对特定主体经济活动和相关会计核算的真实性、合法性和合理性进行审查

D. 反映企业管理层受托责任的履行情况

9. 下列各项中，不属于会计基本特征的是(　　)。

A. 会计以货币为主要计量单位　　B. 会计是一种经济管理活动

C. 会计是一个经济信息系统　　D. 会计具有预测和决策的基本职能

10. 下列不属于会计核算职能的是(　　)。

A. 款项和有价证券的收付

B. 审查经济活动是否违背内部控制制度的要求

C. 将已经记录的经济活动内容进行计算和汇总

D. 编制会计报表提供经济信息

二、多项选择题

1. 下列各项中，会计的职能包括以下哪些内容(　　)。

A. 会计核算职能　B. 会计监督职能　C. 参与经济决策　D. 预测经济前景

2. 下列各项中，关于会计职能的表述正确的有(　　)。

A. 监督职能是核算职能的保障

B. 核算职能是监督职能的基础

C. 预测经济前景、参与经济决策和评价经营业绩是拓展职能

D. 核算与监督是基本职能

3. 根据会计法律制度的规定，下列各项中，属于会计核算内容的有(　　)。

A. 资本、基金的增减　　B. 财务成果的计算和处理

C. 款项和有价证券的收付　　D. 债权债务的发生和结算

4. 下列各项中，企业财务报告的使用者主要有(　　)。

A. 企业潜在投资者的社会公众　　B. 企业的投资者

C. 向企业赊销商品的供应商　　D. 发放贷款的银行

5. 下列关于会计目标说法正确的是(　　)。

A. 是要求会计工作完成的任务或达到的标准

B. 向财务报告使用者提供会计信息

C. 反映企业管理层受托责任的履行情况

D. 会计目标是提高企业经济效益

三、判断题

1. 会计的核算职能是会计人员在进行会计核算的同时，对特定主体经济活动的真实性、合法性、合理性进行审查。(　　)

2. 会计监督是会计核算的基础，没有会计核算，会计监督就失去了依据。(　　)

3. 我国财务报告的目标是向财务报告使用者提供决策有用的信息，并反映企业管理层受托责任的履行情况。(　　)

4. 会计核算是指以货币为唯一计量单位，对特定主体的经济活动进行确认、计量和报告。(　　)

5. 会计拓展职能包括预测经济前景、参与经济决策、评价经营业绩等。(　　)

二、会计基本假设、会计基础、会计信息质量要求

一、单项选择题

1. 同一企业不同时期发生的相同或相似的交易或事项，应当采用一致的会计政策，不得随意变更。确需变更的，应当在附注中说明，属于(　　)原则的要求。

A. 可比性　　B. 及时性　　C. 相关性　　D. 实质重于形式

2. 将一个会计主体持续的生产经营活动划分为若干个相等的会计期间的会计核算基本假设是(　　)。

A. 货币计量　　B. 会计年度　　C. 会计分期　　D. 持续经营

3. 某企业 2020 年 1 月份购入一台设备，因暂时不需用，截至当年 5 月份该企业会计人员尚未将其入账，其违背了(　　)要求。

A. 高效性　　B. 客观性　　C. 及时性　　D. 明晰性

4. 按照权责发生制的要求，不应作为本期收入或费用的有(　　)。

A. 本期已实现的收入但尚未收到款项　　B. 本期已实现的收入且已收到款项

C. 属于上期期费用但本期付款　　D. 应由本期负担的费用且已付款

5. 企业在进行会计确认、计量和报告时，应当做到既不高估企业的资产或收益，也不低估负债或费用，在有足够证据时充分估计各种风险和损失，体现的是(　　)原则。

A. 可靠性　　B. 谨慎性　　C. 重要性　　D. 相关性

6. 某单位 2020 年 9 月份甲产品一批，取得商业承兑汇票一张，价款 20 000 元；销售乙产品一批，价款 60 000 元，款项尚未收到；收到 5 月份欠货款 10 000 元。根据权责发生制，该单位 6 月份销售收入为(　　)元。

A. 20 000　　B. 80 000　　C. 100 000　　D. 90 000

7. 会计核算应该按照规定的会计处理方法进行，会计信息应当口径一致，体现的是(　　)会计信息质量的要求。

A. 客观性　　B. 相关性　　C. 可比性　　D. 实质重于形式

8. 下列各项中，体现实质重于形式原则的是(　　)。

A. 以融资租赁方式租入的固定资产

B. 同一企业不同时期发生相同的交易或者事项，采用一致的会计政策，不得随意变更

C. 将某企业作为一个会计主体进行核算

D. 会计信息有助于财务会计报告使用者对企业经营情况作出评价

9. 下列各项中，对会计主体假设说法中错误的有(　　)。

A. 会计主体可等同于法律主体

B. 会计主体可能不具有法人资格

C. 界定会计主体是开展会计确认、计量和报告工作的重要前提

D. 明确会计主体，才能划定会计所要处理的各项交易或事项的空间范围

10. 下列各项中，对会计主体的说法中正确的是(　　)。

A. 企业投资者个人生活开支纳入企业会计主体的核算范围

B. 集团公司可作为会计主体进行会计核算

C. 企业年金基金，既不属于法律主体，也不能作为会计主体进行核算

D. 企业给予本单位员工的生活困难补助不纳入企业会计主体的核算范围

11. 下列各项中，体现谨慎性原则的是(　　)。

A. 应低估负债　　B. 高估收入　　C. 高估费用　　D. 高估资产

12. 下列各项中，属于可理解性会计信息质量要求的是(　　)。

A. 及时收集会计信息　　B. 准确处理会计信息

C. 及时传递会计信息　　D. 充分披露会计信息

13. 企业将融资租入的固定资产作为自有资产入账，体现的信息质量要求的是(　　)。

A. 可比性　　B. 谨慎性　　C. 实质重于形式　　D. 可理解性

14. 企业对已发生的交易或者事项及时进行会计处理，体现(　　)信息质量要求原则。

A. 及时性　　B. 重要性　　C. 谨慎性　　D. 实质重于形式

15. 会计核算上所使用的一系列的会计处理方法和原则都是建立在会计主体(　　)的前提下。

A. 货币计量　　B. 持续经营　　C. 会计分期　　D. 复式记账

16. 下列各项中，(　　)是企业会计确认、计量和报告的前提。

A. 会计分期　　B. 持续经营　　C. 会计主体　　D. 会计基本假设

17. 以收付实现制为核算基础，下列各项不属于本期收入或费用的是(　　)。

A. 本期支付下月的房租　　B. 本期预收的款项

C. 本期预付的款项　　D. 本期采购设备尚未支付的款项

18. 在遵循会计核算的基本原则，评价某些项目的(　　)时，主要取决于会计人员的职业判断。

A. 合理性　　B. 完整性　　C. 重要性　　D. 可比性

19. 固定资产采用加速折旧法折旧，体现了(　　)原则。

A. 一贯性　　B. 谨慎性　　C. 实质重于形式　　D. 及时性

20. 下列各项中，属于反映会计信息质量要求的是(　　)。

A. 会计核算方法一经确定不得随意变更　　B. 会计核算应当以权责发生制为基础

C. 会计核算应当以收付实现制为基础　　D. 会计核算应当以会计分期为核算基础

二、多项选择题

1. 会计基本假设主要包括以下哪些内容(　　)。

A. 会计主体　　B. 会计分期　　C. 持续经营　　D. 货币计量

2. 下列说法正确的是(　　)。

A. 会计人员只能核算和监督所在主体的经济业务

B. 会计主体只可以是企业的一个特定部分，也可以是几个企业组成的企业集团

C. 会计主体一定是法律主体

D. 会计主体假设界定了从事会计工作和提供会计信息的空间范围

3. 下列选项中，可作为一个会计主体单独进行核算的有(　　)。

A. 分公司　　B. 销售部门　　C. 生产车间　　D. 子公司

4. 下列各项中，属于会计信息质量要求的有(　　)。

A. 可靠性　　B. 相关性　　C. 重要性　　D. 可比性

5. 下列关于会计信息质量要求的相关说法中正确的是(　　)。

A. 可比性不仅要求同一企业不同时期可比，而且要求不同企业相同会计期间可比

B. 可理解性要求企业提供的会计信息清晰明了，是高质量会计信息的重要基础和关键

所在

C. 以融资租赁方式租入的资产视同自有资产计提折旧体现的是实质重于形式

D. 既不高估资产或收益，也不低估负债或费用体现的是谨慎性

6. 以权责发生制为核算基础，下列属于本期收入或费用的是(   )。

A. 本期支付下期的房租　　B. 本期支付本期的房租

C. 上期支付的本期房租　　D. 本期售出商品但尚未收到货款

7. 关于企业会计基础的表述中，错误的是(   )。

A. 权责发生制的会计基础，在企业会计核算中发挥了统驭作用

B. 收付实现制的会计基础，在企业会计核算中发挥了核心作用

C. 凡不属于当期的收入，即使款项已在当期收取，也不作为当期的收入处理

D. 凡不属于当期的费用，即使款项已在当期支付，也不作为当期的费用处理

8. 目前，我国政府会计可采用的会计基础有(   )。

A. 持续经营　　B. 权责发生制　　C. 货币计量　　D. 收付实现制

9. 谨慎性原则企业进行确认、计量、报告应保持应有的谨慎，不应(   )。

A. 高估资产和收益　　B. 低估资产或收益

C. 高估负债和费用　　D. 低估负债和费用

10. 下列各项会计处理方法中，体现谨慎性要求的有(   )。

A. 采用年数总和法计提固定资产折旧

B. 将融资租入固定资产作为自有固定资产核算

C. 对库存商品等存货计提跌价准备

D. 对应收账款计提坏账准备

11. 以下各个项目中，体现及时性信息质量要求原则的有(   )。

A. 及时收集会计信息　　B. 及时处理会计信息

C. 及时传递会计信息　　D. 及时编制会计信息

12. 下列关于会计基本假设的相关说法中正确的有(   )。

A. 货币是商品的一般等价物，是衡量一般商品价值的共同尺度

B. 会计主体是企业会计确认、计量和报告的空间范围

C. 持续经营是指在可以预见的将来，企业将会按照当前的规模和状态继续经营下去，不会停业，也不会大规模削减业务

D. 会计基本假设包括会计主体、持续经营、复式记账和货币计量

13. 可靠性要求中，企业的会计信息要满足会计信息使用者的决策需要，就必须(   )。

A. 信息真实　　B. 内容完整　　C. 资料可靠　　D. 简明扼要

14. 下列选项中，属于相关性要求的有(   )。

A. 满足有关各方面了解企业财务状况和经营成果的需要

B. 满足企业内部加强经营管理的需要

C. 能够有助于信息使用者评价企业过去的决策，证实或者修正过去的有关预测

D. 可以根据会计信息预测企业未来的财务状况、经营成果和现金流量

15. 下列各项中，反映了可靠性会计信息质量要求的有(   )。

A. 各类企业执行的会计政策应当统一，便于比较

B. 以实际发生的交易或者事项为依据进行确认、计量、报告

C. 如实反映符合确认和计量要求的会计要素及其他相关信息

D. 在财务报告中的会计信息应当是真实、完整的

三、判断题

1. 会计主体是对会计核算时间和空间范围等所做的合理假定。( )

2. 法律主体可以作为会计主体，会计主体一定是法律主体。( )

3. 持续经营是指会计主体将会按当前的规模和状态一道持续经营下去，不会停业、破产清算，也不会大规模削减业务。( )

4. 如果会计主体不能持续经营，则组织会计核算工作的必要性就不存在了。( )

5. 货币是商品的一般等价物，是一般商品价值的共同尺度，具有价值尺度、流通手段、贮藏手段和支付手段等特点。( )

6. 权责发生制主要是从空间上规定会计确认的基础。( )

7. 收付实现制属于会计基本假设之一。( )

8. 甲企业 2020 年 4 月售出商品，7 月才能收回货款，收付实现制基础下，甲企业 4 月份没有收到现金，就不确认收入。( )

9. 相关性要求企业应当以实际发生的交易或事项为依据进行确认、计量和报告，如实反映符合确定和计量要求的各项会计要素及其他相关信息，保证会计信息真实可靠、内容完整。( )

10. 为了保证会计信息能够满足决策的需要，便于比较不同企业的财务状况、经营成果和现金流量，不同企业发生相同或者相似的交易或事项，应当采用国家统一规定的相关会计方法和程序。( )

11. 在会计核算上应将以融资租赁方式租入的资产视为承租企业的资产，列入承租企业资产负债表。( )

12. 在实务中如果省略或者错报将会影响财务会计报告使用者决策的信息具有重要性。( )

13. 持续经营这一基本前提的主要意义在于可使会计原则建立在非清算基础上，从而为分期结算账目、编制财务会计报告提供基础。( )

14. 我国企业会计核算的基础一般是收付实现制。( )

15. 企业为应对市场经济环境下生产经营活动面临的风险和不确定性，应高估负债和费用，低估资产和收益。( )

16. 重要性的应用是从项目的金额大小判断其重要程度。( )

17. 相关性要求企业的会计信息应当清晰明了，简明扼要，数据记录和文字说明能一目了然地反映出经济活动的来龙去脉。( )

18. 上一会计期间取得的原始凭证，企业为方便核算可以在下一个会计期间与相关业务一起记账。( )

19. 企业短期租入的固定资产确认为企业资产，体现实质重于形式信息质量要求。( )

三、会计要素及其确认与计量

一、单项选择题

1. 下列各项关于会计要素的相关说法中，不正确的是(　　)。

A. 会计要素包括资产、负债、所有者权益、成本、损益和利润六大类

B. 会计要素是根据交易或者事项的经济特征所确定的财务会计对象和基本分类

C. 资产、负债和所有者权益属于反映企业特定时点财务状况的静态要素

D. 收入、费用和利润要素侧重于反映企业的经营成果

2. 下列各项中，不属于资产应的特征是(　　)。

A. 资产是由企业过去的交易或者事项形成的

B. 资产是可以单独对外出售的可辨认经济资源

C. 资产是企业拥有或者控制的资源

D. 资产预期会给企业带来经济利益

3. 关于费用要素，下列说法中错误的是(　　)。

A. 费用是指企业在日常活动中发生的，会导致所有者权益减少的，与向所有者分配利润无关的经济利益的总流出

B. 费用表现为资产的减少或负债的增加

C. 费用必须在实际支付现金时才可以确认

D. 符合费用定义和费用确认条件的项目，应当列入利润表

4. 企业在日常活动中形成的、会导致所有者权益增加的、与所有者投入资本无关的经济利益的总流入是(　　)。

A. 资本　　B. 收入　　C. 负债　　D. 利润

5. 下列选项中属于所有者权益的是(　　)。

A 固定资产　　B. 应收股利　　C. 资本公积　　D. 投资收益

6. 下列不属于企业资产的是(　　)。

A. 经营租入的设备　　B. 经营性出租的房屋

C. 融资性租入的设备　　D. 预付账款

7. 下列各项中，反映企业一定时期经营成果的会计要素是(　　)。

A. 收入　　B. 权益　　C. 收益　　D. 资产

3. 下列各项中，考虑货币时间价值因素的计量属性是(　　)。

A. 公允价值　　B. 可变现净值　　C. 现值　　D. 实际成本

9. 下列各项中，反映所有者对企业资产的剩余索取权的会计要素是(　　)。

A. 资产　　B. 负债　　C. 所有者权益　　D. 利润

10. 下列各项中，属于流动资产的是(　　)。

A. 机器设备　　B. 专利权　　C. 著作权　　D. 存货

11. 下列业务中，符合收入定义的是(　　)。

A. 销售产品收入　　B. 收到合同违约款

C. 报废固定资产净收益　　D. 向购货方收取的增值税销项税额

12. 下列各项中，属于企业一项资产减少、一项负债等额减少的经济业务是(　　)。

A. 以银行存款支付上月职工薪酬　　B. 把现金存入银行

C. 将在途材料验收入库　　D. 收到退回的押金

13. 下列各项中，使财务状况等式左右两边的金额等额减少的业务是(　　)。

A. 一项资产增加、另一项资产等额减少的经济业务

B. 一项负债增加、另一项负债等额减少的经济业务

C. 一项负债增加、一项所有者权益等额减少的经济业务

D. 一项资产减少、一项所有者权益等额减少的经济业务

14. 下列各项中，体现复式记账法的理论基础的是(　　)。

A. 试算平衡　　B. 会计等式　　C. 记账规则　　D. 权责发生制

15. 下列各项中，体现编制利润表的依据是(　　)。

A. 经营成果会计等式　　B. 基本会计等式

C. 收付实现制　　D. 权责发生制

16. 下列各项经济业务，会引起所有者权益总额发生增减变动的是(　　)。

A. 外购原材料，款项尚未支付　　B. 以银行存款偿还前欠货款

C. 接受新投资者追加投资　　D. 将资本公积转增为资本

17. 企业取得或生产制造某项财产物资时所实际支付的现金或者现金等价物属于(　　)。

A. 现值　　B. 重置成本　　C. 历史成本　　D. 可变现净值

18. 下列属于企业编制资产负债表的依据是(　　)。

A. 收入-费用=利润　　B. 资产=净资产

C. 资产=负债+所有者权益+收入-费用　　D. 资产=负债+所有者权益

19. 下列不能作为费用列支的是(　　)。

A. 已销产品的成本　　B. 职工薪酬　　C. 罚款支出　　D. 利息支出

20. 下列各项中，企业确定盘盈固定资产的初始入账价值时所采用的会计计量属性是(　　)

A. 可变现净值　　B. 重置成本　　C. 现金　　D. 公允价值

二、多项选择题

1. 下列各项中，符合企业资产定义的有(　　)。

A. 已购买的设备　　B. 盘亏的库存商品

C. 准备购入的原材料　　D. 长期租入的机器设备

2. 以下选项应计入利润的有(　　)。

A. 生产产品的销售收入　　B. 支付的电费

C. 因污染环境被处罚的 5 000 元罚款　　D. 所有者追加的 50 万元投资

3. 下列关于负债的表述中，正确的有(　　)。

A. 负债的清偿预期会导致经济利益流出企业

B. 负债是企业承担的过去的义务

C. 负债是企业过去的交易或事项形成的

D. 企业将在未来发生的承诺不形成负债

4. 下面项目中，会影响营业利润的有(　　)。

A. 销售商品收入　　B. 车间办公费

C. 接受捐赠　　D. 资产处置损失

5. 下列各项中，企业能够确认为负债的有(　　)。

A. 应收账款　　B. 应付账款　　C. 预付账款　　D. 预收账款

6. 下列可以反映财务状况的会计等式有(　　)。

A. 资产-负债=所有者权益　　B. 资产=负债+所有者权益

C. 收入-费用=利润　　D. 收入-成本=利润

7. 下列各项中，符合会计要素收入定义的有(　　)。

A. 工业企业销售原材料　　B. 4S 店销售小汽车

C. 商贸企业销售商品电脑　　D. 无法查明原因的现金溢余

8. 下列各项中，在会计等式中对利润构成影响的要素有(　　)。

A. 资产　　B. 费用　　C. 所有者权益　　D. 收入

9. 下列各项中，属于期间费用的有(　　)。

A. 管理费用　　B. 财务费用　　C. 长期待摊费用　　D. 销售费用

10. 下列各项中，属于资产特征的有(　　)。

A. 由过去的交易或事项形成的　　B. 企业拥有或控制的资源

C. 预期能给企业带来经济利益的资源　　D. 必须是有形态的实物资产

11. 下列各项中，属于收入的特征有(　　)。

A. 与收入有关的经济利益应当很有可能流入企业

B. 经济利益流入企业的结果会导致资产的增加或负债的减少

C. 经济利益的流入额能够可靠计量

D. 是在日常活动中形成的

12. 以下影响利润金额计量的有(　　)。

A. 负债　　B. 收入

C. 费用　　D. 直接计入利润的利得或损失

13. 下列关于现值计量的表述，不正确的有(　　)。

A. 资产按照其取得时支付的现金或现金等价物的金额计量

B. 资产按照预计从其持续使用和最终处置中所产生的未来净现金流入量的折现金额计量

C. 资产按照现在购买相同或相似资产所需要支付的现金或现金等价物的金额计量

D. 负债按照预计期限内需要偿还的未来净现金流出量的折现金额计量

14. 下列各项中，引起企业资产和负债要素同时发生增减变动的经济业务有(　　)。

A. 收到投资者投资款　　B. 以盈余公积转增资本

C. 从银行借入长期借款　　D. 开出支票归还前欠货款

15. 下列关于负债的表述中，正确的有(　　)。

A. 负债的清偿预期会导致经济利益流出企业

B. 负债是企业承担的过去的义务

C. 负债是企业过去的交易或事项形成的

D. 企业将在未来发生的承诺不形成负债

16. 下列各项中，属于费用要素的有(　　)。

A. 直接材料　　B. 销售费用　　C. 财务费用　　D. 制造费用

17. 下列各项中，影响利润金额的有(　　)。

A. 收入　　B. 直接计入当期损益的利得或损失

C. 费用　　D. 资本

18. 下列业务中的经济利益流入应界定为收入的有(　　)。

A. 商品销售收入　　B. 盘盈固定资产

C. 出租商标权的租金收入　　D. 现金盘盈

19. 下列各项中，属于损失的有(　　)。

A. 业务招待费用　　B. 广告费用

C. 现金盘亏损失　　D. 固定资产处置损失

20. 所有者权益的来源包括(　　)。

A. 企业投资人投入的资本　　B. 留存收益

C. 直接计入所有者权益的利得　　D. 直接计入所有者权益的损失。

三、判断题

1. 所有经济业务的发生，都会同时引起会计等式两边同时发生增减变动。(　　)

2. 动态会计等式反映了利润的形成过程。(　　)

3. 所有者权益在数量上等于企业资产总额扣除债权人权益后的净额。(　　)

4. 会计要素是按照经济内容对会计科目的具体内容作进一步分类核算的项目。(　　)

5. 会计要素是指根据交易或者事项的经济特征所确定的会计业务描述的基本分类。(　　)

6. 现代企业的所有权和经营权并不分离。(　　)

7. 费用是企业在日常活动中发生的、会导致所有者权益减少的、与向所有者分配利润无关的经济利益的总流出。(　　)

8. 企业在对会计要素计量时，一般应当采用公允价值。(　　)

9. 所有者权益是企业所有者在企业资产中享有的经济利益，其金额为企业的资产总额。(　　)

10. 企业因自然灾害毁损固定资产发生净损失 2 万元，应将其确认为费用。(　　)

11. 尽管所有者权益和负债都对企业资产拥有要求权，但它们的权利和义务是不一样的。(　　)

12. 一项现时义务符合负债的定义，并且未来很可能流出的经济利益的金额能够可靠地计量，即可确认为负债。(　　)

13. 企业的费用主要包括其他业务成本、税金及附加、期间费用及营业外支出。(　　)

14. 企业资产分为流动资产和非流动资产两大类，企业负债分为流动负债和非流动负债两大类。(　　)

15. 企业违约金收入应界定为企业的收入。(　　)

四、会计科目和借贷记账法

一、单项选择题

1. 下列各项中，与“应付职工薪酬”账户结构一致的是(　　)。

A. 预付账款　　B. 应收账款　　C. 其他应收款　　D. 应交税费

2. “应交税费”属于(　　)类会计科目。

A. 所有者权益　　B. 负债　　C. 成本　　D. 损益

3. 下列选项中，在借贷记账法下关于成本类账户结构描述不正确的是(　　)。

A. 借方登记增加

B. 贷方登记增加

C. 期末余额一般在借方

D. 期末余额=期初余额+本期借方发生额-本期贷方发生额

4. 下列各项中，不属于复式记账法的是(　　)。

A. 借贷记账法　　B. 增减记账法　　C. 收付记账法　　D. 正负记账法

5. 发生额试算平衡，是指根据借贷记账法的记账规则，检查(　　)记录是否正确的过程。

A. 贷方账户　　B. 借方账户　　C. 所有账户　　D. 个别账户

6. 简单会计分录是指(　　)。

A. 一借一贷　　B. 一借多贷　　C. 一贷多借　　D. 多借多贷

7. 下列关于借贷记账法的表述中，错误的是(　　)。

A. 借贷记账法的记账规则是“有借必有贷，借贷必相等”

B. 借贷记账法是以“借”和“贷”作为记账符号

C. 借贷记账法下，“借”表示增加，“贷”表示减少

D. 借贷记账法是我国法定的记账方法

8. 某企业月初的“应付账款”账户为贷方余额 60 万元，本月增加应付账款 20 万元，归还以前的应付账款 30 万元，则本月末应付账款账户的余额为(　　)万元。

A. 贷方 80　　B. 贷方 50　　C. 借方 50　　D. 贷方 30

9. 某企业“累计折旧”账户的年初贷方余额为 600 万元，假设该企业“累计折旧”账户当年的借方发生额为 200 万元，贷方发生额为 300 万元，则该企业“累计折旧”账户的年末余额为(　　)。

A. 贷方 500 万元　　B. 借方 500 万元　　C. 贷方 700 万元　　D. 借方 700 万元

10. 账户之间最本质的差别在于(　　)。

A. 反映的经济内容不同　　B. 结构不同

C. 记账符号不同　　D. 经济用途不同

11. 总分类科目和明细分类科目的主要区别是(　　)。

A. 反映的会计对象　　B. 归属的会计要素

C. 提供信息的详细程度及其统驭关系　　D. 反映的经济业务

12. 下列会计科目中，属于损益类科目的是(　　)。

A. 主营业务成本　　B. 本年利润　　C. 制造费用　　D. 累计折旧

13. 下列反映长期负债的科目是(　　)。

A. 应付账款　　B. 应付股利　　C. 应付债券　　D. 资本公积

14. 下列属于企业非流动资产的是(　　)。

A. 库存已两年的商品　　B. 无形资产

C. 长期应付债券　　D. 一年以上未收回应收账款

15. 下列各项中，属于负债类科目的是(　　)。

A. 长期待摊费用　　B. 应收账款　　C. 预付账款　　D. 预收账款

16. 借贷记账法下分别以“借”“贷”两个记账符号表示各会计要素的增加或减少，至于

“借”表示增加还是“贷”表示增加，则取决于(　　)。

A. 账户的格式　　B. 账户的名称

C. 账户的用途　　D. 账户的性质与所记录经济内容的性质

17. 下列属于所有者权益类的会计科目是(　　)。

A. 以前年度损益调整　　B. 待处理财产损溢

C. 公允价值变动损益　　D. 本年利润

18. 某企业月末在编制试算平衡表中，全部账户的本月贷方发生额合计为 100 000 万元，除银行存款账户外的本月借方发生额合计为 60 000 万元，则银行存款账户(　　)。

A. 本月贷方余额为 40 000 万元　　B. 本月借方余额为 40 000 万元

C. 本月借方发生额为 160 000 万元　　D. 本月贷方发生额为 160 000 万元

19. 以下各项目属于会计科目的是(　　)。

A. 应收购货单位款项　　B. 应付销货单位款项

C. 本年利润　　D. 投入资本

20. 会计科目是对(　　)的具体内容进行分类核算的项目。

A. 经济业务　　B. 会计主体　　C. 会计对象　　D. 会计要素

21. 2020 年 3 月 31 日，某企业负债总额为 500 万元，9 月份收回应收账款 60 万元，以银行存款归还短期借款 40 万元，预收租金 20 万元。不考虑其他因素，2019 年 9 月 30 日该企业负债总额为(　　)万元。

A. 480　　B. 380　　C. 440　　D. 460

22. 某企业 2020 年 9 月初资产总额为 100 万元，12 月份申请银行本票转入银行本票存款 20 万元，从银行提取现金 1 万元，收到设备投资的入账价值为 5 万元。不考虑其他因素，该企业 2019 年末资产总额为(　　)万元。

A. 100　　B. 106　　C. 126　　D. 105

23. 甲公司“应收账款”总分类账户下设“X 公司”和“Y 公司”两个明细账户，“应收账款”总账余额为 500 000 元，“X 公司”明细账户余额为 300 000 元，总账和所属明细账账户余额方向均一致，则“Y 公司”明细账户的余额为(　　)元。

A. 80 0000　　B. 200 000　　C. 300 000　　D. 500 000

24. 借贷记账法下分别以“借”“贷”两个记账符号表示各会计要素的增加或减少，至于“借”表示增加还是“贷”表示增加，则取决于(　　)。

A. 账户的格式

B. 账户的名称

C. 账户的用途

D. 账户的性质与所记录经济内容的性质

25. 下列各项中，可以通过编制试算平衡表发现的记账错误是(　　)。

A. 重记了某项经济业务

B. 漏记了某项经济业务

C. 记错有关账户

D. 只登记了会计分录的借方或贷方，漏记了另一方

二、多项选择题

1. 下列各项中，符合企业资产定义的有(　　)。

A. 投资者投入的设备　　B. 报废的设备
C. 准备购入的设备　　D. 已购入但尚在运输途中的设备

2. 下列有关会计科目的阐述中，正确的有(　　)。
A. 会计科目按其提供信息的详细程度及其统驭关系，可以分为总分类科目和明细分类科目
B. 总分类科目是对会计要素的具体内容进行总括分类，提供总括信息的会计科目
C. 明细分类科目是对总分类科目做进一步分类，提供更详细具体会计信息的科目
D. 企业在任何情况下都不能对明细分类科目再进一步分级设置三级科目

3. 下列科目中，属于三级科目的有(　　)。
A. 销项税额　　B. 应交税费　　C. 应交增值税　　D. 进项税额

4. 下列不属于成本类科目的有(　　)。
A. 生产成本　　B. 原材料　　C. 制造费用　　D. 管理费用

5. 下列各项中，不可以通过编制试算平衡表发现的记账是(　　)。
A. 重记了某项经济业务
B. 漏记了某项经济业务
C. 记错有关账户
D. 只登记了会计分录的借方或贷方，漏记了另一方

6. 以下属于会计分录的内容有(　　)。
A. 摘要　　B. 相互对应的科目
C. 经济业务发生额　　D. 应借应贷方向

7. 在借贷记账法下，余额一般在借方的会计账户有(　　)。
A. 成本类账户　　B. 负债类账户　　C. 损益类账户　　D. 资产类账户

8. 下列各项中，(　　)属于流动负债。
A. 应付职工薪酬　　B. 预收账款
C. 应交税费　　D. 一年内到期的长期借款

9. 下列属于资产类科目的有(　　)。
A. 交易性金融资产　　B. 公允价值变动损益
C. 预付账款　　D. 固定资产清理

10. 下列关于会计科目的表述中，正确的有(　　)。
A. 会计科目应根据企业的具体情况自行设定
B. 会计科目是对会计要素具体内容的进一步分类
C. 会计科目不仅表明了本身的核算内容，也决定了其自身的结构
D. 会计科目按其所提供的详细程度分为总分类科目和明细分类科目

11. 会计账户反映的内容包括(　　)。
A. 会计科目　　B. 日期和摘要
C. 凭证号数　　D. 增加方和减少方的金额及余额

12. 下列关于会计科目和会计账户的关系的表述中正确的是(　　)。
A. 账户是根据会计科目设置的
B. 会计科目具有格式和结构
C. 账户能够反映各会计要素的增减变动情况及结果

D. 会计科目是账户的名称，也是设置账户的依据

13. 下列符合借贷记账法规则的有(　　)。

A. 资产与权益同时减少，总额减少　　B. 资产与负债一增一减，总额增加

C. 资产与权益同时增加，总额增加　　D. 权益内部一增一减，总额不变

14. 下列符合借贷记账法记账规则的有(　　)。

A. 资产类账户增加记贷方，减少记借方　　B. 负债类账户增加记贷方，减少记借方

C. 收入类账户增加记贷方，减少记借方　　D. 费用类账户增加记贷方，减少记借方

15. 以下账户中，期末余额在借方的账户有(　　)。

A. 生产成本　　B. 累计折旧　　C. 长期待摊费用　　D. 固定资产清理

16. 会计科目按其提供信息的详细程度及其统驭关系，可以分为(　　)。

A. 资产类科目、负债类科目　　B. 共同类科目、成本类科目

C. 总分类科目　　D. 明细分类科目

17. 下列各项中，属于复式记账法的有(　　)。

A. 借贷记账法　　B. 增减记账法　　C. 收付记账法　　D. 单式记账法

18. 下列各项中，属于复合会计分录的有(　　)。

A. 一借多贷　　B. 多借一贷　　C. 多借多贷　　D. 一借一贷

19. 下列各项中，不影响借、贷方的平衡关系的有(　　)。

A. 漏记或重记某项经济业务

B. 某项经济业务记错有关会计科目，即串户

C. 某项经济业务在账户记录中，颠倒记账方向

D. 借方或贷方的发生额中，金额记录不正确

20. 下列等式中，(　　)能够正确反映试算平衡关系。

A. 全部账户本期借方发生额合计=全部账户本期贷方发生额合计

B. 全部账户借方期末(初)余额合计=全部账户贷方期末(初)余额合计

C. 负债类账户借方发生额合计=负债类账户贷方发生额合计

D. 资产类账户借方发生额合计=资产类账户贷方发生额合计

三、判断题

1. “营业外支出”账户属于成本类账户。(　　)

2. “预收账款”属于资产类科目。(　　)

3. 会计分录主要包括三个要素即会计科目、应借应贷方向和金额。(　　)

4. 所有者权益类账户的期末余额=期初余额+本期贷方发生额-本期借方发生额。(　　)

5. 会计科目能够反映交易或事项的发生所引起的会计要素各项目增减变动情况和结果。(　　)

6. 资产类账户和负债类账户一般都有期末余额，而资产类由于增加在借方，所以期末余额的方向与记录增加的方向一致，而负债类账户由于增加在贷方，所以期末余额的方向与记录增加的方向相反。(　　)

7. 编制试算平衡表时，也应该包括只有期初而没有本期发生额的账户。(　　)

8. 企业不能编制多借多贷的会计分录，因为不便于进行试算平衡，检查账户记录是否正确。(　　)

9.“借方期末额=借方期初余额+本期借方发生额-本期贷方发生额”这一公式适用于任何性质账户的结账。(　　)

10. 我国除借贷记账法外，还可以使用增减记账法。(　　)

11. 对于明细科目较多的总账科目，可在总分类科目下设置二明细科目，在二级明细科目下设置三级明细科目。(　　)

12. 账户的基本结构是由会计要素的数量变化情况决定的，从数量上看不外乎增加和减少两种情况。(　　)

13. 由于会计账户是根据会计科目设置的，会计科目就是账户的名称，因此，会计科目和账户在数量、名称、结构上是完全一致的。(　　)

14. 期末。期间费用的各账户期末结转入“本年利润”账户后应无余额。(　　)

15. 本期发生额是一个期间指标，它说明某类经济内容的增减变动情况。(　　)

16. 借贷记账法的记账规则“有借必有贷，借贷必相等”是余额试算平衡的直接依据。(　　)

17. 会计人员误将财务费用确认为制造费用，通过试算平衡表无法查出该差错。(　　)

18. 借贷记账法的记账规则“有借必有贷，借贷必相等”是余额试算平衡的直接依据。(　　)

19. 我国会计准则规定，企业、行政单位和事业单位会计核算可根据企业的具体情况选择采用借贷记账法、增减记账法或收付记账法记账。(　　)

20. 会计科目按其反映的经济内容不同，分为资产、负债、所有者权益、收入、成本和利润六大类。(　　)

五、会计凭证、会计账簿与账务处理程序

一、单项选择题

1. 下列属于累计原始凭证的是(　　)。

A. 增值税专用发票　　B. 出差报销的火车票

C. 银行结算凭证　　D. 限额领料单

2. 会计日常核算工作的起点是(　　)。

A. 填制会计凭证　　B. 财产清查

C. 设置会计科目和账户　　D. 登记会计账簿

3. 下列属于通用凭证的是(　　)。

A. 折旧计算表　　B. 领料单

C. 增值税专用发票出　　D. 差旅费报销单

4. 原始凭证有错误的，正确的处理方法是(　　)。

A. 向单位负责人报告　　B. 退回，不予接受

C. 由出具单位重开或更正　　D. 本单位代为更正

5. 下列属于累计凭证的是(　　)。

A. 领料单　　B. 限额领料单

C. 耗用材料汇总表　　D. 工资汇总表

6. 原始凭证上阿拉伯数字的书写，错误的做法是(　　)。

A. 金额数字前书写货币币种符号

B. 币种符号与金额数字之间要留有空白
C. 币种符号与金额数字之间不得留有空白
D. 数字前写有币种符号的，数字后不再写货币单位

7. 企业购进原材料 120 000 元，款项未付。该笔经济业务应编制的记账凭证是(　　)。
A. 收款凭证　B. 付款凭证　C. 转账凭证　D. 以上均可

8. 根据连续反映某一时期内不断重复发生而分次进行的特定业务编制的原始凭证有(　　)。
A. 一次凭证　B. 累计凭证　C. 记账凭证　D. 汇总原始凭证

9. 不符合原始凭证基本要求的是(　　)。
A. 从个人取得的原始凭证，必须有填制人员的签名盖章
B. 原始凭证不得涂改、刮擦、挖补
C. 上级批准的经济合同，应作为原始凭证
D. 大写和小写金额必须相等

10. 下列业务中应该编制收款凭证的是(　　)。
A. 用银行存款支付职工薪酬　B. 收到销售商品的款项
C. 购买材料，款项尚未支付　D. 销售商品，收到商业汇票一张

11. 将库存现金送存银行，应填制的记账凭证是(　　)。
A. 库存现金收款凭证　B. 库存现金付款凭证
C. 银行存款收款凭证　D. 银行存款付款凭证

12. 下列关于原始凭证的说法不正确的是(　　)。
A. 按照来源的不同，分为外来原始凭证和自制原始凭证
B. 按照格式的不同，分为通用原始凭证和专用原始凭证
C. 按照填制手续及内容不同，分为一次原始凭证、累计原始凭证和汇总原始凭证
D. 按照填制方法不同，分为外来原始凭证和自制原始凭证

13. 下列关于专用记账凭证的说法中错误的是(　　)。
A. 专用记账凭证可以分为收款凭证、付款凭证和转账凭证
B. 若该凭证已登记账簿，应在“记账”栏内标记为“对”以防止经济业务重记或漏记
C. 借贷记账法下，收款凭证的设证科目是借方科目
D. 付款凭证在凭证内反映的是贷方科目，应填列与“库存现金”或“银行存款”相对应的科目

14. 可以不附原始凭证的记账凭证是(　　)。
A. 更正错误的记账凭证　B. 从银行提取现金的记账凭证
C. 以现金发放工资的记账凭证　D. 职工临时性借款的记账凭证

15. 启用会计账簿时，应当在账簿封面上写明单位名称和(　　)，并在账簿扉页上附启用表。
A. 账簿内容　B. 账簿名称　C. 账簿类型　D. 账簿编号

16. 下列各项中，能够序时反映企业某一类经济业务会计信息的账簿是(　　)。
A. 明细分类账　B. 总分类账　C. 备查簿　D. 日记账

17. 下列各项中，适合采用多栏式账簿的明细账是(　　)。
A. 应收账款　B. 预收账款　C. 管理费用　D. 库存商品

18. 下列情况不可以用红色墨水记账的是(　　)。

A. 冲账的记账凭证，冲销错误记录

B. 在不设借贷等栏的多栏式账页中，登记减少数

C. 在三栏式账户的余额栏前，印明余额方向的，在余额栏内登记负数余额

D. 在三栏式账户的余额栏前，未印明余额方向的，在余额栏内登记负数余额

19. 下列账簿中可以采用卡片账的是(　　)。

A. 原材料总分类账　　B. 现金日记账

C. 固定资产明细分类账　　D. 固定资产总分类账

20. 下列各项中，应使用数量金额式账簿的是(　　)。

A. 主营业务收入明细账　　B. 管理费用明细账

C. 生产成本明细账　　D. 原材料明细账

21. 银行存款日记账是根据(　　)逐日逐笔登记的。

A. 与银行存款收、付业务有关的凭证　　B. 转账凭证

C. 库存现金收款凭证　　D. 银行对账单

22. 下列各项中，出纳人员根据会计凭证登记现金日记账正确的做法是(　　)。

A. 根据库存现金收付业务凭证逐笔、序时登记

B. 根据现金收付款凭证金额相抵的差额登记

C. 将现金收款凭证汇总后再登记

D. 将现金付款凭证汇总后再登记

23. 下列各项中，适合采用数量金额式账簿的是(　　)。

A. 库存商品明细账　　B. 短期借款明细账

C. 银行存款日记账　　D. 制造费用明细账

24. 企业偿还一笔应付账款，金额为420 000元，编制的记账凭证无误，在登记相关账簿时误记为240 000元，会计科目使用正确，则可以选择的更正方法是(　　)。

A. 划线更正法　　B. 红字更正法　　C. 补充登记法　　D. 重新抄写

25. 账账核对不包括(　　)。

A. 总账各账户余额核对　　B. 总账与明细账之间的核对

C. 总账与备查账之间的核对　　D. 总账与日记账的核对

26. 企业将有关债权债务明细账账面余额与对方单位的账面记录进行核对，这种对账属于(　　)的内容。

A. 账证核对　　B. 账账核对　　C. 账实核对　　D. 账表核对

27. 下列关于划线更正法的说法正确的是(　　)。

A. 划线更正法可以只划去错误的单个数字

B. 划线更正法不可以划去错误的文字

C. 错误的数字必须全部划去

D. 错误的数字必须全部涂掉

28. 下列表述中不正确的是(　　)。

A. 每一账页登记完毕结转下页时，应当结出本页合计数及余额，写在本页最后一行和下页第一行有关栏内，并在摘要栏内注明“过次页”和“承前页”字样

B. 对不需要按月结计本期发生额的账户，需要随时结出余额

C. 总账账户年终结账时需要结出全年发生额和年末余额

D. 年度终了结账时，有余额的账户，需要编制记账凭证将其余额结转下年

29. 记账凭证账务处理程序适用于(　　)。

A. 规模小、经济业务量较少的单位　　B. 规模大、经济业务较多的单位

C. 规模小、经济业务量较多的单位　　D. 规模大、经济业务较少的单位

30. 各种账务处理程序的主要区别是(　　)。

A. 登记明细账的依据不同　　B. 登记总账的依据和方法不同

C. 记账的程序不同　　D. 记账的方法不同

二、多项选择题

1. 下列属于外来原始凭证的有(　　)。

A. 采购原材料收到的增值税发票　　B. 业务员出差的住宿发票

C. 采购原材料的入库单　　D. 购入原材料使用的银行汇票

2. 原始凭证的审核内容主要包括(　　)。

A. 审核原始凭证的真实性　　B. 审核原始凭证的合法性、合理性

C. 审核原始凭证的完整性　　D. 审核原始凭证的正确性

3. 以下关于原始凭证数字及文字填写要求表述正确的有(　　)。

A. 中文大写金额数字应用正楷或草书填写

B. 中文大写金额数字到“元”为止的，在“元”之后应写“整”(或“正”字)，大写金额数字有“分”的，“分”后面不写“整”(或“正”)字

C. 已预先印定编号的原始凭证，因错作废时，加盖作废戳记，妥善保管，不得撕毁

D. 中文大写金额数字前应表明“人民币”字样，大写金额应紧接“人民币”字样填写

4. 原始凭证按填制手续及内容不同分为(　　)。

A. 一次凭证　　B. 累计凭证　　C. 汇总凭证　　D. 外来凭证

5. 李丽出差回来，报销差旅费 3 000 元，原预借 4 000 元，交回剩余现金 1 000 元，这笔业务应该编制的记账凭证有(　　)。

A. 付款凭证　　B. 收款凭证　　C. 转账凭证　　D. 原始凭证

6. 从外单位取得的原始凭证遗失时应该作(　　)处理后，才能代作原始凭证。

A. 取得原签发单位盖有公章的证明

B. 注明原始凭证的号码金额内容等

C. 由经办单位会计机构负责人批准

D. 由经办单位负责人批准

7. 记账凭证的填制必须做到记录真实、内容完整、填制及时、书写清楚外，还必须符合(　　)要求。

A. 如有空行，应当在空行处划线注销

B. 发生错误应该按规定的方法更正

C. 必须连续编号

D. 除另有规定外，应该有附件并注明附件张数

8. 收款凭证左上角借方科目不应填列的是(　　)。

A. 银行存款　　B. 库存现金　　C. 主营业务收入　　D. 应收账款

9. 关于记账凭证下列说法正确的是(　　)。

A. 收款凭证是指用于记录现金和银行存款收款业务的会计凭证

B. 收款凭证分为现金收款凭证和银行存款收款凭证两种

C. 从银行提取库存现金的业务应该编制现金收款凭证

D. 从银行提取库存现金的业务应该编制银行存款付款凭证

10. 下列属于一次凭证的有(　　)。

A. 收据　B. 发货票　C. 工资结算单　D. 工资汇总表

11. 以下属于原始凭证的有(　　)。

A. 汽车票　B. 限额领料单　C. 普通发票　D. 产品出库单

12. 下列经济业务中，应填制付款凭证的有(　　)。

A. 提现金备用　B. 购买材料预付订金

C. 购买材料未付款　D. 以银行存款支付前欠单位货款

13. 下列关于会计凭证传递和保管的说法中正确的有(　　)。

A. 原始凭证较多时可以单独装订

B. 装订成册的会计凭证要加具封面，并逐项填写封面内容

C. 通过会计凭证的传递可以加强会计监督

D. 单位应根据具体情况制定每一种凭证的传递程序和方法

14. 以下属于汇总原始凭证的有(　　)。

A. 汇总收款凭证　B. 收料凭证汇总表

C. 限额领料单　D. 发料凭证汇总表

15. 下列人员中，应在记账凭证上签章的有(　　)。

A. 单位负责人　B. 会计主管　C. 记账人员　D. 制单人员

16. 结账的程序包括(　　)。

A. 将本期内发生的经济业务全部计入有关账簿

B. 根据权责发生制的要求，调整有关账项，合理确定本期应计的收入和应计的费用

C. 将损益类科目记入"本年利润"科目，结平所有损益类科目

D. 结算出日记账、总账、明细账的本期发生额和期末余额

17. 账簿按其用途不同，可以分为(　　)。

A. 数量金额式账簿　B. 分类账簿　C. 序时账簿　D. 辅助账簿

18. 账证核对是指核对账簿记录与原始凭证，记账凭证的(　　)是否一致，记账方向是否相符。

A. 时间　B. 凭证字号　C. 方式　D. 内容

19. 在会计实务中，下列各种情况中可以使用红色墨水的有(　　)。

A. 结账时划线

B. 表示冲减的数额

C. 采用划线更正法进行错账更正

D. 在不设借、贷方向的账页中表示减少发生额

20. 下列账簿中，一般采用多栏式的有(　　)。

A. 资本明细账　B. 收入明细账　C. 债务明细账　D. 费用明细账

21. 订本式账簿主要适用于(　　)。

A. 固定资产明细账　B. 总分类账

C. 销售收入明细账　　D. 银行存款日记账

22. 下列各项中，关于科目汇总表账务处理程序表述正确的有(　　)。

A. 该账务处理程序不利于单位对账目进行检查

B. 该账务处理程序可减轻单位登记总分类账的工作量

C. 该账务处理程序下单位应根据记账凭证直接登记总分类账

D. 该账务处理程序通常适用于经济业务较多的单位

23. 下列凭证中，为汇总记账凭证账务处理程序特别设置的凭证有(　　)。

A. 汇总原始凭证　B. 汇总收款凭证　C. 汇总转账凭证　D. 汇总付款凭证

24. 根据总账的登记依据对账务处理程序进行分类，下列各项中正确的有(　　)。

A. 记账凭证账务处理程序　　B. 汇总记账凭证账务处理程序

C. 科目汇总表账务处理程序　　D. 一般账务处理程序

25. 下列各项中，属于企业填制记账凭证依据的有(　　)。

A. 汇总记账凭证　B. 科目汇总表　C. 原始凭证　D. 汇总原始凭证

26. 下列各项中，属于记账凭证账务处理程序一般步骤的有(　　)。

A. 根据收、付款凭证逐笔登记库存现金日记账和银行存款日记账

B. 根据原始凭证、汇总原始凭证和记账凭证，登记各种明细分类账

C. 期末，将库存现金日记账、银行存款日记账和明细分类账的余额与有关总分类账核对

D. 期末，根据总分类账和明细分类账的记录，编制财务报表

27. 以下属于记账凭证账务处理程序优点的有(　　)。

A. 简单明了、易于理解

B. 总分类账可较详细地记录经济业务发生情况

C. 便于进行会计科目的试算平衡

D. 减轻了登记总分类账的工作量

28. 以记账凭证为依据，按有关账户的贷方设置，按借方账户归类的有(　　)。

A. 汇总收款凭证　　B. 汇总转账凭证

C. 汇总付款凭证　　D. 科目汇总表

29. 账簿组织包括(　　)。

A. 会计凭证、会计账簿的种类及格式　　B. 会计凭证与账簿之间的联系方法

C. 会计机构及会计岗位的设置　　D. 会计工作人员的职责

30. 在科目汇总表账务处理程序下，月末应将(　　)与总分类账进行核对。

A. 现金日记账　B. 明细分类账　C. 银行存款日记账　D. 备查账

三、判断题

1. 领料单、报销单都属于企业自制原始凭证。(　　)

2. 原始凭证发生的错误，正确的更正方法是由出具单位在原始凭证上更正。(　　)

3. 自制原始凭证都是一次凭证，外来原始凭证绝大多数是一次凭证。(　　)

4. 记账凭证所附的原始凭证数量过多，也可以单独装订保管，但应在其封面及有关记账凭证上加注说明。(　　)

5. 一张原始凭证所列的支出需要由几个单位共同负担时，应当由保存该原始凭证的单位将该原始的复印件交给其他应负担的单位。(　　)

6. 对于真实、合法、合理但内容不够完善、填写有错误的原始凭证，会计机构和会计人员不予以接受。(　　)

7. 原始凭证是会计核算的原始资料和重要依据，是登记会计账簿的直接依据。(　　)

8. 所有的记账凭证都必须附有原始凭证，否则，不能作为记账的依据。(　　)

9. 转账支票只能用于转账，而现金支票不仅可以用于提取现金还可以用于转账。(　　)

10. 限额领料单属于一次凭证。(　　)

11. 登记账簿时，发生的空行、空页一定要补充书写，不得注销。(　　)

12. 登记账簿的唯一依据是审核无误的原始凭证。(　　)

13. 现金日记账是由出纳人员根据审核无误的现金收、付款凭证和转账凭证按照经济业务的发生顺序，逐日、逐笔序时登记。(　　)

14. "原材料"明细账应该采用数量金额式账页格式。(　　)

15. 明细账一般使用活页式账簿，以便于根据实际需要，随时添加账页。(　　)

16. 现金日记账的日期档，应填写记账凭证上的日期，也就是编制该记账凭证的日期。(　　)

17. 固定资产卡片不必每年更换新账，可以连续使用。(　　)

18. 固定资产、债权、债务、库存商品、原材料、产成品等明细账应逐日逐笔登记。(　　)

19. 记账凭证账务处理程序因为不存在编制科目汇总表或汇总记账凭证的程序，故对于业务量小的企业而言，最为适用。(　　)

20. 启用订本式账簿时，应当从第一页到最后一页顺序编定页数，不得跳页、缺号。使用活页式账簿时，应当按账户顺序编号，无须定期装订成册。(　　)

22. 账簿记录是编制原始凭证和记账凭证的直接依据。(　　)

23. 科目汇总表账务处理程序的缺点之一是，在科目汇总表不反映各科目的对应关系。(　　)

24. 记账凭证务处理程序是最基本的服务处理程序，其他账务处理程序都是在此基础上发展形成的，其优点就是登记账簿的工作量小。(　　)

25. 在汇总记账凭证账务处理程序中，登记总分类账时，应根据汇总付款凭证的合计数，记入"库存现金"或者"银行存款"总分类账户的借方，根据汇总付款凭证各贷方科目的合计数分别计入有关总分类账户的贷方。(　　)

六、财产清查

一、单项选择题

1. 对库存现金进行清查时，采用的方法是(　　)。

A. 实地盘点法　　B. 技术推算法　　C. 发函询证法　　D. 实物盘点法

2. 企业进行库存现金清查时可能涉及的单位和部门有(　　)。

A. 财会部门　　B. 财产使用部门

C. 实物财产保管部门　　D. 开户银行

3. 在下列各项中，属于财产清查按清查范围分类的内容是(　　)。

A. 外部清查　　B. 定期清查　　C. 局部清查　　D. 内部清查

4. 在下列各项中，不属于财产清查意义的内容是(　　)。
A. 保证凭证记载真实准确　　B. 确保账实相符
C. 真实反映企业的财务状况　　D. 确保财务报告质量
5. 会计部门在财产清查中应做好的主要准备工作是(　　)。
A. 账簿资料准备　B. 物资整理准备　C. 清查量具准备　D. 登记表格准备
6. 在下列各项中，属于存货清查的内容是(　　)。
A. 库存现金清查　B. 银行存款清查　C. 库存材料清查　D. 固定资产清查
7. 对在库存现金清查中发现的实存金额多于其账存金额的情况，可称为(　　)。
A. 收入　B. 长款　C. 短款　D. 盘亏
8. 在财产清查中，若发现存在未达账项时，应编制(　　)。
A. 发生额及余额试算表　　B. 材料采购成本计算表
C. 银行存款余额调节表　　D. 完工产品成本计算表
9. 在银行存款余额调节表上，表明企业可以动用存款数的是(　　)。
A. 企业已收银行未收款项　　B. 银行存款日记账余额
C. 银行对账单余额　　D. 调节以后的存款余额
10. 在下列各项中，属于银行未达账项内容的是(　　)。
A. 企业与银行均已收付款项　　B. 银行已收企业未收款项
C. 企业已付银行未付款项　　D. 银行已付企业未付款项
11. 某企业 2019 年 12 月 31 日银行存款日记账的余额为 15 000 元，经逐笔核对，发现未达账项如下：银行已收，企业未收 9 200 元；银行已付，企业未付 200 元。假定不考虑其他因素，该企业的实有存款金额为(　　)元。
A. 24 000　B. 6 000　C. 5 600　D. 24 400
12. 在下列各项中，属于企业存货的内容是(　　)。
A. 交易性金融资产　B. 应收账款　C. 在产品　D. 库存现金
13. 在财产清查中，存货盘存制度要确定的是财产物资的(　　)。
A. 增加数量　B. 减少金额　C. 结存数量　D. 结存金额
14. 在下列做法中，不属于企业用来进行期末存货盘存的做法是(　　)。
A. 权责发生制　B. 永续盘存制　C. 账面盘存制　D. 实地盘存制
15. 在财产清查中，通过设置存货明细账，可随时结出存货结存数量的盘存方法称为(　　)。
A. 权责发生制　B. 永续盘存制　C. 收付实现制　D. 实地盘存制
16. 在对下列各种存货进行清查时，一般不可采用全面盘点法的是(　　)。
A. 库存原材料　　B. 库存包装物
C. 库存商品　　D. 零散堆放的大宗材料
17. 在对下列各种存货进行清查时，可采用函证核对法的是(　　)。
A. 库存商品　　B. 重量、体积等比较均衡的存货
C. 零散堆放的大宗材料　　D. 委托外单位加工的存货
18. 根据财产清查结果的处理原则，对于固定资产的盘盈应(　　)。
A. 计入当期管理费用　　B. 计入当期销售费用
C. 计入当期制造费用　　D. 作为前期差错进行损益调整

19. 根据财产清查结果的处理原则，对财产清查中发现的属于流动资产自然损耗部分，应(　　)。

A. 增加企业的管理费用　　B. 减少企业的管理费用

C. 增加企业的其他应收款　　D. 增加企业的营业外支出

31. 根据财产清查结果的处理原则，属于非正常损失造成的实物资产的毁损等，扣除保险公司赔款和残料价值后的部分，应(　　)。

A. 增加企业的管理费用　　B. 减少企业的管理费用

C. 增加企业的其他应收款　　D. 增加企业的营业外支出

二、多项选择题

1. 下列属于外部清查人员的有(　　)。

A. 上级主管部门　　B. 审计机关　　C. 司法部门　　D. 注册会计师

2. 在下列单位和部门中，企业进行财产清查可能涉及的有(　　)。

A. 财会部门　　B. 企业的债务人

C. 企业的开户银行　　D. 企业内部的财产保管部门

3. 以下资产可以采用发函询证的方法进行财产清查的有(　　)。

A. 应收账款　　B. 预付账款　　C. 银行存款　　D. 存货

4. 在下列各项中，属于永续盘存制的优点的是(　　)。

A. 便于随时掌握财产的占用情况及其动态

B. 有利于企业加强对财产物资的管理

C. 存货明细分类核算工作量较大

D. 有利于实施对存货的控制

5. 在下列单位和部门中，企业进行债权债务清查可能涉及的有(　　)。

A. 企业的债务人　　B. 企业内部的财产使用部门

C. 企业的开户银行　　D. 企业的债权人

6. 财产清查按清查范围分类，可分为(　　)。

A. 全部清查　　B. 定期清查　　C. 局部清查　　D. 内部清查

7. 财产清查按清查时间分类，可分为(　　)。

A. 全部清查　　B. 定期清查　　C. 局部清查　　D. 不定期清查

8. 在下列各项中，属于企业进行财产清查意义的内容有(　　)。

A. 保证账簿记录真实准确　　B. 确保账实相符

C. 真实反映企业的财务状况　　D. 确保财务报告质量

9. 在财产清查中，清查小组担负的主要任务有(　　)。

A. 制定清查计划　　B. 安排清查步骤

C. 配备清查人员　　D. 解决清查中出现的问题

10. 对在库存现金清查中发现的实存金额少于其账存金额的情况，可称为(　　)。

A. 费用　　B. 长款　　C. 短款　　D. 盘盈

E. 盘亏

12. 从企业的角度看，属于未达账项的内容有(　　)。

A. 企业已收银行未收款项　　B. 银行已收企业未收款项

C. 银行已付企业未付款项　　D. 企业已付银行未付款项

13. 在下列各项中，属于存货清查的具体内容有(　　)。

A. 库存现金清查　　B. 库存商品清查

C. 库存材料清查　　D. 在产品清查

14. 在下列做法中，企业可以用来进行期末存货盘存的做法有(　　)。

A. 权责发生制　　B. 永续盘存制

C. 收付实现制　　D. 实地盘存制

15. 在财产清查中所采用的永续盘存制做法的主要特点有(　　)。

A. 设置有关存货明细分类账　　B. 逐笔登记存货的收入数量

C. 逐笔登记存货的发出数量　　D. 平时不登记存货发出数量

E. 可随时结出存货结存数量

16. 下列表单中，可作为货币资金和实物资产清查结果处理原始凭证的有(　　)。

A. 库存现金盘点报告表　　B. 财产物资盘存单

C. 银行存款余额调节表　　D. 账存实存对比表

17. 在对下列各种存货进行清查时，可采用抽样盘点法的有(　　)。

A. 数量比较多的存货　　B. 重量比较均衡的存货

C. 体积比较均衡的存货　　D. 委托外单位加工的存货

18. 在下列各项中，不属于财产清查结果的内容是(　　)。

A. 库存现金清查结果　　B. 库存材料清查结果

C. 未收款的未达账项　　D. 未付款的未达账项

19. 在下列各项中，属于财产清查结果处理主要步骤的内容有(　　)。

A. 报经批准以后，核销盘盈盘亏　　B. 报经批准之前，核销盘盈盘亏

C. 核准盈亏金额，提出处理意见　　D. 调整账簿记录，做到账实相符

20. 下列各项财产清查结果中，经批准以后可以计入企业当期管理费用的有(　　)。

A. 流动资产的盘盈

B. 流动资产的定额内合理损耗

C. 应由过失人或保险公司赔偿，扣除赔偿款和残料价值后的部分

D. 非正常损失造成的实物资产的毁损

三、判断题

1. 定期清查和不定期清查均既可以是全面清查，也可以是局部清查。(　　)

2. 财产清查就是指对各种实物资产的清查。(　　)

3. 在财产清查中，需要将清查盘点的结果与相关的账簿记录资料进行核对，这里所说的相关账簿指的是总分类账簿。(　　)

4. 对库存现金清查的基本方法是将库存现金日记账与银行对账单进行核对。(　　)

5. 未达账项是指企业与其客户或供应商之间对于同一项交易或事项，一方已经登记入账，另一方由于没有接到有关结算凭证而暂时尚未登记入账的款项。(　　)

6. 银行存款余额调节表可以作为调整账户记录的原始凭证。(　　)

7. 银行存款余额调节表上调整后的余额是企业可以支用存款的最高数额。(　　)

8. 在采用永续盘存制的企业，可以不再进行存货的实地盘点。(　　)

9. 对固定资产进行清查时，一般应采用全面盘点法。(　　)

10. 在将财产清查结果报经批准前，会计人员可以调整账簿记录，核销盘盈盘

亏。(　　)

11. 财产清查结果的账务处理都必须利用“待处理财产损溢”账户。(　　)

12. 属于自然灾害造成的存货毁损，扣除保险公司赔款和残值后的净损失，应记入“管理费用”账户。(　　)

13. 对于未达账项应编制银行存款余额调节表进行调节，同时将未达账项编制记账凭证登记入账。(　　)

14. 企业在银行的实有存款数应是银行对账单上列明的余额。(　　)

15. 一般情况下，内部清查是局部清查，外部清查则是全面清查。(　　)

16. 企业每月都应进行一次全面清查。(　　)

17. “现金盘点报告表”应由盘点人员和会计机构负责人共同签章方能生效。(　　)

18. 现金清查中发现长款，如果无法查明原因，经批准应当冲减当期管理费用。(　　)

19. 实地盘点法与技术推算法相比，花费的时间少，工作量也要小得多。(　　)

20. 财产清查产生的损溢，应在期末结账前处理完毕。如果在期末结账前尚未经批准，在对外提供财务报表时，先按上述规定进行处理，并在附注中作出说明；其后批准处理的金额与已处理的金额不一致的，则调整财务报表相关项目的本期数。(　　)

七、财务报告

一、单项选择题

1. 资产负债表中资产的排列依据是(　　)。

A. 项目收益性　B. 项目重要性　C. 项目流动性　D. 项目时间性

2. 根据《企业会计制度》的规定，中期财务会计报告不包括(　　)。

A. 月报　B. 季报　C. 半年报　D. 年报

二、多项选择题

1. 下列各项可以通过资产负债表反映的有(　　)。

A. 某一时点的财务状况　B. 某一时点的偿债能力

C. 某一期间的经营成果　D. 某一期间的获利能力

2. 下列选项中，属于财务报表的有(　　)。

A. 资产负债表　B. 利润表　C. 现金流量表　D. 财务报表附注

3. 会计报表的编制要求有(　　)。

A. 真实可靠　B. 相关可比　C. 全面完整　D. 编报及时

三、判断题

1. 企业对外提供的财务报告中，附注是不可或缺的重要组成部分。(　　)

2. 企业编制财务报表的时候如果没有需要可以不编制报表附注。(　　)

3. 会计报表提供的信息不是仅供外部的投资者和债权人使用。(　　)

第二章　资　　产

学情分析

1. 掌握现金管理的主要内容和现金核算、现金清查；银行结算制度的主要内容；其他货币资金的核算。

2. 掌握应收票据、应收账款、预付账款、应收股利、应收利息和其他应收款的核算。

3. 掌握交易性金融资产的核算。

4. 掌握存货成本的确定、发出存货的计价方法、存货清查；原材料、周转材料、委托加工物资、库存商品的核算。

5. 掌握固定资产的核算。

6. 掌握无形资产的核算；熟悉无形资产的内容。

7. 熟悉长期待摊费用的核算。

8. 了解应收账款、存货、固定资产和无形资产减值的会计处理。

主要内容导图

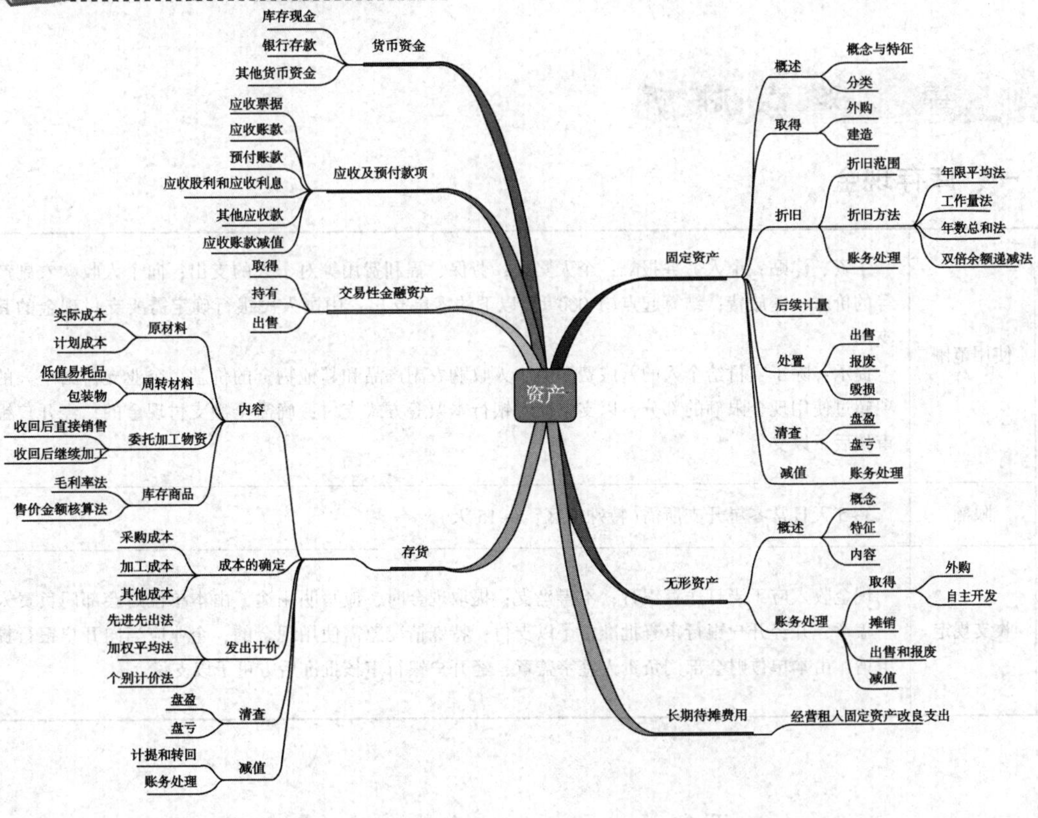

第一节　货币资金

学情分析

本节重点掌握以下内容：

1. 现金管理制度。
2. 现金清查账务处理。
3. 其他货币资金核算范围。

主要内容导图

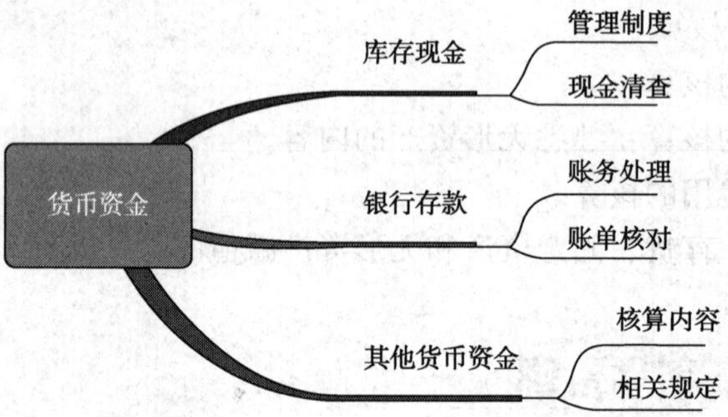

重、难点解析

一、库存现金

管理制度	使用范围	工资、津贴；个人劳务报酬；个人奖金；劳保、福利费用等对个人的支出；向个人收购农副产品等的价款；差旅费；结算起点(1 000元)以下的零星支出；中国人民银行确定需要支付现金的其他支出 提示：除了支付给个人的差旅费和向个人收购农副产品和其他物资的价款，企业支付给个人的款项超过使用现金限额的部分，以支票或者银行本票等方式支付；确需全额支付现金的，经开户银行审核后予以支付
	限额	3~5天日常零星开支所需(特殊地区：5~15天)
	收支规定	现金收入应于当日送存银行；不得坐支；提取现金时，应写明用途，由本单位财会部门负责人签字盖章，并经开户银行审查批准，予以支付；特殊情况急需使用现金的，企业应当向开户银行提出申请，由本单位财会部门负责人签字盖章，经开户银行审核批准后方可予以支付

续表

<table>
<tr><td rowspan="2">现金清查</td><td>短缺</td><td>借：待处理财产损溢
　　贷：库存现金
借：其他应收款(应收赔款)
　　管理费用(无法查明原因)
　　贷：待处理财产损溢</td></tr>
<tr><td>溢余</td><td>借：库存现金
　　贷：待处理财产损溢
借：待处理财产损溢
　　贷：其他应付款(应付款项)
　　　　营业外收入(无法查明原因)</td></tr>
</table>

【例题·单选题】企业现金清查中，经检查仍无法查明原因的现金短款，按规定经批准后应计入(　　)。

A. 财务费用　　B. 管理费用　　C. 销售费用　　D. 营业外支出

『答案』B

『解析』无法查明原因的现金短款记“管理费用”。

【例题·多选题】下列各项中，符合《现金管理暂行条例》规定可以用现金结算的有(　　)。

A. 出差人员必须携带的差旅费

B. 向个人收购农副产品支付的款项

C. 向企业购买大宗材料支付的价款

D. 支付给职工个人的劳保福利费

『答案』AB

『解析』除了支付给个人的差旅费和向个人收购农副产品和其他物资的价款，企业支付给个人的款项超过使用现金限额的部分，以支票或者银行本票等方式支付。

【例题·多选题】下列事项中，符合现金管理有关规定的有(　　)。

A. 企业对于当日收到的现金自行确定送存时间

B. 因特殊情况需要坐支现金的，应当事先报经开户银行审批

C. 企业从开户银行提取现金，只要由本单位出纳人员签字盖章即可

D. 不准用银行账户代其他单位和个人存入或支取现金

『答案』BD

『解析』A选项现金收入应于当日送存银行，C选项提取现金时，应写明用途，由本单位财会部门负责人签字盖章，并经开户银行审查批准，予以支付。

【例题·判断题】企业现金留存限额是根据企业自身情况自行制定的。(　　)

『答案』×

『解析』企业现金的限额是由开户银行根据单位的实际需要核定的，一般按照单位3~5天日常零星开支所需确定。

二、银行存款

账务处理	将现金存入银行	借：银行存款 　　贷：库存现金
	提现	借：库存现金 　　贷：银行存款
账单核对	内容	银行存款日记账与银行对账单核对
	未达账项	银行已收，企业未收 银行已付，企业未付 企业已收，银行未收 企业已付，银行未付
	注意事项	银行存款余额调节表不是原始凭证

【例题·单选题】下列业务中能够导致银行存款增加的是(　　)

A. 将库存现金存入银行

B. 从银行提取现金

C. 销售商品收到对方开出的商业承兑汇票

D. 销售货物尚未收到款项

『答案』A

『解析』B选项会计处理："借：库存现金 贷：银行存款"。银行存款作为资产类科目在贷方表示减少；C选项会计处理："借：应收票据 贷：主营业务收入 应交税费——应交增值税(销项税额)"不涉及银行存款；D选项会计处理："借：应收账款 贷：营业务收入 应交税费——应交增值税(销项税额)"不涉及银行存款。

【例题·多选题】编制银行存款余额调节表时，下列未达账项，会导致企业银行存款日记账账面余额小于银行对账单余额的有(　　)。

A. 企业开出支票，银行尚未支付

B. 企业送存支票，银行尚未入账

C. 银行代收款项，企业尚未接到收款通知

D. 银行代付款项，企业尚未接到付款通知

『答案』AC

『解析』A选项企业开出支票，银行尚未支付，企业银行存款日记账账面余额小于银行对账单余额；B选项企业送存支票，银行尚未入账，企业银行存款日记账账面余额大于银行对账单余额；C选项银行代收款项，企业尚未接到收款通知，企业银行存款日记账账面余额小于银行对账单余额；D选项银行代付款项，企业尚未接到付款通知，企业银行存款日记账账面余额大于银行对账单余额。

【例题·判断题】企业与银行核对银行存款账目时，对已发现的未达账项，应当编制银行存款余额调节表进行调节，并进行相应的账务处理。(　　)

『答案』×

『解析』银行存款余额调节表不是原始凭证，所以不能根据银行存款余额调节表编制会计分录。

三、其他货币资金

核算内容	相关规定
银行汇票存款	见票即付；可转账，注明“现金”字样可支取现金；收款人可以将不超过出票金额的实际结算金额为准的银行汇票背书转让；提示付款期自出票日起1个月
银行本票存款	见票即付；可转账，注明“现金”字样可支取现金；分为不定额本票和定额本票(1 000元、5 000元、10 000元、50 000元)；可背书转让；提示付款期自出票日起2个月
信用卡存款	信用卡作为银行卡的一种，可分为贷记卡(先消费后还款)和准贷记卡(需缴存备用金)；单位卡可以申领若干张，但不得交存现金，不得将销货收入的款项存入其账户，不得用于10万元以上的商品交易、劳务供应款项的结算，不得支取现金
信用证保证金存款	信用证是以人民币计价、不可撤销的跟单信用证； 只限于转账结算，不得支取现金
存出投资款	企业为购买股票、债券、基金等根据有关规定存入在证券公司指定银行开立的投资款专户的款项
外埠存款	不计利息、只付不收、付完清户，除了采购人员可提取少量现金外一律采用转账结算

【例题·单选题】根据《支付结算办法》规定，银行汇票的提示付款期限为(　　)。

A. 自出票日起10日　　B. 自出票日起1个月

C. 自出票日起2个月　　D. 自出票日起6个月

『答案』B

『解析』银行汇票的提示付款期为1个月。

【例题·多选题】下列各项中，不通过“其他货币资金”科目核算的有(　　)。

A. 银行本票存款　　B. 银行承兑汇票　　C. 备用金　　D. 存出投资款

『答案』BC

『解析』银行承兑汇票通过“应收票据”科目核算，备用金通过“其他应收款”科目核算。

【例题·判断题】企业收到退回的外埠存款多余款项时，计入“银行存款”的贷方。(　　)

『答案』×

『解析』企业收到退回的外埠存款多余款项计入“银行存款”的借方。

真题回顾

【单选题】(2019年)按照现金管理相关规定，下列各项中，企业一般不能使用库存现金进行结算的经济业务是(　　)

A. 按规定颁发给科技人员的创新奖金　　B. 发放给职工的劳保福利

C. 向个人收购农产品支付的价款　　D. 向外单位支付的机器设备款

『答案』D

『解析』支付给外单位的价款一般不可以使用库存现金支付，且机器设备价款一般单位价值较高，会超过现金支付限额。

【单选题】(2019 年)下列各项中，企业对无法查明原因的现金短款，按规定报经批准后应借记的会计科目是(　　)

A. 管理费用　　B. 营业外收入　　C. 财务费用　　D. 营业外支出

『答案』A

『解析』相关会计处理如下：

报批前：

借：待处理财产损溢

　　贷：库存现金

报批后：

借：其他应收款(应收赔款)

　　管理费用(无法查明原因)

　　贷：待处理财产损溢

【单选题】(2017 年)2016 年 12 月 31 日，某企业进行现金清查，发现库存现金短缺 300 元，经批准应由出纳员赔偿 180 元，其余 120 元无法查明原因，由企业承担损失，不考虑其他因素，该业务对企业当期营业利润的影响金额为(　　)元。

A. 0　　B. 120　　C. 300　　D. 180

『答案』B

『解析』相关会计处理如下：

报批前：

借：待处理财产损溢　　300

　　贷：库存现金　　300

报批后：

借：其他应收款　　180

　　管理费用　　120

　　贷：待处理财产损溢　　300

管理费用使企业当期营业利润减少 120 元。

【单选题】(2017 年改)某企业为增值税一般纳税人，购买原材料取得增值税专用发票上注明的价款为 10 000 元，增值税税额为 1 300 元(已经税务机关认证)，款项以银行本票结算，不考虑其他因素，下列各项中关于该企业购买的原材料会计处理正确的是(　　)

A. 借：原材料　　10 000

　　应交税费——应交增值税(进项税额)　　1 300

　　贷：其他货币资金——银行本票　　11 300

B. 借：原材料　　11 300

　　贷：其他货币资金——银行本票　　11 300

C. 借：原材料　　1 000

　　应交税费——应交增值税(进项税额)　　1 300

　　贷：银行存款　　11 300

D. 借：原材料　　10 000

　　应交税费——应交增值税(进项税额)　　1 300

贷：应付票据　　11 300

『答案』A

『解析』银行本票应通过其他货币资金核算。

【多选题】(2018 年)下列各项中关于企业现金溢余的会计处理表述正确的有(　　)

A. 无法查明原因的现金溢余计入营业外收入

B. 应支付给有关单位的现金溢余计入其他应付款

C. 无法查明原因的现金溢余冲减管理费用

D. 应支付给有关单位的现金溢余计入应付账款

『答案』AB

『解析』现金溢余相关会计处理如下：

报批前：

借：库存现金

　　贷：待处理财产损溢

报批后：

借：待处理财产损溢

　　贷：其他应付款(应付款项)

　　　　营业外收入(无法查明原因)

【多选题】(2018 年)下列各项中应通过其他货币资金科目核算的有(　　)

A. 企业将款项汇往外地开立的采购专用账户

B. 用银行本票购买办公用品

C. 销售商品收到商业汇票

D. 用银行汇票购入原材料

『答案』ABD

『解析』A 通过"其他货币资金——外埠存款"，B 通过"其他货币资金——银行本票存款"，C 通过"应收票据"，D 通过"其他货币资金——银行汇票存款"。

【多选题】(2019 年)下列各项中，企业应通过其他货币资金科目核算的有(　　)

A. 用银行本票支付采购办公用品的款项

B. 存入证券公司指定账户的款项

C. 汇往异地银行开立采购专户的款项

D. 存入银行信用证保证金专户的款项

『答案』ABCD

『解析』A 通过"其他货币资金——银行本票存款"，B 通过"其他货币资金——存出投资款"，C 通过"其他货币资金——外埠存款"，D 通过"其他货币资金——信用证保证金存款"。

【判断题】(2019 年)企业收到退回的银行汇票多余款项时，计入"其他货币资金"科目的借方。(　　)

『答案』×

『解析』企业收到退回的银行汇票多余款项时，计入"其他货币资金"科目的贷方。

第二节　应收及预付款项

学情分析

本节重点掌握以下内容：

1. 应收票据、应收账款、预付账款等的会计处理。
2. 其他应收款的核算内容。
3. 应收账款减值的计算及会计处理。

主要内容导图

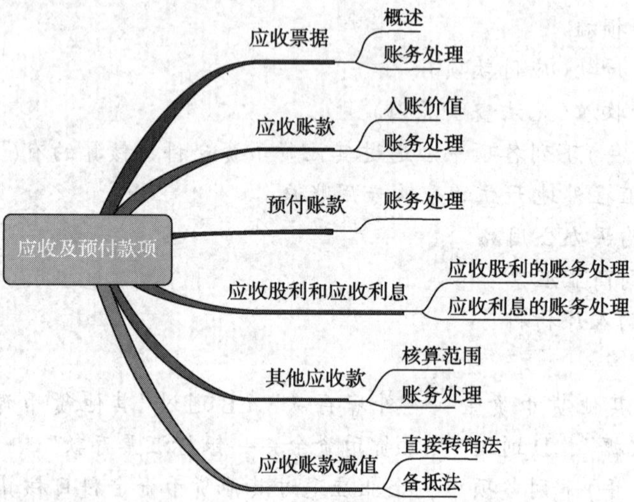

重、难点解析

一、应收票据

概述	概念：企业因销售商品、提供劳务而收到的商业汇票	
	付款期：不得超过 6 个月 提示付款期：自汇票到期日起 10 日	
	分类	商业承兑汇票： 签发人既可以是收款人也可以是付款人，承兑人是付款人； 付款人应在收到付款通知当天通知银行付款，接到通知日的次日起三日内（遇法定节假日顺延）未通知银行付款的视同付款人承诺付款； 账户不足支付的，银行填制付款人未付票款通知书
		银行承兑汇票： 手续费=票面金额×万分之五 到期未足额支付：承兑银行无条件付款，日利息=票面金额×万分之五

续表

账务处理	取得	因销售商品、提供服务取得 借：应收票据 贷：主营业务收入 应交税费——应交增值税(销项税额)
		因债务人抵偿前欠货款 借：应收票据 贷：应收账款
	背书转让	借：材料采购/原材料等 应交税费——应交增值税(进项税额) 贷：应收票据 借或贷：银行存款(差额)
	贴现	计算 贴现息：票据到期值×年贴现率×贴现天数/360
		会计处理 借：银行存款(贴现收入) 财务费用(贴现息) 贷：应收票据
	到期	到期收回： 借：银行存款 贷：应收票据
		到期无法收回： 借：应收账款 贷：应收票据

【例题·单选题】应收票据贴现，应按实际收到的贴现金额借记“银行存款”科目，按票面金额，贷记“应收票据”科目，按其差额借记“财务费用”科目，此差额指的是(　　)。

A. 票据的利息　　B. 票据的贴现息

C. 票据的贴现息与票据的利息之差　　D. 票据的面额与票据的贴现息之差

『答案』B

『解析』票据贴现的会计处理为

借：银行存款(贴现收入)

财务费用(贴现息)

贷：应收票据

所以此处答案为贴现息。

【例题·单选题】甲公司5月1日将本年4月1日签发、期限3个月，票面价值60 000元的不带息商业汇票向银行贴现，年贴现率为6%。甲公司的贴现收入为(　　)元。

A. 59 100　　B. 59 400　　C. 59 700　　D. 60 300

『答案』B

『解析』商业汇票贴现收入＝到期值－贴现息＝60 000－60 000×6%×2/12＝59 400元

【例题·判断题】商业汇票只能用于商品交易的结算，不可用于劳务结算。(　　)

『答案』×

『解析』应收票据是指企业因销售商品、提供劳务而收到的商业汇票，所以商业汇票可以用于劳务结算。

二、应收账款

定义	应收账款是指企业因销售商品、提供服务等经营活动，应向购货单位或接受服务单位收取的款项	
入账价值	商业折扣：价款(扣除商业折扣后)+增值税+代垫的运杂费等	
	现金折扣：价款(不扣除现金折扣)+增值税+代垫的运杂费等 『提示』现金折扣不影响应收账款入账价值的确定，只有在实际发生时才予以扣除。 表达方式：折扣率/付款期限 现金折扣计算时是否考虑增值税看题目具体要求： 考虑增值税：(收入+增值税)×折扣率 不考虑增值税：收入×折扣率	
账务处理	销售商品、提供劳务	借：应收账款 贷：主营业务收入 应交税费——应交增值税(销项税额) 银行存款
	实际收到款项或票据	借：银行存款(收到款项) 应收票据(收到商业汇票) 贷：应收账款
	发生现金折扣	借：银行存款(实际收到金额) 财务费用(现金折扣) 贷：应收账款

【例题·单选题】某企业采用托收承付结算方式销售一批商品，增值税专用发票上注明的价款为1 000万元，适用的增值税税率为13%，销售商品为客户代垫运输费含税价款5.45万元，全部款项已办妥托收手续。该企业应确认的应收账款为(　　)万元。

A. 1 000　　B. 1 005.45　　C. 1 130　　D. 1 135.45

『答案』D

『解析』该企业应确认的应收账款=1 000+1 000×13%+5.45=1 135.45(万元)

【例题·多选题】下列各项中，应列入资产负债表"应收账款"项目的有(　　)。

A. 代职工垫付的医疗费　　B. 代购货单位垫付的运杂费

C. 销售产品应收取的款项　　D. 对外提供服务应收取的款项

『答案』BCD

『解析』代职工垫付的医疗费通过其他应收款核算。

【例题·单选题】某企业赊销商品一批，标价20 000元，商业折扣10%，增值税率13%，现金折扣条件为2/10，1/20，*N*/30。企业销售商品时代垫运费400元，则应收账款的入账价值(　　)元。

A. 23 000　　B. 20 340　　C. 20 740　　D. 22 600

『答案』C

『解析』应收账款入账价值=20 000×(1-10%)×(1+13%)+400=20 740(元)

【例题·单选题】某企业于1月15日销售产品一批，应收账款为11万元，规定对方付款条件为2/10，1/20，N/30。购货单位已于1月22日付款。该企业实际收到的金额为(　　)万元。(计算现金折扣时考虑增值税)

A. 11　　B. 10　　C. 10.78　　D. 8.8

『答案』C

『解析』企业1月22日付款，享受现金折扣为2%，所以实际收到金额=11-11×2%=10.78(万元)

【例题·判断题】应收账款科目核算企业因销售产品、材料、提供劳务、职工借款等业务，应向购货单位或本单位职工个人收取的款项。

『答案』×

『解析』应收账款是指企业因销售商品、提供服务等经营活动，应向购货单位或接受服务单位收取的款项。职工借款而应向职工个人收取的款项计入"其他应收款"。

三、预付账款

支付款项	借：预付账款 　贷：银行存款
收到物资	借：原材料等 应交税费——应交增值税(进项税额) 　贷：预付账款
多退	借：银行存款 　贷：预付账款
少补	借：预付账款 　贷：银行存款

注：不单独设置"预付账款"科目的企业，预付的账款可以通过"应付账款"科目的借方核算。

【例题·单选题】企业未设置"预付账款"科目，发生预付货款业务时应借记的会计科目是(　　)。

A. 预收账款　　B. 其他应付款　　C. 应收账款　　D. 应付账款

『答案』D

『解析』如果企业未设置"预付账款"科目，当发生预付货款业务时应借记的会计科目是"应付账款"科目。

【例题·单选题】当企业预付货款小于采购货物所需要的款项时，应将不足部分补付，此时应借记的科目是(　　)

A. 预付账款　　B. 应付账款　　C. 其他应付款　　D. 其他应收款

『答案』A

『解析』补付货款和预付货款时的会计处理是一样的，都是借记"预付账款"，贷记"银行存款"。

四、应收股利和应收利息

<table>
<tr><td rowspan="3">应收股利</td><td colspan="2">定义：是指企业应收取的现金股利或应收取其他单位分配的利润</td></tr>
<tr><td rowspan="2">会计处理</td><td>宣告发放(交易性金融资产，长期股权投资成本法)
借：应收股利
　　贷：投资收益</td></tr>
<tr><td>实际收到
借：银行存款
　　其他货币资金——存出投资款(通过证券公司购入股票)
　　贷：应收股利</td></tr>
<tr><td rowspan="3">应收利息</td><td colspan="2">定义：是指企业根据合同或者协议规定应向债务人收取的利息</td></tr>
<tr><td rowspan="2">会计处理</td><td>到期计息
借：应收利息
　　贷：投资收益</td></tr>
<tr><td>实际收到
借：银行存款
　　其他货币资金——存出投资款(通过证券公司购入债券)
　　贷：应收利息</td></tr>
</table>

【例题·判断题】对于企业购入上市公司股票所形成的交易性金融资产，在被投资方宣告发放现金股利时，应借记“应收股利”科目。

『答案』√

『解析』企业持有的交易性金融资产在被投资方宣告发现现金股利时的会计处理为：

借：应收股利

　　贷：投资收益

【例题·多选题】甲公司持有丙上市公司股票，且作为以公允价值计量且其变动计入当期损益的金融资产(交易性金融资产)进行管理和核算。2019 年 5 月 10 日，丙上市公司发放 2018 年现金股利，甲公司按其持有该上市公司股份计算确定的应分得的现金股利为 200 000 元。假定不考虑相关税费。下列说法正确的是(　　)

A. 借：应收股利——丙上市公司 200 000

B. 贷：投资收益——丙上市公司 200 000

C. 借：其他货币资金——存出投资款 200 000

D. 贷：应收股利——丙上市公司 200 000

『答案』AB

五、其他应收款

内容	应收的各种赔款、罚款； 应收的出租包装物租金； 应向职工收取的各种垫付款项； 存出保证金(支付的押金)； 其他各种应收、暂付款项

续表

会计处理	发生 借：其他应收款 　　贷：银行存款(为职工垫付、支付押金等) 　　固定资产清理(应收赔款) 　　营业外收入(应收罚款) 　　其他业务收入(出租包装物租金)
	收回 借：银行存款(直接收回) 　　应付职工薪酬(从职工工资中扣回) 　　贷：其他应收款

【例题·多选题】下列应通过“其他应收款”科目核算的项目有(　　)

A. 应收出租包装物租金　　B. 存入保证金

C. 应收投资利润　　D. 应收的各种赔款、罚款

『答案』AD

『解析』B 存入保证金计入“其他应付款”，C 应收投资利润记“应收股利”。

【例题·单选题】某日，企业职工李某出差归来报销差旅费 5 500 元，前期已预借差旅费 6 000 元，余款以现金交回。下列会计处理正确的有(　　)

A. 借：管理费用　6 000
　　贷：库存现金　6 000

B. 借：其他应收款　500
　　贷：库存现金　500

C. 借：管理费用　5 500
　　库存现金　500
　　贷：其他应收款　6 000

D. 管理费用　5 500
　　贷：其他应收款　5 500

『答案』C

六、应收账款减值

由来	企业的各种应收款项，可能会因购货人拒付、破产、死亡等原因而无法收回	
直接转销法	原理	对可能发生的坏账不予考虑，实际发生时作为坏账损失计入当期损益
	优缺点	优点：账务处理简单 缺点：不符合权责发生制会计基础，也与资产定义相冲突
	会计处理	借：信用减值损失——坏账损失 　　贷：应收账款

<table>
<tr><td rowspan="11">备抵法
（我国采用）</td><td>科目设置</td><td colspan="3">坏账准备
借方：实际发生坏账；转回坏账
贷方：计提坏账；收回已转销坏账
余额：贷方余额表示已计提但尚未转销的坏账</td></tr>
<tr><td>计算公式</td><td colspan="3">当期应计提的坏账准备＝当期按应收款项计算的坏账准备金额－坏账准备贷方余额(＋坏账准备借方余额)
按应收款项计算的坏账准备金额＝应收款项期末余额×坏账准备计提比例＝应收款项期末余额－预计未来现金流量现值
坏账准备余额＝“坏账准备”科目贷方发生额－借方发生额(>0 即为贷方余额，<0 即为借方余额)</td></tr>
<tr><td rowspan="4">会计处理</td><td colspan="3">计提(“当期应计提的坏账准备”计算结果>0)
借：信用减值损失
贷：坏账准备</td></tr>
<tr><td colspan="3">转回(“当期应计提的坏账准备”计算结果<0)
借：坏账准备
贷：信用减值损失</td></tr>
<tr><td colspan="3">实际发生坏账
借：坏账准备
贷：应收账款</td></tr>
<tr><td colspan="3">收回已核销坏账
借：银行存款
贷：坏账准备</td></tr>
<tr><td rowspan="5">对应收账款的影响</td><td>坏账事项</td><td>账面余额
(“应收账款”科目余额)</td><td>账面价值
(应收账款－坏账准备)</td></tr>
<tr><td>计提坏账</td><td>无影响</td><td>减少</td></tr>
<tr><td>转回坏账</td><td>无影响</td><td>增加</td></tr>
<tr><td>实际发生</td><td>减少</td><td>无影响</td></tr>
<tr><td>收回已销</td><td>无影响</td><td>减少</td></tr>
</table>

【例题·单选题】某企业年末应收账款余额为 40 万元，“坏账准备”科目年末结账前为借方余额 1 000 元，假设该企业按 0.5%提取坏账准备，则年末应提的坏账准备为(　　)元。

A. 1 000　　B. 2 500　　C. 3 000　　D. 1 500

『答案』C

『解析』坏账准备期初余额在借方，所以年末应计提的坏账准备＝400 000×0.5%＋1 000＝3 000(元)

【例题·多选题】下列各项中，应在“坏账准备”账户贷方反映的有(　　)。

A. 提取的坏账准备　　B. 收回前期已转销的坏账

C. 发生的坏账损失　　D. 冲销的坏账准备

『答案』AB

『解析』“坏账准备”借方登记实际发生坏账和转回的坏账，贷方登记计提的坏账和收回已转销的坏账。

【例题·判断题】已确认并转销的坏账损失，若以后又收回，应借记“银行存款”科目，贷记“坏账准备”科目。

『答案』√

『解析』企业收回已核销坏账时借记“银行存款”，贷记“坏账准备”。

【例题·多选题】下列事件中会引起应收账款账面价值发生增减变动的有(　　)

A. 收回应收账款　　B. 计提应收账款坏账准备

C. 收回已核销的坏账　　D. 实际发生一笔坏账

『答案』ABC

『解析』应收账款账面价值＝应收账款账面余额－坏账准备余额，D发生坏账的会计处理为：

借：坏账准备

　　贷：应收账款

金额相等，相互抵销后变化为0.

真题回顾

【单选题】(2019年)下列各项中，应记入“应收票据”科目借方的是(　　)。

A. 提供服务收到的商业承兑汇票　　B. 提供服务收到的银行本票

C. 销售商品收到的银行汇票　　D. 销售原材料收到的转账支票

『答案』A

『解析』选项BCD，记入“银行存款”科目的借方。

【单选题】(2012年改)下列各项中，在确认销售收入时不影响应收账款入账金额的是(　　)

A. 销售价款　　B. 增值税销项税额

C. 现金折扣　　D. 销售产品代垫的运杂费

『答案』C

『解析』我国会计核算采用总价法核算应收账款，现金折扣要在发生时才计入财务费用，因此不影响应收账款的入账金额。

【单选题】(2013年改)某企业采用托收承付方式销售一批商品，增值税专用发票上注明的价款为1000万元，增值税税额为130万元，销售商品为客户代垫运输费5万元，全部款项已办妥收托收手续，该企业应确认的应收账款为(　　)万元。

A. 1 000　　B. 1 005　　C. 1 130　　D. 1 135

『答案』D

『解析』应收账款入账金额＝1 000+130+5＝1 135(万元)

【单选题】(2017年)企业未设置“预付账款”科目，发生预付货款业务时，应借记的会计科目是(　　)

A. 预收账款　　B. 其他应付款　　C. 应收账款　　D. 应付账款

『答案』D

『解析』企业未设置“预付账款”科目时，将发生的预付货款计入“应付账款”科目的借方。

【单选题】(2018 年)下列各项中属于其他应收款科目核算的内容是( )

A. 为职工垫付的房租　　B. 为购货单位垫付的运费

C. 应付的商品销售款　　D. 应收的服务款

『答案』A

『解析』选项 BD 应通过“应收账款”科目核算，C 应通过“应付账款”科目核算。

【单选题】(2018 年)企业出租固定资产应收而未收到的租金应计入( )科目。

A. 其他业务收入　B. 固定资产清理　C. 应收账款　D. 其他应收款

『答案』D

『解析』企业出租固定资产会计处理：

借：银行存款(已收)/其他应收款(未收)

贷：其他业务收入

应交税费——应交增值税(销项税额)

【单选题】(2018 年)2017 年 12 月 1 日，某企业“坏账准备——应收账款”科目贷方余额 1 万元。12 月 25 日，收回已作坏账转销的应收账款 1 万元，12 月 31 日，应收账款余额为 130 万元，经减值测试，应收账款的预计未来现金流量现值为 118 万元。不考虑其他因素，12 月 31 日该企业应计提的坏账准备金额为( )万元。

A. 10　B. 12　C. 11　D. 13

『答案』A

『解析』12 月 25 日收回已作坏账转销的应收账款：

借：银行存款　1

　贷：应收账款　1

借：应收账款　1

　贷：坏账准备　1

12 月 31 日，应收账款发生减值，坏账准备应有余额 = 130 − 118 = 12(万元)

12 月 31 日，应计提坏账准备金额 = 12 − (1 + 1) = 10(万元)

【单选题】(2018 年)2017 年 1 月 1 日，某企业“坏账准备——应收账款”明细科目贷方余额为 8 万元，当期实际发生坏账损失 5 万元，12 月 31 日“坏账准备——应收账款”科目应有贷方余额为 16 万元，则该企业当期应计提“坏账准备——应收账款”的金额是( )万元

A. 3　B. 8　C. 13　D. 16

『答案』C

『解析』企业当期应计提“坏账准备——应收账款”的金额 = 16 − 8 + 5 = 13(万元)

【单选题】(2018 年)下列属于企业坏账准备科目贷方核算内容的是( )

A. 计提的坏账准备　　B. 按期收回的应收账款

C. 冲减多提的坏账准备　　D. 转销无法收回的应收账款

『答案』A

『解析』“坏账准备”借方登记实际发生坏账和转回的坏账，贷方登记计提的坏账和收回已转销的坏账。

【单选题】(2016 年)2015 年 12 月 31 日，某企业应收账款账面余额为 1 200 万元，预计

未来现金流量现值为600万元，计提坏账准备前企业“坏账准备”科目贷方余额为350万元，不考虑其他因素，当日，该企业应计提的坏账准备为(　　)万元。

A. 250　　B. 600　　C. 350　　D. 1200

『答案』A

『解析』企业当期应计提坏账准备的金额=1 200-600-350=250(万元)

【单选题】(2015年)2014年年初，某公司“坏账准备——应收账款”科目贷方余额为3万元，3月20日收回已核销的坏账12万元并已入账，12月31日“应收账款”科目余额为220万元(所属明细科目为借方余额)，预计未来现金流量现值为200万元，不考虑其他因素，2014年年末，该公司应计提的坏账准备金额为(　　)万元。

A. 17　　B. 29　　C. 20　　D. 5

『答案』D

『解析』企业当期应计提坏账准备的金额=220-200-12-3=5(万元)

【多选题】(2019年)某企业采用备抵法核算应收账款的减值损失。下列各项中，该企业应贷记“坏账准备”科目的有(　　)。

A. 转销坏账损失

B. 计提坏账准备

C. 收回已转销的应收账款而恢复的坏账准备

D. 冲减多计提的坏账准备

『答案』BC

『解析』选项AD，为坏账准备减少，均应借记“坏账准备”科目。

【多选题】(2018年)下列各项中引起应收账款账面价值发生增减变化的有(　　)

A. 收回应收账款　　B. 计提应收账款坏账准备

C. 收回已作为坏账核销的应收账款　　D. 结转已到期未兑现的应收票据

『答案』ABCD

『解析』

【多选题】(2019年)下列各项中，企业应通过“其他应收款”科目核算的有(　　)

A. 应收代职工垫付的房租和水电费

B. 财产遭受意外损失应由保险公司支付的赔偿款项

C. 销售商品代客户垫付的运输费

D. 租入包装物支付的押金

『答案』ABD

『解析』选项C应通过“应收账款”科目核算。

【多选题】(2010年)下列各项中可以计提坏账准备的有(　　)

A. 应收账款　　B. 应收票据　　C. 预付账款　　D. 其他应收款

『答案』ABCD

『解析』

【多选题】(2019年)某企业采用备抵法核算应收账款的减值损失，下列各项中，该企业贷记坏账准备科目的有(　　)

A. 转销坏账损失

B. 计提坏账准备

C. 收回已转销的应收账款而恢复的坏账准备

D. 冲减多计提的坏账准备

『答案』BC

『解析』

【判断题】(2015年)企业在确定应收账款减值的核算方式时，应根据企业实际情况，按照成本效益原则，在备抵法和直接转销法之间合理选择。

『答案』×

『解析』我国会计准则规定，应收账款减值采用备抵法。

【不定项选择题】(2019年)甲公司为增值税一般纳税人，存货按实际成本进行日常核算，2019年12月初应收账款科目借方余额800 000元(各明细科目无贷方余额)，应收票据科目借方余额292 200元，坏账准备应收账款科目贷方余额80 000元。

2019年12月，甲公司发生如下经济业务：

(1)10日，采用委托收款方式向乙公司销售一批商品，发出的商品满足收入确认条件，开具的增值税专用发票上注明价款为500 000元，增值税税额为65 000元，用银行存款为乙公司垫付运费40 000元，增值税税额为3 600元，上述款项至月末尚未收到。

(2)18日，购入一批原材料，取得并经税务机关认证的增值税专用发票上注明的价款为260 000元，增值税税额为33 800元，材料已验收入库。甲公司背书转让面值292 200元，不带息的银行承兑汇票结算购料款不足部分以银行存款补付。

(3)25日，因丙公司破产，应收丙公司账款400 000元不能收回，经批准确认为坏账并予以核销。

(4)31日，经评估计算，甲公司“坏账准备——应收账款”科目应保持的贷方余额为102 400元。

要求根据上述资料，不考虑其他因素分析，回答下列小题(答案中的金额单位用元表示)。

(1)根据资料(1)，下列各项中，甲公司销售商品确认的应收账款为(　　)元。

A. 608 600　　B. 605 000　　C. 540 000　　D. 565 000

(2)根据资料(2)，下列各项中，甲公司采购材料相关会计科目处理正确的是(　　)

A. 贷记“银行存款”科目1 600元　　B. 贷记“应收票据”科目292 200元

C. 贷记“应收票据”科目293 800元　　D. 借记“原材料”科目260 000元

(3)根据资料(3)，下列各项中，甲公司核销坏账的会计处理正确的是(　　)

A. 借：信用减值损失——计提的坏账准备　　400 000
　　贷：应收账款——丙公司　　400 000

B. 借：坏账准备——应收账款　　400 000
　　贷：信用减值损失——计提的坏账准备　　400 000

C. 借：信用减值损失——计提的坏账准备　　400 000
　　贷：坏账准备——应收账款　　400 000

D. 借：坏账准备——应收账款　　400 000
　　贷：预收账款——丙公司　　400 000

(4)根据期初资料(1)至(4)，下列各项中，关于甲公司12月末坏账准备会计处理表述正确的是(　　)

A. 计提坏账准备前，“坏账准备——应收账款”科目为贷方余额80 000元

B. 本年末应计提坏账准备的金额为 422 400 元

C. 计提坏账准备前，“坏账准备——应收账款”科目为借方余额 320 000 元

D. 本年末应计提的坏账准备金额为 102 400 元

(5)根据期初资料(1)至(4)，下列各项中，12 月 31 日甲公司资产负债表“应收账款”科目期末余额应列示的金额是(　　)元

A. 1 008 600　　B. 906 200　　C. 1 024 000　　D. 1 424 000

(1)『**答案**』A

『**解析**』相关会计处理为：

借：应收账款　　608 600

　　贷：主营业收入　　500 000

　　应交税费——应交增值税(销项税额)　　65 000

　　银行存款　　43 600

(2)『**答案**』ABD

『**解析**』相关会计处理为：

借：原材料　　260 000

　　应交税费——应交增值税(进项税额)　　33 800

　　贷：应收票据　　292 200

　　　　银行存款　　1 600

(3)『**答案**』D

『**解析**』对确认不能收回的坏账应进行的会计处理为：

借：坏账准备

　　贷：应收账款

(4)『**答案**』BC

『**解析**』计提坏账准备前，“坏账准备——应收账款”科目的余额为：80 000−400 000 = −32 000(元)

本年末应计提的坏账准备金额 = 102 400−(−32 000) = 422 400(元)

(5)『**答案**』B

『**解析**』资产负债表“应收账款”科目期末余额应列示的金额 =“应收账款”明细借方余额(800 000+608 600−400 000)+“预收账款”明细借方余额(0)−“坏账准备”贷方余额(102 400) = 906 200(元)

第三节　交易性金融资产

学情分析

本节重点掌握以下内容：

1. 交易性金融资产的内容。
2. 交易性金融资产的会计处理。

主要内容导图

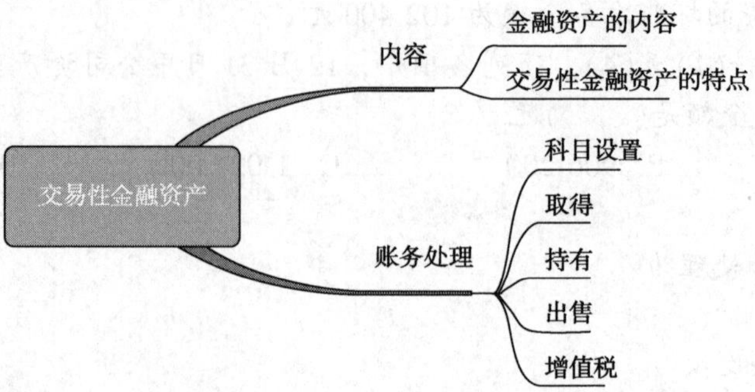

重、难点解析

一、交易性金融资产的内容

金融资产的内容	以摊余成本计量的金融资产
	以公允价值计量且其变动计入其他综合收益的金融资产
	以公允价值计量且其变动计入当期损益的金融资产——交易性金融资产
交易性金融资产的特点	为了近期出售而持有，以赚取差价为目的
	以公允价值计量且其变动计入当期损益
	股票、债券、基金等

二、账务处理

科目设置	交易性金融资产 借方：取得成本；公允价值-账面价值；出售时结转公允价值低于账面价值差额 贷方：账面价值-公允价值；出售时结转公允价值高于账面价值差额 余额：借方余额表示持有的交易性金融资产价值
科目设置	公允价值变动损益 借方：账面价值-公允价值 贷方：公允价值-账面价值
	投资收益 借方：取得交易性金融资产时支付的交易费用；出售时发生的投资损失 贷方：持有期间以及出售时实现的投资收益
取得	借：交易性金融资产——×公司(成本)(公允价值) 应收股利/应收利息(已宣告发放但尚未领取的现金股利/已到付息期但尚未领取的债券利息) 投资收益(相关交易费用) 应交税费——应交增值税(进项税额)(取得增值税专用发票) 贷：其他货币资金——存出投资款(实际支付金额)

续表

<table>
<tr><td rowspan="4">持有</td><td rowspan="2">宣告发放现金股利或确认债券利息</td><td>同时满足三个条件：
①收取股利或利息的权利已确立
②与之相关的经济利益很可能流入企业
③金额能够可靠计量</td></tr>
<tr><td>会计处理
①确认
借：应收股利(持有股数×每股红利)
应收利息(面值×利率×期限)
贷：投资收益
②收到
借：其他货币资金——存出投资款
贷：应收股利/应收利息</td></tr>
<tr><td rowspan="2">资产负债表日</td><td>①公允价值>账面余额
借：交易性金融资产——公允价值变动
贷：公允价值变动损益
②账面余额>公允价值
借：公允价值变动损益
贷：交易性金融资产——公允价值变动</td></tr>
<tr></tr>
<tr><td>出售</td><td colspan="2">借：其他货币资金——存出投资款(扣除交易费用后实际收到金额)
贷：交易性金融资产——成本
借或贷：交易性金融资产——公允价值变动(前期借贷方相抵后余额反方向转出)
借或贷：投资收益(差额)</td></tr>
<tr><td rowspan="3">增值税</td><td>计算</td><td>销售额=卖出价-买入价(不扣除购入时的“应收股利”和“应收利息”)
增值税=销售额÷(1+增值税税率)×增值税税率
税率：一般纳税人(6%)；小规模纳税人(3%)</td></tr>
<tr><td>说明</td><td>销售额若出现负差，可结转下一纳税期与下期转让金融商品销售额互抵，但年末时仍出现负差的，不得转入下一会计年度</td></tr>
<tr><td>账务处理</td><td>①金额>0——产生投资收益
借：投资收益
贷：应交税费——转让金融商品应交增值税
②金额<0——产生投资损失
借：应交税费——转让金融商品应交增值税
贷：投资收益
③缴纳
借：应交税费——转让金融商品应交增值税
贷：银行存款
④结转
借：应交税费——转让金融商品应交增值税
贷：投资收益</td></tr>
</table>

续表

对损益的影响	出售时点的“投资收益”：出售时收到的价款（扣除增值税因素）-出售时交易性金融资产的账面价值
	整个持有期对“投资收益”的影响：所有“投资收益”贷方+借方-相抵后的余额
	整个持有期对当期利润的影响：-交易费用（投资收益借方发生额）+持有期间投资收益（确认的现金股利或者利息）+持有期间的公允价值变动损益（借方-贷方+）+出售时价款（扣除增值税因素）与交易性金融资产账面价值之间的差额确认的投资收益

【例题·单选题】出售交易性金融资产收到200万元，该投资账面余额170万元（其中：成本190万元，公允价值变动明细科目贷方20万元），应缴纳的增值税0.57万元，出售该交易性金融资产确认的投资收益为（　　）万元。

A. 10　　B. 29.43　　C. 30　　D. 40

『答案』B

『解析』投资收益=200-（190-20）-0.57=29.43（万元）

借：其他货币资金　200

　　交易性金融资产——公允价值变动　20

　　贷：交易性金融资产——成本　190

　　　　投资收益　30

借：投资收益　0.57

　　贷：应交税费——转让金融商品应交增值税　0.57

真题回顾

【单选题】（2019年）甲公司购入乙公司股票并划分为交易性金融资产，共支付价款3 600 000元（其中包含已宣告但尚未发放的现金股利100 000元），另支付相关交易费用10 000元，取得并经税务机关认证的增值税专用发票上注明的增值税税额为600元。不考虑其他因素，甲公司取得乙公司股票时应借记“交易性金融资产”科目的金额为（　　）元。

A. 3 610 000　　B. 3 510 000　　C. 3 600 000　　D. 3 500 000

『答案』D

『解析』会计分录为：

借：交易性金融资产——成本（3 600 000-100 000）　3 500 000

　　应收股利　100 000

　　投资收益　10 000

　　应交税费——应交增值税（进项税额）　600

　　贷：其他货币资金　3 610 600

【单选题】（2019年）2018年12月1日，某企业“交易性金融资产——A上市公司股票”借方余额为1 000 000元；12月31日，A上市公司股票的公允价值为1 050 000元。不考虑其他因素，下列各项中，关于该企业持有A上市公司股票相关会计科目处理正确的是（　　）。

A. 贷记“营业外收入”科目50 000元

B. 贷记“资本公积”科目 50 000 元

C. 贷记“公允价值变动损益”科目 50 000 元

D. 贷记“投资收益”科目 50 000 元

『答案』C

『解析』交易性金融资产期末按公允价值计量，12 月 31 日，公允价值上升 50 000 元，相关分录：

借：交易性金融资产——公允价值变动　　50 000

　　贷：公允价值变动损益　　50 000

【单选题】(2018 年)2017 年 5 月 10 日，甲公司从上海证券交易所购入乙公司股票 20 万股，支付价款 200 万元，其中包含已宣告但尚未发放的现金股利 12 万元，另支付相关交易费用 1 万元，取得增值税专用发票上注明的增值税税额为 0.06 万元，甲公司将该股票划分为交易性金融资产，则该交易性金融资产的初始入账金额为(　　)万元。

A. 201　　B. 200　　C. 188　　D. 201.6

『答案』C

『解析』价款中包含的已宣告但尚未发放的现金股利要单列入应收项目，交易费用计入投资收益借方。相关会计处理为：

借：交易性金融资产——成本(2 000 000-120 000)　　1 880 000

　　应收股利　　120 000

　　投资收益　　10 000

　　应交税费——应交增值税(进项税额)　　600

　　贷：其他货币资金　　2 010 600

【单选题】(2015 年)某企业 2014 年 7 月 1 日购入股票 100 万股，每股 21 元，其中包含已宣告但尚未发放的现金股利为每股 0.4 元，另支付交易费用 20 万元，企业将其划分为交易性金融资产，2014 年 12 月 31 日股票的公允价值为 2 200 万元，其账面价值为(　　)万元。

A. 2 100　　B. 2 120　　C. 2 060　　D. 2 200

『答案』D

『解析』交易性金融资产期末以公允价值计量，期末账面价值即为其公允价值。

【单选题】(2018 年)下列各项中，企业在资产负债表日计算确认所持有交易性金融资产的公允价值低于其账面价值余额的金额，应借记的会计科目是(　　)

A. 营业外支出　　B. 投资收益

C. 公允价值变动损益　　D. 其他业务成本

『答案』C

『解析』相关会计处理如下：

借：交易性金融资产——公允价值变动

　　贷：公允价值变动损益

【单选题】(2011 年)甲公司将其持有的交易性金融资产全部出售，售价 3 000 万元，出售前该交易性金融资产的账面价值为 2 800 元(其中成本 2 500 万元，公允价值变动 300 万元)，假定不考虑其他因素，甲公司对该交易性金融资产应确认的投资收益为(　　)万元。

A. 200　　B. -200　　C. 500　　D. -500

『答案』A

『解析』相关会计处理如下(以万元为单位):

借：其他货币资金　3 000

　贷：交易性金融资产——成本　2 500

　　　　　　　　　——公允价值变动　300

　　投资收益　200

【单选题】(2016年)2015年12月10日，甲公司购入乙公司股票100 000股作为交易性金融资产核算，支付价款249万元，另支付交易费用0.6万元，12月31日该股票的公允价值为258万元，则2015年甲公司利润表中“公允价值变动损益”项目的本年金额为(　　)万元。

A. 9　　B. 9.6　　C. 8.4　　D. 0.6

『答案』A

『解析』相关会计处理如下(以万元为单位):

借：交易性金融资产——成本　249

　　投资收益　0.6

　贷：其他货币资金　249.6

借：交易性金融资产——公允价值变动　9

　贷：公允价值变动损益　9

【判断题】(2017年)交易性金融资产持有期间，投资单位收到投资前被投资单位已宣告但尚未发放的现金股利时，应确认为投资收益。(　　)

『答案』×

『解析』相关会计处理为:

借：其他货币资金

　贷：应收股利

【判断题】(2017年)企业出售交易性金融资产发生的净损失应计入营业外支出。

『答案』×

『解析』企业出售交易性金融资产的净损益应通过“投资收益”科目核算。

【判断题】(2018年)企业出售交易性金融资产时，应将原计入公允价值变动损益的该金融资产的公允价值变动转出，由公允价值变动损益转为投资收益。(　　)

『答案』×

『解析』按会计准则规定，企业出售交易性金融资产时，原计入价值变动损益的金额无须转出。

【判断题】(2015年)企业取得交易性金融资产时，支付给证券交易所的手续费和佣金应计入其初始确认金额。(　　)

『答案』×

『解析』企业取得交易性金融资产时，支付给证券交易所的手续费和佣金应计入“投资收益”的借方。

【判断题】(2019年)资产负债表日，企业持有的交易性金融资产的公允价值变动应计入投资收益。(　　)

『答案』×

『解析』资产负债表日，企业持有的交易性金融资产的公允价值变动应计入“公允价值变动损益”。

【不定项选择题】(2018 年改)甲公司为增值税一般纳税人，2018 年发生的有关交易性金融资产业务如下：

(1)1 月 3 日，向证券公司存出投资款 2 000 万元。同日，委托证券公司购入乙上市公司股票 50 万股，支付价款 505 万元(其中包含已宣告但尚未发放的现金股利 5 万元)，另支付相关交易费用 1.25 万元，支付增值税 0.075 万元，甲公司将该股票投资确认为交易性金融资产。

(2)3 月 20 日，收到乙上市公司发放的现金股利并存入证券公司的投资款专户。3 月 31 日，持有的已上市公司股票公允价值为 480 万元。

(3)4 月 30 日，全部出售乙上市公司股票 50 万股，售价为 605 万元，转让该金融商品应交的增值税为 5.66 万元，款项已收到。

要求：根据上述资料，假定该企业取得的增值税专用发票均已经税务机关认证，不考虑其他因素分析，回答下列小题(答案中的金额单位用万元表示)。

(1)根据资料(1)，下列各项中，甲公司购买股票应计入“交易性金融资产——成本”科目金额正确的是(　　)万元。

A. 501.325　　B. 495　　C. 500　　D. 501.25

(2)根据资料(1)和(2)，下列各项中，3 月 20 日甲公司收到乙上市公司发放现金股利的会计处理正确的是(　　)

A. 借：银行存款　5
贷：应收股利　5

B. 借：其他货币资金——存出投资款　5
贷：投资收益　5

C. 借：银行存款　5
贷：投资收益　5

D. 借：其他货币资金——存出投资款　5
贷：应收股利　5

(3)根据资料(1)和(2)，下列各项中，甲公司 3 月 31 日的会计处理结果正确的是(　　)

A. 借记“公允价值变动损益”科目 20 万元

B. 借记“投资收益”科目 15 万元

C. 贷记“交易性金融资产——公允价值变动”科目 20 万元

D. 贷记“交易性金融资产——成本”科目 15 万元

(4)根据资料(1)至(3)，下列各项中，关于甲公司 4 月份处置乙上市公司股票时的会计处理结果正确的是(　　)

A. 增值税销项税额减少 5.66 万元

B. 投资净收益为增加 94.34 万元

C. 其他货币资金——存出投资款增加 605 万元

D. 交易性金融资产——成本减少 500 万元

(5)根据资料(1)至(3)，下列各项中，该股票投资对甲公司 2018 年度营业利润的影响

额是(　　)万元

A. 99.31　　B. 98.09　　C. 100　　D. 97.34

(1)『**答案**』C

『**解析**』相关会计处理为：

借：交易性金融资产——乙公司(成本)　　500

　　应收股利　　5

　　投资收益　　1.25

　　应交税费——应交增值税(进项税额)　　0.075

　　贷：其他货币资金——存出投资款　　506.325

(2)『**答案**』D

『**解析**』收到现金股利并存入证券公司的投资款专户要通过“其他货币资金——存出投资款”科目核算，资产增加在借方。

(3)『**答案**』AC

『**解析**』公允价值变动=公允价值(480)-账面价值(500)=-20(万元)

相关会计处理为：

借：公允价值变动损益　　20

　　贷：交易性金融资产——公允价值变动　　20

(4)『**答案**』CD

『**解析**』相关会计处理为：

借：其他货币资金——存出投资款　　605

　　交易性金融资产——公允价值变动　　20

　　贷：交易性金融资产——乙公司(成本)　　500

　　　　投资收益　　125

借：投资收益　　5.66

　　贷：应交税费——转让金融商品应交增值税　　5.66

(5)『**答案**』B

『**解析**』对营业利润的影响额为：-1.25-20+125-5.66=98.09(万元)

第四节　存货

学情分析

本节重点掌握以下内容：

1. 存货的内容和初始计量。
2. 原材料实际成本与计划成本核算。
3. 包装物、委托加工物资、库存商品发出的相关账务处理。
4. 存货的清查与期末计量。

主要内容导图

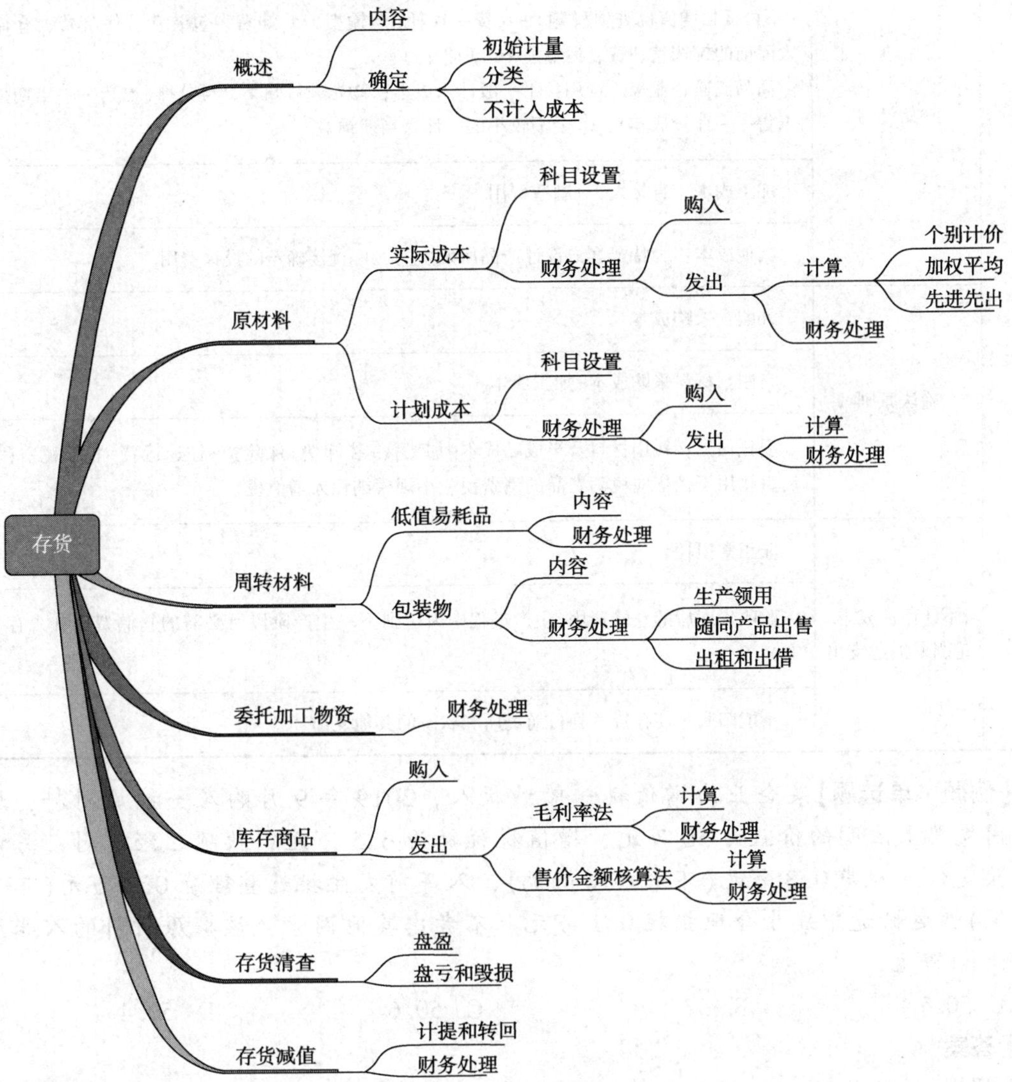

重、难点解析

一、概述

内容	定义：存货是指企业在日常活动中持有以备出售的产品或商品、处在生产过程中的在产品、在生产过程或提供劳务过程中储备的材料或物料等
	包括：各类材料、在产品、半成品、产成品、商品以及包装物、低值易耗品、委托代销商品等。

续表

确定	初始计量	采购成本：购买价款+三税一费(进口关税、资源税、消费税、教育费附加)+不能抵扣(不可抵扣增值税进项税额)+六费一损耗(运输费、装卸费、包装费、保险费、仓储费、入库前的挑选整理费、运输途中合理损耗) 商品流通企业采购费用：①一般计入成本；②先进行归集，再分摊(已售——当期损益；未售——存货成本)；③金额较小的，计入当期损益
		加工成本：直接人工+制造费用
		其他成本：为特定客户设计产品所发生的、可直接确定的设计费用
	确认原则	外购：采购成本
		自制：材料采购成本+加工成本
		委托加工：耗用材料及半成品成本+加工费+装卸费+保险费+往返运费+相关税费(收回后直接用于销售应税消费品的消费税、小规模纳税人增值税)
	不计存货成本记当期损益支出	非正常损耗
		验收入库后的仓储费用(生产过程中为达到下一生产阶段所必需的仓储费用计入存货成本)
		不能归属于使存货达到目前场所和状态的其他支出

【例题·单选题】某企业为增值税一般纳税人，2019年9月购入一批原材料，增值税专用发票上注明的价款为50万元，增值税税额为6.5万元，款项已经支付；另以银行存款支付装卸费0.3万元(不考虑增值税)，入库前发生挑选整理费0.2万元(不考虑增值税)，运输途中发生合理损耗0.1万元。不考虑其他因素，该批原材料的入账成本为(　　)万元。

A. 50.5　　B. 57　　C. 50.6　　D. 50.4

『答案』A

『解析』入账成本=50+0.3+0.2=50.5(万元)，合理损耗0.1万元，是发生的总成本50.5万元中的一部分，不用从总成本中剔除就是将合理损耗计入成本。

【例题·单选题】下列各种物资中，不应作为企业存货核算的是(　　)

A. 包装物　　B. 低值易耗品　　C. 在产品　　D. 工程物资

『答案』C

『解析』存货包括各类材料、在产品、半成品、产成品、商品以及包装物、低值易耗品、委托代销商品等，工程物资属于非流动资产。

【例题·单选题】某商品流通企业(一般纳税人)采购甲商品100件，每件售价2万元，取得的增值税专用发票上注明的增值税26万元，另支付采购费用10万元(金额较大)。该企业采购的该批商品的单位成本是(　　)万元。

A. 2　　B. 2.1　　C. 2.34　　D. 2.44

『答案』B

『**解析**』该批商品的单位成本＝(100×2+10)÷100＝2.1(万元/件)

【例题·多选题】下列各项中，下列项目中，应计入材料采购成本的有(　　)

A. 制造费用

B. 进口关税

C. 运输途中的合理损耗

D. 一般纳税人购入材料支付的可抵扣的增值税

『**答案**』BC

『**解析**』存货采购成本＝购买价款+三税一费(进口关税、资源税、消费税、教育费附加)与不能抵扣(不可抵扣增值税进项税额)+六费一损耗(运输费、装卸费、包装费、保险费、仓储费、入库前的挑选整理费、运输途中合理损耗)

二、原材料

<table>
<tr><td rowspan="6">实际成本</td><td rowspan="3">科目设置</td><td>原材料
借方：入库材料实际成本
贷方：发出材料实际成本
借方余额：库存材料实际成本</td></tr>
<tr><td>在途物资
借方：企业购入在途物资实际成本
贷方：验收入库材料实际成本
借方余额：在途物资采购成本</td></tr>
<tr><td>应付账款
借方：支付的应付款
贷方：购入商品、材料和接受劳务等尚未支付款项
贷方余额：尚未支付款项</td></tr>
<tr><td rowspan="3">购入材料</td><td>①材料已入库，款项已付或承付
借：原材料
应交税费——应交增值税(进项税额)
贷：银行存款/应付票据等</td></tr>
<tr><td>②款项已付或承付，但材料尚未到达
借：在途物资
应交税费——应交增值税(进项税额)
贷：银行存款/其他货币资金等
借：原材料（验收入库）
贷：在途物资</td></tr>
<tr><td>③材料已入库，月末因未收到发票账单而未付款
月末：借：原材料
贷：应付账款——暂估应付账款
注：不参与材料加权平均单价的计算
下月初：借：原材料（红字）
贷：应付账款——暂估应付账款</td></tr>
</table>

续表

实际成本	购入材料			④货款已预付，材料尚未验收入库 借：原材料 应交税费——应交增值税(进项税额) 贷：预付账款
	发出材料	计算方法	个别计价法	计算方式：根据存货购入或生产时的成本逐一计算发出成本
				优点：计算准确
				缺点：工作量大
				适用范围：数量不多、单位成本比较高的存货
			先进先出法	计算方式：先购入的成本先发出
				优点：可随时结转成本
				缺点：物价持续上升时会低估成本高估利润；物价持续下跌时会高估成本低估利润
				适用范围：物价稳定、收发频率较低的存货
			月末一次加权平均法	计算方式：平时登记数量，月末计算加权平均单位成本 加权平均单位成本=(期初存货成本+本期购入存货成本)÷(期初存货数量+本期购入存货数量) 本期发出存货成本=发出存货数量×加权平均单位成本 期末库存商品成本=期初结存+本期购入−本期发出
				优点：工作量小
				缺点：不能随时结转发出存货成本，不利于存货的日常管理与控制
				适用范围：各期存货成本变动不大
			移动加权平均法	计算方式：每次进货后计算的平均单位成本都作为下次存货发出成本的计算依据 存货单位成本=(原有库存存货成本+本次购入存货成本)÷(原有存货数量+本次购入存货数量) 本次发出存货成本=本次发出存货数量×加权平均单位成本 期末库存商品成本=期初结存+本期购入−本期发出
				优点：可随时结转成本，了解存货结存情况
				缺点：工作量大
				适用范围：收发货较少的企业
			会计处理	借：生产成本(生产产品领用) 制造费用(车间管理部门一般消耗) 管理费用(厂部管理部门领用) 销售费用(专设销售部门领用) 其他业务成本(对外销售) 委托加工物资等(委托加工发出材料) 贷：原材料
计划成本	科目设置			原材料 借方：入库材料计划成本 贷方：发出材料计划成本 借方余额：库存材料计划成本
				材料采购 借方：企业采购材料实际成本；结转入库材料节约差 贷方：验收入库材料计划成本；结转入库材料超支差 借方余额：在途材料实际采购成本

<table>
<tr><td rowspan="10">计划成本</td><td>科目设置</td><td colspan="2">材料成本差异
借方：入库材料超支差；结转发出材料节约差
贷方：入库材料节约差；结转发出材料超支差
借方余额：库存材料超支差
贷方余额：库存材料节约差</td></tr>
<tr><td rowspan="2">购入材料</td><td colspan="2">①货款已付或承付，材料验收入库
借：材料采购
应交税费——应交增值税（进项税额）
贷：银行存款/应付票据等
借：原材料（计划成本＝入库材料数量×计划单价）
贷：材料采购
借：材料采购 或 借：材料成本差异（结转超支差）
贷：材料成本差异（结转节约差） 贷：材料采购
【入库合并分录】
借：原材料（计划成本＝入库材料数量×计划单价）
贷：材料采购（实际成本）
借或贷：材料成本差异（差异）
注：材料成本差异＝实际成本−计划成本（结果>0：超支差；结果<0：节约差）
材料成本差异可逐笔结转也可月末一次性结转</td></tr>
<tr><td colspan="2">②材料已验收入库，月末因未收到发票账单而未付款
月末：借：原材料（计划成本）
贷：应付账款——暂估应付账款
注：不参与材料成本差异率的计算
下月初：借：原材料（红字）
贷：应付账款——暂估应付账款</td></tr>
<tr><td rowspan="7">发出材料</td><td rowspan="5">计算公式</td><td>材料成本差异率＝（期初结存材料成本差异＋本期验收入库材料成本差异）÷（期初结存材料计划成本＋本期验收入库材料计划成本）×100%</td></tr>
<tr><td>本期发出材料应承担材料成本差异＝发出材料计划成本×材料成本差异率</td></tr>
<tr><td>发出材料实际成本＝发出材料计划成本＋发出材料应承担材料成本差异</td></tr>
<tr><td>期末结存材料实际成本＝结存材料计划成本＋结存材料应承担材料成本差异</td></tr>
<tr><td>【说明】若企业各期之间的差异率均衡，可采用期初材料成本差异率分摊本期材料成本差异
期初材料成本差异率＝期初结存材料成本差异÷期初结存材料计划成本×100%</td></tr>
<tr><td rowspan="2">会计处理</td><td>①结转发出材料计划成本
借：生产成本/制造费用/管理费用/销售费用/其他业务成本/委托加工物资等
贷：原材料（计划成本）</td></tr>
<tr><td>②结转发出材料成本差异
借：生产成本等
贷：材料成本差异（超支差异）
（节约差异做反分录）</td></tr>
</table>

【例题·单选题】企业采用月末一次加权平均法计算发出材料成本。2010 年 3 月 1 日结存甲材料 200 件，单位成本 40 元；3 月 15 日购入甲材料 400 件，单位成本 35 元；3 月 20 日购入甲材料 400 件，单位成本 38 元；当月共发出甲材料 600 件。3 月份发出甲材料的成本为(　　)元。

A. 37 200　　B. 22 320　　C. 14 880　　D. 8 000

『答案』B

『解析』单价=(200×40+400×35+400×38)÷(200+400+400)=37.2(元/件)

发出甲材料成本=37.2×600=22 320(元)

【例题·单选题】在物价不断上涨时期，一个企业可以选用的存货计价方法中，若要使会计报表中的净收益最高，可以采用的计价方法是(　　)。

A. 加权平均法　　B. 先进先出法　　C. 移动加权平均法　　D. 个别计价法

『答案』B

『解析』采用先进先出法核算在物价持续上升时会低估成本高估利润。

【例题·单选题】某企业为增值税小规模纳税人，原材料采用计划成本法核算，A 材料计划成本每吨 20 元。本期购进 A 材料 6 000 吨，收到的增值税专用发票上注明的价款 102 000元，税 13 260 元。另发生运杂费用 1400 元，途中保险费用 359 元。原材料运抵企业后验收入库原材料 5 995 吨，运输途中合理损耗 5 吨。购进 A 材料发生的成本差异是(　　)

A. 2 881　　B. 2 981　　C. 16 141　　D. 16 241

『答案』A

『解析』小规模纳税人进项税额不可抵扣。

该批材料实际成本=102 000+13 260+1 400+359=117 019(元)

计划成本=5 995×20=119 900(元)

材料成本差异=117 019-119 900=2 881(元)

【例题·单选题】某企业材料采用计划成本核算，月初结存材料计划成本为 260 万元，材料成本差异为节约 60 万元；当月购入材料一批，实际成本为 150 万元，计划成本为 140 万元，领用材料的计划成本为 200 万元。当月结存材料的实际成本为(　　)万元。

A. 125　　B. 200　　C. 250　　D. 175

『答案』D

『解析』材料成本差异率=(-60+10)/(260+140)×100%=-12.5%

领用材料实际成本=200×(1-12.5%)=175(万元)

结存材料实际成本=260-60+150-175=175(万元)

【例题·判断题】月末，对于材料已到达并已验收入库，但发票账单等结算凭证未到，货款尚未支付的采购业务，期末按材料和增值税的暂估价值先入账，并于下月初作相反方向会计分录予以冲回(　　)。

『答案』×

『解析』月末，对于材料已到达并已验收入库，但发票账单等结算凭证未到，货款尚未支付的采购业务，期末按材料的暂估价值先入账，但在下月初，用红字冲销原暂估入账金额，待收到发票账单后再按照实际金额记账。

三、周转材料

<table>
<tr><td rowspan="11">包装物</td><td rowspan="4">内容</td><td colspan="3">生产过程中用于包装产品作为产品组成部分的包装物</td></tr>
<tr><td colspan="3">随同商品出售而不单独计价的包装物</td></tr>
<tr><td colspan="3">随同商品出售而单独计价的包装物</td></tr>
<tr><td colspan="3">出租出借给购买单位使用的包装物</td></tr>
<tr><td rowspan="7">账务处理</td><td>生产领用</td><td colspan="2">借：生产成本(实际成本)
贷：周转材料——包装物(计划成本)
借或贷：材料成本差异(差异)</td></tr>
<tr><td rowspan="2">随同产品出售</td><td colspan="2">随同商品出售不单独计价：
借：销售费用
贷：周转材料——包装物
借或贷：材料成本差异</td></tr>
<tr><td colspan="2">随同商品出售且单独计价：
借：其他业务成本
贷：周转材料——包装物
借或贷：材料成本差异</td></tr>
<tr><td rowspan="3">出租出借</td><td>发出</td><td>借：周转材料——包装物——出租(出借)包装物
贷：周转材料——包装物——库存包装物</td></tr>
<tr><td>收取押金/租金</td><td>借：银行存款(已收)
其他应收款(未收)
贷：其他应付款(押金)
其他业务收入(租金)
应交税费——应交增值税(销项税额)</td></tr>
<tr><td>发生的费用</td><td>借：其他业务成本(出租)
销售费用(出借)
贷：周转材料——包装物——包装物摊销
库存现金/银行存款/原材料/应付职工薪酬等(企业负担其他支出)</td></tr>
<tr><td colspan="4" style="display:none"></td></tr>
<tr><td rowspan="5">低值易耗品</td><td>内容</td><td colspan="3">一般工具、专用工具、替换设备、管理用具、劳动保护用品、其他用具等</td></tr>
<tr><td rowspan="4">账务处理</td><td>一次摊销法</td><td colspan="2">借：制造费用等
贷：周转材料——低值易耗品
注：金额较小时可用，且要在备查簿中登记</td></tr>
<tr><td rowspan="3">分次摊销法</td><td>领用</td><td>借：周转材料——低值易耗品——在用
贷：周转材料——低值易耗品——在库</td></tr>
<tr><td>每次领用时按比例摊销</td><td>借：制造费用
贷：周转材料——低值易耗品——摊销</td></tr>
<tr><td>价值摊销完毕</td><td>借：周转材料——低值易耗品——摊销
贷：周转材料——低值易耗品——在用</td></tr>
</table>

【例题·单选题】企业购入的单位价值小或易损坏的小型工具、劳保鞋等，在领用时一般应按(　　)摊销。

A. 盘存法　　B. 五五摊销法　　C. 一次摊销法　　D. 分次摊销法

『答案』C

『解析』企业购入的单位价值小或易损坏的小型工具、劳保鞋等，一般金额较小，所以采用一次摊销法。

【例题·多选题】下列各项中，关于周转材料会计处理表述正确的有(　　)。

A. 多次使用的包装物应根据使用次数分次进行摊销

B. 低值易耗品金额较小的可在领用时一次计入成本费用

C. 随同商品销售出借的包装物的摊销额应记入管理费用

D. 随同商品出售单独计价的包装物取得的收入应记入其他业务收入

『答案』ABD

『解析』选项C，随同商品销售出借的包装物，是为了销售商品才出借的，所以摊销额应记入销售费用。

四、委托加工物资

<table>
<tr><td>发出物资</td><td colspan="2">借：委托加工物资(实际成本)
　　贷：原材料(计划成本)
借或贷：材料成本差异(差异)</td></tr>
<tr><td>支付加工费、运费等</td><td colspan="2">借：委托加工物资(加工费+运费+装卸费+小规模纳税人增值税+收回后准备销售消费税)
　　应交税费——应交增值税(进项税额)(一般纳税人增值税)
　　　　　　——应交消费税(收回后继续加工消费税)
　　贷：银行存款</td></tr>
<tr><td rowspan="2">完工入库</td><td>收回后继续加工</td><td>借：原材料/周转材料(计划成本)
　　贷：委托加工物资(实际成本)
借或贷：材料成本差异(差异)</td></tr>
<tr><td>收回后准备销售</td><td>借：库存商品
　　贷：委托加工物资</td></tr>
</table>

【例题·单选题】委托加工应税消费品收回后用于连续生产应税消费品的，由受托方代收代缴的消费税，委托方应借记的会计科目是(　　)。

A. 在途物资　　B. 委托加工物资

C. 应交税费—应交消费税　　D. 税金及附加

『答案』C

『解析』委托加工物资收回后用于连续生产应税消费品，按规定准予抵扣的，应按已由受托方代收代缴的消费税，借记“应交税费——应交消费税”科目，贷记“应付账款”“银行存款”等科目。

【例题·单选题】某一般纳税企业委托外单位加工一批消费税应税消费品，材料成本为50万元，加工费5万元(不含税)，受托方增值税税率13%，受托方代扣代交消费税1万元，该批材料加工后委托方直接出售，则该材料加工完毕入库时的成本(　　)

A. 63.5　　B. 56　　C. 58.5　　D. 55

『答案』B

『解析』委托加工物资收回后用于直接销售的，由受托方代收代缴的消费税计入“委托加工物资”成本。

【例题·多选题】下列各项中，增值税一般纳税企业应计入收回委托加工物资成本的有(　　)

A. 支付的加工费

B. 随同加工费支付的增值税

C. 支付的收回后继续加工的委托加工物资的消费税

D. 支付的收回后直接销售的委托加工物资的消费税

『答案』AD

『解析』计入“委托加工物资”成本的有：发出材料实际成本、加工费、运费、装卸费、小规模纳税人增值税、收回后准备销售消费税。

五、库存商品

内容	包括：库存产成品、外购商品、存放在门市部准备出售的商品、发出展览的商品、寄存在外的商品、接受来料加工制造的代制品和为外单位加工修理的代修品等			
内容	不包括：已完成销售手续但购买单位在月末未提取的产品 ——设“代管商品”在备查簿中登记			
账务处理	购入	验收入库		借：库存商品 贷：生产成本
账务处理	购入	售价金额核算法下	买入	借：在途物资 应交税费——应交增值税(进项税额) 贷：银行存款
账务处理	购入	售价金额核算法下	入库	借：库存商品(售价) 贷：在途物资(进价) 商品进销差价(售价-进价)
账务处理	发出	毛利率法	计算公式	本期销售成本=本期销售净额-本期销售毛利 本期销售净额=商品销售收入-销售退回和折让 本期销售毛利=销售净额×毛利率 上期毛利率=销售毛利/销售额×100% 期末存货成本=期初存货成本+本期购货成本-本期销售成本
账务处理	发出	毛利率法	会计处理	借：主营业务成本 贷：库存商品
账务处理	发出	售价金额和算法	计算公式	商品进销差价率=(期初库存商品进销差价+本期购入商品进销差价)/(期初库存商品售价+本期购入商品售价)×100% 本期销售商品应分摊的商品进销差价=本期商品销售收入×商品进销差价率 本期销售商品成本=本期商品销售收入-本期销售商品应分摊的商品进销差价 期末结存商品的成本=期初库存商品的进价成本+本期购进商品的进价成本-本期销售商品的成本
账务处理	发出	售价金额和算法	会计处理	借：主营业务成本(进价) 商品进销差价 贷：库存商品(售价)

【例题·单选题】某商场采用毛利率法计算发出存货成本。2017 年 4 月 1 日，该商场甲类商品库存实际成本为 6 500 万元，当月入库甲类商品实际成本为 7 000 万元，销售额为 8 750万元。甲类商品第一季度实际毛利率为 20%。2017 年 4 月 30 日，该商场甲类商品期末结存的实际成本为(　　)万元。

A. 6 500　　B. 2 660　　C. 4 640　　D. 5 840

『答案』A

『解析』本期销售成本＝销售额×(1－毛利率)＝8 750×(1－20%)＝7 000(万元)

甲类商品期末结存的实际成本＝期初存货成本＋本期购货成本－本期销售成本＝6 500＋7 000－7 000＝6 500(万元)

【例题·单选题】某企业采用售价金额法核算库存商品成本，本月月初库存商品成本为 18 万元，售价总额为 22 万元，本月购进商品成本为 16 万元，售价总额 28 万元，本月销售商品收入为 15 万元，该企业本月结转销售商品成本总额为(　　)万元。

A. 10.2　　B. 23.8　　C. 26.2　　D. 19

『答案』A

『解析』商品进销差价率＝(4＋12)÷(22＋28)×100%＝32%

本月销售商品的成本＝15×(1－32%)＝10.2(万元)

六、存货清查

盘盈	报批前	借：原材料等 　　贷：待处理财产损溢
	报批后	借：待处理财产损溢 　　贷：管理费用
盘亏和毁损	报批前	借：待处理财产损溢 　　贷：原材料等 　　　　应交税费——应交增值税(进项税额转出) 注：因自然灾害造成的毁损进项税额不用转出
	报批后	借：原材料(残料价值) 　　其他应收款(保险公司、过失人赔偿) 　　管理费用(一般经营损失) 　　营业外支出(非常损失) 　　贷：待处理财产损溢

【例题·多选题】下列各项中，企业盘亏的库存商品按管理权限报经批准后，正确的会计处理有(　　)。

A. 应由保险公司和过失人承担的损失，记入“其他应收款”科目

B. 入库的残料价值，记入“原材料”科目

C. 盘亏库存商品净损失中，属于一般经营损失的部分，记入“管理费用”科目

D. 盘亏库存商品净损失中，属于非常损失的部分，记入“营业外支出”科目

『答案』ABCD

『解析』相关会计处理为：

借：原材料(残料价值)

其他应收款(保险公司、过失人赔偿)

管理费用(一般经营损失)

营业外支出(非常损失)

贷：待处理财产损溢

七、存货减值

计量	成本与可变现净值孰低计量 成本=存货实际成本 可变现净值=估计的售价-至完工时估计将要发生的成本-估计的销售费用以及相关税费	
账务处理	计提	借：资产减值损失(账面价值-可变现净值) 贷：存货跌价准备 注：存货账面价值=存货成本-存货跌价准备
	转回	借：存货跌价准备(可变现净值-账面价值) 贷：资产减值损失 注：在原已计提的存货跌价准备的金额内转回
	结转	借：主营业务成本 存货跌价准备 贷：库存商品

【例题·单选题】2018 年 12 月 31 日，某企业甲商品的账面余额为 100 000 元，由于市场价格下跌，预计其可变现净值为 90 000 元，由此计提存货跌价准备 10 000 元。2019 年 6 月 30 日甲商品账面余额为 100 000 元，由于市场价格有所回升，甲商品预计可变现净值为 96 000元。不考虑其他因素，2019 年 6 月 30 日，该企业应转回存货跌价准备金额为(　　)元。

A. 90 000　　B. 10 000　　C. 6 000　　D. 4 000

『答案』C

『解析』应计提存货跌价准备金额=(100 000-96 000)-10 000=4 000-10 000=-6 000(元)

【例题·单选题】某企业采用成本与可变现净值孰低法的单项比较法确定期末存货的价值。假定 2019 年 10 月末 A、B、C 三种存货的成本和可变现净值分别为：A 存货成本20 000元，可变现净值 17 000 元；B 存货成本 30 000 元，可变现净值 32 000 元；C 存货成本56 000元，可变现净值 50 000 元。该企业 10 月末存货的价值为(　　)元。

A. 93 000　　B. 95 000　　C. 97 000　　D. 99 000

『答案』C

『解析』期末存货采用成本与可变现净值孰低计量，所以企业 10 月末存货的价值=A 存货 17 000+B 存货 30 000+C 存货 50 000=97 000(元)。

真题回顾

【单选题】(2019年)下列各项中，企业确认随同商品出售不单独计价的包装物的实际成本应借记的会计科目是(　　)。

A. 管理费用　　B. 主营业务成本　　C. 销售费用　　D. 其他业务成本

『答案』C

『解析』随同商品出售不单独计价的包装物的实际成本，应借记“销售费用”科目。

【单选题】(2017年)甲企业为增值税小规模纳税人，本月采购原材料2 060千克，每千克50元(含增值税)，运输途中的合理损耗为60千克，入库前的挑选整理费为500元，则该批原材料的入账价值为(　　)元。

A. 100 500　　B. 103 500　　C. 103 000　　D. 106 500

『答案』B

『解析』该批材料的入账价值=2 060×50+500=103 500(元)

【单选题】(2019年)某企业本期购进5批存货，发出2批存货，在物价持续上升的情况下，与加权平均法相比，该企业采用先进先出法导致的结果是(　　)

A. 当期利润较低　　B. 库存存货价值较低

C. 期末存货成本接近于市价　　D. 发出存货的成本较高

『答案』C

『解析』先进先出法下，物价持续上涨时发出存货成本偏低，使得当期利润偏高，期末存货成本接近市价。

【单选题】(2011年)某企业采用月末一次加权平均法计算发出材料成本。2010年3月1日结存甲材料200件，单位成本40元；3月15日购入甲材料400件，单位成本35元；3月20日购入甲材料400件，单位成本38元；当月共发出甲材料500件。3月发出甲材料的成本为(　　)元。

A. 18 500　　B. 18 600　　C. 19 000　　D. 20 000

『答案』B

『解析』月末一次加权平均单位成本=(200×40+400×35+400×38)/(200+400+400)=37.2(元/件)；发出甲材料的成本=37.5×500=18 600(元)

【单选题】(2017年)某企业采用计划成本法进行材料日常核算，应根据采购材料的实际成本借记(　　)

A. 材料采购　　B. 原材料　　C. 在途物资　　D. 周转材料

『答案』A

『解析』相关会计处理如下：

借：材料采购

　　应交税费——应交增值税(进项税额)

　　贷：银行存款/应付票据等

【单选题】(2018年)某企业期初材料的计划成本为500万元，超支差异为90万元。本月入库材料的计划成本为1 100万元，节约差异为170万元。本月领用材料的计划成本为1 200万元，则领用材料的实际成本为(　　)万元。

A. 1 395　　B. 1 140　　C. 1 005　　D. 1 260

『**答案**』B

『**解析**』材料成本差异率=(90-170)/(500+1 100)×100%=-5%

领用材料的实际成本=1 200×(1-5%)=1 140(万元)

【**单选题**】(2017 年)下列各项中，关于“材料成本差异”科目汇总表的表述正确的是(　　)

A. 期末贷方余额反应库存材料的超支差异

B. 期末余额应在资产负债表中单独列示

C. 期末贷方余额反映库存材料的节约差异

D. 借方登记入库材料的节约差异

『**答案**』C

『**解析**』“材料成本差异”科目的借方登记入库材料超支差以及结转发出材料节约差，贷方登记入库材料节约差以及结转发出材料超支差，期末借方余额表示库存材料超支差，期末贷方余额表示库存材料节约差。

【**单选题**】(2018 年)某企业为增值税一般纳税人，增值税税率为 13%，销售一批材料，价税合计为 5 876 元，款项尚未收到。该批材料计划成本为 4 200 元，材料成本差异率为 2%。不考虑其他因素，销售材料应确认的损益为(　　)元。

A. 1 884　　B. 1 084　　C. 1 968　　D. 916

『**答案**』D

『**解析**』相关会计处理如下：

借：应收账款 5 876

　　贷：其他业务收入 5 200

　　应交税费——应交增值税(销项税额)676

借：其他业务成本 4 284

　　贷：原材料 4 200

　　材料成本差异 84

销售材料确认的损益=5 200-4 284=916(元)

【**单选题**】(2018 年)某企业材料采用计划成本核算，2017 年 12 月 1 日结存材料的计划成本是 400 万元，材料成本差异科目的贷方余额是 6 万元。本月入库材料的计划成本是 2 000万元，材料成本差异科目的借方发生额是 12 万元。本月发出材料的计划成本是 1 600 万元，则该企业 2017 年 12 月 31 日结存材料的实际成本是(　　)万元。

A. 802　　B. 800　　C. 798　　D. 1 604

『**答案**』A

『**解析**』材料成本差异率=(-6+12)/(400+2 000)×100%=0. 25%

本月发出材料实际成本=1 600×(1+0. 25%)=1 604(万元)

结存材料实际成本=(400-6)+(2 000+12)-1 604=802(万元)

【**单选题**】(2019 年)某企业材料采用计划成本核算，月初结存材料计划成本为 260 万元，材料成本差异为节约 60 万元；当月购入一批材料，实际成本为 150 万元，计划成本为 140 万元，领用材料的计划成本为 200 万元。当月结存材料的实际成本为(　　)万元。

A. 125　　B. 200　　C. 250　　D. 175

『答案』D

『解析』材料成本差异率 =(-60+10)/(260+140)×100% = -12.5%

当月领用材料的实际成本 = 200×(1-12.5%) = 175(万元)

当月结存材料实际成本 = 260-60+150-175 = 175(万元)

【单选题】(2016 年)某小规模纳税人购买原材料，发票上价格为 100 万元，增值税 13 万元，另支付保险费 1 万元，则原材料的入账成本为(　　)万元。

A. 113　　B. 114　　C. 101　　D. 100

『答案』B

『解析』原材料的入账成本 = 100+13+1 = 114(万元)

【单选题】(2018 年)某企业采用先进先出法对发出存货进行计价。2017 年 12 月 1 日，该企业结存材料 50 千克，单位成本为 1 000 元；12 月 15 日入库材料 150 千克，单位成本为 1 050 元；12 月 21 日生产产品领用材料 100 千克，12 月发出材料的成本为(　　)元。

A. 105 000　　B. 103 750　　C. 100 000　　D. 102 500

『答案』D

『解析』总发出材料 100 千克，发出材料成本 = 50×1 000+50×1 050 = 102 500(元)

【单选题】(2016 年)某企业材料采用计划成本核算，月初材料计划成本为 30 万元，材料成本差异为节约 2 万元；当月购入材料的实际成本为 110 万元，计划成本为 120 万元；当月领用材料的计划成本为 100 万元，月末该企业结存材料的实际成本为(　　)万元。

A. 48　　B. 46　　C. 50　　D. 54

『答案』B

『解析』材料成本差异率 = [-2+(110-12)]/(30+120)×100% = -8%

结存材料的实际成本 = (30+120-100)×(1-8%) = 46(万元)

【单选题】(2019 年)下列各项中，随同商品出售而不单独计价的包装物，应按其实际成本借记的会计科目是(　　)

A. 管理费用　　B. 主营业务成本　　C. 销售费用　　D. 其他业务成本

『答案』C

『解析』相关会计处理如下：

借：销售费用

　　贷：周转材料——包装物

　　　　借或贷：材料成本差异

【单选题】(2019 年)下列各项中，企业确认随同商品出售且单独计价的包装物的收入应贷记的会计科目是(　　)

A. 营业外收入　　B. 其他综合收益　　C. 其他业务收入　　D. 主营业务收入

『答案』C

『解析』相关会计处理如下：

借：银行存款

　　贷：其他业务收入

　　　　应交税费——应交增值税(销项税额)

【单选题】(2017 年)2016 年 7 月 1 日，某企业销售商品领用不单独计价包装物的计划成本为 60 000 元，材料成本差异率为-5%，下列各项中，关于该包装物会计处理正确的

是(　　)

A. 借：销售费用 63 000

　　贷：周转材料——包装物 60 000

　　材料成本差异　3 000

B. 借：销售费用 57 000

　　材料成本差异 3 000

　　贷：周转材料——包装物 60 000

C. 借：其他业务成本 63 000

　　贷：周转材料——包装物 60 000

　　　　材料成本差异 3 000

D. 借：其他业务成本 57 000

　　材料成本差异 3 000

　　贷：周转材料——包装物 60 000

『**答案**』B

『**解析**』该批包装物计划成本＝60 000

实际成本＝60 000×(1－5%)＝57 000(元)

结转的材料成本差异＝60 000×5%＝3 000(元)

【单选题】(2015 年)某企业系增值税一般纳税人，收回委托加工应税消费品的材料一批，原材料的成本 210 万元，加工费 10 万元，增值税 1.3 万元，消费税 35.7 万元，收回的材料用于连续生产应税消费品，则这批材料的入账价值为(　　)万元。

A. 220　　B. 221.4　　C. 256.7　　D. 255.7

『**答案**』A

『**解析**』收回用于连续生产应税消费品，消费税计入“应交税费——应交消费税”科目的借方，材料入账价值＝210+10＝220(万元)

【单选题】(2018 年)企业委托加工应税消费品，收回后直接对外销售时，由受托方代收代缴的消费税应计入(　　)

A. 发出商品　　B. 委托加工物资　　C. 税金及附加　　D. 应交税费

『**答案**』B

『**解析**』委托加工物资收回后直接对外销售时，由受托方代收代缴的消费税应计入委托加工物资成本。

【单选题】(2018 年)下列各项中，关于收回后用于连续生产应税消费品的委托加工物资在加工过程中发生的相关税费，不应计入委托加工物资成本的是(　　)

A. 发出加工物资应负担的材料超支差异　　B. 由受托方代收代缴的消费税

C. 企业支付给受托方的加工费　　D. 企业发出加工物资支付的运费

『**答案**』B

『**解析**』收回后用于连续生产应税消费品的委托加工物资在加工过程中发生的由受托方代收代缴的消费税计入“应交税费——应交消费税”科目的借方。

【单选题】(2011 年)某商场采用毛利率法计算期末存货成本，甲类商品 2010 年 4 月 1 日期初成本为 3 500 万元，当月购货成本为 500 万元，当月销售收入为 4 500 万元，甲类商品第一季度实际毛利率为 25%，2010 年 4 月 30 日甲类商品结存成本为(　　)万元。

A. 500　　B. 1 125　　C. 625　　D. 3 375

『答案』C

『解析』本期销售商品成本=4 500×(1−25%)=3 375(万元)

结存存货成本=3 500+500−3 375=625(万元)

【单选题】(2015年)某商业企业的库存商品采用售价金额核算法核算，2014年4月初库存商品成本为10 000元，售价总额为20 000元，本月购入库存商品成本为50 000元，售价总额为60 000元，4月销售收入为75 000元，不考虑其他因素，该企业4月份销售成本为(　　)元

A. 62500　　B. 60 000　　C. 56250　　D. 37500

『答案』C

『解析』商品进销差价率=(10 000+10 000)/(20 000+60 000)=25%

已销商品应分摊商品进销差价=75 000×25%=18 750(元)

销售商品成本=75 000−18 750=56 250(元)

【单选题】(2015年)2014年6月5日，甲公司委托某量具厂加工一批量具，发出材料计划成本为80 000元，材料成本差异率为5%，以银行存款支付运杂费2 000元，6月25日，银行存款支付上述量具的加工费用2万元，6月30日收回委托加工的量具，并以银行存款支付运杂费3 000元，假定不考虑其他因素，甲公司收回该批量具的实际成本为(　　)元。

A. 102 000　　B. 105 000　　C. 103 000　　D. 109 000

『答案』D

『解析』实际成本=80 000+80 000×5%+2 000+20 000+3 000=109 000(元)

【单选题】(2017年)下列各项中关于企业原材料盘亏毁损会计处理表述正确的是(　　)

A. 保管员过失造成的净损失计入营业外支出

B. 因台风造成的净损失计入营业外支出

C. 由保险公司赔偿的部分计入营业外收入

D. 经营活动造成的净损失计入其他业务成本

『答案』B

『解析』相关会计处理：

借：原材料(残料价值)

　　其他应收款(保险公司、过失人赔偿)

　　管理费用(一般经营损失)

　　营业外支出(非常损失)

　　贷：待处理财产损溢

【单选题】(2018年)2016年12月31日，某企业甲商品的账面余额为100 000元，由于市场价格下跌，预计可变现净值为90 000元，由此计提存货跌价准备10 000元，2017年6月30日，甲商品账面余额为100 000元，由于市场价格有所回升，甲商品预计可变现净值为96 000元。不考虑其他因素，2017年6月30日，该企业应转回存货跌价准备金额为(　　)元。

A. 90 000　　B. 10 000　　C. 6 000　　D. 4 000

『答案』C

『解析』应转回存货跌价准备金额=100 000−(100 000−96 000)=6 000(元)

【多选题】(2019年)下列各项中，企业应计入存货成本的有(　　)。

A. 为特定客户设计产品发生的可直接确定的设计费用

B. 发出委托加工材料负担的运输费用

C. 自制存货发生的直接材料、直接人工和制造费用

D. 购进原材料运输途中发生的合理损耗

『答案』ABCD

『解析』运输途中的合理损耗要计入存货成本，不从采购成本中扣除。

【多选题】(2019年)下列各项中，关于原材料采用计划成本核算的会计处理表述中，正确的有(　　)。

A. 入库原材料节约差异记入"材料成本差异"科目的借方

B. 发出原材料应分担的超支差异记入"材料成本差异"科目的贷方

C. 材料的收入、发出及结存均按照计划成本计价

D. 发出材料应分担的差异，将计划成本调整为实际成本

『答案』BCD

『解析』在采用计划成本核算材料时，"原材料"科目的借方登记入库材料的计划成本，贷方登记发出材料的计划成本，期末余额在借方，反映企业库存材料的计划成本。"材料成本差异"科目反映企业已入库各种材料的实际成本与计划成本的差异，借方登记超支差异及发出材料应负担的节约差异，贷方登记节约差异及发出材料应负担的超支差异。

【多选题】(2018年)下列各项中属于企业存货的有(　　)

A. 委托代销商品　　B. 工程物资　　C. 在产品　　D. 低值易耗品

『答案』CD

『解析』存货包括各种材料、在产品、半成品、产成品、商品及包装物、委托加工物资、委托代销商品。工程物资为非流动资产，不属于企业存货。

【多选题】(2019年)下列各项中，企业应计入存货成本的有(　　)

A. 为特定客户设计产品发生的可直接确定的设计费用

B. 发出委托加工材料负担的运输费用

C. 自制存货发生的直接材料、直接人工和制造费用

D. 购进原材料运输途中发生的合理损耗

『答案』ABCD

【多选题】(2019年)下列各项中，企业应计入外购存货采购成本的有(　　)

A. 入库前的挑选整理费　　B. 材料购买价格不含增值税

C. 享受的商业折扣　　D. 采购过程中发生的仓储费

『答案』ABD

『解析』选项C享受的商业折扣会抵减外购存货成本。

【多选题】(2014年)关于存货成本，表述正确的有(　　)

A. 商品流通企业采购商品的进货费用金额较小的，可以不计入存货成本

B. 委托加工物资发生的加工费用应计入委托加工物资成本

C. 商品流通企业发生的进货费用先进行归集的，期末未售商品分摊的进货费用计入存货成本

D. 企业为特定客户设计的产品直接发生的设计费用应计入产品成本

『答案』ABCD

【多选题】(2019 年) 下列各项中，关于原材料采用计划成本核算的会计处理表述中，正确的有(　　)

A. 入库原材料节约差异计入“材料成本差异”科目的借方

B. 发出原材料应分担的超支差异计入“材料成本差异”科目的贷方

C. 材料的收入、发出及结存均按照计划成本计价

D. 计算发出材料应分担的差异，将计划成本调整为实际成本

『答案』BCD

『解析』计划成本核算下，“原材料”科目借方登记入库材料计划成本，贷方登记发出材料计划成本，期末借方余额表示库存材料计划成本。“材料成本差异”科目借方登记入库材料超支差和结转发出材料节约差，贷方登记入库材料节约差和结转发出材料超支差，借方余额表示库存材料超支差，贷方余额表示库存材料节约差。

【多选题】(2018 年) 下列各项中应计入企业存货成本的有(　　)

A. 存货加工过程中发生的直接成本

B. 为特定客户设计产品的可直接确定的设计费用

C. 购买存货时支付的进口关税

D. 存货采购运输途中发生的定额内合理损耗

『答案』ABCD

【多选题】(2014 年) 关于存货成本，表述正确的有(　　)

A. 商品流通企业采购商品的进货费用金额较小的，可以不计入存货成本

B. 委托加工物资发生的加工费用应计入委托加工物资成本

C. 商品流通企业发生的进货费用先进行归集的，期末未售商品分摊的进货费用计入存货成本

D. 企业为特定客户设计产品直接发生的设计费用应计入产品成本

『答案』ABCD

【多选题】(2018 年) 某企业周转材料采用实际成本核算，生产车间领用低值易耗品一批，实际成本为 10 000 元，估计使用次数为 2 次，采用分次摊销法进行摊销。下列各项中，有关该批低值易耗品第二次摊销时的会计处理中正确的有(　　)

A. 借：周转材料——低值易耗品——在用　　10 000
　　贷：周转材料——低值易耗品——在库　　10 000

B. 借：制造费用　　10 000
　　贷：周转材料——低值易耗品——在库　　10 000

C. 借：制造费用　　5 000
　　贷：周转材料——低值易耗品——摊销　　5 000

D. 借：周转材料——低值易耗品——摊销　　10 000
　　贷：周转材料——低值易耗品——在用　　10 000

『答案』CD

『解析』相关会计处理如下：

每次领用时按比例摊销

借：制造费用

贷：周转材料——低值易耗品——摊销

价值摊销完毕

借：周转材料——低值易耗品——摊销

贷：周转材料——低值易耗品——在用

【多选题】(2012 年) 下列各项中，关于周转材料会计处理表述正确的有(　　)

A. 多次使用的包装物应根据使用次数分次进行摊销

B. 低值易耗品金额较小的可以在领用时一次计入成本费用

C. 随同商品销售出借的包装物的摊销额应计入管理费用

D. 随同产品出售单独计价的包装物取得的收入应计入其他业务收入

『答案』ABD

『解析』随同商品出借的包装物的摊销额计入“销售费用”。

【多选题】(2017 年) 甲企业委托乙企业加工一批物资，发出原材料的实际成本为 100 万元，支付运杂费 3 万元，加工费 2 万元(均不考虑增值税)。乙企业代收代缴消费税 8 万元，该物资收回后用于连续加工应税消费品。不考虑其他税费，下列各项中，关于甲企业委托加工物资会计处理结果表述正确的有(　　)

A. 支付的运杂费 3 万元应计入委托加工物资成本

B. 乙企业代收代缴的消费税 8 万元应计入委托加工物资成本

C. 乙企业代收代缴的消费税 8 万元应借记“应交税费——应交消费税”科目

D. 委托加工物资成本总额为 105 万元

『答案』ACD

『解析』相关会计处理为：

借：委托加工物资	105	
应交税费——应交消费税	8	
贷：原材料		100
银行存款		13

【多选题】(2019 年) 下列各项中关于存货毁损报经批准后的会计科目处理表述正确的有(　　)

A. 属于一般经营损失的部分计入“营业外支出”科目

B. 属于过失人赔偿的部分计入“其他应收款”科目

C. 按照入库的残料价值计入“原材料”科目

D. 属于一般经营损失的部分，计入“管理费用”科目

『答案』BCD

『解析』自然灾害造成的存货净损失计入营业外支出

【多选题】(2017 年) 下列各项中影响企业资产负债表日存货的可变现净值的有(　　)

A. 存货的账面价值

B. 销售存货过程中估计的销售费用及相关税费

C. 存货的估计售价

D. 存货完工估计将要发生的成本

『答案』BCD

『解析』可变现净值=估计的售价-至完工时估计将要发生的成本-估计的销售费用以及

相关税费

【多选题】(2015年)下列各项中，关于存货经营的相关表述正确的有(　　)

A. 发出原材料可采用先进先出法计价

B. 材料采购过程中发生的保险费应计入材料成本

C. 资产负债表日原材料应当按照成本与可变现净值孰低计量

D. 外购库存商品应当按照实际成本记账

『答案』ABCD

【判断题】(2019年)在物价持续上升时，采用先进先出法核算发出存货的成本，会低估企业当期利润和期末结存存货的价值。(　　)

『答案』×

『解析』在物价持续上升时，期末存货成本接近于市价，而发出成本偏低，会高估企业当期利润和库存存货价值；反之，会低估企业存货价值和当期利润。

【判断题】(2019年)月末企业对已验收入库，但发票账单等结算凭证未到并且其货款尚未支付的材料，应按其暂估价值入账。(　　)

『答案』√

『解析』材料已入库，月末因未收到发票账单而未付款

月末：借：原材料

　　　　贷：应付账款——暂估应付账款

下月初：借：原材料（红字）

　　　　　贷：应付账款——暂估应付账款

【判断题】(2019年)原材料采用计划成本核算时，购入原材料无论是否入库，均按实际成本计入“材料采购”科目。(　　)

『答案』√

『解析』“材料采购”科目借方登记企业采购材料实际成本。

【判断题】(2019年)企业原材料日常核算采用计划成本法，发出材料应负担的成本差异应当在季末或年末一次计算。(　　)

『答案』×

『解析』发出材料应负担的成本差异应当按月分摊。

【判断题】(2019年)在物价持续上升时，采用先进先出法核算发出存货的成本，会低估企业当期利润和期末结存存货的价值。(　　)

『答案』×

『解析』在物价持续上涨时，先进先出法下会使发出存货成本偏低，高估企业利润和期末存货成本。

【判断题】(2017年)月末货到单未到的入库材料应按暂估价入账，并于下月初用红字冲销原暂估金额。(　　)

『答案』√

『解析』材料已入库，月末因未收到发票账单而未付款

月末：借：原材料

　　　　贷：应付账款——暂估应付账款

下月初：借：原材料（红字）

贷：应付账款——暂估应付账款

【判断题】(2017 年) 采用移动加权平均法不能在月度内随时结转发出存货的成本。(　　)

『答案』×

『解析』采用移动加权平均法能在月度内随时结转发出存货的成本。

【判断题】(2019 年) 低值易耗品金额较小的，可以在领用时一次计入成本费用。(　　)

『答案』√

『解析』低值易耗品金额较小的采用一次摊销法在领用时一次计入成本费用。

【判断题】(2019 年) 企业因自然灾害造成的损失扣除残料价值和应由保险公司赔偿后的净损失，计入营业外支出。(　　)

『答案』√

【判断题】(2017 年) 企业委托加工物资收回后直接用于销售的，应将受托方代收代缴的消费税计入委托加工物资的成本。(　　)

『答案』√

『解析』相关会计处理为：

借：委托加工物资(加工费+运费+装卸费+小规模纳税人增值税+收回后准备销售消费税)

　　应交税费——应交增值税(进项税额)(一般纳税人增值税)

　　　　　　——应交消费税(收回后继续加工消费税)

　贷：银行存款

【判断题】(2016 年) 存货的可变现净值是指存货的估计售价加上估计销售费用及相关税费后的金额。(　　)

『答案』×

『解析』可变现净值=估计售价-至完工时估计将要发生的成本-估计的销售费用以及相关税费

【不定项选择题】(2017 年改) 某企业为增值税一般纳税人，适用的增值税税率为 13%，2019 年 12 月 1 日，该企业“原材料——甲材料”科目期初结存数量为 2 000 千克，单位成本为 15 元，未计提存货跌价准备。12 月份，发生有关甲材料收发业务或事项如下：

(1) 10 日，购入甲材料 2 020 千克，增值税专用发票上注明的价款为 32 320 元，增值税税额为 4 201.6 元，销售方代垫运杂费 2 680 元(不考虑增值税)，运输过程中发生合理损耗 20 千克。材料已验收入库，款项尚未支付。

(2) 20 日，销售甲材料 100 千克，开出的增值税专用发票上注明的价款为 2 000 元，增值税税额为 260 元，材料已发出，并已向银行办妥托收手续。已满足收入确认条件。

(3) 25 日，本月生产产品耗用甲材料 3 000 千克，生产车间一般耗用甲材料 100 千克。

(4) 31 日，采用月末一次加权平均法计算，结转发出甲材料成本。

(5) 31 日，预计甲材料可变现净值为 12 800 元。

要求根据上述材料，不考虑其他因素分析，回答下列小题(答案中的金额单位用元表示)。

(1) 根据材料(1)，下列各项中该企业购入甲材料的会计处理结果正确的是(　　)

A. 甲材料实际入库数量为 2 000 千克

B. 甲材料入库单位成本为 17.5 元

C. 甲材料入库总成本 35 000 元

D. 甲材料运输过程中的合理损耗使入库总成本增加 320 元

(2)根据材料(2)，下列各项中，该企业销售甲材料的会计处理结果正确的是(　　)

A. 主营业务收入增加 2 000 元　　B. 银行存款增加 2 260 元

C. 应收账款增加 2 260 元　　D. 其他业务收入增加 2 000 元

(3)根据资料(3)下列各项中关于该企业发出材料会计处理的表述正确的是(　　)

A. 生产产品耗用原材料应计入制造费用

B. 生产产品耗用原材料应计入生产成本

C. 生产车间一般耗用原材料应计入管理费用

D. 生产车间一般耗用原材料应计入制造费用

(4)根据期初资料，资料(1)至(4)，下列各项中，关于结转销售材料成本的会计处理结果正确的是(　　)

A. 甲材料加权平均单位成本 15.58 元　　B. 主营业务成本增加 1 625 元

C. 其他业务成本增加 1 625 元　　D. 甲材料加权平均单位成本 16.25 元

(5)根据期初资料，资料(1)至(5)，下列各项中，关于该企业 12 月末原材料的会计处理结果表述正确的是(　　)

A. 12 月末应计提存货跌价准备 200 元

B. 12 月末列入资产负债表存货项目的原材料金额为 12 800 元

C. 12 月末甲材料的成本为 13 000 元

D. 12 月末甲材料成本高于其可变现净值，不计提存货跌价准备

(1)『**答案**』ABC

『**解析**』相关会计处理为：

借：原材料　　35 000

　　应交税费——应交增值税(进项税额)　　4 201.6

　　贷：应付账款　　39 201.6

合理损耗计入材料成本，仅影响单位成本。

材料单位成本 = 35 000/(2 020−20) = 17.5(元)

(2)『**答案**』CD

『**解析**』相关会计处理为：

借：应收账款　　2 260

　　贷：其他业务收入　　2 000

　　应交税费——应交增值税(销项税额)　　260

(3)『**答案**』BD

『**解析**』生产产品耗用材料计入“生产成本”，车间一般耗用材料计入“制造费用”。

(4)『**答案**』CD

『**解析**』加权平均单位成本 = (15×2 000+35 000)/(2 000+2 000) = 16.25(元/千克)

销售材料成本 = 16.25×100 = 1 625(元)

(5)『**答案**』ABC

『**解析**』剩余材料成本 = (2 000+2 000−100−3 000−100)×16.25 = 13 000(元)

应计提存货跌价准备 = 13 000−12 800 = 200(元)

第五节　固定资产

学情分析

本节重点掌握以下内容：

1. 固定资产取得的会计处理。
2. 固定资产折旧的计算及处理。
3. 固定资产后续计量、处置、清查的会计处理。

主要内容导图

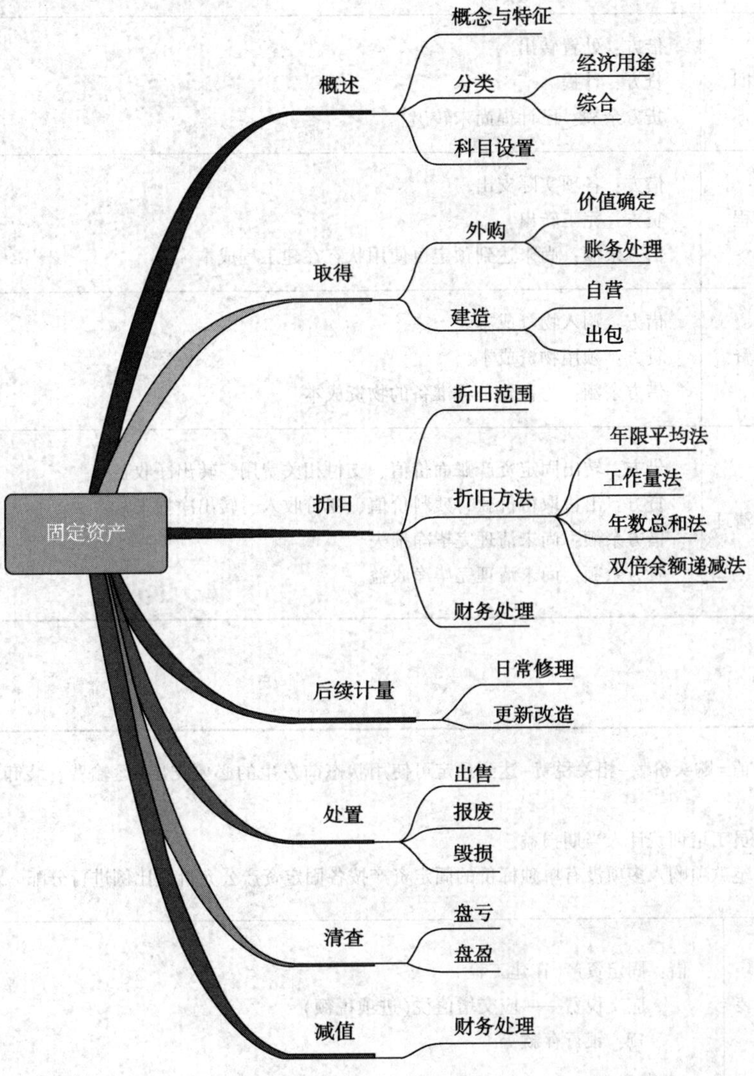

重、难点解析

一、概述

概念	固定资产是指为生产商品、提供劳务、出租或经营管理而持有使用寿命超过一个会计年度的有形资产	
特征	持有目的：为生产商品、提供劳务、出租或经营管理而持有	
	期限较长，超过一个会计年度	
分类	经济用途	生产经营用、非生产经营用
	综合分类	生产经营用、非生产经营用、租出固定资产(经营租赁)、不需用固定资产、未使用固定资产、土地(过去已估价单独入账)、租入固定资产(融资租赁)
科目设置	固定资产	借方：增加固定资产原价 贷方：减少固定资产原价 借方余额：期末固定资产账面原价
	累计折旧	借方：处置转出 贷方：计提 贷方余额：已计提尚未转出
	在建工程	借方：各项实际支出 贷方：完工转出 借方余额：尚未达到预定可使用状态在建工程成本
	工程物资	借方：购入物资成本 贷方：领用物资成本 借方余额：为在建工程准备的物资成本
	固定资产清理	借方：转出固定资产账面价值、支付相关费用、转出净收益 贷方：出售取得价款、残料价值、变价收入、转出净损失 借方余额：尚未清理完毕净损失 贷方余额：尚未清理完毕净收益

二、取得

外购	价值确定	入账价值=购买价款+相关税费+达到预定可使用状态前发生的必要支出(运输费、装卸费、专业人员服务费等) 注：①员工培训费计入当期损益 ②以一笔款项购入多项没有单独标价的固定资产按各固定资产公允价值比例进行分配	
	账务处理	不需要安装	借：固定资产/在建工程 应交税费——应交增值税(进项税额) 贷：银行存款等

<table>
<tr><td rowspan="3">外购</td><td rowspan="3">账务处理</td><td>需要安装</td><td>①借：在建工程
应交税费——应交增值税（进项税额）
贷：银行存款等
②借：在建工程
贷：银行存款
原材料
应付职工薪酬等
③借：固定资产
贷：在建工程</td></tr>
<tr><td>不动产</td><td>借：固定资产/在建工程
应交税费——应交增值税（进项税额）
贷：银行存款等</td></tr>
<tr><td>小规模纳税人</td><td>借：固定资产/在建工程（进项税额进入成本）
贷：银行存款等</td></tr>
<tr><td rowspan="6">建造</td><td rowspan="4">自营</td><td>购入物资</td><td>借：工程物资
应交税费——应交增值税（进项税额）
贷：银行存款等</td></tr>
<tr><td>领用物资</td><td>借：在建工程
贷：工程物资</td></tr>
<tr><td>发生其他支出</td><td>借：在建工程
贷：原材料
库存商品
银行存款
应付职工薪酬等</td></tr>
<tr><td>完工结转</td><td>借：固定资产
贷：在建工程</td></tr>
<tr><td rowspan="2">出包</td><td>按工程进度结算工程款</td><td>借：在建工程
应交税费——应交增值税（进项税额）
贷：银行存款等</td></tr>
<tr><td>工程完工</td><td>借：固定资产
贷：在建工程</td></tr>
</table>

【例题·单选题】某企业为增值税一般纳税人，购入一台不需要安装的设备，增值税专用发票上注明的价款为 50 000 元，增值税税额为 6 500 元。另发生运输费和专业人员服务费，增值税专用发票注明运输费价款 1 000 元，增值税税额 90 元；专业人员服务费价款 500 元，增值税税额 30 元。不考虑其他因素，该设备的入账价值为（　　）元。

A. 50 000　　B. 60 000　　C. 58 500　　D. 51 500

『答案』D

『解析』入账价值＝50 000+1 000+500＝51 500（元）

【**例题·判断题**】企业以一笔款项购入多项没有单独标价的固定资产时，应按各项固定资产账面价值的比例对总成本进行分配，分别确定各项固定资产的成本。(　　)

『**答案**』×

『**解析**』应以各项固定资产的公允价值比例分配总成本，而不是账面价值比例。

三、折旧

折旧概述	影响因素	原价、预计净残值、固定资产减值准备、使用寿命(复核)
	折旧范围	①企业对所有固定资产计提折旧，以下除外：已足额提取折旧的固定资产；作为固定资产单独入账的土地；提前报废的固定资产；转入更新改造的固定资产；转入持有待售的固定资产 ②当月增加，下月计提；当月减少，下月不提 ③已达到使用状态但未办理竣工决算的固定资产计提折旧，待办理竣工结算后调整固定资产价值但不调整已计提折旧
折旧方法	年限平均法	年折旧额=(原价-预计净残值)/预计使用寿命 月折旧额=年折旧额/12 年折旧率=年折旧额/原值 月折旧率=年折旧率/12 预计净残值=原值×预计净残值率
	工作量法	单位工作量折旧额=(原价-预计净残值)/预计工作总量 月折旧额=月工作量×单位工作量折旧额
	年数总和法	年折旧率=(预计使用寿命-已使用年限)/[预计使用寿命×(预计使用寿命+1)/2]=尚可使用寿命/使用年限之和 年折旧额=原价×(1-预计净残值率)×年折旧率
	双倍余额递减法	年折旧率=2/预计使用寿命 年折旧额=折旧年度年初固定资产账面净值×年折旧率 月折旧额=年折旧额/12 注：在固定资产适用寿命到期前两年内改用直线法计提折旧
	注：特别注意折旧年与会计年不一致的情况	
账务处理	借：在建工程(自行建造固定资产过程中使用) 制造费用(基本生产车间使用) 管理费用(管理部门使用) 销售费用(销售部门使用) 其他业务成本(经营租出) 贷：累计折旧	

【**例题·单选题**】以下对固定资产折旧方法中，初期不需要考虑固定资产净残值的方法是(　　)

A. 工作量法　　　　B. 平均年限法

C. 双倍余额递减法　　　　　　　　　　D. 年数总和法

『答案』C

『解析』双倍余额递减法下，初期年折旧额＝折旧年度年初固定资产账面净值×年折旧率

【例题·单选题】A 公司 2019 年 6 月 19 日购入设备一台，取得的增值税专用发票上注明的设备买价为 180 万元，增值税额为 23.4 万元，支付的运输费为 1 万元，预计净残值为 1 万元，预计使用年限为 6 年，在采用年数总和法计提折旧的情况下，该设备 2019 年应提折旧额为(　　)万元。

A. 65　　B. 25.71　　C. 55　　D. 50

『答案』B

『解析』该设备的入账价值＝180+1＝181(万元)

2019 年应提折旧额＝(181−1)×6/21×6/12＝25.71(万元)

【例题·多选题】2017 年 12 月 20 日，某企业购入一台设备，其原价为 2 000 万元，预计使用年限 5 年，预计净残值 5 万元，采用双倍余额递减法计提折旧。下列各项中，该企业采用双倍余额递减法计提折旧的结果表述正确的有(　　)。

A. 应计折旧总额为 1 995 万元　　　　B. 年折旧率为 33%

C. 2017 年折旧额为 665 万元　　　　D. 2017 年折旧额为 800 万元

『答案』AD

『解析』选项 A，应计提折旧总额＝固定资产原值−预计净残值＝2 000−5＝1 995(万元)；选项 B，因为采用双倍余额递减法，所以月折旧率＝2÷5×100%＝40%；选项 CD，因为采用双倍余额递减法，所以前几年计提折旧额时，不考虑预计净残值，只有最后两年考虑预计净残值，因此 2017 年折旧额＝2 000×40%＝800(万元)。

【例题·多选题】下列固定资产中应计提折旧的有(　　)。

A. 融资租赁方式租入的固定资产

B. 按规定单独估价作为固定资产入账的土地

C. 以经营租赁方式租出的固定资产

D. 以经营租赁方式租入的固定资产

『答案』AC

『解析』B 选项作为固定资产单独入账的土地不计折旧，D 选项以经营租赁方式租入的固定资产不属于企业固定资产不计提折旧。

【例题·判断题】实行双倍余额递减法计提折旧的固定资产，应当在该固定资产折旧年限到期以前两年内，将该固定资产净值(扣除净残值)平均摊销。(　　)

『答案』√

四、后续计量

日常修理	借：管理费用(管理部门和生产车间) 　　销售费用(销售部门) 　　应交税费——应交增值税(进项税额) 　贷：银行存款

续表

<table>
<tr><td rowspan="4">更新改造</td><td>转入更新改造</td><td>借：在建工程①
　　累计折旧
　　固定资产减值准备
　　贷：固定资产</td></tr>
<tr><td>发生更新改造支出</td><td>借：在建工程②
　　应交税费——应交增值税（进项税额）
　　贷：银行存款
　　　　应付职工薪酬
　　　　工程物资等</td></tr>
<tr><td>被替换部分账面价值</td><td>借：营业外支出
　　贷：在建工程③</td></tr>
<tr><td>完工</td><td>借：固定资产（①+②-③）
　　贷：在建工程</td></tr>
</table>

【例题·单选题】某企业对生产设备进行改良，发生资本化支出共计45万元，被替换旧部件的账面价值为10万元，该设备原价为500万元，已计提折旧300万元，不考虑其他因素。该设备改良后的入账价值为（　　）万元。

A. 245　　B. 235　　C. 200　　D. 190

『答案』B

『解析』设备改良后的入账价值=45-10+500-300=235（万元）

【例题·单选题】2019年1月1日，AS公司决定对现有生产线进行改扩建，以提高其生产力能力。原值2 400万元，已计提折旧750万元。经过五个月的改扩建，完成了对这条生产线的改扩建工程，共发生支出1 200万元，符合固定资产确认条件。被更换的部件的原价为200万元，被更换的部件的折旧为50万元。则对该项生产线进行更换后的原价为（　　）万元。

A. 3 450　　B. 2 700　　C. 3 600　　D. 3 000

『答案』B

『解析』该项生产线进行更换后的原价=（2 400-750）+1 200-（200-50）=2 700（万元）

五、处置

<table>
<tr><td rowspan="2">转入清理</td><td>出售、报废</td><td>借：固定资产清理①
　　累计折旧
　　固定资产减值准备
　　贷：固定资产</td></tr>
<tr><td>毁损
（人为原因造成）</td><td>借：固定资产清理①
　　累计折旧
　　固定资产减值准备
　　贷：固定资产
　　　　应交税费——应交增值税（进项税额转出）</td></tr>
</table>

续表

<table>
<tr><td>结算清理费用</td><td colspan="3">借：固定资产清理②
　　应交税费——应交增值税(进项税额)
　　贷：银行存款等</td></tr>
<tr><td>收回材料、变价收入</td><td colspan="3">借：原材料
　　贷：固定资产清理
借：银行存款
　　贷：固定资产清理③
　　　　应交税费——应交增值税(销项税额)</td></tr>
<tr><td>确认应收赔偿</td><td colspan="3">借：其他应收款
　　贷：固定资产清理④</td></tr>
<tr><td rowspan="4">结转净损益</td><td rowspan="2">出售</td><td>净收益</td><td>借：固定资产清理
　　贷：资产处置损益</td></tr>
<tr><td>净损失</td><td>借：资产处置损益
　　贷：固定资产清理</td></tr>
<tr><td rowspan="2">报废、毁损</td><td>净收益</td><td>借：固定资产清理
　　贷：营业外收入</td></tr>
<tr><td>净损失</td><td>借：营业外支出
　　贷：固定资产清理</td></tr>
</table>

【例题·单选题】某企业(一般纳税人)报废一台旧设备，取得残料价款56万元，增值税税额7.28万元，支付清理费用2万元、清理费用增值税额0.18万元。该设备原值为60万元，已提折旧10万元。假定不考虑其他因素，出售该设备影响当期损益的金额为(　　)万元。

A. 6　　B. 4　　C. 54　　D. 56

『答案』B

『解析』营业外收入金额=56-(60-10+2)=4(万元)；影响当期损益的金额(影响利润总额的金额)为4，但影响营业利润为0，因为报废清理不影响营业利润。

【例题·单选题】通过“固定资产清理”科目核算的处置固定资产的净损益，可能转入的科目有(　　)。

A. 销售费用　　B. 资产处置损益　　C. 营业外支出　　D. 营业外收入

『答案』BCD

『解析』出售净损益通过“资产处置损益”科目，报废、毁损净损益通过“营业外支出”“营业外收入”科目核算。

【例题·单选题】某公司出售专用设备一台，取得价款30万元(不考虑增值税)，发生清理费用5万元(不考虑增值税)，该设备的账面价值为22万元，不考虑其他因素。下列各项中关于此项交易净损益会计处理结果表述正确的是(　　)

A. 资产处置损益增加8万元　　B. 资产处置损益增加3万元

C. 资产处置损益增加20万元　　D. 资产处置损益增加27万元

『答案』B

『解析』资产处置净损益=30-22-5=3(万元)

六、清查

盘亏	报批前	借：待处理财产损溢 　　累计折旧 　　固定资产减值准备 　　贷：固定资产 　　　　应交税费——应交增值税(进项税额转出)(折余价值×适用税率) 注：固定资产折余价值=固定资产原值-累计折旧
	报批后	借：其他应收款(保管员赔偿) 　　营业外支出 　　贷：待处理财产损溢
盘盈	报批前	借：固定资产(重置成本) 　　贷：以前年度损益调整
	报批后	借：以前年度损益调整 　　贷：盈余公积 　　　　利润分配——未分配利润

【例题·单选题】下列各项中，通过“待处理财产损溢”科目核算的是(　　)。

A. 盘盈固定资产　　B. 盘盈存货　　C. 盘亏固定资产　　D. 损毁固定资产

『答案』BC

『解析』选项A，通过“以前年度损益调整”科目核算；选项D，通过“固定资产清理”科目核算。

七、减值

确认	可收回金额<账面价值 注：固定资产账面价值=固定资产原值-累计折旧-已计提的固定资产减值准备
账务处理	借：资产减值损失 　　贷：固定资产减值准备 注：减值损失一经确认，在以后期间不得转回

真题回顾

【单选题】(2018年)某企业为增值税一般纳税人。2019年9月该企业为自行建造厂房购入工程物资一批，取得增值税专用发票上注明的价款为800 000元，增值税税额为104 000元，物资全部用于建造厂房工程项目，不考虑其他因素，该企业2019年9月领用工程物资应计入在建工程的成本为(　　)元。

A. 841 600　　B. 800 000　　C. 904 000　　D. 862 400

『答案』B

『解析』会计分录为：

借：工程物资　　800 000

　　应交税费————应交增值税(进项税额)　　104 000

　　贷：银行存款　　904 000

借：在建工程　　800 000

　　贷：工程物资　　800 000

【单选题】(2019 年)企业月初已有固定资产 960 万元，已计提折旧 320 万元，其中上月已提足折旧额仍继续使用的设备为 60 万元，另一台设备 20 万元上月已经达到预定可使用状态尚未投入使用。采用年限平均法计提折旧，所有设备的月折旧率均为 1%。不考虑其他因素，企业当月应计提的折旧额为(　　)元。

A. 96 000　　B. 94 000　　C. 90 000　　D. 92 000

『答案』C

『解析』已提足折旧仍继续使用的固定资产不计提折旧，所以本月需计提折旧的固定资产价值=960-60=900(万元)，当月应计提折旧额=900×1%=9(万元)。

【单选题】(2018 年)下列各项中，通过“待处理财产损溢”科目核算的是(　　)

A. 报废固定资产　　B. 盘盈固定资产　　C. 盘亏固定资产　　D. 损毁固定资产

『答案』C

『解析』报废、毁损的固定资产通过“固定资产清理”科目核算，盘盈的固定资产通过“以前年度损益调整”科目核算。

【单选题】(2018 年)下列各项中关于企业固定资产会计处理表述正确的是(　　)

A. 盘盈的固定资产应计入营业外收入

B. 已提足折旧仍继续使用的固定资产不再计提折旧

C. 固定资产发生的符合资本化条件的后续支出计入当期损益

D. 已确定的固定资产减值损失在以后会计期间可以转回

『答案』B

『解析』盘盈的固定资产应计入“以前年度损益调整”；固定资产发生的符合资本化条件的后续支出应当资本化，不计入当期损益；已确认固定资产减值损失在以后期间不得转回。

【单选题】(2018 年)2016 年 12 月 15 日，某企业购入一台不需要安装的设备并投入使用，该设备入账价值为 200 万元，预计使用年限五年，预计净残值率 1%，采用年数总和法计提折旧，不考虑其他因素，该设备 2017 年度计提的折旧额为(　　)万元。

A. 5.28　　B. 66.67　　C. 66　　D. 80

『答案』C

『解析』该设备 2017 年度计提的折旧额=200×(1-1%)×5/15=66(万元)

【单选题】(2015 年)下列关于固定资产的表述中正确的是(　　)

A. 经营租出的生产设备计提的折旧计入其他业务成本

B. 当月新增固定资产当月开始计提折旧

C. 生产线的日常修理费用计入在建工程

D. 设备报废清理费用计入管理费用

『答案』A

『解析』B 选项当月新增固定资产下月开始计提折旧；C 选项生产线的日常修理费用计入“管理费用”或“销售费用”；D 选项设备报废清理费用计入“固定资产清理”。

【多选题】(2018 年)2016 年 12 月 20 日，某企业购入一台设备，其原价为 2 000 万元，预计使用年限 5 年，预计净残值 5 万元，采用双倍余额递减法计提折旧。下列各项中，该企业采用双倍余额递减法计提折旧的结果表述正确的有(　　)。

A. 应计折旧总额为 1 995 万元　　B. 年折旧率为 33%

C. 2017 年折旧额为 665 万元　　D. 2017 年折旧额为 800 万元

『答案』AD

『解析』选项 A，应计提折旧总额=固定资产原值-预计净残值=2 000-5=1 995(万元)；选项 B，因为采用双倍余额递减法，所以月折旧率=2÷5×100%=40%；选项 CD，因为采用双倍余额递减法，所以前几年计提折旧额时，不考虑预计净残值，只有最后两年考虑预计净残值，因此 2017 年折旧额=2 000×40%=800(万元)

【多选题】(2018 年)下列各项中关于企业固定资产折旧会计处理表述正确的有(　　)

A. 自行建造厂房使用自有固定资产，计提的折旧应计入在建工程成本

B. 基本生产车间使用自有固定资产，计提的折旧应计入制造费用

C. 经营租赁租出的固定资产，其计提的折旧应计入管理费用

D. 专设销售机构使用的自有固定资产计提的折旧应计入销售费用

『答案』ABD

『解析』经营租赁租出的固定资产计提的折旧应计入“其他业务成本”。

【多选题】(2015 年)下列各项中关于固定资产折旧方法的表述中正确的有(　　)

A 年限平均法需要考虑固定资产的预计净残值

B. 年数总和法计算固定资产折旧逐年递减

C. 双倍余额递减法不需要考虑固定资产的预计净残值

D. 年数总和法不需要考虑固定资产的预计净残值

『答案』ABC

『解析』只有双倍余额递减法在前期计提折旧时不需要考虑固定资产的预计净残值。

【多选题】(2019 年)下列各项中会引起固定资产账面价值减少的有(　　)

A. 固定资产计提折旧　　B. 固定资产发生减值损失

C. 固定资产发生报废毁损　　D. 盘亏固定资产

『答案』ABCD

『解析』固定资产账面价值=固定资产账面原值-累计折旧-固定资产减值准备

【判断题】(2019 年)企业因生产业务转型升级出售固定资产取得的净收益应当计入营业收入。(　　)

『答案』×

『解析』企业因生产业务转型升级出售固定资产取得的净收益应当计入“资产处置损益”。

【判断题】(2019 年)企业因经营业务调整，出售固定资产而发生的处置净损失应计入营业外支出科目。(　　)

『答案』×

『解析』企业因经营业务调整出售固定资产而发生的处置净损失应计入“资产处置损益”科目。

【判断题】(2017 年)企业单位新增加的固定资产当月不计提折旧，自下月起计提折旧；当月减少的固定资产当月仍计提折旧。(　　)

『答案』√

【判断题】(2016 年)企业发生固定资产改扩建支出且符合资本化条件的，应计入相应的在建工程成本。

『答案』√

【不定项选择题】(2018 年改)某企业 2019 年五月初固定资产账面余额 35 000 万元，累计折旧 1 200 万元，未发生减值准备。2019 年至 2020 年，该企业发生的有关固定资产业务如下：

(1)2019 年 6 月 22 日购入一台不需要安装的生产用 M 设备。增值税专用发票上注明的价款为 120 万元，增值税税额为 15.6 万元，发生保险费用 2 万元，增值税税额为 0.12 万元，款项均以银行存款支付，预计该设备可使用 10 年，预计净残值为 2 万元，采用直线法计提折旧。

(2)2019 年 7 月 1 日，该企业准备自建一栋厂房，7 月 5 日购入工程物资，取得增值税专用发票上注明的价款为 200 万元，增值税税额为 26 万元，款项以银行存款支付，该批物资于当日全部用于工程建筑。7 月 15 日领用本企业生产的一批钢材市场售价为 60 万元，实际成本为 30 万元，相关进项税额为 3.9 万元。10 月 30 日确认 3 日至 6 日累计支付的工程人员薪酬 40 万元，此前薪酬已经发放。

(3)2019 年 10 月 30 日自建库房工程完工，达到预定可使用状态，预计该库房可使用 50 年，预计净残值为 0。

(4)2020 年 3 月 25 日，M 设备因雷击后意外毁损，以银行存款支付不含税清理费用 1 万元，应收保险公司赔款 50 万元。

要求：根据上述资料，假定该企业取得的增值税专用发票已经税务机关认证，不考虑其他因素，分析回答下列小题(答案中的金额用万元表示，计算结果保留两位小数)。

(1)根据资料(1)，该企业购入 M 设备的入账价值是(　　)万元。

A. 140.4　　B. 120　　C. 122　　D. 142.74

(2)根据期初资料和资料(1)，下列各项中，关于设备计提折旧的会计处理表述正确的是(　　)

A. M 设备计提的折旧费计入制造费用

B. 2019 年 M 设备计提折旧额为 6 万元

C. M 设备年折旧率为 9.84%

D. 2019 年 7 月 M 设备开始计提折旧

(3)根据资料(2)，下列各项中，关于企业自行建造库房会计处理正确的是(　　)

A. 10 月 30 日确认累计支付的工程人员薪酬时：

借：在建工程　　40

　　贷：应付职工薪酬　　40

B. 7 月 5 日购入工程物资时：

借：工程物资　　200

　　应交税费——应交增值税(进项税额)　　26

　　贷：银行存款　　226

C. 7 月 5 日购入工程物资时：

借：工程物资　　200

　　应交税费——待抵扣进项税额　　26

　　贷：银行存款　　226

D. 7 月 15 日领用本企业生产的钢材时：

借：在建工程　　30

　　贷：库存商品　　30

(4)根据期初资料，资料(1)和(4)，下列各项中，关于该企业 M 设备毁损的会计处理结果正确的是(　　)

A. 转入“固定资产清理”的 M 设备账面价值为 113 万元

B. 按支付的清理费借记“固定资产清理”科目 1 万元

C. 毁损的 M 设备导致企业“营业外支出”增加 60 万元

D. 应收保险公司的赔偿款借记“其他应收款”科目 50 万元

(5)根据期初资料和资料(1)至(4)，2020 年 3 月 31 日，该企业固定资产科目余额是(　　)万元。

A. 3 890　　B. 3 600　　C. 3 500　　D. 3 770

(1)『**答案**』C

『**解析**』M 设备的入账价值 = 120+2 = 122(万元)

(2)『**答案**』ABCD

『**解析**』固定资产自可供使用下月起开始计提折旧，6 月购入设备从 7 月开始计提折旧。应计折旧额 = (122−2)÷10×6÷12 = 6(万元)，相关会计处理为：

借：制造费用　　6

　　贷：累计折旧　　6

年折旧率 = 12/122×100% = 9.84%

(3)『**答案**』ABD

『**解析**』选项 C，根据最新政策，为构建不动产购入物资进项税额可以在当年全额抵扣，不再通过“应交税费——待抵扣进项税额”。

(4)『**答案**』ABD

『**解析**』相关会计处理为：

借：固定资产清理　　113

　　累计折旧　　9

　　贷：固定资产　　122

借：固定资产清理　　1

　　贷：银行存款　　1

借：其他应收款　　50

　　贷：固定资产清理　　50

借：营业外支出　　64

　　贷：固定资产清理　　64

(5)『**答案**』D

『**解析**』固定资产科目余额 = 3 500+122+270−122 = 3 770(万元)

第六节　无形资产和长期待摊费用

学情分析

本节重点掌握以下内容：

1. 无形资产的内容。
2. 无形资产取得、摊销、转让、转销的会计处理。
3. 摊销的相关要求与计算。
4. 长期待摊费用的会计处理。

主要内容导图

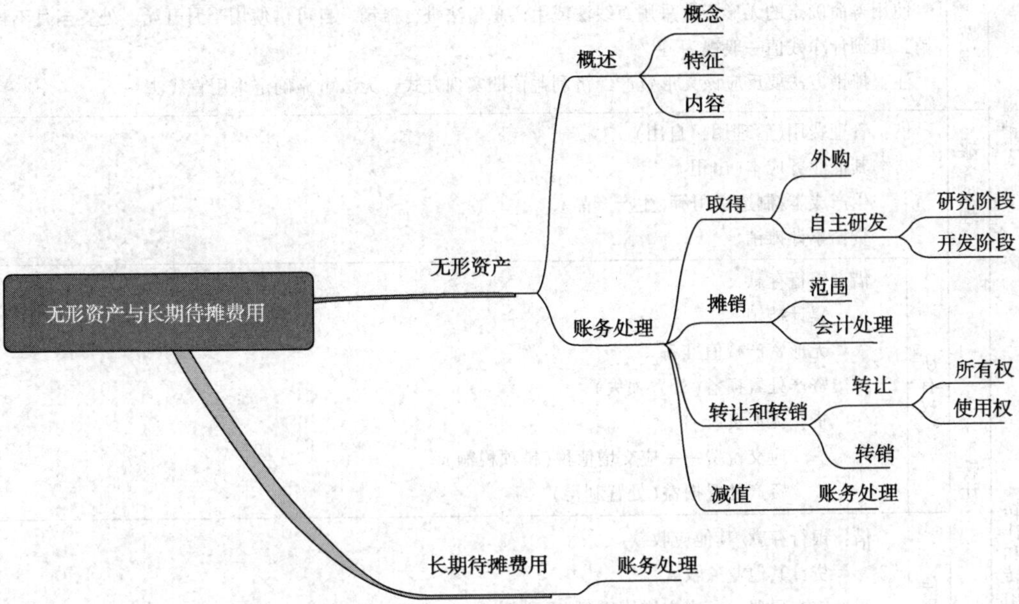

重、难点解析

一、无形资产

概述	概念	企业拥有或控制的没有实物形态的可辨认非货币性资产
	特征	不具有实物形态；具有可辨认性；非货币性长期资产
	内容	专利权，非专利技术，商标权，著作权，土地使用权，特许权

续表

账务处理	取得	外购		借：无形资产 应交税费——应交增值税(进项税额) 贷：银行存款等
		自主研发	研究阶段	借：研发支出——费用化支出 贷：银行存款等 借：管理费用 贷：研发支出——费用化支出
			开发阶段	借：研发支出——资本化支出(符合资本化条件) ——费用化支出(不符合资本化条件) 贷：银行存款等 借：无形资产(资本化支出) 管理费用(费用化支出) 贷：研发支出——资本化支出 ——费用化支出
				注：无法区分研究阶段和开发阶段的全部研发支出费用化，计入当期损益
	摊销	范围		使用寿命确定的无形资产采用直线法或生产总量法进行摊销，自可供使用当月开始，处置当月不再摊销，其预计净残值一般视为零 注：摊销方法要反应该无形资产经济利益预期实现方式，无法可靠确定采用直线法
		账务处理		借：管理费用(管理用、自用) 其他业务成本(出租) 生产成本/制造费用等(生产产品) 贷：累计摊销
	转让和转销	转让	所有权	借：银行存款 累计摊销 无形资产减值准备 资产处置损益(处置损失) 贷：无形资产 应交税费——应交增值税(销项税额) 资产处置损益(处置利得)
			使用权	借：银行存款/其他应收款 贷：其他业务收入 应交税费——应交增值税(销项税额) 借：其他业务成本 贷：累计摊销
		转销		借：累计摊销 无形资产减值准备 营业外支出(账面价值) 贷：无形资产
	减值			使用寿命不确定的无形资产每期末进行减值测试，使用寿命确定的无形资产发生减值迹象时进行减值测试，发生减值计提减值准备
				借：资产减值损失 贷：无形资产减值准备 减值损失一经确认，在以后期间不得转回

【例题·单选题】某公司自行研发非专利技术，共发生支出460万元，其中研究阶段共发生支出160万元，开发阶段发生支出300万元，符合资本化条件的支出为180万元，不考虑其他因素，该研发活动应计入当期损益的金额为（　　）万元

A. 340　　B. 160　　C. 280　　D. 180

『答案』C

『解析』研究阶段支出全部费用化，开发阶段支出不符合资本化条件的支出费用化，所以该研发活动应计入当期损益的金额=160+(300-180)=280(万元)。

【例题·单选题】某企业将其自行开发完成的管理系统软件出租给乙公司，乙公司每年支付使用费240 000元(不含增值税)，双方约定租赁期限为五年，该管理系统软件的总成本为600 000元，该企业按月以直线法计提摊销。不考虑增值税等其他因素，该企业对其具体累计摊销进行的会计处理正确的是（　　）

A. 借：管理费用　20 000
　　贷：累计摊销　20 000

B. 借：其他业务成本　20 000
　　贷：累计摊销　20 000

C. 借：其他业务成本　10 000
　　贷：累计摊销　10 000

D. 借：管理费用　10 000
　　贷：累计摊销　10 000

『答案』C

『解析』无形资产出租摊销计入“其他业务成本”，摊销额=600 000/5/12=10 000(元)。

【例题·单选题】某企业为增值税一般纳税人，自行研究开发一项技术，共发生研发支出450万元，其中研究阶段发生职工薪酬100万元，专用设备折旧费用50万元，开发阶段满足资本化条件的支出300万元，取得增值税专用发票上注明的增值税税额为39万元，开发阶段结束研究开发项目达到预定用途形成无形资产。不考虑其他因素，下列各项中关于该企业研发支出会计处理表述正确的是（　　）

A. 确认管理费用150万元，确认无形资产300万元

B. 确认管理费用150万元，确认无形资产339万元

C. 确认管理费用100万元，确认无形资产350万元

D. 确认管理费用198万元，确认无形资产300万元

『答案』A

『解析』研究阶段支出150万元全部费用化计入“管理费用”，开发阶段支出300万元符合资本化条件全部资本化计入“无形资产”，增值税39万元计入“应交税费——应交增值税(进项税额)”。

【例题·判断题】除房地产企业以外的企业单独取得的土地使用权，应将取得时发生的支出资本化，作为无形资产成本。（　　）

『答案』√

『解析』企业取得土地使用权，应将取得时发生的支出资本化，作为土地使用权的成本，记入“无形资产”科目核算。

二、长期待摊费用

核算内容	以经营租赁方式租入的固定资产发生的改良支出等
账务处理	借：长期待摊费用 　　贷：原材料/银行存款等
	借：管理费用/销售费用 　　制造费用(经营租入固定资产用于产品生产) 　　贷：长期待摊费用

真题回顾

【单选题】某企业为增值税一般纳税人，购入一项专利，取得并经税务机关认证的增值税专用发票上注明的价款为120万元，增值税税额为7.2万元。为宣传该专利权生产的产品，另外发生宣传费支出20万元。不考虑其他因素，该专利的入账价值为(　　)万元。

A. 127.2　　B. 147.2　　C. 120　　D. 140

『答案』C

『解析』发生的宣传费用支付应当计入销售费用，所以该专利的入账价值为120万元。

【单选题】(2019年)2018年12月初，甲企业“长期待摊费用”科目借方余额为4 000元，当月借方发生额为3 000元，贷方发生额为2 000元。不考虑其他因素，甲企业2018年年末长期待摊费用的科目余额为(　　)。

A. 借方5 000元　　B. 贷方5 000元　　C. 借方3 000元　　D. 贷方3 000元

『答案』A

『解析』“长期待摊费用”科目期末余额=期初借方余额+本期借方发生额-本期贷方发生额=4 000+3 000-2 000=5 000(元)

【单选题】(2018年)2017年7月，某制造企业转让一项专利权，开具的增值税专用发票上注明的价款为100万元，增值税税额为6万元，全部款项已存入银行，该专利权成本为200万元，已摊销150万元，不考虑其他因素，该企业转让专利权对利润总额的影响金额为(　　)万元。

A. 56　　B. -94　　C. 50　　D. -100

『答案』C

『解析』相关会计处理为：

借：银行存款　　106
　　累计摊销　　150
　　贷：无形资产　　200
　　　　应交税费——应交增值税(销项税额)　　6
　　　　资产处置损益　　50

【单选题】(2016年)下列各项中关于无形资产的表述不正确的是(　　)

A. 使用寿命不确定的无形资产，不应进行摊销

B. 无形资产的摊销方法应反映其经济利益的预期实现方式

C. 各种无形资产的摊销额应全部计入当期损益

D. 使用寿命有限的无形资产自可供使用当月起开始摊销

『答案』C

『解析』无形资产的摊销额应该根据其不同情况计入对应的成本费用科目。

【多选题】(2019 年)下列各项中，制造企业计提无形资产摊销的会计处理表述正确的有(　　)

A. 出租的无形资产，其摊销额计入其他业务成本

B. 生产产品使用的无形资产，其摊销额计入相关资产成本

C. 行政管理部门使用的无形资产，其摊销额计入管理费用

D. 财务部门使用的无形资产，其摊销额计入财务费用

『答案』ABC

『解析』企业管理用的无形资产，其摊销金额计入管理费用；出租的无形资产，其摊销金额计入其他业务成本；某项无形资产包含的经济利益通过所生产的产品或其他资产实现，其摊销金额应当计入相关资产成本。选项 D，应计入管理费用。

【多选题】(2017 年)下列各项中无形资产摊销会计处理表述正确的有(　　)

A. 使用寿命有限的无形资产应当自可供使用的下月起开始摊销

B. 无形资产的摊销均计入管理费用

C. 使用寿命不确定的无形资产不应摊销

D. 出租无形资产摊销额应计入其他业务成本

『答案』CD

『解析』A 选项使用寿命有限的无形资产，应当自可供使用的当月起开始摊销；选项 B 无形资产的摊销额，根据不同情况计入对应的成本费用科目。

【不定项选择题】(2018 年)2018 年甲公司为增值税一般纳税人，按月编制财务报表，假定相关业务取得的增值税专用发票均通过认证。甲公司 2017 年发生的无形资产相关业务如下：

(1)甲公司继续研发一项生产用新型技术。该技术的“研发支出——资本化支出”明细科目年初余额为 70 万元。本年度 1~6 月份该技术研发支出共计 330 万元，其中，不符合资本化条件的支出为 130 万元。7 月 15 日，该技术研发完成，申请取得专利权(以下称为 E 专利权)，发生符合资本化条件支出 30 万元，发生不符合资本化条件支出 20 万元，并于当月投入产品生产。每年发生各种研发支出取得的增值税专用发票上注明的增值税税额为 44.2 万元。依相关法律规定 E 专利权的有效使用年限为 10 年，采用年限平均法摊销，假定 E 专利权的预计净残值为零。

(2)12 月 31 日，由于市场发生不利变化，E 专利权存在可能减值的迹象，预计其可收回金额为 185 万元。

(3)12 月 31 日，根据协议约定，甲公司收到乙公司支付的 F 非专利技术使用权当年使用费收入，开具的增值税专用发票上注明的价款为 10 万元，增值税税额为 0.6 万元，款项存入银行。本年 F 非专利技术应计提的摊销额为 6 万元。

要求：根据上述资料，不考虑其他因素，分析回答下列小题(答案中的金额单位用万元表示)。

(1)根据资料(1)，下列各项中关于甲公司 E 专利权研发支出的会计处理正确的是(　　)

A. 2017 年 7 月 31 日，结转研发 E 专利权 7 月份发生的费用化支出时：

借：管理费用 20

贷：研发支出——费用化支出 20

B. 2017 年 7 月 31 日，结转研发 E 专利权费用化支出时：

借：管理费用 150

贷：研发支出——费用化支出 150

C. 2017 年 7 月 15 日 E 专利权研发完成时：

借：无形资产 344.2

贷：研发支出——资本化支出 344.2

D. 2017 年 7 月 15 日 E 专利权研发完成时：

借：无形资产 300

贷：研发支出——资本化支出 300

(2)根据资料(1)，下列各项中，2017 年甲公司 E 专利权摊销的会计处理结果正确的是(　　)

A.“累计摊销”科目贷方增加 15 万元　　B.“制造费用”科目借方增加 15 万元

C.“制造费用”科目借方增加 12.5 万元　　D.“累计摊销”科目借方增加 12.5 万元

(3)根据资料(1)和(2)，2017 年年末，甲公司对 E 专利权应计提的无形资产减值准备的金额是(　　)万元

A. 102.5　　B. 100　　C. 141.99　　D. 242.5

(4)根据资料(3)，下列各项中，甲公司转让 F 非专利技术使用权的会计处理结果正确的是(　　)

A. 其他业务收入增加 10 万元　　B. 其他业务收入增加 10.6 万元

C. 累计摊销增加 6 万元　　D. 其他业务成本增加 6 万元

(5)根据资料(1)至(3)，下列各项中，甲公司无形资产相关业务对其 2017 年度利润表相关项目的影响表述正确的是(　　)

A. 管理费用增加 150 万元　　B. 利润总额减少 246 万元

C. 营业收入增加 10 万元　　D. 资产减值损失增加 100 万元

(1)『**答案**』BD

『**解析**』相关会计处理如下：

2017 年 1~6 月

借：研发支出——费用化支出	130	
——资本化支出	200	
贷：银行存款		330

2017 年 7 月 15 日

借：研发支出——费用化支出	20	
——资本化支出	30	
应交税费——应交增值税(进项税额)	44.2	
贷：银行存款		94.2
借：无形资产	300	
管理费用	150	
贷：研发支出——费用化支出		150
——资本化支出		300

(2)『答案』AB

『解析』无形资产于2017年7月15日研发完成，自7月开始摊销，2017年摊销金额=300/10×6/12=15(万元)。生产用无形资产的摊销计入“制造费用”科目。

(3)『答案』B

『解析』2017年12月31日，该无形资产的账面价值=300-15=285(万元)

应计提减值准备金额=285-185=100(万元)

(4)『答案』ACD

『解析』相关会计处理如下：

借：银行存款 10.6

　贷：其他业务收入 10

　　应交税费——应交增值税(销项税额) 0.6

借：其他业务成本 6

　贷：累计摊销 6

(5)『答案』ABCD

『解析』选项ACD参照前期会计处理，选项B中利润总额=-150-100+10-6=-246(万元)

同步练习

第一节　货币资金

一、单项选择题

1. 按照现金管理相关规定，下列各项中，企业一般不能使用库存现金进行结算的经济业务是(　　)。

A. 按规定颁发给科技人员的创新奖金　　B. 发放给职工的劳保福利

C. 向个人收购农产品的价款　　D. 向外单位支付的机器设备款

2. 2016年12月31日，某企业进行现金清查，发现库存现金短款300元。经批准，应由出纳员赔偿180元，其余120元无法查明原因，由企业承担损失；发现无法查明原因的库存现金溢余100元，不考虑其他因素，该业务对企业当期营业利润的影响金额为(　　)元。

A. 0　　B. -120　　C. 120　　D. 180

3. 某企业现金盘点时发现库存现金短款351元，经核准需由出纳员赔偿200元，其余短款无法查明原因，关于现金短款相关会计科目处理正确的是(　　)。

A. 借记“财务费用”科目151元　　B. 借记“其他应付款”科目200元

C. 借记“管理费用”科目151元　　D. 借记“营业外支出”科目151元

4. 企业为增值税一般纳税人，2019年10月该企业使用信用卡购买一批办公用品，取得增值税专用发票上注明价款1 000元，增值税税额130元。不考虑其他因素，下列关于购买办公用品应记入的相关科目的表述正确的是(　　)。

A. 借记“管理费用”科目1 130元　　B. 借记“材料采购”科目1 130元

C. 贷记“其他货币资金”科目1 130元　　D. 贷记“银行存款”科目1 130元

5. 某企业为增值税一般纳税人，购买原材料取得增值税专用发票上注明的价款为10 000元，增值税税额为1 300元(已经税务机关认证)，款项以银行本票结算。不考虑其他因素，下列各项中，关于该企业购买原材料会计处理正确的是(　　)。

A. 借：原材料　10 000
　　应交税费——应交增值税(进项税额)　1 300
　　贷：其他货币资金——银行本票　11 300

B. 借：原材料　11 300
　　贷：其他货币资金——银行本票　11 300

C. 借：原材料　10 000
　　应交税费——应交增值税(进项税额)　1 300
　　贷：银行存款　11 300

D. 借：原材料　10 000
　　应交税费——应交增值税(进项税额)　1 300
　　贷：应付票据　11 300

二、多项选择题

1. 下列各项中，企业应通过“其他货币资金”科目核算的有(　　)。

A. 用银行本票支付采购办公用品的款项

B. 存入证券公司指定账户的款项

C. 汇往异地银行开立采购专户的款项

D. 存入银行信用证保证金专户的款项

2. 下列各项中，企业应通过“其他货币资金”科目核算的有(　　)。

A. 存入证券公司指定银行的存出投资款　　B. 企业持有的 3 个月内到期的债券投资

C. 申请银行汇票划转出票银行的款项　　D. 汇往采购地银行开立采购专户的款项

三、判断题

1. 库存现金账应该分别设置库存现金总账和库存现金日记账，并分别核算总账和现金日记账。(　　)

2. 企业收到退回银行汇票的多余款项，记入“其他货币资金”科目的借方。(　　)

第二节　应收及预付款项

一、单项选择题

1. 2017 年 1 月 1 日，“坏账准备——应收账款”明细贷方余额为 8 万元，当期实际发生坏账损失 5 万元，经减值测试，12 月 31 日“坏账准备——应收账款”应有贷方余额为 16 万元，当期应计提“坏账准备——应收账款”的金额是(　　)万元。

A. 3　　B. 8　　C. 13　　D. 16

2. 2012 年 12 月初，某企业“坏账准备”科目贷方余额为 6 万元。12 月 31 日，“应收账款”科目借方余额为 100 万元，经减值测试，该企业应收账款预计未来现金流量现值为 95 万元。该企业 2012 年末应计提的坏账准备金额为(　　)万元。

A. −1　　B. 1　　C. 5　　D. 11

3. 企业 2016 年坏账准备期初余额为 0. 3 万元；当年收回已转销的坏账 0. 1 万元，发生坏账 0. 2 万元；年末应收账款余额为 90 万元，预计未来现金流量现值 91 万元，年末应计提的坏账准备为(　　)万元。

A. −0. 2　　B. 0. 3　　C. 0. 2　　D. 0. 4

4. 2011 年 12 月初企业“应收账款”科目借方余额为 300 万元，相应的“坏账准备”科目贷方余额为 20 万元，本月实际发生坏账损失 6 万元。2011 年 12 月 31 日经减值测试，企业应补提坏账准备 11 万元。假定不考虑其他因素，2011 年 12 月 31 日该企业资产负债表“应收账款”项目的金额为(　　)万元。

A. 269　　B. 274　　C. 275　　D. 280

二、多项选择题

1. 下列应通过其他应收款核算的有(　　)。

A. 收取的出租包装物的押金　　B. 支付的出租包装物的押金

C. 应支付的包装物的租金　　D. 应收取的包装物的租金

2. 下列各项中，应列入资产负债表“其他应收款”项目的有(　　)。

A. 应收的出租包装物租金　　B. 应收的为购货方垫付的运杂费

C. 应收的债券投资利息收入　　D. 应收的各种赔款、罚款

3. 下列各项中，会引起应收账款账面价值发生变化的有(　　)。

A. 计提坏账准备　　B. 收回应收账款

C. 转销坏账准备　　D. 收回已转销的坏账

4. 下列各项中，引起应收账款账面价值发生增减变化的有(　　)。

A. 收回应收账款　　B. 计提应收账款坏账准备

C. 收回已作为坏账核销的应收账款　　D. 结转已到期未兑现的应收票据

5. 下列各项业务会引起应收账款账面价值变动的有(　　)。

A. 销售货物收到银行汇票　　B. 计提坏账准备

C. 代购货方垫付的包装费　　D. 租入包装物支付的押金

6. 下列各项中，应在“坏账准备”借方登记的有(　　)。

A. 冲减已计提的减值准备　　B. 收回前期已核销的应收账款

C. 核销实际发生的坏账损失　　D. 计提坏账准备

三、判断题

1. 某企业由于预付账款业务不多，不单独设置“预付账款”科目，对于预付的款项应通过“应付账款”科目核算。(　)

2. 企业销售商品已确认收入但货款尚未收到，在资产负债表日得知客户资金周转困难而无法收回货款，该企业应冲减已确认的商品销售收入。(　)

第三节　交易性金融资产

一、单项选择题

1. 某企业购入 W 上市公司股票 180 万股，并划分为交易性金融资产，共支付款项 2 834.24万元，其中包括已宣告但尚未发放的现金股利 126 万元、相关交易费用 4 万元、取得的增值税专用发票上注明的增值税税额为 0.24 万元。该项交易性金融资产的入账价值为(　　)万元。

A. 2 700　　B. 2 704　　C. 2 830　　D. 2 834

2. 企业取得交易性金融资产时，应计入当期损益的是(　　)。

A. 支付不含增值税的交易费用

B. 支付交易费用时取得经税务机关认证的增值税专用发票上注明的增值税税额

C. 支付价款中包含的已到付息期但尚未领取的债券利息

D. 支付价款中包含的已宣告但尚未发放的现金股利

3. 某公司于 2019 年 3 月 5 日从证券市场购入甲公司股票 150 000 股，作为交易性金融资产核算，每股价格为 11 元，另支付交易费用 10 000 元。3 月 31 日，甲公司股票收盘价格为 12 元，2019 年 3 月 31 日该公司正确的会计处理是(　　)。

A. 借：应收股利　150 000

　　贷：投资收益　150 000

B. 借：交易性金融资产——公允价值变动　140 000

　　贷：公允价值变动损益　140 000

C. 借：交易性金融资产——公允价值变动　150 000

　　贷：投资收益　150 000

D. 借：交易性金融资产——公允价值变动　150 000

　　贷：公允价值变动损益　150 000

4. 下列各项中，资产负债表日企业计算确认所持有交易性金融资产的公允价值低于其账面余额的金额，应借记的会计科目是(　　)。

A. 营业外支出　　B. 投资收益

C. 公允价值变动损益　　D. 其他业务成本

5. 2019 年 12 月 10 日，甲公司购入乙公司股票 10 万股，作为交易性金融资产核算，支付价款 258 万元，另支付交易费用 0. 6 万元。12 月 31 日，公允价值为 249 万元，不考虑其他因素，2019 年甲公司利润表中“公允价值变动收益”本年金额为(　　)万元。

A. 9　　B. −9　　C. −8. 4　　D. 0. 6

6. 甲公司将其持有 A 上市公司的交易性金融资产全部出售，售价为 3 000 万元，出售前该金融资产的账户余额为 2800 万元(其中成本明细 2 500 万元，公允价值变动明细 300 万元)。假定不考虑其他因素，甲公司对该交易应确认的投资收益为(　　)万元。

A. 200　　B. −200　　C. 500　　D. −500

7. 2019 年 4 月 3 日，甲公司从上海证券交易所购入某公司债券并划分为交易性金融资产。该债券面值为 1 250 000 元，共支付价款 1 300 000 元(其中包含已到付息期但尚未领取的债券利息 25 000 元)，另支付交易费用 2000 元，取得并经税务机关认证的增值税专用发票上注明的增值税税额为 120 元。不考虑其他因素，甲公司取得债券的初始入账金额为(　　)元

A. 1 275 000　　B. 1 250 000　　C. 1 302 000　　D. 1 300 000

8. 甲公司 2019 年 7 月 1 日购入乙公司 2019 年 1 月 1 日发行的债券，支付价款为 2 100 万元(含已到付息期但尚未领取的债券利息 40 万元)，另支付交易费用 15 万元，发票注明增值税 0. 9 万元。该债券面值为 2 000 万元，票面年利率为 4%(票面利率等于实际利率)，每半年付息一次，半年末计算债券利息收入，甲公司将其划分为交易性金融资产。甲公司 2019 年度因该项交易性金融资产应确认的投资收益为(　　)万元。

A. 25　　B. 40　　C. 65　　D. 80

二、多项选择题

1. 2019 年 5 月 16 日，甲公司从上海证券交易所购入乙公司的股票 15 000 股，每股价格为 40 元(其中包含已宣告但尚未发放的现金股利 0. 2 元)，另支付相关交易费用 10 000 元，

取得的增值税专用发票上注明的增值税税额为 600 元。甲公司将其划分为交易性金融资产，不考虑其他因素，该交易性金融资产取得影响正确的有(　　)。

A. 交易性金融资产——成本 597 000　　B. 投资收益 10 600

C. 应收股利 3 000　　D. 其他货币资金 610 600

2. 下列各项中，关于交易性金额资产表述正确的有(　　)。

A. 取得交易性金融资产所发生的相关交易费用应当在发生时计入投资收益

B. 收到交易性金融资产购买价款中已到付息期尚未领取的债券利息计入当期损益

C. 资产负债表日交易性金融资产公允价值与账面余额的差额计入当期损益

D. 出售交易性金融资产时应将其公允价值与账面余额之间的差额确认为投资收益

三、判断题

1. 企业取得交易性金融资产时，应以其市场价格为基础确定其公允价值，作为其初始入账金额。(　　)

2. 资产负债表日，企业持有的交易性金融资产的公允价值变动损益应计入投资收益。(　　)

3. 出售交易性金融资产发生的净损失应计入营业外支出。(　　)

4. 企业出售交易性金融资产，应将实际收到的价款小于其账面余额的差额记入公允价值变动损益科目。(　　)

四、不定项选择题

(一)甲公司为增值税一般纳税人，2019 年发生的有关交易性金融资产业务如下：

(1) 1 月 3 日，向证券公司存出投资款 2 000 万元。同日，委托证券公司购入乙上市公司股票 50 万股，支付价款 500 万元(其中包含已宣告但尚未发放的现金股利 5 万元)，另支付相关交易费用 1.25 万元，支付增值税 0.075 万元，甲公司将该股票投资确认为交易性金融资产。

(2) 3 月 20 日，收到乙上市公司发放的现金股利并存入银行的投资款专户。3 月 31 日，持有的乙上市公司股票公允价值为 480 万元。

(3) 4 月 30 日，全部出售乙上市公司股票 50 万股，售价为 600 万元，转让该金融商品应交的增值税为 5.66 万元，款项已收到。

要求：

根据上述资料，假定该企业取得的增值税专用发票均已经税务机关认证，不考虑其他因素，分析回答下列小题(答案中的金额单位用万元表示)。

1. 根据资料(1)，下列各项中，甲公司购买股票应记入“交易性金融资产——成本”科目的金额正确的是(　　)万元。

A. 501.325　　B. 495　　C. 500　　D. 501.25

2. 根据资料(1)和(2)，下列各项中，3 月 20 日甲公司收到乙上市公司发放现金股利的会计处理正确的是(　　)。

A. 借：银行存款　　5

　　贷：应收股利　　5

B. 借：其他货币资金——存出投资款　　5

　　贷：投资收益　　5

C. 借：银行存款　　5

贷：投资收益　　5

D. 借：其他货币资金——存出投资款　　5

贷：应收股利　　5

3. 根据资料(1)和(2)，下列各项中，甲公司3月31日的会计处理结果正确的是(　　)。

A. 借记“公允价值变动损益”科目20万元

B. 借记“投资收益”科目15万元

C. 贷记“交易性金融资产——公允价值变动”科目20万元

D. 贷记“交易性金融资产——公允价值变动”科目15万元

4. 根据资料(1)至(3)，下列各项中，关于甲公司4月份处置乙上市公司股票时的会计处理结果正确的是(　　)。

A. 增值税销项税额增加5.66万元

B. 投资收益净增加114.34万元

C. 其他货币资金(存出投资款)增加600万元

D. 交易性金融资产(成本)减少500万元

5. 根据资料(1)至(3)，下列各项中，该股票投资对甲公司2019年度营业利润的影响额是(　　)万元。

A. 99.31　　B. 98.09　　C. 100　　D. 97.34

(二)甲企业为增值税一般纳税人，2020年发生如下与交易性金融资产相关的经济业务：

(1) 4月12日，从深圳证券交易所购入乙企业股票20 000股，该股票的公允价值为900 000元，另支付相关交易费用3 000元，取得的增值税专用发票上注明的增值税税额为180元，发票已通过税务机关认证，甲企业将该股票划分为交易性金融资产。

(2) 6月30日，甲企业持有乙企业股票的市价为920 000元。

(3) 7月6日，乙企业宣告以每股0.2元发放上年度的现金股利。7月10日，甲企业收到乙企业向其发放的现金股利，假定股利不考虑相关税费。

(4) 7月18日，将持有的乙企业股票全部出售，价款为1006 000元，转让该金融商品应交增值税6 000元，款项已收到。

要求：

根据上述资料，不考虑其他因素，分析回答下列小题(答案中的金额单位用元表示)。

1. 根据资料(1)，甲企业购入该交易性金融资产的初始入账金额是(　　)元。

A. 902 820　　B. 903 000　　C. 900 000　　D. 903 100

2. 根据资料(1)和(2)，下列各项中，甲企业6月30日应计入公允价值变动损益的金额是(　　)元。

A. 20 000　　B. 17 000　　C. 16 820　　D. 17 180

3. 根据资料(1)和(3)，下列各项中，关于甲企业现金股利的会计处理结果表述正确的是(　　)。

A. 实际收到股利时，冲减交易性金融资产成本4 000元

B. 实际收到股利时，确认投资收益4 000元

C. 宣告发放股利时，确认公允价值变动损益4 000元

D. 宣告发放股利时，确认投资收益4 000元

4. 根据资料(1)至(4)，下列各项中，甲企业出售乙企业股票的会计处理正确的是(　　)。

A. 借：投资收益　　6 000

　　贷：应交税费——转让金融商品应交增值税　　6 000

B. 借：公允价值变动损益　　20 000

　　贷：投资收益　　20 000

C. 借：投资收益　　20 000

　　贷：公允价值变动损益　　20 000

D. 借：其他货币资金——存出投资款　　1 006 000

　　贷：交易性金融资产——成本　　900 000

　　　　交易性金融资产——公允价值变动　　20 000

　　　　投资收益　　86 000

5. 根据(1)至(4)，该交易性金融资产业务引起甲企业2020年营业利润增加的金额是(　　)元。

A. 101 000　　B. 104 000　　C. 107 000　　D. 81 000

第四节　存　　货

一、单项选择题

1. 下列税金，不计入存货成本的是(　　)。

A. 一般纳税企业进口原材料支付的关税

B. 一般纳税企业购进原材料支付的增值税

C. 一般纳税企业进口应税消费品支付的消费税

D. 小规模纳税企业购进原材料支付的增值税

2. 甲公司属于一般纳税人，2019年5月1日购入M材料100件，每件买价为1 000元，增值税率为13%；发生运费2 000元，增值税率9%；支付包装物押金1 000元，所有款项已支付。材料验收入库发现合理损耗4件，该批材料成本(　　)元。

A. 102 000　　B. 106 250　　C. 1 020　　D. 1 062. 5

3. 甲企业为增值税小规模纳税人，本月采购原材料2 060千克，每千克50元(含增值税)，运输途中的合理损耗为60千克，入库前的挑选整理费用为500元，企业该批原材料的入账价值为(　　)元。

A. 100 500　　B. 103 500　　C. 103 000　　D. 106 500

4. 某企业采用先进先出法核算原材料，2017年3月1日库存甲材料500千克，实际成本为3 000元；3月5日购入甲材料1 200千克，实际成本为7 440元；3月8日购入甲材料300千克，实际成本为1 830元；3月10日发出甲材料900千克。不考虑其他因素，该企业发出的甲材料实际成本为(　　)元。

A. 5 550　　B. 5 580　　C. 5 521. 5　　D. 5 480

5. 某企业本期购进5批存货，发出2批，在物价持续上升的情况下，与加权平均法相比，该企业采用先进先出方法导致的结果是(　　)。

A. 当期利润较低　　B. 库存存货价值较低

C. 期末存货成本接近于市价　　D. 发出存货的成本较高

6. 下列各项中，关于“材料成本差异”科目的表述正确的是(　　)。

A. 期初贷方余额反映库存材料的超支差异

B. 期末余额应在资产负债表中单独列示

C. 期末贷方余额反映库存材料的节约差异

D. 借方登记入库材料的节约差异

7. 某企业采用计划成本法进行材料日常核算，下列各项中，采购材料的实际成本应记入的会计科目是(　　)。

A. 材料采购　　B. 原材料　　C. 在途物资　　D. 周转材料

8. 某企业材料采用计划成本核算，2017 年 12 月 1 日结存材料的计划成本为 400 万元，“材料成本差异”科目贷方余额 6 万元；本月入库材料的计划成本为 2 000 万元，“材料成本差异”科目借方发生额 12 万元。本月发出材料的计划成本为 1 600 万元。该企业 2017 年 12 月 31 日结存材料的实际成本是(　　)万元。

A. 802　　B. 800　　C. 798　　D. 1 604

9. 某企业为增值税一般纳税人，增值税税率为 13%。本月销售一批材料，价税合计为 5 876元。该批材料计划成本为 4 200 元，材料成本差异率为 2%。不考虑其他因素，该企业销售材料应确认的损益为(　　)元。

A. 916　　B. 1 084　　C. 1 884　　D. 1 968

10. 下列各项中，企业确认随同商品出售且单独计价的包装物的收入应贷记的会计科目是(　　)。

A. 营业外收入　　B. 其他综合收益

C. 其他业务收入　　D. 主营业务收入

11. 企业出租包装物摊销额和维修费用记入的科目是(　　)。

A. 其他业务成本　　B. 销售费用

C. 生产成本　　D. 冲减其他业务收入

12. 2016 年 7 月 1 日，某企业销售商品领用不单独计价包装物的计划成本为 60 000 元，材料成本差异率为-5%，下列各项中，关于该包装物会计处理正确的是(　　)。

A. 借：销售费用　　63 000

　　贷：周转材料——包装物　　60 000

　　　　材料成本差异　　3 000

B. 借：销售费用　　57 000

　　材料成本差异　　3 000

　　贷：周转材料——包装物　　60 000

C. 借：其他业务成本　　63 000

　　贷：周转材料——包装物　　60 000

　　　　材料成本差异　　3 000

D. 借：其他业务成本　　57 000

　　材料成本差异　　3 000

　　贷：周转材料——包装物　　60 000

13. 甲、乙公司均为增值税一般纳税人，甲公司委托乙公司加工一批应交消费税的半成品，收回后用于连续生产应税消费品。甲公司发出原材料实际成本 210 万元，支付加工费 6

万元、增值税 0.78 万元、消费税 24 万元。假定不考虑其他相关税费，甲公司收回该半成品的入账价值为(　　)万元。

A. 210　　B. 216　　C. 240　　D. 240.78

14. 2014 年 6 月 5 日，甲公司委托某量具厂加工一批量具，发出材料的计划成本为 80 000元，材料成本差异率为 5%，以银行存款支付运杂费 2 000 元；6 月 25 日以银行存款支付上述量具的加工费用 20 000 元；6 月 30 日收回委托加工的量具，并以银行存款支付运杂费 3 000 元，假定不考虑其他因素，甲公司收回该批量具的实际成本是(　　)元。

A. 102 000　　B. 105 000　　C. 103 000　　D. 109 000

15. 甲公司为增值税一般纳税人，委托乙公司加工一批应税消费品，收回后直接对外出售，甲公司支付加工费 100 万元，增值税 13 万元，并取得乙公司开具的增值税专用发票。另付乙公司代扣代缴消费税 15 万元。下列各项中，甲公司支付加工费和相关税费会计处理正确的是(　　)。

A. 借：委托加工物资　128
　　贷：银行存款　128

B. 借：委托加工物资　100
　　应交税费——应交增值税(进项税额)　13
　　　　——应交消费税　15
　　贷：银行存款　128

C. 借：委托加工物资　115
　　应交税费——应交增值税(进项税额)　13
　　贷：银行存款　128

D. 借：委托加工物资　113
　　应交税费——应交消费税　15
　　贷：银行存款　128

16. 某企业原材料采用实际成本核算。2019 年 6 月 29 日该企业对存货进行全面清查。发现短缺原材料一批，账面成本 12 000 元，增值税率 13%。经确认，由保管人员过失造成，应由保险公司赔款 4 000 元，由过失人员赔款 3 000 元，存货清查业务应确认的净损失为(　　)元。

A. 5 000　　B. 9 560　　C. 6 560　　D. 3 000

17. A 企业盘盈甲材料一批 200 公斤，每公斤 5 元；盘亏乙材料 300 公斤，每公斤 10 元。不考虑相关税费，本期待处理财产损溢的借方发生额是(　　)。

A. 1 000　　B. 2 000　　C. 3 000　　D. 4 000

18. 2017 年 3 月 31 日，某企业乙存货的实际成本为 100 万元，加工该存货至完工产成品估计还将发生成本为 20 万元，估计销售费用和相关税费为 2 万元，估计用该存货生产的产成品售价 110 万元。假定乙存货月初“存货跌价准备”科目余额为 5 万元，2017 年 3 月 31 日应计提的存货跌价准备为(　　)万元。

A. −10　　B. 7　　C. 10　　D. 12

19. 销售库存商品，收到价款 240 万元，该商品成本 170 万元，已提存货跌价准备 35 万元，应结转销售成本(　　)万元。

A. 135　　B. 170　　C. 205　　D. 240

二、多项选择题

1. 下列各项中，构成企业存货的有(　　)。

A. 委托代销商品　　B. 工程物资

C. 在产品　　D. 低值易耗品

2. 下列各项中，企业应计入外购存货采购成本的有(　　)。

A. 入库后的挑选整理费　　B. 材料购买价款(不含增值税)

C. 享受的商业折扣　　D. 采购过程中发生的仓储费

3. 关于存货成本，表述正确的有(　　)。

A. 商品流通企业采购商品的进货费用金额较小的，可以不计入存货成本

B. 商品流通企业发生的进货费用先进行归集的，期末未售商品分摊的进货费用计入存货成本

C. 企业为特定客户设计的产品直接发生的设计费用应计入产品成本

D. 委托加工物资发生的加工费用应计入委托加工物资成本

4. 存货计价方法包括(　　)。

A. 先进先出法　　B. 个别计价法　　C. 后进先出法　　D. 加权平均法

5. 下列各项中，关于原材料按计划成本核算的会计处理表述正确的有(　　)。

A. 入库材料的超支差异应借记“材料成本差异”科目

B. 入库材料的节约差异应借记“材料成本差异”科目

C. 发出材料应负担的节约差异应借记“材料成本差异”科目

D. 发出材料应负担的超支差异应贷记“材料成本差异”科目

6. 某企业原材料采用计划成本法核算，下列各项中，该企业应在“材料成本差异”科目贷方登记的有(　　)。

A. 入库原材料的成本超支差异　　B. 入库原材料的成本节约差异

C. 发出原材料应负担的成本超支差异　　D. 发出原材料应负担的成本节约差异

7. 某企业周转材料采用实际成本核算，生产车间领用低值易耗品一批，实际成本为10 000元，估计使用次数为2次，采用分次摊销法进行摊销，低值易耗品第二次摊销的会计处理正确的有(　　)。

A. 借：周转材料——低值易耗品—在用　　10 000
　　贷：周转材料——低值易耗品—在库　　10 000

B. 借：制造费用　　10 000
　　贷：周转材料——低值易耗品—在库　　10 000

C. 借：制造费用　　5 000
　　贷：周转材料—低值易耗品—摊销　　5 000

D. 借：周转材料—低值易耗品—摊销　　10 000
　　贷：周转材料—低值易耗品—在用　　10 000

8. 下列各项中，应计入加工收回后直接出售的委托方加工物资成本的有(　　)。

A. 由受托方代收代缴的消费税　　B. 支付委托加工的往返运输费

C. 实际耗用的原材料费用　　D. 支付的加工费

9. 下列各项中，关于企业存货的表述正确的有(　　)。

A. 存货应按照成本进行初始计量

B. 存货成本包括采购成本、加工成本和其他成本

C. 存货期末计价应按照成本与可变现净值孰低计量

D. 存货采用计划成本核算的，期末应将计划成本调整为实际成本

10. 下列各项中，计算存货可变现净值应涉及的项目有(　　)。

A. 估计的存货售价　　B. 估计的销售费用

C. 已发生的生产成本　　D. 估计的相关税费

11. 下列各项中，关于企业存货减值的相关会计处理表述正确的有(　　)。

A. 企业结转存货销售成本时，对于其已计提的存货跌价准备，应当一并结转

B. 资产负债表日，当存货期末账面价值高于其可变现净值时企业应当按账面价值计量

C. 资产负债表日，期末存货应当按照成本与可变现净值孰低计量

D. 资产负债表日，当存货期末账面价值低于其可变现净值时，企业应当按可变现净值计量

三、判断题

1. 商品流通企业在采购商品过程中发生的运杂费等进货费用，应当计入存货采购成本。进货费用数额较小的，也可以在发生时直接计入当期损益。(　　)

2. 采用移动加权平均法计算发出存货成本不能在月度内随时结转发出存货的成本。(　　)

3. 采用月末一次加权平均法核算发出材料成本，企业可以随时通过账簿记录得到发出和结存材料的单价和金额。(　　)

4. 月末，企业对已验收入库但发票账单等结算凭证未到并且其货款尚未支付的材料，应按其暂估价值入账。(　　)

5. 企业对于已验收入库但未取得增值税扣税凭证的存货，应在月末按照暂估价值计算进项税额并登记入账。(　　)

6. 采用原材料计划成本计价，购入原材料无论是否入库，实际成本记入“材料采购”科目。(　　)

7. 计划成本法下，本期发出材料应负担的成本差异应按期(月)分摊结转。(　　)

8. 企业原材料日常核算采用计划成本法，发出材料应负担的成本差异应当在季末或年末一次计算。(　　)

9. 企业因收发计量错误发生的原材料盘盈，按管理权限报经批准后，应将盘盈金额冲减管理费用。(　　)

四、不定项选择题

(一)甲企业为增值税一般纳税人，税率13%，该企业生产主要耗用一种原材料，该材料按计划成本进行日常核算，计划单位成本为每千克20元，2019年6月初，该企业“银行存款”科目余额为300 000元，原材料和材料成本差异的借方余额为30 000元和6 152元，6月份发生以下经济业务：

(1) 5日，从乙公司购入材料5 000千克，增值税专用发票上注明的销售价格是90 000元，增值税税额是11 700元，全部款项以银行存款付清，材料尚未到达。

(2) 8日，从乙公司购入的材料到达，验收入库时发现短缺50千克，经查明，短缺为运输中合理损耗，按实际数量入库。

(3) 10日，从丙公司购入材料3 000千克，增值税专用发票上注明的销售价格为57 000

元，增值税税额为7 410元，材料已验收入库，并且全部款项以银行存款支付。

（4）15日，从丁公司购入材料4 000千克，增值税专用发票上注明的销售价格为88 000元，增值税为11 440元，材料已验收入库，款项尚未支付。

（5）6月份，甲企业领用材料的计划成本为84 000元。

1. 根据资料(1)，甲企业处理正确的是(　　)。

A. 在途物资90 000元　　B. 材料采购90 000元

C. 在途物资101 700元　　D. 材料采购101 700元

2. 根据资料(1)和(2)，甲企业处理正确的是(　　)。

A. 材料成本差异为节约9 000元　　B. 材料成本差异为节约10 000元

C. 材料成本差异为超支9 000元　　D. 材料成本差异为超支10 000元

3. 根据资料3，甲企业处理正确的是(　　)。

A. 借：材料采购　　57 000

　　应交税费——应交增值税(进项税额)　　7 410

　　贷：银行存款　　64 410

B. 借：原材料　　60 000

　　贷：材料采购　　57 000

　　　　材料成本差异　　3 000

C. 借：在途物资　　57 000

　　应交税费——应交增值税(进项税额)　　7 410

　　贷：银行存款　　64 410

D. 借：原材料　　57 000

　　材料成本差异　　3 000

　　贷：材料采购　　60 000

4. 根据期初资料以及资料(1)至(4)，以下甲企业处理正确的是(　　)。

	计划成本	实际成本	差异
期初	30 000		6 152
(1)(2)	99 000	90 000	-9 000
(3)	60 000	57 000	-3 000
(4)	80 000	88 000	8 000
	269 000		2 152

A. 材料成本差异借方发生额8 000元　　B. 材料成本差异贷方发生额12 000元

C. 材料成本差异率0.8%　　D. 材料成本差异率3.77%

5. 根据期初资料和资料(1)至(5)，2019年6月30日甲企业相关会计科目期末余额计算结果正确的是(　　)。

A. 银行存款科目为198 300元　　B. 银行存款科目为133 890元

C. 原材料科目为186 480元　　D. 原材料科目为185 000元

(二)甲公司为增值税一般纳税人，适用的增值税税率为13%，原材料采用实际成本法核算，发出材料采用先进先出法计价。2019 年 6 月初，M 材料库存 50 000 千克，金额为 360 000 元，“存货跌价准备——M 材料”贷方金额为 10 000 元，甲公司 6 月份发生的与 M 材料有关的业务如下：

(1) 5 日，购入 M 材料 10 万千克，以银行存款支付价款 60 万元，增值税税额 7.8 万元，材料尚未收到，10 日该批 M 材料运达企业并验收入库。

(2) 12 日，销售部门领用 M 材料 6 万千克，13 日行政管理部门领用 M 材料 1 万千克。

(3) 15 日，发出 M 材料 4 万千克委托乙公司加工商品，以银行存款支付不含税运费 2 万元，增值税税额 0.18 万元。

(4) 25 日，因自然灾害导致 M 材料毁损 1 万千克，根据保险合同规定，应由保险公司赔偿 2 万元，其余损失由甲公司承担。

(5) 30 日，由于市场价格下跌，预计结存 M 材料的可变现净值为 15 万元，期初的存货跌价准备未转销。

要求：根据上述资料，假定甲公司取得的增值税专用发票已经税务机关认证，不考虑其他因素，分析回答下列问题(答案中的金额单位用万元表示)。

1. 根据资料(1)，下列各项中，关于甲公司 6 月 5 日的会计处理正确的是(　　)。

A. 借：预付账款　　67.8
　　贷：银行存款　　67.8

B. 借：材料采购　　60
　　应交税费——应交增值税(进项税额)　　7.8
　　贷：银行存款　　67.8

C. 借：在途物资　　60
　　应交税费——应交增值税(进项税额)　　7.8
　　贷：银行存款　　67.8

D. 借：预付账款　　60
　　应交税费——应交增值税(进项税额)　　7.8
　　贷：银行存款　　67.8

2. 根据期初资料、资料(1)和(2)，下列各项中，关于甲公司领用材料相关科目的会计处理结果正确的是(　　)。

A. “销售费用”科目借方增加 42 万元　　B. “制造费用”科目借方增加 6 万元

C. “管理费用”科目借方增加 6 万元　　D. “生产成本”科目借方增加 36 万元

3. 根据期初资料、资料(1)至(3)，下列各项中，关于甲公司 15 日委托加工业务相关科目的会计处理结果正确的是(　　)。

A. “委托加工物资”账户增加 24 万元　　B. “委托加工物资”账户增加 26 万元

C. “原材料”账户增加 26 万元　　D. “原材料”账户增加 26.18 万元

4. 根据期初资料、资料(1)至(4)，下列各项中，关于甲公司的会计处理正确的是(　　)。

A. 批准前：

借：待处理财产损溢　　6.78
　　贷：原材料　　6
　　　　应交税费——应交增值税(进项税额)　　0.78

B. 批准后：

借：其他应收款　　2

　　管理费用　　4

　　贷：待处理财产损溢　　6

C. 批准前：

借：待处理财产损溢　　6

　　贷：原材料　　6

D. 批准后：

借：其他应收款　　2

　　营业外支出　　4.78

　　贷：待处理财产损益　　6.78

5. 根据期初资料、资料(1)至(5)，甲公司6月末应计提的存货跌价准备(　　)万元。

A. -2　　B. 2　　C. 3　　D. 1

(三)甲企业为增值税一般纳税人，适用的增值税税率为13%，原材料按实际成本核算，发出材料采用先进先出法计价。2019年8月初结存W材料成本总额为160 000元，数量为200千克，单位成本为800元。甲企业8月份发生的有关经济业务如下：

(1) 1日，购入W材料500千克，增值税专用发票上注明的价款为420 000元，增值税税额为54 600元，另支付该批材料的运费4 500元，增值税税额405元，已取得增值税专用发票。上述款项均以银行存款转账付讫，材料尚未运抵企业。

(2) 5日，收到1日购入的W材料，验收入库490千克，短缺的10千克为运输途中合理损耗。以银行存款支付入库前的挑选整理费1 800元。

(3) 10日，领用W材料350千克，用于产品生产。

(4) 15日，发出W材料50千克，委托乙企业加工成M产成品，以银行存款支付加工费2 000元，增值税税额260元，已取得增值税专用发票。

(5) 30日，为满足丙企业需要，将库存W材料50千克出售给丙企业，开具的增值税专用发票上注明的价款为45 000元，增值税税额为5 850元，全部款项已存入银行。

要求：根据上述材料，假定取得的增值税专用发票均已经税务机关认证，不考虑其他因素，分析回答下列小题。

1. 根据资料(1)和(2)，该批原材料入库成本是(　　)元。

A. 426 300　　B. 424 500　　C. 417 900　　D. 416 100

2. 根据资料(1)和(2)，该批入库材料的实际单位成本是(　　)元。

A. 852.6　　B. 849　　C. 870　　D. 866.33

3. 根据资料(3)和(4)，下列各项中，关于该企业相关会计处理表述正确的是(　　)。

A. 委托加工发出W材料成本应计入委托加工物资

B. 产品生产领用的W材料成本应计入生产成本

C. 委托加工支付的加工费应计入制造费用

D. 委托加工支付的增值税应计入税金及附加

4. 根据期初资料、资料(1)至(5)，下列各项中，该企业销售W材料会计处理结果正确的是(　　)。

A. 借：其他业务成本　　43 500

贷：原材料 43 500

B. 借：银行存款 50 850

贷：其他业务收入 45 000

应交税费——应交增值税(销项税额) 5 850

C. 借：营业外支出 43 500

贷：原材料 43 500

D. 借：银行存款 50 850

贷：营业外收入 45 000

应交税费——应交增值税(销项税额) 5 850

5. 根据期初资料、资料(1)至(5)，下列各项中，该企业相关材料成本计算正确的是(　)。

A. 生产产品领用 W 材料的成本为 290 500 元

B. 生产产品领用 W 材料的成本为 294 000 元

C. 委托加工领用 W 材料的成本为 43 500 元

D. 期末材料的结存成本为 208 800 元

第五节　固定资产

一、单项选择题

1. 某企业自行建造厂房购入工程物资一批，增值税专用发票上注明的价款为 100 万元，增值税税款为 13 万元，发票已通过税务机关认证，不考虑其他因素，该企业购买工程物资相关科目会计处理结果表述正确的是(　)。

A. 借记“应交税费——应交增值税(进项税额)”科目 13 万元

B. 贷记“应交税费——应交增值税(销项税额)”科目 13 万元

C. 借记“在建工程”科目 100 万元

D. 借记“原材料”科目 100 万元

2. 下列资产，不应计提折旧的固定资产是(　)。

A. 租入的固定资产(短期租赁和低价值租赁除外)

B. 经营租出的固定资产

C. 当月增加的固定资产

D. 当月减少的固定资产

3. 某企业为一般纳税人，于 2019 年 10 月 31 日购入一项设备，其原价为 300 万元，进项税额为 39 万元，预计使用年限为 5 年，预计净残值为 0.8 万元，采用双倍余额递减法计提折旧。2019 年度该项固定资产应计提的折旧额为(　)万元。

A. 39.84　　B. 20　　C. 120　　D. 80

4. 2015 年 12 月，某企业购入一台设备，初始入账价值为 400 万元，设备于当月交付使用，预计使用寿命为 5 年，预计净残值率为 1%，采用年数总和法计提折旧，不考虑其他因素，2017 年该设备应计提的折旧额为(　)万元。

A. 132　　B. 96　　C. 105.6　　D. 160

5. 企业支付生产车间机器设备日常维护修理费用，应借记的会计科目是(　)。

A. 管理费用　　B. 生产成本　　C. 在建工程　　D. 制造费用

6. 某公司在财产清查中发现盘盈设备一台，已知同类设备的历史成本为 20 000 元，重置成本为 15 000 元。不考虑其他因素，下列各项中，该公司盘盈设备时的会计处理正确的是(　　)。

A. 借：固定资产　　15 000
　　贷：以前年度损益调整　　15 000

B. 借：固定资产　　20 000
　　贷：以前年度损益调整　　15 000
　　　　累计折旧　　5 000

C. 借：固定资产　　20 000
　　贷：营业外收入　　15 000
　　　　累计折旧　　5 000

D. 借：固定资产　　15 000
　　贷：营业外收入　　15 000

7. 下列处理中，正确的是(　　)。

A. 存货盘盈计入营业外收入

B. 固定资产盘盈计入营业外收入

C. 固定资产出租收入计入营业外收入

D. 无法查明原因的现金溢余计入营业外收入

8. 某企业 2017 年 5 月 10 日购入一台不需安装的生产用设备。原值为 500 000 元，预计净残值率为 4%，预计使用年限为 5 年，采用年数总和法计提折旧。2018 年年末可收回金额为 250 000 元，应计提的固定资产减值准备是(　　)元。

A. 114 000　　B. 15 333. 3　　C. 103 000　　D. 36 667

9. 下列各项中，关于企业固定资产会计处理的表述正确的是(　　)。

A. 盘盈的固定资产应计入营业外收入

B. 已提足折旧仍继续使用的固定资产不再计提折旧

C. 固定资产发生的符合资本化条件的后续支出计入当期损益

D. 已确认的固定资产减值损失在以后会计期间可以转回

10. 某企业 2017 年 12 月 31 日购入一台设备，入账价值为 200 万元，预计使用寿命为 10 年，预计净残值为 20 万元，采用年限平均法计提折旧。2018 年 12 月 31 日该设备存在减值迹象，经测试预计可收回金额为 120 万元。2018 年 12 月 31 日该设备账面价值应为(　　)万元。

A. 120　　B. 160　　C. 180　　D. 182

二、多项选择题

1. 下列各项中，影响固定资产折旧的因素有(　　)。

A. 固定资产原价　　B. 固定资产的折旧方法

C. 固定资产预计净残值　　D. 已计提的固定资产减值准备

2. 下列各项中，关于企业固定资产折旧范围表述正确的有(　　)。

A. 已达到预定可使用状态但尚未办理竣工决算的固定资产不需要计提折旧

B. 提前报废的固定资产不再补提折旧

C. 当月增加的固定资产从下月起计提折旧

D. 已提足折旧继续使用的固定资产不需要计提折旧

3. 下列关于固定资产计提折旧表述正确的有(　　)。

A. 未使用的固定资产应当计提折旧

B. 单独计价入账的土地应当计提折旧

C. 已达到预定可使用状态但未投产的生产线应当计提折旧

D. 自行建造的固定资产应自办理竣工决算时开始计提折旧

4. 下列各项中，关于固定资产折旧说法正确的有(　　)。

A. 销售部门的折旧计入销售费用

B. 自行研发使用的固定资产折旧计入研发支出

C. 基本生产车间的固定资产折旧计入制造费用

D. 经营租出的固定资产折旧计入主营业务成本

5. 某公司出售专用设备一台，取得价款 30 万元，增值税 3.9 万元，发生不含税清理费用 5 万元，清理费用增值税额为 0.45 万元，该设备的账面价值 22 万元，不考虑其他因素。下列各项中，此项交易净损益会计处理结果正确的有(　　)。

A. 贷记营业外收入 3 万元　　　　B. 影响营业利润 3 万元

C. 贷记资产处置损益 6.9 万元　　D. 贷记资产处置损益 3 万元

6. 下列关于固定资产的表述中，正确的有(　　)。

A. 经营出租的生产设备计提的折旧记入其他业务成本

B. 生产线的日常修理费记入在建工程

C. 设备报废清理净损失记入营业外支出

D. 设备报废清理费用记入营业外支出

7. 下列各项中，会引起固定资产账面价值减少的有(　　)。

A. 固定资产计提折旧　　　　B. 固定资产发生减值损失

C. 固定资产发生报废毁损　　D. 盘亏固定资产

三、判断题

1. 企业自行建造的固定资产应当以建造该项目固定资产达到预定可使用状态前所发生的必要支出作为固定资产的成本。(　　)

2. 已达到预定可使用状态暂按估计价值确定成本的固定资产，在办理竣工决算后，应按实际成本调整原来的暂估价值，但不需调整原已计提的折旧额。(　　)

3. 企业自行建造固定资产过程中，所使用自有设备计提的折旧应计入在建工程成本。(　　)

4. 企业生产车间发生的固定资产日常维修费，应作为制造费用核算计入产品成本。(　　)

5. 企业因经营业务调整出售固定资产而发生的处置净损失，应记入“营业外支出”科目。(　　)

四、不定项选择题

(一)甲企业为增值税一般纳税人，适用的增值税税率为 13%，2019 年度至 2022 年度发生的有关固定资产的经济业务如下：

(1) 2019 年 6 月 1 日，自行建造一条生产线。建造过程中购买工程物资 200 万元、支付增值税 26 万元；领用生产用原材料 100 万元，其增值税进项税额为 13 万元；分配工程人员工资 40 万元；用银行存款支付其他相关费用 30 万元，增值税税额为 3.9 万元；全部符合资本化条件。

(2) 2019年6月30日，该生产线达到预定可使用状态，采用直线法计提折旧，预计使用年限10年，预计净残值为10万元。

(3) 2020年12月5日，对该生产线进行更新改造，发生符合资本化条件的支出150万元，包括原材料100万元，工程人员工资50万元；发生其他费用化支出10万元。2020年12月31日，该生产线达到预定可使用状态。预计还可使用年限10年，预计净残值为16万元。

(4) 2021年1月1日，将该生产线对外经营出租，根据租赁协议约定，租期为1年，每月租金为5万元。

(5) 2022年12月31日，因调整产品结构，甲企业将该生产线出售，出售时已计提折旧90万元，其账面价值为376万元，取得处置收入410万元存入银行，增值税税额为53.3万元；发生自行清理费用5万元。(答案中的金额单位用万元表示)

(1) 根据资料(1)，下列各项中，关于甲企业自行建造生产线的业务处理正确的是(　　)。

A. 领用工程物资时：

借：在建工程	200	
贷：工程物资		200

B. 支付相关费用时：

借：在建工程	30	
应交税费——应交增值税(进项税额)	3.9	
贷：银行存款		33.9

C. 领用生产用原材料时：

借：在建工程	113	
贷：原材料		100
应交税费——应交增值税(进项税额转出)		13

D. 分配工程人员工资时：

借：在建工程	40	
贷：应付职工薪酬		40

(2) 根据资料(1)和(2)，下列各项中，关于甲企业计提折旧的表述正确的是(　　)。

A. 应计提折旧总额为360万元　　B. 自2019年6月开始计提折旧

C. 自2019年7月开始计提折旧　　D. 2019年应计提的折旧额为18万元

(3) 根据资料(1)至(3)，该生产线更新改造后的入账价值是(　　)万元。

A. 466　　B. 476　　C. 370　　D. 480

(4) 根据资料(4)，2021年1月会计处理正确的说法是(　　)。

A. 影响其他业务收入的金额为60万元　　B. 影响其他业务收入的金额为5万元

C. 出租期间不计提折旧　　D. 影响其他业务成本的金额为3.75万元

(5) 根据资料(5)，正确的说法是(　　)。

A. 影响营业利润金额为29万元

B. 影响利润总额金额为29万元

C. 计入固定资产清理的清理收入为463.3万元

D. 计入固定资产清理的账面价值为366万元

（二）某制造业企业为增值税一般纳税人，2019年至2020年发生相关经济业务如下：

（1）2019年5月1日，购进一台设备并交付生产部门使用，取得的增值税专用发票上注明的价款为95万元，增值税税额12.35万元，发票已通过税务机关认证，全部款项已通过银行存款支付。该设备预计使用年限为10年，预计净残值为5万元，采用直线法计提折旧。

（2）2019年6月至10月，企业将该设备出租，每月取得不含税租金收入0.5万元，增值税税额为0.065万元，款项以银行存款收讫。

（3）2019年11月，企业对设备进行日常维修发生不含税维修费用0.5万元。

（4）2020年3月，该设备因遭受自然灾害发生严重毁损，企业支付不含税清理费1万元，经保险公司核定应赔偿损失30万元。该设备已提折旧7.5万元，未存在减值迹象。至当年末设备尚未清理完毕。

要求：

根据上述资料，不考虑其他因素，分析回答下列小题（答案中的金额单位用万元表示）。

（1）根据资料（1），下列关于2019年5月1日购进设备相关科目的会计处理结果表述正确的是（　　）。

A. 借记“应交税费——应交增值税（进项税额）”科目12.35万元

B. 借记“应交税费——应交增值税（进项税额）”科目7.41万元

C. 贷记“银行存款”科目107.35万元

D. 借记“固定资产”科目107.35万元

（2）根据资料（1），下列各项中，关于该设备折旧的表述正确的是（　　）。

A. 2019年5月开始计提折旧　　B. 2019年6月开始计提折旧

C. 该设备应计提折旧总额为95万元　　D. 该设备月折旧额为0.75万元

（3）根据资料（1）和（2），下列各项中，关于该设备出租的相关会计处理正确的是（　　）。

A. 设备按月计提折旧时：

借：管理费用　　0.75

　贷：累计折旧　　0.75

B. 设备按月计提折旧时：

借：生产成本　　0.75

　贷：累计折旧　　0.75

C. 设备按月计提折旧时：

借：其他业务成本　　0.75

　贷：累计折旧　　0.75

D. 设备按月计提折旧时：

借：制造费用　　0.75

　贷：累计折旧　　0.75

（4）根据资料（3），下列各项中，企业对该设备发生的日常维修费用应记入的会计科目是（　　）。

A. 其他业务成本　　B. 管理费用

C. 制造费用　　D. 生产成本

(5) 根据资料(1)和(4)，下列各项中，关于企业处置该设备会计处理结果的表述正确的是(　　)。

A. 2020 年 3 月 31 日，资产负债表中“固定资产”项目期末余额为 58.5 万元

B. 处置该设备时，按其账面价值借记“固定资产清理”科目 87.5 万元

C. 按支付的清理费借记“固定资产清理”科目 1 万元

D. 按保险公司赔偿款借记“固定资产清理”科目 30 万元

(三)某企业 2019 年 5 月初，固定资产账户余额 3 500 万元，累计折旧 1 200 万元，未发生减值准备。2019 年至 2020 年该企业发生的有关固定资产业务如下：

(1) 2019 年 6 月 22 日，购入一台不需要安装的生产用 M 设备，增值税专用发票上注明的价款为 120 万元，增值税税额为 15.6 万元。发生保险费用 2 万元，增值税税额为 0.12 万元，款项均以银行存款支付，预计该设备可使用 10 年，预计净残值为 2 万元，采用直线法计提折旧。

(2) 2019 年 7 月 1 日，该企业准备自建一栋库房。7 月 5 日，购入工程物资取得增值税专用发票上注明的价款为 200 万元，增值税税额为 26 万元，款项以银行存款支付，该批物资于当日全部用于工程建筑。7 月 15 日，领用本企业生产的钢材一批，市场售价为 60 万元，实际成本为 30 万元，相关进项税额为 3.9 万元。10 月 31 日，确认 7 月至 10 月累计支付的工程人员薪酬 40 万元(此前薪酬已经发放)。

(3) 2019 年 10 月 31 日，自建库房工程完工达到预定可使用状态，预计该库房可以使用 50 年，预计净残值为零。

(4) 2020 年 3 月 25 日，M 设备因雷击后意外毁损，以银行存款支付不含税清理费用 1 万元，应收保险公司赔款 50 万元。至本月末 M 设备已清理完毕。

要求：

根据上述资料，假定该企业取得的增值税专用发票已经税务机关认证，不考虑其他因素，分析回答下列小题(答案中的金额单位用万元表示，计算结果保留两位小数)。

(1) 根据资料(1)，该企业购入 M 设备的入账价值是(　　)万元。

A. 140.4　　B. 120　　C. 122　　D. 142.74

(2) 根据期初资料和资料(1)，下列各项中，关于设备计提折旧的会计处理表述正确的是(　　)。

A. M 设备计提的折旧费计入制造费用

B. 2019 年 M 设备计提折旧额为 6 万元

C. M 设备年折旧率为 9.84%

D. 2019 年 7 月 M 设备开始计提折旧

(3) 根据资料(2)，下列各项中，关于企业自行建造库房会计处理正确的是(　　)。

A. 10 月 31 日，确认累计支付的工程人员薪酬时：

借：在建工程　　40

　　贷：应付职工薪酬　　40

B. 7 月 5 日，购入工程物资时：

借：工程物资　　200

　　应交税费——应交增值税(进项税额)　　26

　　贷：银行存款　　226

C. 7 月 5 日购入工程物资时：

借：在建工程　　200

　　应交税费——应交增值税(进项税额)　　26

　　贷：银行存款　　226

D. 7 月 15 日，领用本企业生产的钢材时：

借：在建工程　　30

　　贷：库存商品　　30

(4) 根据期初资料、资料(1)和(4)，下列各项中，关于该企业 M 设备毁损的会计处理结果正确的是(　　)。

A. 转入固定资产清理的 M 设备账面价值为 113 万元

B. 按支付的清理费，借记“固定资产清理”科目 1 万元

C. 毁损的 M 设备导致企业营业外支出增加 60 万元

D. 按应收保险公司的赔偿款，借记“其他应收款”科目 50 万元

(5) 根据期初资料和资料(1)至(4)，2020 年 3 月 31 日该企业“固定资产”科目余额是(　　)。

A. 3 890　　B. 3 600　　C. 3 500　　D. 3 770

(四)甲公司为增值税一般纳税人，2019 年发生有关业务如下：

(1) 10 月 8 日，甲公司自行建造厂房，购入工程物资，取得增值税专用发票上注明的销售价格为 98 万元，增值税税额为 12.74 万元；另支付安装费 2 万元，增值税税额为 0.18 万元，全部款项以银行存款支付；领用生产用材料 10 万元，相关增值税 1.3 万元。该设备预计可使用年限为 5 年，预计净残值为 4 万元，当月达到预定可使用状态。

(2) 11 月，甲公司对一条生产线进行更新改造，该生产线的原价为 200 万元，已计提折旧 120 万元，改造过程中发生符合资本化支出 70 万元，被替换部件的账面价值为 10 万元。

(3) 12 月，甲公司某仓库因台风发生毁损，该仓库原价为 400 万元，已计提折旧为 100 万元。其残料估计价值为 5 万元，残料已办理入库，以银行存款支付清理费用 2 万元，增值税税额为 0.18 万元，经保险公司核定应赔偿损失 150 万元，尚未收到赔款。

(4) 12 月末，甲公司对固定资产进行盘点，发现短缺一台笔记本电脑，原价为 1 万元，已计提折旧 0.8 万元，资产购入支付的增值税为 0.13 万元，损失中应由相关责任人赔偿 0.1 万元。

要求：根据上述资料，不考虑其他因素，分析回答下列小题。

(1) 根据资料(1)，甲公司会计处理正确的是(　　)。

A. 购入工程物资时，应借记“应交税费——应交增值税(进项税额)”12.74 万元

B. 购入工程物资时，应借记“在建工程”98 万元

C. 领用材料需转出 1.3 万元进项税额计入固定资产成本

D. 购入工程支付的增值税需计入固定资产成本

(2) 根据资料(1)，下列关于该厂房折旧的表述中正确的是(　　)。

A. 2019 年 10 月该厂房应计提折旧

B. 如采用直线法，该厂房 2019 年第 4 季度应计提折旧额为 3.53 万元

C. 如采用年数总和法，其第一年的年折旧率应为5/15

D. 如采用双倍余额递减法，其年折旧率应为40%

(3) 根据资料(2)，更新改造后，该生产线的入账成本是(　　)万元。

A. 140　　B. 150　　C. 260　　D. 270

(4) 根据资料(3)，甲公司毁损固定资产的会计处理正确的是(　　)。

A. 残料入库时：

借：原材料　　5

　贷：固定资产清理　　5

B. 将毁损的仓库转入清理时：

借：固定资产清理　　300

　累计折旧　　100

　贷：固定资产　　400

C. 确定应由保险公司理赔的损失时：

借：其他应收款　　150

　贷：营业外收入　　150

D. 支付清理费用时：

借：固定资产清理　　2

　贷：银行存款　　2

(5) 根据资料(4)，应记入“营业外支出”科目借方的金额是(　　)万元。

A. 1　　B. 0.2　　C. 0.1　　D. 0.126

第六节　无形资产和长期待摊费用

一、单项选择题

1. 某企业自行研究开发一项技术，共发生研发支出450万元，其中，研究阶段发生职工薪酬100万元，专用设备折旧费用50万元；开发阶段满足资本化条件的支出300万元，取得增值税专用发票上注明的增值税税额为39万元，开发阶段结束研究开发项目达到预定用途形成无形资产，不考虑其他因素，下列各项中，关于该企业研发支出会计处理表述正确的是(　　)。

A. 确认管理费用150万元，确认无形资产300万元

B. 确认管理费用150万元，确认无形资产339万元

C. 确认管理费用100万元，确认无形资产350万元

D. 确认管理费用198万元，确认无形资产300万元

2. 2019年1月1日，某企业开始自行研究开发一套软件，研究阶段发生支出30万元，开发阶段发生支出125万元。开发阶段的支出均满足资本化条件，4月15日，该软件开发成功并依法申请了专利，支付相关手续费1万元，不考虑其他因素，该项无形资产的入账价值为(　　)万元。

A. 126　　B. 155　　C. 125　　D. 156

3. 某企业自行研发一项非专利技术累计支出680万元，其中280万元属于开发阶段符合资本化条件的支出，240万元属于研究阶段的支出，160万元属于无法可靠区分研究阶段

和开发阶段的支出。该技术研发完成并形成一项非专利技术。不考虑其他因素，该非专利技术的入账价值为(　　)万元。

A. 520　　B. 680　　C. 280　　D. 440

4. 某公司自行研发非专利技术共发生支出 460 万元，其中，研究阶段共发生支出 160 万元；开发阶段发生支出 300 万元，符合资本化条件的支出为 180 万元。不考虑其他因素，该研发活动应计入当期损益的金额为(　　)万元。

A. 340　　B. 160　　C. 280　　D. 180

5. 下列各项中，与无形资产相关的会计处理表述不正确的是(　　)。

A. 无法可靠区分研究阶段支出和开发阶段支出的，应将所发生的研发支出全部费用化

B. 使用寿命有限的无形资产应自可供使用的当月开始摊销

C. 不满足资本化条件的研发支出应当费用化

D. 出租的无形资产摊销计入营业外支出

6. 2019 年 3 月某企业开始自行研发一项非专利技术，至 2019 年 10 月 31 日研发成功并达到预定可使用状态，累计研究支出为 160 万元，累计开发支出为 500 万元(其中符合资本化条件的支出为 400 万元)。该非专利技术使用寿命不能合理确定，假定不考虑其他因素，该业务导致企业 2011 年度利润总额减少(　　)万元。

A. 100　　B. 160　　C. 260　　D. 660

7. 某企业将其自行开发完成的管理系统软件出租给乙公司，每年支付使用费 240 000 元(不含增值税)，双方约定租赁期限为 5 年。该管理系统软件的总成本为 600 000 元。该企业按月计提摊销。不考虑其他因素，该企业对其计提累计摊销进行的会计处理正确的是(　　)。

A. 借：管理费用　　20 000
　　贷：累计摊销　　20 000

B. 借：其他业务成本　　20 000
　　贷：累计摊销　　20 000

C. 借：其他业务成本　　10 000
　　贷：累计摊销　　10 000

D. 借：管理费用　　10 000
　　贷：累计摊销　　10 000

8. 下列各项中，应列入利润表“资产减值损失”项目的有(　　)。

A. 原材料盘亏损失　　B. 固定资产、无形资产的减值损失

C. 应收账款减值损失　　D. 无形资产处置净损失

9. 下列各项中，不会引起无形资产账面价值发生增减变动的是(　　)。

A. 对无形资产计提减值准备　　B. 研究阶段支出

C. 摊销无形资产　　D. 转让无形资产所有权

10. 甲公司为增值税一般纳税人，2019 年 1 月 5 日以 2 700 万元购入一项专利权，另支付增值税 162 万元。为推广由该专利权生产的产品，甲公司发生广告宣传费 60 万元。该专利权预计使用 5 年，预计净残值为零，采用直线法摊销。假设不考虑其他因素，2019 年 12 月 31 日该专利权的账面价值为(　　)万元。

A. 2 256　　　　B. 2 160　　　　C. 2 208　　　　D. 2 760

11. 关于无形资产表述正确的是(　　)。

A. 企业无形资产报废并予以转销，应将无形资产账户余额转入当期损益

B. 出租无形资产的摊销金额计入其他业务成本

C. 报废无形资产的净损失计入资产处置损益

D. 转让无形资产所有权的净收益计入营业外收入

12. 下列各项中，通过“长期待摊费用”核算的是(　　)。

A. 行政管理部门发生的固定资产日常修理费用支出

B. 生产车间发生的固定资产更新改造支出

C. 租赁方式租入使用权资产发生的改良支出

D. 自有固定资产发生的改良支出

13. 2019 年 3 月 1 日，某企业对以租赁方式租入的办公楼进行装修，发生职工薪酬 15 万元，其他费用 45 万元。2019 年 10 月 31 日，该办公楼装修完工，达到预定可使用状态并交付使用，至租赁到期还有 5 年。假定不考虑其他因素，该企业发生的该装修费用对 2019 年度损益的影响金额为(　　)万元。

A. 45　　　　B. 12　　　　C. 2　　　　D. 60

二、多项选择题

1. 某公司为增值税一般纳税人，2019 年 1 月 4 日购入一项无形资产，取得的增值税专用发票注明价款为 880 万元，增值税税额为 52. 8 万元。该无形资产使用年限为 5 年，按年进行摊销，预计净残值为零。下列关于该项无形资产的会计处理中正确的有(　　)。

A. 2019 年 1 月 4 日取得该无形资产的成本为 880 万元

B. 该项无形资产自 2019 年 2 月起开始摊销

C. 该无形资产的应计摊销总额为 932. 8 万元

D. 2019 年 12 月 31 日，该无形资产的累计摊销额为 176 万元

2. 下列各项中，企业计提的资产减值准备在以后期间不得转回的有(　　)。

A. 固定资产减值准备　　　　B. 无形资产减值准备

C. 坏账准备　　　　D. 存货跌价准备

3. 2017 年 1 月 1 日，某企业购入一项专利技术，当日投入使用，初始入账价值为 500 万元，摊销年限为 10 年，采用直线法进行摊销，2019 年 12 月 31 日该专利技术预计可收回金额为 280 万元，假定不考虑其他因素，关于该项专利技术的会计处理结果正确的有(　　)。

A. 2019 年 12 月 31 日该项专利技术的账面价值为 280 万元

B. 2019 年 12 月 31 日该项专利技术的账面价值为 350 万元

C. 2019 年度的摊销总额为 50 万元

D. 2020 年度的摊销总额为 40 万元

三、判断题

1. 某企业在自行进行研究和开发无形资产中，无法可靠区分研究阶段和开发阶段的支出，将所有研发的支出计入成本费用。(　　)

2. 对于企业取得的无形资产，应当自可供使用当月起开始摊销，处置当月不再摊销。(　　)

3. 寿命有限的无形资产，如无法可靠确定预期经济利益实现的方式，应采用直线法摊销。(　　)

四、不定项选择题

(一)甲公司为增值税一般纳税人，按月编制财务报表，假定相关业务取得的增值税专用发票均通过认证。甲公司2019年发生的无形资产相关业务如下：

(1) 甲公司继续研发一项生产用新型技术。该技术的“研发支出——资本化支出”明细科目年初余额为70万元。本年度1至6月份该技术研发支出共计330万元，其中，不符合资本化条件的支出为130万元。7月15日，该技术研发完成，申请取得专利权(以下称为E专利权)，发生符合资本化条件支出30万元，发生不符合资本化条件支出20万元，并于当月投入产品生产。本年发生各种研发支出取得的增值税专用发票上注明的增值税税额为44.2万元。依相关法律规定E专利权的有效使用年限为10年，采用年限平均法摊销。

(2) 12月31日，由于市场发生不利变化，E专利权存在可能减值的迹象，预计其可收回金额为185万元。

(3) 12月31日，根据协议约定，甲公司收到乙公司支付的F非专利技术使用权当年使用费收入，开具的增值税专用发票上注明的价款为10万元，增值税税额为0.6万元，款项存入银行。本年F非专利技术应计提的摊销额为6万元。

要求：

根据上述资料，不考虑其他因素，分析回答下列小题(答案中的金额单位用万元表示)。

1. 根据资料(1)，下列各项中，关于甲公司E专利权研发支出的会计处理正确的是(　　)。

A. 2019年7月31日，结转研发E专利权费用化支出时

借：管理费用　　20

　贷：研发支出——费用化支出　　20

B. 2019年7月31日，结转研发E专利权费用化支出时

借：管理费用　　150

　贷：研发支出——费用化支出　　150

C. 2019年7月15日，E专利权研发完成时

借：无形资产　　344.2

　贷：研发支出——资本化支出　　344.2

D. 2019年7月15日，E专利权研发完成时

借：无形资产　　300

　贷：研发支出——资本化支出　　300

2. 根据资料(1)，下列各项中，2019年甲公司E专利权摊销的会计处理结果正确的是(　　)。

A. “累计摊销”科目贷方增加15万元　　B. “制造费用”科目借方增加15万元

C. “制造费用”科目借方增加12.5万元　　D. “累计摊销”科目贷方增加12.5万元

3. 根据资料(1)和(2)，2019年年末，甲公司对E专利权应计提的无形资产减值准备的金额是(　　)万元。

A. 102.5　　B. 100　　C. 141.99　　D. 242.5

4. 根据资料(3)，下列各项中，甲公司转让F非专利技术使用权的会计处理结果正确的是(　　)。

A. 其他业务收入增加10万元　　B. 其他业务收入增加10.6万元

C. 累计摊销增加6万元　　D. 其他业务成本增加6万元

5. 根据资料(1)至(3)，下列各项中，甲公司无形资产相关业务对其2019年度利润表相关项目的影响表述正确的是(　　)。

A.“管理费用”增加150万元　　B.“利润总额”减少246万元

C.“营业收入”增加10万元　　D.“资产减值损失”增加100万元

(二)甲企业为增值税一般纳税人。2019年1月1日，企业拥有的M专利权成本为960万元，累计摊销为360万元，未计提减值准备。2019年甲企业无形资产相关业务如下：

(1) 自1月1日起自行研发N非专利技术，至3月31日研究阶段结束，共计发生研究支出为240万元。

(2) 4月1日，N非专利技术进入开发阶段；7月10日，N非专利技术开发完成，达到预定用途，形成一项无形资产。共计发生开发支出为600万元，其中符合资本化条件的支出480万元。

(3) 7月3日，甲企业与乙企业签订转让M专利权使用权合同，合同约定转让期为3年。12月29日，收到该项专利权当年的使用费，开具的增值税专用发票上注明的价款为80万元，增值税税额为4.8万元。

(4) 甲企业专利权和非专利技术均按10年采用年限平均法摊销，净残值为0。M专利权对外转让使用权前，用于企业行政管理；N非专利技术所包含的经济利益通过该企业生产的W产品实现。

要求：根据上述料，不考虑其他因素，分析回答下列小题(答案中的金额单位用万元表示)。

1. 根据资料(1)和(2)，下列各项中，关于非专利技术研发支出表述正确的是(　　)。

A. 研究阶段和开发阶段的支出共计840万元全部计入无形资产成本

B. 开发阶段支出600万元计入无形资产成本

C. 开发阶段支出120万元计入管理费用

D. 研究阶段支出240万元计入管理费用

2. 根据期初资料、资料(1)至(4)，下列各项中，无形资产摊销金额计算正确的是(　　)。

A. M专利权的月摊销额为8万元

B. M专利权的月摊销额为5万元

C. N非专利技术的8月份摊销额为5万元

D. N非专利技术的7月份摊销额为4万元

3. 根据期初资料、资料(1)至(4)，下列各项中，关于2019年持有和转让专利使用权的会计处理表述正确的是(　　)。

A. 取得使用费收入计入其他业务收入

B. 计提N非专利技术摊销额计入期间费用

C. 计提N非专利技术摊销额计入制造费用

D. 对外转让使用权前，计提M专利权摊销额计入期间费用

4. 根据期初资料、资料(1)至(4)，下列各项中，关于2019年无形资产摊销的会计处理正确的是(　　)。

A. M专利权1月至6月累计摊销：

借：管理费用　　96

　贷：累计摊销　　96

B. M专利权7月至12月累计摊销：

借：其他业务成本　72

　贷：累计摊销　　72

C. N非专利技术2018年度累计摊销：

借：制造费用　　24

　贷：累计摊销　　24

D. M专利技术2018年度累计摊销：

借：管理费用　　96

　贷：累计摊销　　96

5. 根据期初资料、资料(1)至(4)，上述经济业务对该企业2019年利润表相关项目的影响表述正确的是(　　)。

A. "营业成本"项目增加48万元

B. "管理费用"项目增加408万元

C. "营业收入"项目增加80万元

D. "利润总额"项目减少376万元

第三章　负　　债

学情分析

1. 熟练掌握短期借款的核算、借款利息的计提。

2. 准确区分应付票据和应付账款；熟练掌握应付及预收款项的核算；熟悉应付利息、应付股利的预提、核算；熟练掌握其他应付款的核算内容。

3. 准确掌握职工薪酬的内容、短期薪酬和设定提存计划的核算；熟练掌握非货币性福利的计提和核算。

4. 准确掌握应交增值税、应交消费税的账务处理；熟悉其他税费的核算。

主要内容导图

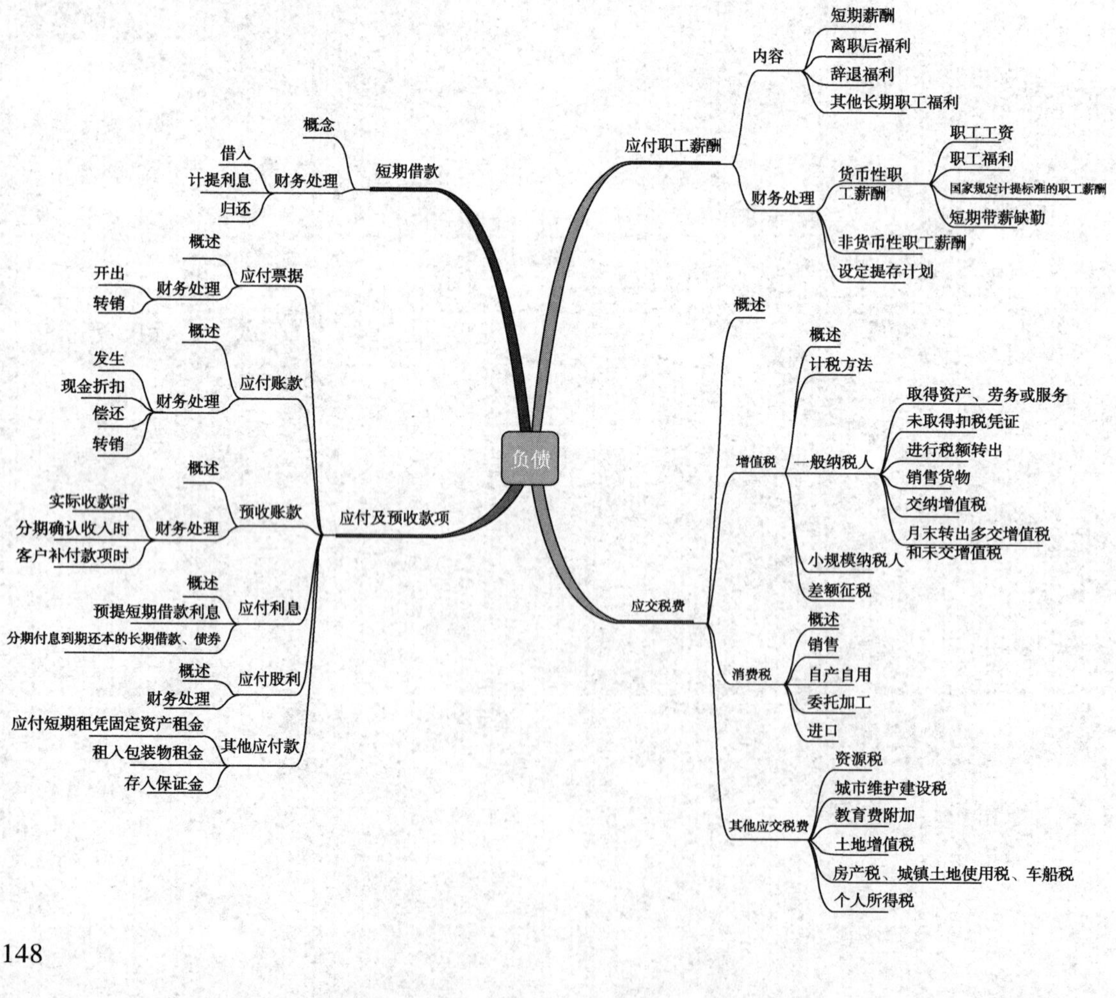

第一节　短期借款

学情分析

本节重点掌握以下内容：

1. 短期借款的概念。
2. 短期借款的取得和偿还。
3. 借款利息的计提。

主要内容导图

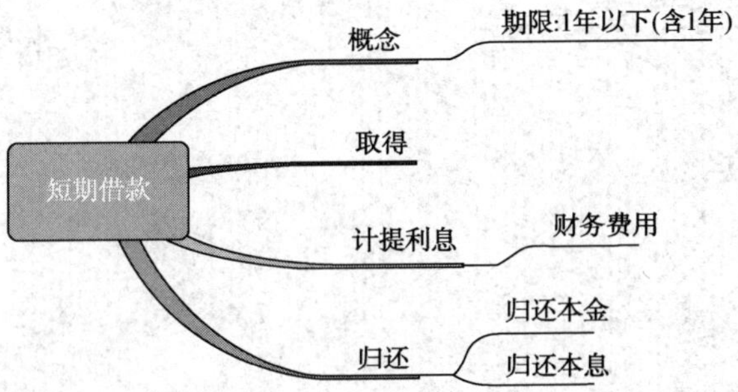

重、难点解析

短期借款	概念	企业向银行或其他金融机构等借入的期限在1年以下(含1年)的各种款项
	取得	借：银行存款 　贷：短期借款　　【本金】
	确认利息	①按期支付/分期计息、到期偿还本息，数额较大 借：财务费用 　贷：应付利息
		②按月支付/到期偿还本息，数额较小 借：财务费用 　贷：银行存款
	偿还	借：短期借款 　贷：银行存款

【例题·单选题】2016年1月1日，某企业向银行借入资金600 000元，期限为6个月，年利率为5%，借款利息分月计提，季末交付，本金到期一次归还，下列各项中，2016年6月30日，该企业支付借款利息的会计处理正确的是(　　)。

A. 借：财务费用　　5 000
　　　应付利息　　2 500
　　　贷：银行存款　　7 500

B. 借：财务费用　　7 500
　　　贷：银行存款　　7 500

C. 借：应付利息　　5 000
　　　贷：银行存款　　5 000

D. 借：财务费用　　2 500
　　　应付利息　　5 000
　　　贷：银行存款　　7 500

『答案』D

『解析』

计提4、5月份利息：

借：财务费用　　2 500
　　贷：应付利息　　2 500

6月支付利息时：

借：应付利息　　5 000
　　财务费用　　2 500
　　贷：银行存款　　7 500

第二节　应付账款及预收款项

学情分析

本节重点掌握以下内容：

1. 区分应付票据和应付账款的核算内容。
2. 应付票据的取得、转销相关账务处理。
3. 应付账款的发生与偿还、转销账务处理。
4. 实际收到预收款、分期确认收入冲销预收账款、收到补付款项的账务处理。
5. 应付利息和应付股利的核算内容。
6. 其他应付款的核算内容。

主要内容导图

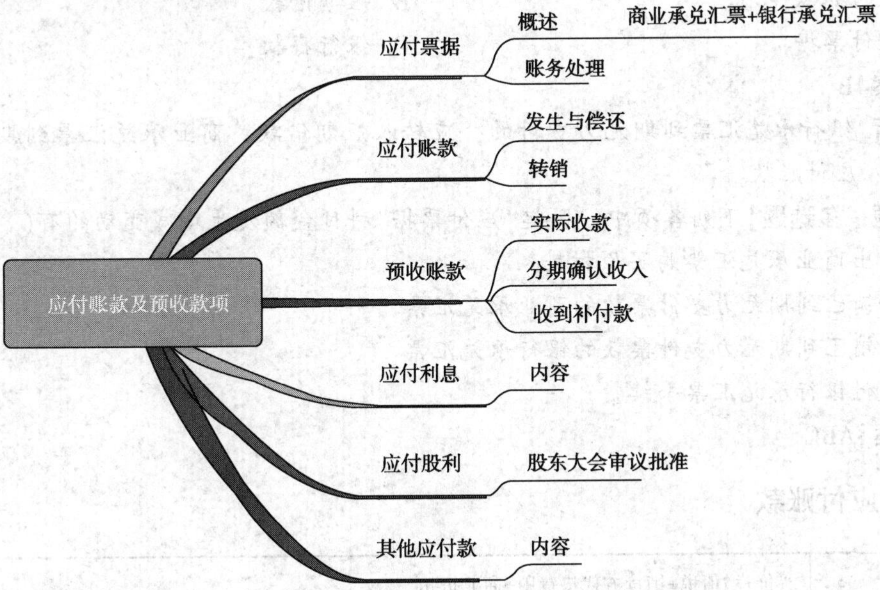

重、难点解析

一、应付票据

应付票据	核算内容	采购环节开出、承兑的商业汇票 （包括商业承兑汇票和银行承兑汇票）	
	相关知识	① 企业应设置“应付票据备查簿”，详细登记商业汇票的种类、号数和出票日期、到期日、票面余额、交易合同号和收款人姓名或单位名称以及付款日期和金额等资料 ② 应付票据到期结清时，在备查簿内予以注销 ③ 我国纸质商业汇票的付款期限不超过6个月	
	账务处理	开出/承兑时	① 购入材料等物品 借：原材料等 应交税费——应交增值税（进项税额） 贷：应付票据 【面值】 ② 抵付应付账款 借：应付账款 贷：应付票据
		支付银行承兑汇票手续费	借：财务费用 应交税费——应交增值税（进项税额） 贷：银行存款
		转销	① 商业承兑汇票 借：应付票据 贷：应付账款
			② 银行承兑汇票 借：应付票据 贷：短期借款

【例题·单选题】下列各项中，企业无力支付的银行承兑汇票应转入(　　)。

A. 应付账款　　B. 短期借款

C. 应付票据　　D. 银行存款

『答案』B

『解析』银行承兑汇票到期无力支付的，应转入短期借款，商业承兑汇票到期无力支付的，应转入应付账款。

【例题·多选题】下列各项中，引起“应付票据”科目金额发生增减变动的有(　　)。

A. 开出商业承兑汇票购买原材料

B. 转销已到期无力支付票款的商业承兑汇票

C. 转销已到期无力支付票款的银行承兑汇票

D. 支付银行承兑汇票手续费

『答案』ABC

二、应付账款

<table>
<tr><td rowspan="5">应付账款</td><td>入账金额</td><td colspan="2">买价+增值税+销货方代垫费用-商业折扣
注意：现金折扣不影响应付账款的入账金额</td></tr>
<tr><td rowspan="4">账务处理</td><td>发生时</td><td>借：原材料等
　　应交税费——应交增值税(进项税额)
　　贷：应付账款</td></tr>
<tr><td>偿还时</td><td>借：应付账款
　　贷：银行存款　　【实际支付金额】
　　　　财务费用　　【现金折扣】</td></tr>
<tr><td>抵付时</td><td>借：应付账款
　　贷：应付票据</td></tr>
<tr><td>转销</td><td>借：应付账款
　　贷：营业外收入</td></tr>
</table>

【例题·单选题】企业发生赊购商品业务，下列各项中不影响应付账款入账金额的是(　　)。

A. 商品价款　　B. 增值税进项税额

C. 现金折扣　　D. 销货方代垫的运杂费

『答案』C

【例题·判断题】企业转销无法支付的应付账款时，应按其账面余额冲减管理费用。(　　)

『答案』×

『解析』企业转销无法支付的应付账款时，应按其账面余额冲减营业外收入。

【例题·单选题】某企业为增值税一般纳税人，本月赊购一批产品并验收入库，取得增值税专用发票上注明的价款为2 000万元，增值税税额为260万元。合同中商定的现金折扣条件为 2/10，1/20，N/30，计算现金折扣不考虑增值税。不考虑其他因素，该企业应付账款入账金额的是(　　)万元。

A. 2 260　　B. 2 000　　C. 2 214. 8　　D. 2 220

『答案』A

『解析』应付账款的入账金额 = 买价 + 增值税 + 销货方代垫运杂费 - 商业折扣 = 2000 + 260 = 2 260 万元。

【例题·单选题】某企业为增值税一般纳税人，本月赊购一批产品并验收入库，取得增值税专用发票上注明的价款为 3 000 万元，增值税税额为 390 万元。销货方代垫运杂费 20 万元。不考虑其他因素，该企业应付账款入账金额的是(　　)万元。

A. 3 390　　B. 3 000　　C. 3 410　　D. 3 020

『答案』C

『解析』应付账款的入账金额 = 买价 + 增值税 + 销货方代垫运杂费 - 商业折扣 = 3 000 + 390 + 20 = 3 410 万元。

三、预收账款

<table>
<tr><td rowspan="5">预收账款</td><td colspan="3">企业预收账款业务不多时，可以不单独设置“预收账款”科目，直接将预收的款项记入“应收账款”科目的贷方</td></tr>
<tr><td rowspan="4">账务处理</td><td>取得时</td><td>借：银行存款
　贷：预收账款
　　应交税费——应交增值税(销项税额)</td></tr>
<tr><td>确认收入时</td><td>借：预收账款
　贷：其他业务收入等</td></tr>
<tr><td>收到补付款项</td><td>借：银行存款
　贷：预收账款
　　应交税费——应交增值税(销项税额)</td></tr>
<tr><td>退回多余款</td><td>借：预收账款
　贷：银行存款</td></tr>
</table>

【例题·单选题】预收货款业务不多的企业，可以不设置“预收账款”科目，其所发生的预收货款，可以通过(　　)核算。

A. “应收账款”科目借方　　B. “应付账款”科目借方

C. “应收账款”科目贷方　　D. “应付账款”科目贷方

『答案』C

【例题·单选题】甲公司为增值税一般纳税人，适用的增值税税率为 13%。2020 年 7 月 1 日，甲公司与乙公司签订经营租赁(非主营业务)小汽车合同，向乙公司出租小汽车十台，期限为 3 个月，十台小汽车租金(含税)共计 67 800 元。合同约定，合同签订日预付租金(含税)22 600 元，开出增值税专用发票，合同到期结清全部租金余款。不考虑其他因素，该企业 7 月 1 日会计处理正确的是(　　)。

A. 借：银行存款　　67 800

　　贷：预收账款　　67 800

B. 借：银行存款　　22 600
　　贷：预收账款　　20 000
　　　　应交税费——应交增值税(销项税额)　　2 600

C. 借：银行存款　　67 800
　　贷：预收账款　　60 000
　　　　应交税费——应交增值税(销项税额)　　7 800

D. 借：银行存款　　22 600
　　贷：预收账款　　22 600

『答案』B

『解析』开具发票的，应在开具发票的当天确认应交增值税。

四、应付利息和应付股利、其他应付款

应付利息	内容	预提短期借款利息 分期付息到期还本的长期借款/企业债券的利息	
	账务处理	计提时	借：财务费用 　　贷：应付利息
		支付时	借：应付利息 　　贷：银行存款
应付股利	内容	① 股东大会或类似机构审议批准的现金股利或利润 (董事会或类似机构通过的利润分配方案中拟分配的现金股利或利润，不进行账务处理，只在附注中披露) ② 企业分配的股票股利不通过“应付股利”核算	
	账务处理	宣告时	借：利润分配——应付现金股利 　　贷：应付股利
		支付时	借：应付股利 　　贷：银行存款
其他应付款	内容	应付短期租赁固定资产的租金 应付租入包装物租金 存入保证金 应付的违约金 应付的现金盘盈、代扣保险	
	账务处理	发生时	借：管理费用等 　　贷：其他应付款
		支付/退回时	借：其他应付款 　　贷：银行存款等

【例题·多选题】下列各项中，关于“应付利息”科目表述正确的有(　　)。

A. 企业开出银行承兑汇票支付银行手续费，应记入“应付利息”科目借方

B.“应付利息”科目期末贷方余额反映企业应付未付的利息

C. 按照短期借款合同约定计算确认的应付利息，应记入“应付利息”科目借方

D. 企业支付已经预提的利息，应记入“应付利息”科目借方

『答案』BD

【例题·判断题】应付股利是指企业根据股东大会或类似机构审议尚未批准的利润分配方案确定分配给投资者的现金股利或利润。(　　)

『答案』×

『解析』应付股利是指企业根据股东大会或类似机构审议批准的利润分配方案确定分配给投资者的现金股利或利润。

【例题·单选题】某企业2020年5月1日以短期租赁方式租入生产线一条，月租金为2万元，每季度末一次性支付本季度租金。不考虑其他因素，该企业5月31日计提租入生产线租金时相关会计科目处理正确的是(　　)。

A. 贷记“预收账款”科目20 000元

B. 贷记“应付账款”科目20 000元

C. 贷记“其他应付款”科目20 000元

D. 贷记“预付账款”科目20 000元

『答案』C

【例题·多选题】下列各项中，企业通过“其他应付款”科目核算的有(　　)。

A. 销货方代垫运杂费　　B. 应付合同违约金

C. 代垫职工医药费　　D. 存入保证金

『答案』BD

『解析』销货方代垫运杂费应通过“应付账款”科目核算；为职工代垫医药费应通过“其他应收款”科目核算。

第三节　应付职工薪酬

学情分析

本节重点掌握以下内容：

1. 职工薪酬的内容。
2. 应付职工薪酬的明细科目设置。
3. 职工工资的计提和发放。
4. 职工福利费的计提。
5. 国家规定计提标准的职工薪酬的计提和缴纳。
6. 累积带薪缺勤的核算。
7. 非货币性职工薪酬的核算。

主要内容导图

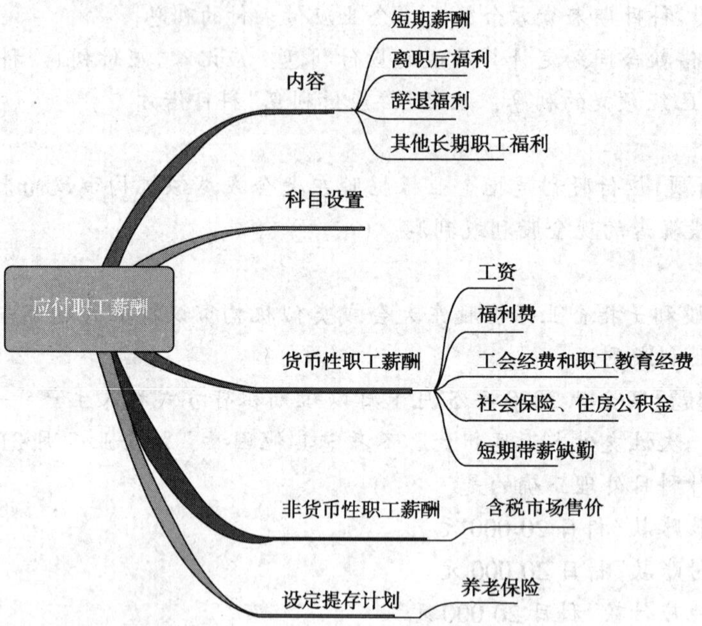

重、难点解析

一、内容

内容	短期薪酬	职工工资、职工福利费、社会保险费、住房公积金、工会经费和职工教育经费、短期带薪缺勤、短期利润分享计划、其他短期薪酬
	离职后福利	设定提存计划、设定受益计划
	辞退福利	
	其他长期职工福利	长期带薪缺勤、长期残疾福利、长期利润分享

二、货币性职工福利

货币性职工薪酬	借：生产成本/制造费用/管理费用等 　　贷：应付职工薪酬 借：应付职工薪酬 　　贷：银行存款 　　　　其他应收款　　【代垫房租、医药费】 　　　　其他应付款　　【代扣社会保险、公积金】 　　　　应交税费——应交个人所得税
	短期带薪缺勤： ① 期末累积带薪缺勤： 借：管理费用等【当年累积未行使权利而增加的下一年预期支付金额计量】 　　贷：应付职工薪酬 ② 非累积带薪缺勤：不做额外处理

三、非货币性职工福利

<table>
<tr><td rowspan="3">非货币性职工薪酬</td><td>① 以自产产品发放福利：
借：管理费用等【含税售价】
　　贷：应付职工薪酬
借：应付职工薪酬——非货币性福利
　　贷：主营业务收入
　　　　应交税费——应交增值税（销项税额）</td></tr>
<tr><td>② 将自有资产无偿提供给职工：
借：管理费用等　　　　　　　【折旧额】
　　贷：应付职工薪酬
借：应付职工薪酬
　　贷：累计折旧</td></tr>
<tr><td>③ 租赁资产供职工免费使用：
借：管理费用等　　　　　　　【应付的租金】
　　贷：应付职工薪酬</td></tr>
<tr><td>相关知识</td><td>① 养老、失业保险属于离职后福利</td></tr>
</table>

【例题·多选题】下列各项中，属于企业资产负债表“应付职工薪酬”项目列报内容的有（　　）。

A. 应支付给临时职工的短期薪酬

B. 应提供给已故职工遗属的福利

C. 因解除劳动关系而应给予职工的现金补偿

D. 向职工提供的异地安家费

『答案』ABCD

『解析』企业提供给职工配偶、子女、受赡养人、已故员工遗属及其他受益人等的福利，也属于职工薪酬；因解除劳动关系而应给予职工的现金补偿属于离职后福利。

【例题·多选题】企业按规定计算生产工人的应由企业负担的社会保险费共计 80 000 元，从生产工人的应付职工薪酬中代扣个人应缴纳的社会保险费 10 000 元，下列各项会计处理正确的是（　　）。

A. 借：生产成本　　80 000
　　贷：其他应付款　　80 000

B. 借：生产成本　　80 000
　　贷：应付职工薪酬——社会保险费　　80 000

C. 借：应付职工薪酬——工资　　10 000
　　贷：其他应付款——社会保险费　　10 000

D. 借：应付职工薪酬——工资　　10 000
　　贷：应付职工薪酬——住房公积金　　10 000

『答案』BC

『解析』企业提供给职工配偶、子女、受赡养人、已故员工遗属及其他受益人等的福利，也属于职工薪酬；因解除劳动关系而应给予职工的现金补偿属于离职后福利。

【例题·单选题】某服装企业为增值税一般纳税人，适用的增值税税率为13%。该企业以其生产的服装作为集体福利发放给100名生产车间管理人员，每人2套，每套服装不含税售价为300元，成本为220元。不考虑其他因素，下列各项中，该企业关于非货币性福利的会计处理结果错误的是(　　)。

A. 确认制造费用67 800元　　B. 确认应付职工薪酬67 800元

C. 确认主营业务收入67 800元　　D. 确认增值税销项税额7 800元

『答案』C

『解析』应确认主营业务收入100×2×300=60 000元。

【例题·单选题】下列各项有关短期带薪缺勤的说法中，正确的是(　　)。

A. 确认非累积带薪缺勤时，借记“管理费用”等科目

B. 病假期间的工资属于累积带薪缺勤

C. 短期带薪缺勤包括累积带薪缺勤和非累积带薪缺勤

D. 企业对累积带薪缺勤和非累积带薪缺勤的会计处理是一样的

『答案』C

『解析』企业确认累积带薪缺勤时，借记“管理费用”等科目，贷记“应付职工薪酬——带薪缺勤——短期带薪缺勤——累积带薪缺勤”。通常情况下，与非累积带薪缺勤相关的职工薪酬已经包括在企业每期向职工发放的工资等薪酬中，不必额外作相应的账务处理。

【例题·单选题】甲企业结算本月管理部门人员的应付职工工资共500 000元，代扣该部门职工个人所得税30 000元，实发工资470 000元，下列该企业会计处理中，不正确的是(　　)。

A. 借：管理费用　　500 000
　　贷：应付职工薪酬　　500 000

B. 借：应付职工薪酬　　30 000
　　贷：应交税费——应交个人所得税　　30 000

C. 借：其他应收款　　30 000
　　贷：应交税费——应交个人所得税　　30 000

D. 借：应付职工薪酬　　470 000
　　贷：银行存款　　470 000

『答案』C

【例题·判断题】资产负债表日企业按工资总额的一定比例计提的基本养老保险属于设定提存计划，应确认为应付职工薪酬。(　　)

『答案』√

【例题·判断题】应付职工薪酬包括职工在职期间和离职后提供给职工的全部货币性薪酬和非货币性福利，也包括解除劳务关系给予的补偿。(　　)

『答案』√

第四节　应交税费

学情分析

本节重点掌握以下内容：

1. 应交税费核算内容。
2. 增值税概述。
3. 一般纳税人增值税账务处理。
4. 小规模纳税人增值税账务处理。
5. 差额征税的账务处理。
6. 不同情形应交消费税的账务处理。
7. 其他应交税费的核算。

主要内容导图

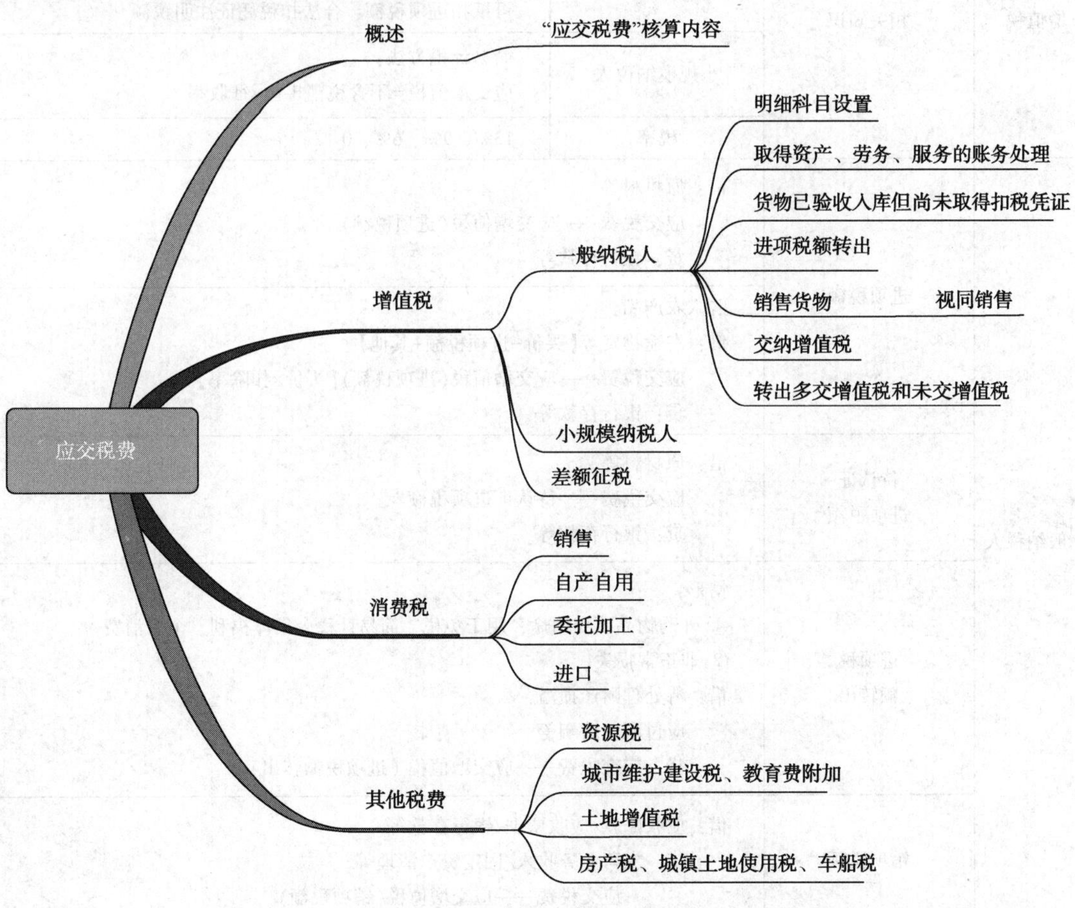

重、难点解析

一、概述

概述	先预计后缴纳 借：成本费用 　　贷：应交税费 借：应交税费 　　贷：银行存款
	企业缴纳的印花税、耕地占用税等不需要预计应交数的税金，不通过“应交税费”科目核算 借：成本费用 　　贷：银行存款

二、增值税

增值税	相关知识	一般纳税人	一般计税方法： 应交增值税=销项税额-可抵扣进项税额 销项税额=不含税销售额×适用税率 可抵扣进项税额：合法扣税凭证注明税额
		小规模纳税人	简易计税方法： 应交增值税=不含税销售额×征收率
		税率	13%、9%、6%、0
一般纳税人	进项税额	借：原材料等 　　应交税费——应交增值税(进项税额) 　　贷：银行存款等	
		购入农产品： 借：在途物资等【买价-进项税额+其他】 　　应交税费——应交增值税(进项税额)【买价×扣除率】 　　贷：银行存款等	
	待认证进项税额	借：原材料等 　　应交税费——待认证进项税额 　　贷：银行存款等	
	进项税额转出	情形： ① 外购物品改变用途，用于免税、简易计税、集体福利、个人消费 ② 非正常损失 借：待处理财产损溢 　　应付职工薪酬等 　　贷：应交税费——应交增值税（进项税额转出）	
	销项税额	借：应收账款/应收票据/银行存款等 　　贷：主营业务收入/固定资产清理等 　　　　应交税费——应交增值税(销项税额)	

续表

一般纳税人	待转销项税额	借：应交税费——待转销项税额 贷：应交税费——应交增值税(销项税额)
	视同销售	情形： ① 将自产、委托加工的货物用于集体福利、个人消费 ② 将资产、委托加工、外购的货物用于投资、分配、对外捐赠等 借：长期股权投资/应付职工薪酬/利润分配等 贷：应交税费——应交增值税(销项税额)
	当月预交税金	借：应交税费——应交增值税(已交税金) 贷：银行存款
	转出未交增值税	借：应交税费——应交增值税(转出未交增值税) 贷：应交税费——未交增值税
	转出多交增值税	借：应交税费——未交增值税 贷：应交税费——应交增值税(转出多交增值税)
	缴纳前期未交增值税	借：应交税费——未交增值税 贷：银行存款

一般纳税人	按规定扣减销售额而减少的销项税额	借：主营业务成本 应交税费——应交增值税(销项税额抵减) 贷：银行存款
	金融商品转让	计算： 应交增值税 =[卖出价-买入价(含已宣告但尚未支付的现金股利)]/(1+6%)×6%
		借：投资收益 贷：应交税费——转让金融商品应交增值税
	增值税税控系统专用设备和技术维护费用抵减增值税额	适用情形： 初次购买增值税税控系统专用设备支付的费用以及缴纳的技术维护费
		借：固定资产/管理费用 贷：银行存款 借：应交税费——应交增值税(减免税款) 贷：管理费用

小规模纳税人	购入	借：材料采购等 贷：银行存款
	销售	借：银行存款等 贷：主营业务收入 应交税费——应交增值税

三、消费税

消费税	销售 应税消费品	借：税金及附加 　　贷：应交税费——应交消费税	
	自产自用 应税消费品	借：在建工程/税金及附加 　　贷：应交税费——应交消费税	
	委托加工 应税消费品	借：委托加工物资 　　应交税费——应交消费税 　　贷：银行存款等	【收回后直接对外出售】 【收回后继续加工】
	进口 应税消费品	借：库存商品 　　贷：银行存款	

四、其他应交税费

资源税	销售 应税矿产品	借：税金及附加 　　贷：应交税费——应交资源税
	自产自用 应税矿产品	借：生产成本/制造费用等 　　贷：应交税费——应交资源税
城市维护建设税 教育费附加		应纳税额=（实际缴纳的增值税+实际缴纳的消费税）×适用税率
		借：税金及附加 　　贷：应交税费——应交城市维护建设税 　　　　　　　　——应交教育费附加
土地增值税		① 企业转让的土地使用权连同地上建筑物及其附着物一并在“固定资产”科目核算 借：固定资产清理 　　贷：应交税费——应交土地增值税
		② 在“无形资产”科目核算： 借：银行存款 　　累计摊销 　　无形资产减值准备 　　贷：无形资产 　　　　应交税费——应交土地增值税 　　　　差额：资产处置损益
		③ 房地产开发经营企业销售房地产： 借：税金及附加 　　贷：应交税费——应交土地增值税
房产税 城镇土地使用税 车船税		借：税金及附加 　　贷：应交税费——应交房产税 　　　　　　　　——应交城镇土地使用税 　　　　　　　　——应交车船税
个人所得税		借：应付职工薪酬 　　贷：应交税费——应交个人所得税

【例题·单选题】下列各项中，进项税不需要做转出处理的是(　　)。

A. 将外购的原计划用于产品生产的原材料发放给职工

B. 购进货物由于管理不善发生非常损失

C. 购进货物用于生产线建造

D. 将购进的原计划用于产品生产的原材料转用于集体福利

『答案』C

『解析』生产线建造属于增值税纳税范围。

【例题·单选题】某公司为增值税小规模纳税企业，销售一批产品，所开出的普通发票中注明的货款(含税)为20 600元，增值税征收率为3%，款项已经存入银行。该企业应该确认的收入为(　　)元。

A. 20 600　　B. 20 000　　C. 600　　D. 2 678

『答案』B

『解析』企业应该按不含税销售额确认收入

不含税销售额=含税销售额/(1+征收率)=20 600/(1+3%)=20 000(元)

【例题·单选题】应交消费税的委托加工物资收回后用于连续生产应税消费品的，按规定准予抵扣的由受托方代收代缴的消费税，应当计入(　　)。

A. 生产成本　　B. 应交税费

C. 主营业务成本　　D. 委托加工物资

『答案』B

『解析』委托加工物资收回后直接用于销售的，其所负担的消费税应计入委托加工物资成本；如果收回的委托加工物资用于连续生产应税消费品的，应将所负担的消费税先记入“应交税费——应交消费税”科目的借方，按规定用以抵扣加工的消费品销售后所负担的消费税。

【例题·多选题】企业发生相关成本费用允许扣减销售额的，发生成本费用时应借记的科目有(　　)。

A. 主营业务成本　　B. 工程施工　　C. 管理费用　　D. 工程物资

『答案』AB

『解析』企业发生相关成本费用允许扣减销售额的，发生成本费用时，按应付或实际支付的金额，借记“主营业务成本”“工程施工”等科目，贷记“应付账款”“应付票据”“银行存款”等科目。

【例题·判断题】企业发生增值税税控系统专用设备技术维护费应按实际支付或应付的金额，借记“财务费用”科目，贷记“银行存款”等科目。(　　)

『答案』×

『解析』企业发生增值税税控系统专用设备技术维护费应按实际支付或应付的金额，借记“管理费用”科目，贷记“银行存款”等科目。

真题回顾

【单选题】(2018年)转销企业无法支付的应付账款，应贷记的科目是(　　)。

A. 营业外收入　　　　B. 其他业务收入
C. 其他应付款　　　　D. 资本公积

『答案』A

【单选题】(2019 年)某企业 2019 年 5 月 1 日短期经营租入一批管理用办公设备，月租金为 2 260 元(含增值税)，每季度末一次性支付本季度租金。不考虑其他因素，该企业 5 月 31 日计提租入设备租金时相关会计科目处理正确的是(　　)。

A. 贷记“预收账款”科目 2 260 元　　B. 贷记“应付账款”科目 2 260 元
C. 贷记“预付账款”科目 2 260 元　　D. 贷记“其他应付款”科目 2 260 元

『答案』D

『解析』会计分录为：

借：管理费用　2 000
　　应交税费——应交增值税(进项税额)　260
　贷：其他应付款　2 260

【单选题】(2018 年)某企业为增值税一般纳税人，2019 年 7 月 1 日以短期租赁方式为专设销售机构租入汽车 1 辆，每月租金 10 000 元(不含税)，按季在季末支付。9 月 30 日，企业以银行存款支付租金和税款，取得增值税专用发票并已经过认证，增值税专用发票上注明的价款为 30 000 元，增值税税额为 3 900 元。下列各项中，2019 年 9 月 30 日该企业支付租金的会计处理正确的是(　　)。

A. 借：其他应付款　20 000
　　　销售费用　10 000
　　　应交税费——应交增值税(进项税额)　3 900
　　贷：银行存款　33 900

B. 借：应付账款　30 000
　　　应交税费——应交增值税(进项税额)　3 900
　　贷：银行存款　33 900

C. 借：应付账款　20 000
　　　销售费用　10 000
　　　应交税费——应交增值税(进项税额)　3 900
　　贷：银行存款　33 900

D. 借：销售费用　30 000
　　　应交税费——应交增值税(进项税额)　3 900
　　贷：银行存款　33 900

『答案』A

『解析』7 月 30 日，计提应付租入固定资产租金：

借：销售费用　10 000
　贷：其他应付款　10 000

8 月底计提应付租入固定资产租金的会计处理同上。

9 月 30 日支付租金和税金：

借：其他应付款　20 000
　　销售费用　10 000

应交税费——应交增值税(进项税额)　　3 900

贷：银行存款　　33 900

【单选题】(2019 年)下列各项中，应通过“其他应付款”科目核算的是(　　)。

A. 应付股东的现金股利　　B. 应收取的包装物租金

C. 应付外购工程物资款　　D. 收取的包装物押金

『答案』D

『解析』应付股东的现金股利应记入“应付股利”科目；应收取的包装物租金应记入“其他应收款”科目；应付外购工程物资款应记入“应付账款”科目。

【单选题】(2019 年)下列各项中，不属于企业职工薪酬组成内容的是(　　)。

A. 为职工代扣代缴的个人所得税

B. 根据设定提存计划计提应向单独主体缴存的提存金

C. 按国家规定标准提取的职工教育经费

D. 为鼓励职工自愿接受裁减而给予职工的补偿

『答案』A

『解析』为职工代扣代缴的个人所得税不属于职工薪酬的组成部分，企业只是承担了代扣代缴的义务。

【单选题】(2019 年)下列各项中，企业应计入“应付职工薪酬”科目贷方的是(　　)。

A. 发放职工工资

B. 确认因解除与职工劳动关系应给予的补偿

C. 支付职工的培训费

D. 缴存职工基本养老保险费

『答案』B

【单选题】(2017 年)下列各项中，关于企业以自产产品作为福利发放给职工的会计处理表述不正确的是(　　)。

A. 按产品的账面价值确认主营业务成本

B. 按产品的公允价值确认主营业务收入

C. 按产品的账面价值加上增值税销项税额确认应付职工薪酬

D. 按产品的公允价值加上增值税销项税额确认应付职工薪酬

『答案』C

『解析』会计分录为：

确认时

借：生产成本等【公允价值+销项税额】

贷：应付职工薪酬——非货币性福利【公允价值+销项税额】

发放时：

借：应付职工薪酬——非货币性福利

贷：主营业务收入【公允价值】

应交税费——应交增值税(销项税额)【公允价值×13%】

借：主营业务成本【账面价值】

贷：库存商品【账面价值】

【单选题】(2017 年)企业将自有房屋无偿提供给本企业行政管理人员使用，下列各项中，关于计提房屋折旧的会计处理表述正确的是(　　)。

A. 借记“其他业务成本”科目，贷记“累计折旧”科目

B. 借记“其他应收款”科目，贷记“累计折旧”科目

C. 借记“营业外支出”科目，贷记“累计折旧”科目

D. 借记“管理费用”科目，贷记“应付职工薪酬”科目，同时借记“应付职工薪酬”科目，贷记“累计折旧”科目。

『答案』D

『解析』企业将自有房屋无偿提供给本企业行政管理人员使用，在计提折旧时：

借：管理费用

　　贷：应付职工薪酬——非货币性福利

借：应付职工薪酬——非货币性福利

　　贷：累计折旧

【单选题】(2017年)某企业计提生产车间管理人员基本养老保险费120 000元。下列各项中，关于该事项的会计处理正确的是(　　)。

A. 借：管理费用　120 000

　　贷：应付职工薪酬——设定提存计划——基本养老保险费　120 000

B. 借：制造费用　120 000

　　贷：应付职工薪酬——设定提存计划——基本养老保险费　120 000

C. 借：制造费用　120 000

　　贷：银行存款　120 000

D. 借：制造费用　120 000

　　贷：其他应付款　120 000

『答案』B

『解析』计提生产车间管理人员的养老保险费：

借：制造费用　120 000

　　贷：应付职工薪酬——设定提存计划——基本养老保险费　120 000

【单选题】(2019年)下列各项中，增值税一般纳税人当期发生(增值税专用发票已经税务机关认证)准予以后期间抵扣的进项税额，应记入的会计科目是(　　)。

A. 应交税费——待转销项税额　　B. 应交税费——未交增值税

C. 应交税费——待抵扣进项税额　　D. 应交税费——应交增值税

『答案』C

『解析』按照现行增值税制度规定准予以后期间从销项税额中抵扣的进项税额，通过“待抵扣进项税额”科目核算。

【单选题】(2018年)下列各项中，不符合收入确认条件，但已开具了增值税专用发票，应贷记的科目是(　　)。

A. 应交税费——应交增值税(销项税额)

B. 应交税费——待抵扣进项税额

C. 应交税费——应交增值税(进项税额转出)

D. 应交税费——待转销项税额

『答案』A

『**解析**』开具了增值税专用发票，已发生增值税纳税义务，确认应交增值税的销项税额。

【**单选题**】(2018 年)企业缴纳上月应交未交的增值税时，应借记(　　)。

A. 应交税费——应交增值税(转出未交增值税)

B. 应交税费——未交增值税

C. 应交税费——应交增值税(转出多交增值税)

D. 应交税费——应交增值税(已交税金)

『**答案**』B

『**解析**』企业交纳以前期间未交的增值税，借记“应交税费——未交增值税”科目，贷记“银行存款”科目。

【**单选题**】(2019 年)下列各项中，小规模纳税人应交纳增值税应贷记的科目是(　　)。

A. 应交税费——应交增值税

B. 应交税费——应交增值税(已交税金)

C. 应交税费——预交增值税

D. 应交税费——未交增值税

『**答案**』A

『**解析**』小规模纳税人进行账务处理时，只需在“应交税费”科目下设置“应交增值税”明细科目，“应交税费——应交增值税”科目贷方登记应缴纳的增值税，借方登记已交纳的增值税。

【**单选题**】(2019 年)某公司为增值税小规模纳税人，2019 年 8 月购入原材料取得的增值税专用发票上注明的价款为 10 000 元，增值税税额为 1 300 元。当月销售产品开具的增值税普通发票注明价款 123 600 元，适用的增值税税率为 3%。不考虑其他因素，该企业 2019 年 8 月应缴纳的增值税税额为(　　)元。

A. 2 108　　B. 3 708　　C. 3 600　　D. 2 300

『**答案**』C

『**解析**』小规模纳税人进项税额都不能抵扣，需计入采购存货的成本中。所以本月应缴纳的增值税税额=123 600/(1+3%)×3%=3 600(元)。

【**单选题**】(2018 年)某企业为增值税一般纳税人，下列各项中，关于该企业初次购入增值税税控系统专用设备按规定抵减增值税应纳税额的会计处理正确的是(　　)。

A. 借记“累计折旧”科目，贷记“应交税费——应交增值税(减免税款)”科目

B. 借记“应交税费——应交增值税(减免税款)”科目，贷记“累计折旧”科目

C. 借记“应交税费——应交增值税(减免税款)”科目，贷记“管理费用”科目

D. 借记“管理费用”科目，贷记“应交税费——应交增值税(减免税款)”科目

『**答案**』C

『**解析**』按规定抵减的增值税应纳税额，一般纳税人应借记“应交税费——应交增值税(减免税款)”科目，贷记“管理费用”等科目；小规模纳税人应借记“应交税费——应交增值税”科目，贷记“管理费用”等科目。

【**单选题**】(2018 年)某企业生产资源税应税项目产品用于本企业，应交资源税借记(　　)。

A. 管理费用　　B. 营业外支出　　C. 税金及附加　　D. 生产成本

『**答案**』D

『**解析**』对外销售应税产品应交纳的资源税应记入“税金及附加”科目，借记“税金及附加”科目，贷记“应交税费——应交资源税”科目；自产自用应税产品应交纳的资源税应记入“生产成本”“制造费用”等科目，借记“生产成本”“制造费用”等科目，贷记“应交税费——应交资源税”科目。

【**单选题**】(2016 年)某企业 2015 年发生的相关税费如下：增值税 1 100 000 元，城镇土地使用税 200 000 元，消费税 500 000 元，土地增值税 350 000 元，城市建设维护税税率为 7%，下列关于城市维护建设税的处理，正确的是(　　)。

A. 借：管理费用　112 000
　　贷：应交税费——应交城市维护建设税　112 000

B. 借：管理费用　150 500
　　贷：应交税费——应交城市维护建设税　150 500

C. 借：税金及附加　112 000
　　贷：应交税费——应交城市维护建设税　112 000

D. 借：税金及附加　150 500
　　贷：应交税费——应交城市维护建设税　150 500

『**答案**』C

『**解析**』城市维护建设税=(1 100 000+500 000)×7%=112 000(元)，应计入税金及附加。

【**单选题**】(2018 年)某企业结算本月应付职工薪酬，按税法规定应代扣代缴的职工个人所得税为 8 000 元，下列各项中，关于企业代扣个人所得税的会计处理正确的是(　　)。

A. 借：应付职工薪酬　8 000
　　贷：应交税费——应交个人所得税　8 000

B. 借：应付职工薪酬　8 000
　　贷：其他应付款　8 000

C. 借：其他应付款　8 000
　　贷：应付职工薪酬　8 000

D. 借：应交税费——应交个人所得税　8 000
　　贷：应付职工薪酬　8 000

『**答案**』A

『**解析**』企业代扣个人所得税：

借：应付职工薪酬　8 000
　　贷：应交税费——应交个人所得税　8 000

【**单选题**】(2018 年)下列各项中，属于企业按规定代扣代缴职工个人所得税时，应借记的会计科目是(　　)。

A. 管理费用　　B. 税金及附加

C. 营业外支出　　D. 应付职工薪酬

『**答案**』D

『**解析**』会计分录为：

借：应付职工薪酬
　　贷：应交税费——应交个人所得税

【**单选题**】(2019 年)下列各项中，企业确认当期销售部门使用车辆应交纳的车船税，应借记的会计科目是(　　)。

A. 税金及附加　　B. 销售费用

C. 制造费用　　D. 其他业务成本

『答案』A

『解析』企业确认车船税：

借：税金及附加

　贷：应交税费——应交车船税

【单选题】(2016 年)下列各项中，关于相关税费的会计处理正确的是(　　)。

A. 拥有产权房屋交纳的房产税计入房屋成本

B. 企业应交的城市维护建设税计入税金及附加

C. 签订购销合同缴纳的印花税计入主营业务成本

D. 商用货车缴纳的车船税计入管理费用

『答案』B

『解析』拥有产权房屋缴纳的房产税计入房屋成本、签订购销合同缴纳的印花税计入主营业务成本、商用货车缴纳的车船税计入管理费用，应计入税金及附加。

【单选题】(2018 年)2017 年 12 月份，某公司发生相关税金及附加如下：城市维护建设税为 3.5 万元，教育费附加为 1.5 万元，房产税为 20 万元，车船税为 3 万元，不考虑其他因素，2017 年 12 月份利润表“税金及附加”项目本期金额为(　　)万元。

A. 25　　B. 23　　C. 28　　D. 5

『答案』C

『解析』该公司 12 月份利润表“税金及附加”项目本期金额=3.5+1.5+20+3=28(万元)。

【单选题】(2020 年)企业以银行存款支付银行承兑汇票手续费应借记的会计科目(　　)。

A. 在建工程　　B. 研发费用　　C. 财务费用　　D. 管理费用

『答案』C

【单选题】(2020 年)下列关于“应交税费”科目中，表述不正确的有(　　)。

A. 该科目贷方登记应缴纳的各种税费，借方登记实际交纳的税费

B. 期末余额一般在贷方，反映企业尚未缴纳的税费

C. 期末余额如在借方，反映企业多交或尚未抵扣的税费

D. 企业缴纳的个人所得税、印花税、耕地占用税不需要预计应交数的税金，不通过“应交税费”科目核算

『答案』D

『解析』个人所得税应通过“应交税费”科目核算。

【单选题】(2020 年)委托加工的应税消费品，收回后用于连续生产的，由受托方代扣代缴的消费税计入(　　)。

A. 委托加工物资　　B. 税金及附加

C. 材料成本差异　　D. 应交税费

『答案』D

【单选题】(2020 年)甲股份有限公司 2016 年 1 月 1 日向银行借入一笔生产经营用短期借款共计 120 000 万元，期限为 9 个月，年利率为 4%。根据与银行签署的借款协议，该项借

款的本金到期后一次归还，利息按季支付。则3月末应冲减应付利息科目的金额为(　　)万元。

A. 800　　B. 400　　C. 1200　　D. 0

『答案』A

『解析』1月1日借入短期借款：

借：银行存款　120 000

　贷：短期借款　120 000

1月末、2月末，计提应付利息：

借：财务费用　400

　贷：应付利息　400

3月末，支付第一季度借款利息：

借：财务费用　400

　应付利息　800

　贷：银行存款　1 200

【多选题】(2018年)下列各项中，关于“应付利息”科目表述正确的有(　　)。

A. 企业开出银行承兑汇票支付银行手续费，应记入“应付利息”科目借方

B. “应付利息”科目期末贷方余额反映企业应付未付的利息

C. 按照短期借款合同约定计算的应付利息，应记入“应付利息”科目借方

D. 企业支付已经预提的利息，应记入“应付利息”科目借方

『答案』BD

【多选题】(2018年)下列各项中，不应计入应付股利的有(　　)。

A. 董事会通过的利润分配方案中拟分派的现金股利

B. 已分派的股票股利

C. 已宣告分派但尚未支付的现金股利

D. 已宣告分派的股票股利

『答案』ABD

『解析』企业董事会或类似机构通过的利润分配方案中拟分配的现金股利或利润，不需要进行账务处理，但应在附注中披露；企业分配的股票股利通过“股本”科目核算；宣告分派股票股利不需要进行账务处理。

【多选题】(2019年)下列各项中，企业应通过“其他应付款”科目核算的有(　　)。

A. 购进商品时发生的供货方代垫运费

B. 存入保证金

C. 应付的合同违约金

D. 代垫职工家属医药费

『答案』BC

『解析』购进商品时发生的供货方代垫运费，应该通过“应付账款”科目核算；代垫职工家属医药费应该通过“其他应收款”核算。

【多选题】(2018年)下列各项中，属于“应付职工薪酬”科目核算内容的有(　　)。

A. 发放给员工的生活困难补助　　B. 报销员工出差的差旅费

C. 给员工支付的培训支出　　D. 离职后福利

『答案』ACD

【多选题】(2018 年)下列各项中，属于企业资产负债表“应付职工薪酬”项目列报内容的有(　　)。

A. 应支付给临时职工的短期薪酬

B. 应提供给已故职工遗属的福利

C. 因解除劳动关系而应给予职工的现金补偿

D. 向职工提供的异地安家费

『答案』ABCD

『解析』支付给临时职工的短期薪酬、向职工提供的异地安家费属于短期薪酬；企业提供给职工配偶、子女、受赡养人、已故员工遗属及其他受益人等的福利，也属于职工薪酬。因解除劳动关系而应给予职工的现金补偿属于离职后福利。

【多选题】(2018 年)某企业为增值税一般纳税人，销售商品适用的增值税税率为 13%。该企业将其自产的空调 200 台发放给生产车间管理人员作为福利，每台自产空调市场售价为 5 000 元，成本为 3 000 元。不考虑其他因素，下列会计处理正确的有(　　)。

A. 结转成本时：

借：主营业务成本　　600 000

　　贷：生产成本——空调　　600 000

B. 确认福利时：

借：制造费用　　1 130 000

　　贷：应付职工薪酬——非货币性福利　　1 130 000

C. 结转成本时：

借：主营业务成本　　600 000

　　贷：库存商品——空调　　600 000

D. 发放福利时：

借：应付职工薪酬——非货币性福利　　1 130 000

　　贷：主营业务收入　　1 000 000

　　　　应交税费——应交增值税(销项税额)　　130 000

『答案』BCD

『解析』会计分录为：

借：制造费用　　1 130 000

　　贷：应付职工薪酬　　1 130 000

借：应付职工薪酬　　1 130 000

　　贷：主营业务收入　　1 000 000

　　　　应交税费——应交增值税(销项税额)　　130 000

借：主营业务成本　　600 000

　　贷：库存商品　　600 000

【多选题】(2018 年)某企业为增值税一般纳税人，适用的增值税税率为 13%。2019 年 12 月，该企业以其生产的每台成本为 150 元的加湿器作为福利发放给职工，每名职工发放 1 台，该型号的加湿器每台市场售价为 200 元(不含税)。该企业共有职工 200 名，其中生产工人 180 名，总部管理人员 20 名。不考虑其他因素，下列各项中，关于该企业确认非货币性职工薪酬会计处理结果正确的是(　　)。

A. 确认“管理费用”3 000 元

B. 确认“生产成本”36 000 元

C. 确认“应交税费——应交增值税(销项税额)”5 200 元

D. 确认“应付职工薪酬”45 200 元

『答案』CD

『解析』会计分录为:

借:生产成本	40 680	
管理费用		4 520
贷:应付职工薪酬		45 200
借:应付职工薪酬	45 200	
贷:主营业务收入		40 000
应交税费——应交增值税(销项税额)		5 200
借:主营业务成本	30 000	
贷:库存商品		30 000

【多选题】(2019 年)下列各项中,企业应通过“应交税费”科目核算的有(　　)。

A. 计算确认的代扣代缴个人所得税

B. 占用耕地建设厂房缴纳的耕地占用税

C. 计算确认的教育费附加

D. 签订购销合同购买印花税票缴纳的印花税

『答案』AC

『解析』企业交纳的印花税、耕地占用税等不需要预计应交数的税金,不通过“应交税费”科目核算。

【多选题】(2018 年)下列各项中,属于增值税一般纳税人应在“应交税费”科目下设置的明细科目有(　　)。

A. 待抵扣进项税额　　B. 预交增值税

C. 简易计税　　D. 待转销项税额

『答案』ABCD

『解析』增值税一般纳税人应当在“应交税费”科目下设置“应交增值税”“未交增值税”“预交增值税”“待抵扣进项税额”“待认证进项税额”“待转销项税额”“增值税留抵税额”“简易计税”“转让金融商品应交增值税”“代扣代缴增值税”等明细科目。

【多选题】(2018 年)下列各项中,关于增值税一般纳税人会计处理表述正确的有(　　)。

A. 已单独确认进项税额的购进货物用于投资,应贷记“应交税费——应交增值税(进项税额转出)”科目

B. 将委托加工的货物用于对外捐赠,应贷记“应交税费——应交增值税(销项税额)”科目

C. 已单独确认进项税的购进货物发生非正常损失,应贷记“应交税费——应交增值税(进项税额转出)”科目

D. 企业管理部门领用本企业生产的产品,应贷记“应交税费——应交增值税(销项税

额）”科目

『答案』BC

『解析』购进货物用于投资应当视同销售，确认应交税费——应交增值税（销项税额）；领用产品不是销售行为，直接借记“管理费用”，贷记“库存商品”。

【多选题】（2015 年）下列应计入税金及附加账户的支出有（　　）。

A. 天然气企业对外出售天然气应缴纳的资源税

B. 拥有并使用车船的制造业企业应缴纳的车船税

C. 房地产企业转让房产应缴纳的土地增值税

D. 制造业企业转让自用房产应缴纳的土地增值税

『答案』ABC

『解析』制造业企业转让自用房产应缴纳的土地增值税通过“固定资产清理”核算。

【多选题】（2018 年）下列各项中，属于企业利润表“税金及附加”项目列示内容的有（　　）。

A. 商品购销业务应负担的教育费附加

B. 出租房产应缴纳的房产税

C. 商品购销业务应负担的城市维护建设税

D. 销售商品产生的增值税

『答案』ABC

『解析』会计分录为：

商品购销业务应负担的教育费附加

借：税金及附加

　　贷：应交税费——应交教育费附加

　　　　出租房产应缴纳的房产税

借：税金及附加

　　贷：应交税费——应交房产税

　　　　商品购销业务应负担的城市维护建设税

借：税金及附加

　　贷：应交税费——应交城市维护建设税

　　　　销售商品产生的增值税

借：应收账款或银行存款等

　　贷：应交税费——应交增值税（销项税额）

【多选题】（2020 年）下列各项中，企业应通过“应付职工薪酬——非货币性福利”科目核算的有（　　）。

A. 计提职工教育经费

B. 为高级管理人员提供免费使用的汽车折旧费

C. 为职工代垫医药费

D. 作为职工福利发放给职工的自产产品

『答案』ABD

【多选题】（2020 年）下列各项中，应确认为应付职工薪酬的有（　　）。

A. 非货币性福利　　　　B. 社会保险费和辞退福利

C. 职工工资　　　　　　　　　　　　　　　　D. 工会经费和职工教育经费

『答案』ABCD

【多选题】(2020 年)应作为应付职工薪酬核算的有(　　)。

A. 为职工支付社会保险费　　　　　　　　　B. 为职工支付住房公积金

C. 为职工支付商业保险　　　　　　　　　　D. 为职工补充养老保险

『答案』ABCD

【判断题】(2018 年)应付账款附有现金折扣条款的应按照扣除现金折扣前的金额计入应付款总额入账。(　　)

『答案』√

【判断题】(2019 年)某企业在销售货物过程中，预收货款较少，不单独设立预收账款科目的，可通过应收账款科目核算。(　　)

『答案』√

【判断题】(2019 年)股东确认分配的股票股利应该通过“应付股利”科目核算。(　　)

『答案』×

『解析』企业分配股票股利时，不做账务处理，不通过“应付股利”科目核算。

【判断题】(2018 年)企业提前解除与职工签订的劳动合同而给予职工的补偿金额，应确认为应付职工薪酬。(　　)

『答案』√

【判断题】(2018 年)企业应在职工发生实际缺勤的会计期间确认与累积带薪缺勤相关的应付职工薪酬。(　　)

『答案』×

『解析』企业应当在职工提供了服务从而增加了其未来享有的带薪缺勤权利时，确认与累积带薪缺勤相关的职工薪酬，并以累积未行使权利而增加的预期支付金额计量。

【判断题】(2019 年)某企业职工张某经批准获得探亲假 5 天，企业确认为非累积带薪缺勤，该企业应当在其休假期间确认与非累积带薪缺勤相关的职工薪酬。(　　)

『答案』√

『解析』企业应当在职工实际发生缺勤的会计期间确认与非累积带薪缺勤相关的职工薪酬。

【判断题】(2017 年)企业应当在职工提供了服务从而增加了其未来享有的带薪缺勤权利时，确认与累积带薪缺勤相关的职工薪酬。(　　)

『答案』√

『解析』企业应当在职工提供了服务从而增加了其未来享有的带薪缺勤权利时，确认与累积带薪缺勤相关的职工薪酬。

【判断题】(2015)累积带薪缺勤是指带薪权利可以结转下期的带薪缺勤，本期尚未完成的带薪权利可以在未来期间使用。(　　)

『答案』√

『解析』这是累积带薪缺勤的定义，即累积带薪缺勤是指带薪权利可以结转下期的带薪缺勤，本期尚未完成的带薪权利可以在未来期间使用。

【判断题】(2019 年)企业以自产的产品作为非货币性福利发放给职工，应以账面价值计量该项非货币性福利。(　　)

『答案』×

『解析』企业以其自产产品作为非货币性福利发放给职工的，应当根据受益对象，按照该产品的含税公允价值计入相关资产成本或当期损益，同时确认应付职工薪酬。

【判断题】(2016 年)对于设定提存计划，企业应当根据在资产负债表日为换取职工在会计期间提供的服务而应向单独主体缴存的提存金，确认为应付职工薪酬。(　　)

『答案』√

【判断题】(2017 年)资产负债表日企业按工资总额的一定比例计提的基本养老保险属于设定提存计划，应确认为应付职工薪酬。(　　)

『答案』√

【判断题】(2018 年)企业为增值税一般纳税人，取得准予从销项税额中抵扣的增值税扣税凭证，但尚未经税务机关认证的进项税额记入"应交税费——待认证进项税额"科目。(　　)

『答案』√

『解析』"待认证进项税额"明细科目，核算一般纳税人由于未经税务机关认证而不得从当期销项税额中抵扣的进项税额。包括：一般纳税人已取得增值税扣税凭证、按照现行增值税制度规定准予从销项税额中抵扣，但尚未经税务机关认证的进项税额；一般纳税人已申请稽核但尚未取得稽核相符结果的海关缴款书进项税额。

【判断题】(2019 年)小规模纳税人购进原材料时，应按照取得的增值税专用发票上注明的增值税税额计入所购原材料的成本。(　　)

『答案』√

【判断题】(2018 年)小规模纳税人销售货物采用销售额和应纳增值税税额合并定价的方法，向客户结算款项时应将其换算为不含税销售额，计算公式为：销售额=含税销售额/(1+征收率)。(　　)

『答案』√

『解析』一般来说，小规模纳税人采用销售额和应纳税额合并定价的方法并向客户结算款项，销售货物、应税劳务或应税行为后，应进行价税分离，确定不含税的销售额。不含税的销售额计算公式：不含税销售额=含税销售额/(1+征收率)。

【判断题】(2019 年)企业初次购买增值税税控系统专用设备，按规定可抵减的增值税应纳税额，应冲减专用设备成本。(　　)

『答案』×

『解析』企业初次购入增值税税控系统专用设备，按规定可抵减的增值税应纳税额，借记"应交税费——应交增值税(减免税款)"科目(小规模纳税人应借记"应交税费——应交增值税"科目)，贷记"管理费用"等科目。

【不定项选择题】(2019 年)某企业为增值税一般纳税人，主要业务是生产销售家电。2018 年 12 月该企业专设销售机构发生与职工薪酬有关的业务如下：

(1) 3 日，以银行存款支付当月职工宿舍房租 16 500 元。该宿舍专供销售人员免费居住。

(2) 10 日，以银行存款发放上月销售机构人员职工薪酬 460 000 元。应付上月销售人员职工薪酬总额为 480 000 元，按税法规定应代扣代缴的职工个人所得税共计 12 000 元，发放时收回代垫职工家属缴纳的医药费 3 000 元，从应付职工薪酬中代扣个人应缴纳的医疗社会保险费5 000元。

(3) 17日至21日，销售机构职工张某休探亲假5天，按照规定，确认为非累积带薪缺勤。

(4) 31日，确认12月销售机构人员职工薪酬，其中，工资为560 000元，按国家规定计提标准应缴纳的基本养老保险费为112 000元，基本医疗保险费、工伤保险费共计53 200元，计提工会经费和职工教育经费共计25 200元。

要求：根据上述资料，不考虑其他因素，分析回答下列小题。

1. 根据资料(1)，下列各项中，该企业确认并支付职工宿舍租金的会计科目处理表述正确的是(　　)。

A. 借记“销售费用”科目，贷记“应付职工薪酬”科目

B. 借记“主营业务成本”科目，贷记“应付职工薪酬”科目

C. 借记“应付职工薪酬”科目，贷记“银行存款”科目

D. 借记“销售费用”科日，贷记“银行存款”科目

2. 根据资料(2)，下列各项中，该企业发放11月销售机构人员职工薪酬的会计处理正确的是(　　)。

A. 代垫医药费款项：

借：应付职工薪酬	3 000	
贷：其他应收款——代垫医药费		3 000

B. 发放职工薪酬：

借：应付职工薪酬	460 000	
贷：银行存款		460 000

C. 代扣个人所得税：

借：应付职工薪酬	12 000	
贷：应交税费——应交个人所得税		12 000

D. 代扣个人应缴纳的医疗社会保险费

借：应付职工薪酬	5 000	
贷：其他应收款——社会保险费		5 000

3. 根据资料(3)，下列各项中，关于该企业非累积带薪缺勤的会计处理表述正确的是(　　)。

A. 本期尚未用完的带薪缺勤权利不能结转下期

B. 视同职工出勤不额外作账务处理

C. 确认非累积带薪缺勤时借记“销售费用”科目

D. 本期尚未用完的带薪缺勤权利可以结转下期

4. 根据资料(4)，该企业12月31日应记入“应付职工薪酬——设定提存计划”科目的金额是(　　)元。

A. 25 200　　B. 165 200　　C. 112 000　　D. 53 200

5. 根据资料(1)至(4)，该企业12月销售费用增加的金额是(　　)元。

A. 750 400　　B. 1 246 900　　C. 766 900　　D. 725 200

『答案』

1. AC，资料(1)会计分录：

借：销售费用 16 500

　　贷：应付职工薪酬 16 500

借：应付职工薪酬 16 500

　　贷：银行存款 16 500

2. ABC，资料(2)会计分录：

发放职工薪酬：

借：应付职工薪酬 460 000

　　贷：银行存款 460 000

代扣个人所得税：

借：应付职工薪酬 12 000

　　贷：应交税费——应交个人所得税 12 000

缴纳个人所得税：

借：应交税费——应交个人所得税 12 000

　　贷：银行存款 12 000

代垫、代扣款项：

借：应付职工薪酬 8 000

　　贷：其他应收款——代垫医药费 3 000

　　　　其他应付款——社会保险费 5 000

3. AB，非累积带薪缺勤实际发生时不需要进行账务处理。

4. C，资料(4)会计分录：

借：销售费用 112 000

　　贷：应付职工薪酬——设定提存计划 112 000

5. C，销售费用增加的金额=16 500+560 000+112 000+53 200+25 200=766 900(元)。发放上月销售机构人员职工薪酬不确认为本月费用；销售机构非累积带薪缺勤不用进行额外账务处理。

同步练习

第一节　短期借款

一、单项选择题

1. 企业计提短期借款利息时贷方应计入的会计科目是(　　)。

A. 财务费用　　B. 短期借款　　C. 应收利息　　D. 应付利息

2. 2020 年 9 月 1 日，某企业向银行借入一笔期限 3 个月、到期一次还本付息的生产经营周转借款 400 000 元，年利率 6%。借款利息采用预提方式，月末确认。12 月 1 日，企业以银行存款偿还借款本息的会计处理正确的是(　　)。

A. 借：短期借款 400 000

　　　贷：银行存款 400 000

B. 借：短期借款 400 000

　　　　应付利息 6 000

贷：银行存款 406 000

C. 借：短期借款 400 000

财务费用 4 000

贷：银行存款 404 000

D. 借：短期借款 406 000

贷：银行存款 406 000

3. 下列各项中，筹建期间用于日常管理活动的借款利息应记入的会计科目是(　　)。

A. 长期待摊费用　　B. 销售费用　　C. 管理费用　　D. 财务费用

4. 2020 年 7 月 1 日，某企业向银行借入一笔周转资金 100 万元，期限 6 个月，到期一次还本付息，年利率为 6%，借款利息按月预提，2020 年 11 月 30 日该短期借款的账面价值为(　　)万元。

A. 120. 5　　B. 102. 5　　C. 100　　D. 102

5. 2020 年 1 月 1 日，某企业向银行借入一笔资金 800 000 元，期限为 6 个月，年利率为 3%，借款利息分月计提，季末支付，本金到期一次归还。下列各项中，关于 2020 年 6 月 30 日该企业支付借款利息的会计处理正确的是(　　)。

A. 借：应付利息 2 000

财务费用 4 000

贷：银行存款 6 000

B. 借：财务费用 6 000

贷：银行存款 6 000

C. 借：应付利息 4 000

贷：银行存款 4 000

D. 借：应付利息 4 000

财务费用 2 000

贷：银行存款 6 000

6. 2020 年 10 月 1 日，某企业向银行借入资金 350 万元用于生产经营，借款期限为 3 个月，年利率为 6%，到期一次还本付息，利息按月计提，不考虑相关税费。下列各项中，关于该借款相关科目的会计处理结果正确的是(　　)。

A. 借入款项时，借记“短期借款”科目 350 万元

B. 每月预提借款利息时，贷记“财务费用”科目 5. 25 万元

C. 每月预提借款利息时，借记“应付利息”科目 1. 75 万元

D. 借款到期归还本息时，贷记“银行存款”科目 355. 25 万元

二、多项选择题

1. 下列各项中，企业发生的利息支出，可能计入财务费用的有(　　)。

A. 应付债券的利息　　B. 短期借款的利息

C. 带息应付票据的利息　　D. 筹建期间的长期借款利息

2. 下列关于短期借款的表述中，正确的有(　　)。

A. 短期借款利息如果是借款到期时连同本金一起归还的，并且数额不大，可以不采用预提方式

B. 月末计提短期借款利息时通过“预提费用”科目核算

C. 短期借款是企业向银行或其他金融机构等借入期限在 1 年以下(含 1 年)的各种款项

D. 企业生产经营期间取得短期借款所支付的利息费用计入财务费用

3. 下列各项中，关于制造业企业预提短期借款利息的会计科目处理正确的有(　　)。

A. 贷记“应付账款”科目　　B. 借记“制造费用”科目

C. 贷记“应付利息”科目　　D. 借记“财务费用”科目

4. 下列项目在会计处理时将形成一项流动负债的有(　　)。

A. 企业为筹集长期资金而发行的债券

B. 材料已收到但尚未收到结算凭证的暂估料款

C. 董事会决议分派的股票股利

D. 股东会决议分派的现金股利

5. 2020 年 4 月 1 日，甲公司因急需流动资金，从银行取得期限为 5 个月的借款 200 000 元，年利率为 6%，按月计提利息，8 月 31 日到期偿还本息。假定不考虑其他因素，下列会计处理不正确的有(　　)。

A. 取得短期借款

借：银行存款　　200 000

　贷：短期借款　　200 000

B. 每月计提利息

借：财务费用　　1 000

　贷：短期借款——应计利息　　1 000

C. 到期还本付息

借：短期借款　　200 000

　应付利息　　4 000

　财务费用　　1 000

　贷：银行存款　　205 000

D. 到期还本付息

借：短期借款——本金　　200 000

　——应计利息　　5 000

　贷：银行存款　　205 000

三、判断题

1. 购买商品支付货款取得的现金折扣应列入利润表“财务费用”项目。(　　)

2. 企业短期借款利息数额不大的，可以不采用预提的方法，而在实际支付时直接计入当期损益。(　　)

3. 短期借款利息在预提或实际支付时均应通过“短期借款”科目核算。(　　)

第二节　应付及预收款项

一、单项选择题

1. 企业对于应付的商业承兑汇票，如果到期不能足额付款，在会计处理上应该将其转作(　　)。

A. 其他应付款　　B. 短期借款　　C. 应收账款　　D. 应付账款

2. 企业发生赊购商品业务，下列各项中不影响应付账款入账金额的是(　　)。

A. 商品价款　　B. 增值税进项税额

C. 现金折扣　　D. 购货方应付的运杂费

3. 预收货款业务不多的企业，可以不设置“预收账款”科目，其所发生的预收货款，可以通过(　　)核算。

A.“应收账款”科目借方　　B.“应付账款”科目借方

C.“应收账款”科目贷方　　D.“应付账款”科目贷方

4. 应通过“其他应付款”科目核算的是(　　)。

A. 应付租入包装物的租金　　B. 应付现金股利

C. 应交教育费附加　　D. 应付的购货款

5. 某公司2020年12月1日开具了带息商业承兑汇票，该商业承兑汇票的面值为500万元，年利率6%，期限为6个月。2020年12月31日该公司“应付票据”的账面价值为(　　)万元。

A. 500　　B. 510　　C. 502. 5　　D. 505

6. 4月6日，甲公司从乙公司购入原材料，增值税专用发票上注明价款500万元，增值税65万元，合同上现金折扣条件：2/10、1/20、N/30(计算现金折扣不考虑增值税)。15日，甲公司付清货款。甲公司因购买该批材料的应付账款入账价值为(　　)万元。

A. 555　　B. 565　　C. 557. 3　　D. 500

7. 某公司于2020年7月4日从红星公司购入一批产品并验收入库，增值税专用发票上注明该批产品的价款为800万元，增值税税额为104万元，红星公司代垫运杂费10万元。合同中规定的现金折扣条件为2/10，1/20，N/30。假定计算现金折扣时不考虑增值税及运杂费。该公司2020年7月13日付清货款，则该公司实际支付的款项为(　　)。

A. 898　　B. 895. 72　　C. 897. 8　　D. 914

8. 下列各项中，不应记入资产负债表中“应付利息”项目的是(　　)。

A. 计提分期付息到期还本的长期借款利息

B. 计提到期一次还本付息的长期借款利息

C. 计提短期借款利息

D. 计提的分期付息的应付债券利息

9. 下列各项中，应通过“应付票据”会计科目核算的是(　　)。

A. 用银行本票购买办公用品　　B. 用商业汇票购买原材料

C. 用转账支票购买固定资产　　D. 用银行汇票购买周转材料

10. 2020年7月2日，甲企业购买乙企业一批商品并验收入库，该批商品市场不含税售价80 000元，因购买数量大，按照协议约定，甲企业可享受9. 5折的商业折扣。不考虑其他因素，甲企业应付账款入账金额为(　　)元。

A. 90 400　　B. 78 280　　C. 85 880　　D. 86 400

11. 下列各项经济业务，应通过应付利息借方进行核算的是(　　)。

A. 甲企业2020年9月1日，支付7月、8月已计提的短期借款利息

B. 2020年12月31日董事会通过利润分配方案拟分配现金股利

C. 2020年1月1日甲公司借入一笔短期借款，1月末计提1月份应付利息

D. 2020年3月，公司计提带息应付票据利息

二、多项选择题

1. 到期无力支付的商业汇票，应把应付票据账面余额转入(　　)科目。

A. 长期借款　B. 应付账款　C. 其他应付款　D. 短期借款

2. 关于应付账款的核算，下列项目表述中正确的有(　　)。

A. 应付账款附有现金折扣条件，应按扣除现金折扣后的净额入账

B. 销货方代购货方垫付的运杂费等应计入购货方的应付账款入账金额

C. 企业确实无法支付的应付账款应计入营业外收入

D. 企业采购存货如果月末发票及账单尚未到达应暂估应付账款入账

3. 企业发生相关成本费用允许扣减销售额的，发生成本费用时应借记的科目有(　　)。

A. 主营业务成本　B. 工程施工

C. 管理费用　D. 工程物资

4. “预收账款”科目借方登记(　　)。

A. 预收货款的金额

B. 企业向购货方发货后冲销的预收账款的金额

C. 收到购货单位补付货款的金额

D. 退回购货方多付货款的金额

5. 某企业为增值税一般纳税人，开出银行承兑汇票购入一批原材料，并支付银行承兑手续费。下列各项中，关于该企业采购原材料的会计处理表述正确的有(　　)。

A. 支付的原材料价款计入材料成本

B. 支付的运输费计入材料成本

C. 支付的可以抵扣的增值税进项税额计入材料成本

D. 支付的票据承兑手续费计入财务费用

6. 下列各项中，关于应付账款的会计处理表述正确的有(　　)。

A. 确定无法偿还的应付账款，应按其账面余额计入其他业务收入

B. 购入材料确认的应付账款，不包括商业折扣

C. 附有现金折扣条件的，按现金折扣前的金额入账

D. 开出商业汇票抵付所欠货款时，将应付账款转作应付票据

7. 下列各项中，影响应付账款入账金额的有(　　)。

A. 购买商品的价款　B. 现金折扣

C. 增值税进项税额　D. 销货方代垫的运费

8. 下列各项中，应计入其他应付款的有(　　)。

A. 应赔付给相关单位的现金溢余

B. 存入保证金

C. 应付、暂收所属单位、个人的款项

D. 收取的包装物押金

9. 下列关于应付票据、应付利息、预收账款的表述，不正确的有(　　)。

A. 企业支付银行承兑汇票手续费，记入“财务费用”的借方

B. 应付银行承兑汇票到期，如企业无力支付票款

借：应付票据

　　贷：应付账款

C. 计提借款利息时，贷记“应付利息”，借记“在建工程、财务费用、研发支出”

D. 如果企业不设“预收账款”科目，将预收的款项计入“应收账款”的借方

10. 关于应付股利，下列说法正确的有(　　)。

A. 应付股利是指企业根据股东大会或类似机构审议批准的利润分配方案确定分配给投资者的现金股利或利润

B. 应付股利是指企业董事会或类似机构通过的利润分配方案中拟分配的现金股利或利润

C. 企业董事会或类似机构通过的利润分配方案中拟分配的现金股利或利润，需要进行账务处理

D. 企业董事会或类似机构通过的利润分配方案中拟分配的现金股利或利润，需要在附注中进行披露

三、判断题

1. 应付股利是指企业根据股东大会或类似机构审议尚未批准的利润分配方案确定分配给投资者的现金股利或利润。(　　)

2. 预收货款业务不多的企业，可以不单独设置“预收账款”科目，所预收的货款可以通过“应付账款”科目核算。(　　)

3. 应付账款附有现金折扣的，企业应按照扣除现金折扣后的应付款净额入账。(　　)

4. 企业签发的不带息银行承兑汇票到期时应将无力支付的票款转作短期借款。(　　)

5. 对于带息的应付票据应于期末计息，增加应付票据的账面价值。(　　)

6. 企业已向股东宣告的现金股利，在尚未支付之前，应作为企业所有者权益的组成部分。(　　)

四、不定项选择题

(一)某公司为增值税一般纳税人，销售货物适用的增值税税率为13%。2020年发生的经济业务如下：

(1)6月1日，预收A公司购货定金100万元，并于当日送存银行。6月20日，将A公司的预定货物发出，开具增值税专用发票注明的价款为100万元，增值税税额为13万元，余款尚未收回。

(2)6月16日，从B公司购入生产用原材料一批，取得货物增值税专用发票注明的价款为200万元，增值税税额为26万元。按照购买协议规定，该公司可以享受现金折扣的条件为2/10，1/20，*N*/30(计算现金折扣时不考虑增值税)。

(3)6月29日，向B公司支付货款。

(4)7月1日，因欠C公司货款500万元向C公司开具面值为500万元、期限为6个月的无息银行承兑汇票一张。因向银行申请承兑汇票以银行存款支付的汇票手续费1万元。

(5)12月31日，向C公司开具的银行承兑汇票到期，该公司无力支付。

要求：根据上述资料，不考虑其他因素，回答下列小题。(答案中的金额单位用万元表示)

1. 下列关于该公司与A公司的业务表述正确的是(　　)。

A. 预收甲公司购货定金属于企业的负债

B. “预收账款”明细科目的借方余额应在“应收账款”项目列报

C. 预收账款不多的企业可以将预收款项通过“应付账款”科目核算

D. 6 月 1 日该公司“合同负债”科目应记入 100 万元

2. 该公司在购入原材料时的会计处理正确的是(　　)。

A. 借：原材料　200
　　应交税费——应交增值税(进项税额)　26
　　贷：应付账款　226

B. 借：原材料　224
　　贷：应付账款　224

C. 借：原材料　226
　　贷：应付账款　226

D. 借：原材料　198
　　应交税费——应交增值税(进项税额)　26
　　贷：应付账款　224

3. 该 6 月 29 日支付 B 公司购货款的下列会计处理表述正确的是(　　)。

A. 冲减应付账款 226 万元　　B. 实际支付 226 万元

C. 冲减主营业务收入 2 万元　　D. 冲减财务费用 2 万元

4. 下列各项中，该公司的会计处理正确的是(　　)。

A. 6 月 1 日
借：银行存款　100
　　贷：合同负债　100

B. 7 月 1 日
借：应付账款　500
　　贷：应付票据　500

C. 7 月 1 日
借：财务费用　1
　　贷：银行存款　1

D. 12 月 31 日
借：应付票据　500
　　贷：应付账款　500

5. 下列关于应付票据的表述中正确的是(　　)。

A. 应付票据是指企业购买材料、商品和接受劳务供应等而开出、承兑的商业汇票

B. 应付票据包括商业承兑汇票和银行汇票

C. 企业因开出银行承兑汇票而支付银行的承兑汇票手续费应计入财务费用

D. 企业应付商业承兑汇票到期无力支付票款时，应将应付票据的账面余额转入应付账款

第三节　应付职工薪酬

一、单项选择题

1. 企业为高管租赁公寓免费使用，租赁费按月以银行存款支付。应编制的会计分录是(　　)。

A. 借记“管理费用”科目，贷记“银行存款”科目

B. 借记“管理费用”科目，贷记“应付职工薪酬”科目

C. 借记“管理费用”科目，贷记“应付职工薪酬”科目；同时借记“应付职工薪酬”科目，贷记“银行存款”科目

D. 借记“资本公积”科目，贷记“银行存款”科目；同时借记“应付职工薪酬”科目，贷记“资本公积”科目

2. 下列各项有关短期带薪缺勤的说法中，正确的是(　　)。

A. 确认非累积带薪缺勤时，借记“管理费用”等科目

B. 病假期间的工资属于累积带薪缺勤

C. 短期带薪缺勤包括累积带薪缺勤和非累积带薪缺勤

D. 企业对累积带薪缺勤和非累积带薪缺勤的会计处理是一样的

3. 甲公司累积带薪缺勤制度规定：每个职工每年可享受 5 个工作日带薪年假，未使用的年假只能向后结转一个公历年度，超过 1 年未使用的权利作废，不能在职工离开公司时获得现金支付；职工休年假以后进先出为基础，即首先从当年可享受的权利中扣除，再从上年结转的带薪年假余额中扣除。2019 年 12 月 31 日，每个职工当年平均未使用带薪年假为 2 天。

甲公司 1 000 名职工预计 2020 年有 950 名职工将享受不超过 5 天的带薪年假，不需要考虑带薪缺勤。剩余 50 名职工每人将平均享受 6 天半年假，假定这 50 名职工全部为总部各部门经理，平均每名职工每个工作日工资为 500 元。2018 年 12 月 31 日的账务处理是(　　)。

A. 借：管理费用　　37 500

　　贷：应付职工薪酬——带薪缺勤——短期带薪缺勤——累积带薪缺勤　　37 500

B. 借：管理费用　　15 000

　　贷：应付职工薪酬——带薪缺勤——短期带薪缺勤——累积带薪缺勤　　15 000

C. 借：制造费用　　37 500

　　贷：应付职工薪酬——带薪缺勤——短期带薪缺勤——累积带薪缺勤　　37 500

D. 借：制造费用　　15 000

　　贷：应付职工薪酬——带薪缺勤——短期带薪缺勤——累积带薪缺勤　　15 000

4. 下列各项中，不属于职工薪酬核算内容的是(　　)。

A. 住房公积金　　B. 工会经费和职工教育经费

C. 职工因公出差的差旅费　　D. 因解除与职工的劳动关系给予的补偿

5. 夏季即将到来，甲公司向职工发放其自产的空调，作为广大职工的一种福利，该产品的成本为每台 2 500 元，一共发放了 50 台，计税价格为每台 3 000 元，增值税税率为 13%，则甲公司实际发放时计入应付职工薪酬借方的金额为(　　)元。

A. 169 500　　B. 125 000　　C. 150 000　　D. 141 250

6. 某纺织业企业为增值税一般纳税人，适用的增值税税率为 13%。该企业以其生产的服装作为福利发放给 100 名生产车间管理人员，每人一套，每套服装不含税售价为 350 元，成本为 280 元。不考虑其他因素，下列各项中，该企业关于非货币性福利的会计处理结果正确的是(　　)。

A. 确认管理费用 39 550 元　　B. 确认应付职工薪酬 39 550 元

C. 确认主营业务收入 39 550 元　　D. 确认增值税销项税额 3 640 元

7. 下列各项中，关于企业以自产产品作为福利发放给专设销售机构人员的会计处理表

述正确的是(　　)。

A. 按产品的生产成本确定主营业务收入

B. 按产品的公允价值加上增值税销项税额确认应付职工薪酬

C. 按产品的账面价值加上增值税销项税额确认销售费用

D. 按产品的公允价值结转主营业务成本

8. 某企业为增值税一般纳税人，适用的增值税税率为13%。2019年12月，该企业以其生产的每台成本为150元的加湿器作为福利发放给职工，每名职工发放1台，该型号的加湿器每台市场售价为200元(不含税)。该企业共有职工200名，其中生产工人180名，总部管理人员20名，不考虑其他因素，下列各项中，关于该企业确认非货币性职工薪酬会计处理结果正确的是(　　)。

A. 确认管理费用4 000元　　B. 确认管理费用3 000元

C. 计入生产成本2 7000元　　D. 确认应付职工薪酬45 200元

9. 某企业为增值税一般纳税人。2019年12月25日，向职工发放一批自产的空气净化器作为福利，该批产品售价为10万元，生产成本为7.5万元，按计税价格计算的增值税销项税额为1.3万元。不考虑其他因素，该笔业务应确认的应付职工薪酬为(　　)万元。

A. 7.5　　B. 11.3　　C. 10　　D. 8.8

10. 某企业以现金支付行政管理人员生活困难补助2 000元，下列各项中，会计处理正确的是(　　)。

A. 借：其他业务成本　　2 000
　　贷：库存现金　　2 000

B. 借：营业外支出　　2 000
　　贷：库存现金　　2 000

C. 借：管理费用　　2 000
　　贷：库存现金　　2 000

D. 借：应付职工薪酬——职工福利费　　2 000
　　贷：库存现金　　2 000

11. 某生产企业为增值税一般纳税人，年末将委托加工的一批产品发放给职工作为福利。该批产品市场售价为24万元(不含增值税)，增值税适用税率为13%，实际成本为20万元。假定不考虑其他因素，该企业应确认的应付职工薪酬为(　　)万元。

A. 20　　B. 22.6　　C. 24　　D. 27.12

12. 甲企业结算本月管理部门人员的应付职工工资共500 000元，代扣该部门职工个人所得税30 000元，实发工资470 000元，下列该企业会计处理中，不正确的是(　　)。

A. 借：管理费用　　500 000
　　贷：应付职工薪酬　　500 000

B. 借：应付职工薪酬　　30 000
　　贷：应交税费——应交个人所得税　　30 000

C. 借：其他应收款　　30 000
　　贷：应交税费——应交个人所得税　　30 000

D. 借：应付职工薪酬　　470 000
　　贷：银行存款　　470 000

13. 甲公司为增值税一般纳税人，2020 年甲公司发出一批原材料，其成本为 100 万元，购入时支付的增值税为 13 万元。其中，作为职工个人福利领用该材料 10 万元，生产设备的安装工程领用该材料 60 万元，厂房的建造工程领用该材料 30 万元，厂房适用的增值税税率为 9%。该企业的有关会计分录不正确的是(　　)。

A. 借记“应付职工薪酬——职工福利”11.3 万元

B. 借记“在建工程——安装” 60 万元

C. 借记“在建工程——厂房” 30 万元

D. 贷记“应交税费——应交增值税(进项税额转出)”2.7 万元

二、多项选择题

1. 下列各项中，应通过“应付职工薪酬”科目核算的有(　　)。

A. 计提的职工住房公积金　　B. 计提的职工医疗保险费

C. 提取的工会经费　　D. 确认的职工短期带薪缺勤

2. 下列各项中，生产部门人员的职工薪酬可能涉及的科目有(　　)。

A. 生产成本　　B. 制造费用　　C. 管理费用　　D. 合同履约成本

3. 职工薪酬中所称的职工至少应当包括(　　)。

A. 与企业订立了固定期限、无固定期限的劳动合同的所有人员

B. 与企业订立了以完成一定工作为期限的劳动合同的所有人员

C. 未与企业订立劳动合同但由企业正式任命的人员，如所聘请的独立董事、外部监事等

D. 通过企业与劳务中介公司签订用工合同而向企业提供服务的人员

4. 下列各项中，应确认为应付职工薪酬的有(　　)。

A. 非货币性福利　　B. 社会保险费和辞退福利

C. 职工工资、福利费　　D. 工会经费和职工教育经费

5. 下列各项中，应作为职工薪酬计入相关资产成本的有(　　)。

A. 设备采购人员差旅费　　B. 公司总部管理人员的工资

C. 生产职工的伙食补贴　　D. 材料入库前挑选整理人员工资

6. 下列各项中，应列入资产负债表“应付职工薪酬”项目的有(　　)。

A. 支付临时工的工资　　B. 发放给困难职工的补助金

C. 缴纳职工的工伤保险费　　D. 支付辞退职工的经济补偿金

7. 企业按规定计算生产工人的应由企业负担的社会保险费共计 80 000 元，从生产工人的应付职工薪酬中代扣个人应缴纳的社会保险费 10 000 元，下列各项会计处理正确的是(　　)。

A. 借：生产成本　　80 000
　　贷：其他应付款　　80 000

B. 借：生产成本　　80 000
　　贷：应付职工薪酬——社会保险费　　80 000

C. 借：应付职工薪酬——工资等　　10 000
　　贷：其他应付款——社会保险费　　10 000

D. 借：应付职工薪酬——工资等　　10 000
　　贷：应付职工薪酬—住房公积金　　10 000

8. 下列关于职工薪酬的处理中，说法正确的有(　　)。

A. 以自产产品作为非货币性福利的，应当按照含税公允价值计入相关资产成本或当期损益，同时确认应付职工薪酬

B. 企业应当将辞退福利分类为设定提存计划和设定受益计划

C. 短期薪酬是指企业在职工提供相关服务的年度开始12个月内需要全部支付的职工薪酬

D. 在职工提供服务从而增加了其未来享有的带薪缺勤权利时，企业应确认与累积带薪缺勤相关的职工薪酬

三、判断题

1. 应付职工薪酬包括职工在职期间和离职后提供给职工的全部货币性薪酬和非货币性福利，也包括解除劳务关系给予的补偿。(　　)

2. 资产负债表日企业按工资总额的一定比例计提的基本养老保险属于设定提存计划，应确认为应付职工薪酬。(　　)

3. 甲公司根据所在地政府规定，按照职工工资总额的一定比例计提的基本养老保险，缴存当地社会保险经办机构。对于计提的基本养老保险，应当属于设定提存计划。(　　)

4. 企业在资产负债表日为换取职工在会计期间提供的服务而应向单独主体缴存的提存金，确认为其他应付款。(　　)

5. 只有企业在职工劳动合同到期之前解除与职工的劳动关系的情况下，职工才可以享受辞退福利。(　　)

6. 设定提存计划，是指向独立的基金缴存固定费用后，企业不再承担进一步支付义务的离职后福利计划。(　　)

四、不定项选择题

(一)某棉纺企业为增值税一般纳税人，适用的增值税税率为13%，2020年12月该企业发生有关交易或事项如下：

(1) 5日，计提供专设销售机构职工免费使用的10辆小汽车的折旧，每辆小汽车每月折旧费为1 000元。

(2) 14日，以自产的毛巾作为非货币性福利发放给生产工人，该批毛巾的市场售价总额为80 000元(不含增值税)，成本总额为55 000元。

(3) 31日，预计由于职工累积未使用的带薪休假权利而导致的预期支付的金额为15 000元。假定该企业实行累积带薪缺勤制度，使用范围仅限于中层以上管理人员。

(4) 31日，除上述职工薪酬外，本月确认的工资如下：生产车间人员工资750 000元，车间管理人员工资400 000元，行政管理人员工资125 000元，销售人员的工资150 000元。该企业职工基本医疗保险费和基本养老保险费计提的比例分别为工资总额的10%和12%。

要求：根据上述资料，不考虑其他因素，分析回答下列小题。

1. 根据资料(1)，以下对轿车计提折旧处理正确的是(　　)。

A. 借：管理费用　　10 000
　　贷：累计折旧　　10 000

B. 借：销售费用　　10 000
　　贷：应付职工薪酬　　10 000
借：应付职工薪酬　　10 000

贷：累计折旧　　10 000

C. 借：销售费用　　10 000

贷：累计折旧　　10 000

D. 借：管理费用　　10 000

贷：应付职工薪酬　　10 000

2. 根据资料(2)，下列各项中，该企业关于职工非货币性福利的处理正确的是(　　)。

A. 主营业务收入增加 80 000 元　　B. 生产成本增加 90 400 元

C. 主营业务成本增加 55 000 元　　D. 库存商品减少 80 000 元

3. 根据资料(3)，带薪缺勤应计入(　　)。

A. 设定的短期提存计划资金　　B. 设定的长期的提存分享资金

C. 短期薪酬　　D. 离职后福利

4. 根据资料(2)至(4)，下列各项中，该企业关于“应付职工薪酬”处理结果正确的是(　　)。

A. 确认“应付职工薪酬——非货币性福利”90 400 元

B. 确认“应付职工薪酬——社会保险费”313 500 元

C. 确认“应付职工薪酬——设定提存计划”171 000 元

D. 确认“应付职工薪酬——带薪缺勤”15 000 元

5. 根据资料(4)，判断下列正确的是(　　)。

A. 生产成本确认金额 165 000 元　　B. 制造费用确认金额 488 000 元

C. 管理费用确认金额 152 500 元　　D. 销售费用确认金额 183 000 元

(二)甲企业为增值税一般纳税人，适用的增值税税率为 13%。2020 年 8 月份该企业发生的有关职工薪酬的资料如下：

(1) 当月应付职工工资总额为 500 万元，“工资费用分配汇总表”中列示的产品生产工人工资为 350 万元，车间管理人员工资为 70 万元，企业行政管理人员工资为 50 万元，专设销售机构人员工资为 30 万元。

(2) 根据“工资结算汇总表”，本月企业应付职工工资总额为 500 万元，扣回代垫的职工家属医疗费 6 万元，按税法规定代扣代缴职工个人所得税共计 15 万元；企业以银行存款支付工资 479 万元。

(3) 根据国家规定的计提基础和计提标准，当月应计提的基本养老保险费用为 60 万元，基本医疗保险费为 50 万元，其他保险费为 40 万元以及住房公积金为 50 万元。

(4) 当月企业以其生产的电风扇作为福利发放给 500 名直接参加产品生产的职工，该型号电风扇市场销售价为每台 600 元，每台成本为 400 元。

要求：根据上述资料，不考虑其他因素，分析回答下列小题(答案中的金额单位以万元表示)。

1. 根据资料(1)，下列各项中，关于该企业分配工资费用会计处理正确的是(　　)。

A.“制造费用”科目增加 70 万元　　B.“生产成本”科目增加 350 万元

C.“销售费用”科目增加 30 万元　　D.“管理费用”科目增加 50 万元

2. 根据资料(2)，下列各项中，关于企业发放工资会计处理正确的是(　　)。

A. 代扣个人所得税时：

借：应付职工薪酬　　15

贷：其他应付款　15

B. 扣回代垫的家属医疗费时：

借：应付职工薪酬　6

贷：其他应收款——代垫医疗费　6

C. 通过银行发放工资时：

借：应付职工薪酬　479

贷：银行存款　479

D. 代扣个人所得税时：

借：应付职工薪酬　15

贷：应交税费——应交个人所得税　15

3. 根据资料(3)，下列关于企业计提基本养老保险的会计处理表述正确的是(　　)。

A. 企业计提的基本养老保险费属于短期薪酬

B. 企业计提的基本养老保险费属于离职后福利

C. 应贷记“应付职工薪酬——社会保险——基本养老保险”科目 60 万元

D. 应贷记“应付职工薪酬——设定提存计划——基本养老保险”科目 60 万元

4. 根据资料(4)，下列各项中，关于该企业会计处理结果正确的是(　　)。

A. 主营业务收入增加 30 万元　　B. 主营业务成本增加 20 万元

C. 生产成本增加 20 万元　　D. 应付职工薪酬贷方发生额为 33.9 万元

5. 根据资料(1)至(4)，下列各项中，该企业“应付职工薪酬”科目贷方发生额是(　　)万元。

A. 700　　B. 733.9　　C. 679　　D. 725.1

第四节　应交税费

一、单项选择题

1. 下列各项中，进项税不需要做转出处理的是(　　)。

A. 将外购的原计划用于产品生产的原材料发放给职工

B. 购进货物由于管理不善发生非常损失

C. 购进货物用于生产线建造

D. 将购进的原计划用于产品生产的原材料转用于集体福利

2. 某公司为增值税小规模纳税企业，销售产品一批，所开出的普通发票中注明的货款(含税)为 10 300 元，增值税征收率为 3%，款项已经存入银行。该企业应该确认的收入为(　　)元。

A. 10 600　　B. 10 000　　C. 9 400　　D. 11 200

3. 应交消费税的委托加工物资收回后用于连续生产应税消费品的，按规定准予抵扣的由受托方代收代缴的消费税，应当计入(　　)。

A. 生产成本　　B. 应交税费

C. 主营业务成本　　D. 委托加工物资

4. B 租赁公司为增值税一般纳税人，2019 年 6 月出租一批汽车，取得租金收入 187.2 万元，出租一批设备，取得租金收入 128.7 万元，出租办公楼取得租金收入 144.3 万元。假定 B 公司动产租赁适用的税率为 13%，不动产租赁适用的增值税税率为 9%，且以上收入均为含税金额。该公司当月增值税销项税额为(　　)万元。

A. 27.2　　B. 37.68　　C. 45.9　　D. 48.25

5. 下列不属于一般纳税人增值税税率的是(　　)。

A. 13%　　B. 9%　　C. 8%　　D. 0

6. 交通运输服务适用增值税税率为9%，某月提供运输劳务的价税款合计为872 000元，则应确认的增值税税额是(　　)元。

A. 104 000　　B. 72 000　　C. 48000　　D. 800 000

7. A公司系增值税一般纳税企业，2019年5月收购免税一批农产品，收购发票上注明的买价为850 000元，款项以现金支付，收购的免税农产品已验收入库，税法规定按9%的扣除率计算进项税额。该批免税农产品的入账价值为(　　)元。

A. 850 000　　B. 827 000　　C. 790 500　　D. 773 500

8. 增值税一般纳税人企业为建造仓库而购进工程物资负担的增值税税额一般应当记入(　　)。

A. 应交税费——应交增值税(进项税额)　　B. 工程物资

C. 营业外支出　　D. 管理费用

9. 2020年12月6日，甲公司出售了持有的划分为交易性金融资产的价值100 000元的B上市公司股票，售价为206 000元，则该项业务转让金融商品应交增值税为(　　)元。

A. 6 000　　B. 11 660.38　　C. 12 360　　D. 60 000

10. 企业按规定计算缴纳的下列税金，不应当通过应交税费核算的是(　　)。

A. 房产税　　B. 城镇土地使用税

C. 城市维护建设税　　D. 印花税

11. 某企业适用的城市维护建设税税率为7%，2020年8月份该企业应缴纳增值税200 000元、土地增值税30 000元、消费税50 000元、资源税20 000元，8月份该企业应记入“应交税费——应交城市维护建设税”科目的金额为(　　)元。

A. 16 100　　B. 17 500　　C. 26 600　　D. 28 000

12. 某企业为增值税一般纳税人，下列各项中，关于该企业初次购入增值税税控系统专用设备按规定抵减增值税应纳税额的会计处理正确的是(　　)。

A. 借记“累计折旧”科目，贷记“应交税费——应交增值税(减免税款)”科目

B. 借记“应交税费——应交增值税(减免税款)”科目，贷记“累计折旧”科目

C. 借记“应交税费——应交增值税(减免税款)”科目，贷记“管理费用”科目

D. 借记“管理费用”科目，贷记“应交税费——应交增值税(减免税款)”科目

13. 2019年6月份甲公司发生销项税额合计120 000元，因管理不善导致原材料毁损从而进项税额转出合计2 000元，进项税额合计为40 000元，当月甲公司用银行存款缴纳增值税80 000元，则下列关于甲公司月末增值税的会计处理中，正确的是(　　)。

A. 借：应交税费——应交增值税(转出未交增值税)　　2 000

　　贷：应交税费——未交增值税　　2 000

B. 借：应交税费——应交增值税(转出未交增值税)　　4 000

　　贷：应交税费——未交增值税　　4 000

C. “应交税费——应交增值税”科目余额为2 000元

D. 不需要进行会计处理

14. 某企业为增值税一般纳税人，适用的增值税税率为13%。该企业委托其他单位(增值税一般纳税人)加工一批属于应税消费品的原材料(非金银首饰)，该批委托加工原材料收回后用于继续生产应税消费品。发出材料的成本为400万元，支付的不含增值税的加工费为100万元，支付的增值税为13万元，受托方代收代缴的消费税为30万元。该批原材料已加工完成并验收入库成本为(　　)万元。

A. 500　　B. 530　　C. 513　　D. 413

15. 某企业购建厂房过程中耗用工程物资50万元；在建工程人员工资20万元；领用本企业生产经营用材料6万元，该批材料增值税为0.78万元。该厂房完工后，其入账价值为(　　)万元。

A. 70　　B. 70.78　　C. 76　　D. 76.78

二、多项选择题

1. 一般纳税人企业发生的下列各项业务中，属于视同销售行为，要计算增值税销项税额的有(　　)。

A. 将自产的产品用于建造办公楼　　B. 将自产的产品分配给股东

C. 将外购的材料用于建造厂房　　D. 将自产的产品用于集体福利

2. 下列经济业务中，对一般纳税企业而言需计算增值税销项税额的有(　　)。

A. 将自产产品用于办公楼的建造　　B. 将自产产品对外捐赠

C. 原材料发生自然灾害损失　　D. 以自产产品对外投资

3. 下列关于“应交税费”科目的表述中，正确的有(　　)。

A. 借方登记实际交纳的税费

B. 贷方登记应交纳的各种税费

C. 期末余额一般是在贷方，反映企业尚未交纳的税费

D. 不可能出现借方余额

4. 下列各项中，关于企业进口应税物资在进口环节应交的消费税，可能涉及的会计科目有(　　)。

A. 材料采购　　B. 固定资产

C. 应交税费——应交消费税　　D. 银行存款

5. 下列各项中，应计入相关资产成本的有(　　)。

A. 企业进口原材料缴纳的进口关税

B. 企业商务用车缴纳的车船税

C. 小规模纳税人购买商品支付的增值税

D. 企业书立加工承揽合同缴纳的印花税

6. 采用从量定额计征的消费税，根据按税法确定的(　　)计算确定。

A. 含增值税的销售额　　B. 不含增值税的销售额

C. 应税消费品的数量　　D. 单位应税消费品应缴纳的消费税

7. 企业购进货物发生的下列相关税费中，应计入货物取得成本的有(　　)。

A. 签订购买合同缴纳的印花税

B. 为购入货物支付的运杂费

C. 进口商品支付的关税

D. 一般纳税人企业购进生产用机械设备支付的增值税

8. 对小规模纳税企业，下列说法中正确的有(　　)。

A. 小规模纳税企业销售货物或者提供应税劳务，只能开具普通发票，不能开具增值税专用发票

B. 小规模纳税企业销售货物或提供应税劳务，实行简易办法计算应纳税额，按照不含税销售额的一定比例计算征收

C. 小规模纳税企业在“应交增值税”明细科目下不设专栏

D. 小规模纳税企业购入货物取得增值税专用发票，其支付的增值税额可计入进项税额，并由销项税额抵扣，而不计入购入货物的成本

9. 下列各项中，关于相关税金的会计处理正确的有（　　）。

A. 拥有产权房屋交纳的房产税计入房屋成本

B. 企业应交的城市维护建设税计入税金及附加

C. 签订购销合同缴纳的印花税计入主营业务成本

D. 商用货物缴纳的车船税计入税金及附加

10. 下列属于增值税税控系统专用设备的有(　　)。

A. 增值税防伪税控系统设备

B. 货物运输业增值税专用发票税控系统设备

C. 机动车销售统一发票税控系统

D. 税控盘和传输盘

11. 下列税金中，应计入存货成本的有(　　)。

A. 由受托方代收代缴的委托加工直接用于对外销售的商品负担的消费税

B. 由受托方代收代缴的委托加工继续用于生产应纳消费税的商品负担的消费税

C. 进口原材料交纳的进口关税

D. 小规模纳税人购买原材料交纳的增值税

12. A企业与B企业签订经营租赁(非主营业务)厂房合同，向B企业出租一栋厂房，期限为3个月，含税租金共计33 900元。双方约定，合同签订日预付两个月租金，合同到期结清全部租金余款。合同签订日，A企业收到租金22 600元并存入银行，开具的增值税专用发票注明租金20 000，增值税2 600元。租赁期满日，A企业收到租金余款及相应的增值税。根据资料下列说法不正确的有(　　)。

A. 收到B企业预付租金时应确认为预收账款

B. 租赁期内A企业每月末确认收入10 000元

C. 收到B企业预付租金时应确认收入20 000元

D. 租赁期内A企业确认租金收入，计入营业外收入

三、判断题

1. 小微企业在取得销售收入时，应当按照现行增值税制度的规定计算应交增值税，并确认为应交税费，在达到增值税制度规定的免征增值税条件时，将有关应交增值税转入当期损益。(　　)

2. 企业购进的货物发生非正常损失，以及将购进货物用于集体福利或个人消费等，其进项税额应通过“应交税费——应交增值税(进项税额转出)”科目核算。(　　)

3.“应交税费”科目贷方登记应交纳的各种税费等，借方登记实际交纳的税费，期末余额一般在贷方，反映企业尚未缴纳的税费。(　　)

4. 由于小规模纳税人增值税不能抵扣，因此需要用售价乘以征收率计算增值税。(　　)

5. 委托加工应税消费品收回后，直接用于出售的，委托方应将受托方代收代缴的消费税计入委托加工物资的成本。(　　)

6. 企业发生增值税税控系统专用设备技术维护费应按实际支付或应付的金额，借记“财务费用”科目，贷记“银行存款”等科目。(　　)

7. 企业销售不动产、转让土地使用权适用的税率为13%。(　　)

8. 企业出口产品按规定退税的，按应收的出口退税，借记“其他应收款”科目，贷“应交税费——应交增值税(出口退税)”科目。(　　)

9. 增值税小规模纳税人取得普通发票不可以抵扣进项税额，但是取得增值税专用发票是可以抵扣进项税额的。(　　)

10. 委托加工应税消费品收回后直接用于出售的，受托方代收代缴的消费税应计入“应交税费——应交消费税”科目。(　　)

11. 企业购进农产品，一律采用10%的扣除率确认增值税进项税额。(　　)

12. 增值税小规模纳税人购进货物支付的增值税直接计入有关货物的成本。(　　)

四、不定项选择题

(一)某企业为一般纳税人，增值税税率13%，主要生产和销售A、B、C产品，销售价不含增值税，销售的同时结转销售成本，2020年12月发生如下业务：

(1) 1日，向乙企业销售A产品，售价为80万元，成本60万元，货已发出，已开出增值税专用发票，货款尚未收到，合同注明现金折扣条件：2/10、1/20、*N*/30，计算现金折扣不考虑增值税。8日，乙企业付清货款，款项已收存银行。

(2) 6日，用银行存款支付管理部门业务招待费0.5万元，银行承兑手续费2.2万元。

(3) 15日，向丙企业销售B产品，售价为350万元，由于成批销售，给予4%商业折扣并开出增值税专用发票，货款尚未收到，该批产品成本240万元。

(4) 20日，由于发货错误，丁公司要求退回上月25日销售的20件C产品，销售单价2万元，单位成本1万元，销售收入40万元已确认入账，成本上月已结转，该企业同意退货，开具红字发票，退回产品已入库且手续已办清。

(5) 30日，销售材料，售价为160万元，款项已收存银行，该材料成本145万元，已计提跌价准备2万元。

(6) 30日，实际收到经营租出生产设备本月租金30万元，月折旧额20万元。

要求：根据上述资料，不考虑其他因素，分析回答下列问题。

1. 根据资料(1)和(6)，会计处理正确的是(　　)。

A. 30日，确认其他业务收入10万元　　B. 30日，确认其他业务收入30万元

C. 1日，确认主营业务收入80万元　　D. 8日，确认财务费用1.6万元

2. 根据资料(2)，会计处理正确的是(　　)。

A. 支付业务招待费计入管理费用　　B. 支付银行承兑手续费计入财务费用

C. 支付业务招待费计入销售费用　　D. 支付银行承兑手续费计入管理费用

3. 根据资料(3)，会计处理正确的是(　　)。

A. 确认主营业务收入350万元　　B. 确认增值税销项税额43.68万元

C. 确认主营业务收入336万元　　D. 确认增值税销项税额45.5万元

4. 根据资料(4)，会计处理正确的是(   )。

A. 冲减销项税额5.2万元　　B. 冲减主营业务成本20万元

C. 冲减主营业务收入40万元　　D. 冲减库存商品20万元

5. 根据资料(5)，会计处理正确的是(   )。

A. 借：银行存款　180.8

　　贷：其他业务收入　160

　　　　应交税费——应交增值税(销项税额)　20.8

B. 借：主营业务成本　145

　　贷：原材料　145

C. 借：其他业务成本　143

　　　　存货跌价准备　2

　　贷：原材料　145

D. 借：银行存款　180.8

　　贷：主营业务收入　160

　　　　应交税费——应交增值税(销项税额)　20.8

(二)甲公司为增值税一般纳税人，适用的增值税税率为13%，小规模纳税人适用增值税征收率为3%。原材料按实际成本核算。2019年6月发生下列交易或事项：

(1) 1日，购入原材料并验收入库，成本总额为200 000元，同日，与运输公司结清运输费用，增值税专用发票上注明的运输费为5 000元，增值税税额为450元，运输费用已用转账支票付讫。

(2) 4日，购入一批农产品，农产品收购发票上注明的买价为15 000元，规定的扣除率为9%，货物尚未到达，价款已用银行存款支付。

(3) 10日，领用一批外购原材料用于集体福利，该批原材料的实际成本为60 000元。

(4) 13日，销售商品一批给乙公司，乙公司为小规模纳税人，不含税价款为300 000元，货物已发出，款项尚未收到。

(5) 15日，甲公司委托丙公司代为加工一批应交消费税的原材料，原材料成本为40 000元，加工费为6 000元，由丙公司代收代缴的消费税为1 000元。材料已经加工完成，并由甲公司收回验收入库进一步加工应税消费品，加工费尚未支付。

(6) 30日，交纳5月份未交增值税68 000元。用银行存款交纳当月增值税税款10 000元。甲公司将尚未缴纳的其余增值税税款转账，

要求：根据上述资料，不考虑其他因素，分析回答下列问题。

1. 根据资料(1)和资料(2)，下列甲公司的账务处理中正确的是(   )。

A. 原材料增加205 000　　B. 应交税费增加36 500

C. 应交税费减少27 800　　D. 在途物资增加218 650

2. 根据资料(3)和资料(4)，甲公司账务处理正确的是(   )。

A. 借：应付职工薪酬——职工福利费　67 800

　　贷：原材料　60 000

　　　　应交税费——应交增值税(进项税额转出)　7 800

B. 借：应收账款　339 000

　　贷：主营业务收入　300 000

应交税费——应交增值税(销项税额) 39 000

C. 借：应付职工薪酬——职工福利费 67 800

贷：原材料 60 000

应交税费——应交增值税(销项税额) 7 800

D. 借：应收账款 309 000

贷：主营业务收入 300 000

应交税费——应交增值税(销项税额) 9 000

3. 根据资料(5)，下列甲公司的账务处理正确的是(　　)。

A. 借：委托加工物资 40 000

贷：原材料 40 000

B. 借：委托加工物资 6 000

应交税费——应交增值税(进项税额) 780

——应交消费税 1 000

贷：应付账款 7 780

C. 借：委托加工物资 6 000

应交税费——应交增值税(进项税额) 780

贷：应付账款 5 780

应交税费——应交消费税 1 000

D. 借：原材料 46 000

贷：委托加工物资 46 000

4. 根据资料(1)至资料(5)，甲公司当月应交增值税为(　　)元。

A. 13 900　　B. 18 220　　C. 19 000　　D. 20 350

5. 根据资料(6)，甲公司下列账务处理正确的是(　　)。

A. 借：应交税费——未交增值税 68 000

贷：银行存款 68 000

B. 借：应交税费——应交增值税(转出未交增值税) 8 220

贷：银行存款 8 220

C. 借：应交税费——应交增值税(已交税金) 78 000

贷：银行存款 78 000

D. 借：应交税费——应交增值税(已交税金) 10 000

贷：银行存款 10 000

第四章　所有者权益

学情分析

教材变化	本章内容无实质性变动
学习特点	本章内容较少，难度较小，在历年考试中所占分值不大，涉及题型多为单选题、多选题和判断题。但由于所有者权益与其他会计要素联系紧密，在复习过程中，还应注意与其他章节相结合
主要内容学习要求	掌握实收资本的核算
	掌握资本公积的来源及核算
	掌握留存收益的核算
	熟悉利润分配的内容
	熟悉盈余公积和未分配利润法人概念及内容

主要内容导图

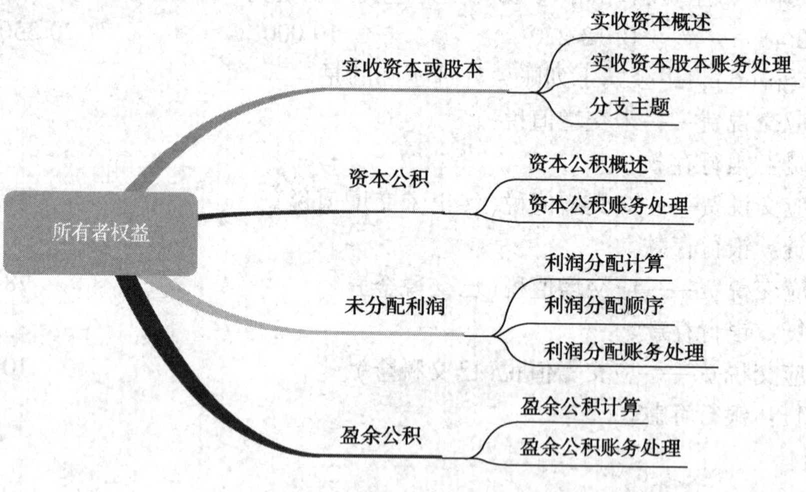

第一节　实收资本

学情分析

本节重点掌握以下内容：

1. 掌握实收资本的定义。

2. 非股份有限公司：接受投资者现金投资和非现金投资的账务处理。

3. 股份有限公司：发行股票及减资的账务处理。

主要内容导图

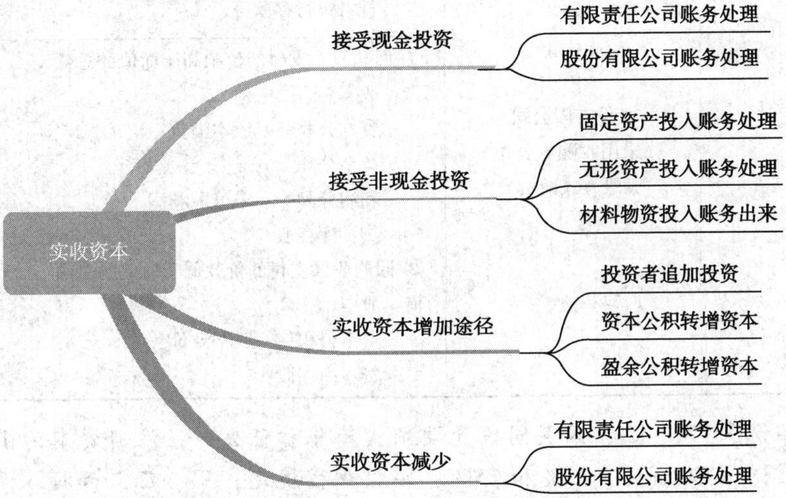

重、难点解析

定义	实收资本是指企业按照章程规定或者合同、协议约定，接受投资者投入的资本	
接受现金资产投资	有限责任公司	借：银行存款等 贷：实收资本(所占份额) 资本公积——资本溢价
	股份有限公司	借：银行存款等 贷：股本 资本公积——股本溢价
接受非现金资产投资	借：固定资产/无形资产/原材料等(公允价值) 应交税费——应交增值税(进项税额)等 贷：实收资本/股本 资本公积——资本(股本)溢价	
实收资本增加途径	投资者追加投资	借：银行存款 贷：实收资本
	盈余公积转增资本	借：盈余公积 贷：实收资本/股本
	资本公积转增资本	借：资本公积 贷：实收资本/股本

实收资本的减少	有限责任公司	借：实收资本 　贷：银行存款
	股份有限公司 （采用收购本公司股票方式减资）	回购股票： 借：库存股 　贷：银行存款等
		① 回购股票支付的价款高于面值的总额 借：股本 　资本公积——股本溢价 　盈余公积 　利润分配——未分配利润 　贷：库存股 ② 回购股票支付的价款低于面值的总额 借：股本 　资本公积——股本溢价 　贷：库存股

【例题·单选题】甲、乙、丙共同投资设立A有限责任公司，注册资本为100万元，甲、乙、丙持股比例分别为60%、25%和15%。按照章程规定，甲、乙、丙投入资本分别为60万元、25万元和15万元。A有限责任公司已如期收到各投资者一次缴足的款项。A有限责任公司应编制如下会计分录（　　）

A. 借：银行存款　　100
　　贷：实收资本——甲　　60
　　　　　　　　——乙　　25
　　　　　　　　——丙　　15

B. 借：银行存款　　100
　　贷：资本公积　　100

C. 借：股本　　100
　　贷：资本公积　　100

D. 借：银行存款　　100
　　贷：股本——甲　　60
　　　　　　——乙　　25
　　　　　　——丙　　15

『答案』A

『解析』有限责任公司接受现金资产投资时

借：银行存款　　（实际收到的金额）
　　应交税费——应交增值税（进项税额）
　贷：实收资本——乙公司
　　　（投资者在企业注册资本中所占份额的部分）

【例题·单选题】甲有限责任公司于设立时收到乙公司作为资本投入的不需要安装的机器设备一台，合同约定该机器设备的价值为100万元，增值税进项税额为13万元（由投资方支付税款，并提供或开具增值税专用发票）。经约定，甲公司接受乙公司的投入资本为113

万元，全部作为实收资本。合同约定的固定资产价值与公允价值相符，不考虑其他因素。甲公司应编制的会计分录(　　)

A. 借：固定资产　100

　　应交税费——应交增值税(进项税额)　13

　　贷：实收资本——乙公司　113

B. 借：固定资产　113

　　贷：实收资本——乙公司　113

C. 借：在建工程　100

　　应交税费——应交增值税(进项税额)　13

　　贷：实收资本——乙公司　113

D. 借：固定资产　100

　　应交税费——应交增值税(进项税额)　13

　　贷：资本公积——乙公司　113

『答案』A

『解析』有限责任公司接受材料投资时

借：固定资产(按合同协议约定的价值)

　应交税费——应交增值税(进项税额)

　贷：实收资本——乙公司　(投资者在企业注册资本中所占份额的部分)

【例题·单选题】乙有限责任公司于设立时收到甲公司作为资本投入的一批原材料，该批原材料投资合同或协议约定价值(不含可抵扣的增值税进项税额部分)为20万元，增值税进项税额为2.6万元(由投资方支付税款，并提供或开具增值税专用发票)。合同约定的价值与公允价值相符，不考虑其他因素。乙公司对原材料按实际成本进行日常核算。乙有限责任公司应编制会计分录(　　)

A. 借：原材料　22.6

　　贷：实收资本——甲公司　22.6

B. 借：原材料　20

　　应交税费——应交增值税(进项税额)　2.6

　　贷：实收资本——甲公司　22.6

C. 借：股本　20

　　应交税费——应交增值税(进项税额)　2.6

　　贷：实收资本　22.6

D. 借：原材料　22.6

　　贷：实收资本　20

　　　　资本公积　2.6

『答案』B

『解析』有限责任公司接受非现金资产投资时

借：原材料　(按合同协议约定的价值)

　应交税费——应交增值税(进项税额)

　贷：实收资本——乙公司　(投资者在企业注册资本中所占份额的部分)

【例题·单选题】因扩大经营规模需要，经批准，A有限责任公司按甲、乙、丙持股比例 60%、25%和 15%将资本公积 50 万元转增资本。A 有限责任公司应编制如下会计分录：

A. 借：实收资本——甲　　30
　　　　　　——乙　　12.5
　　　　　　——丙　　7.5
　　贷：资本公积　　50

B. 借：资本公积　　50
　　贷：实收资本——甲　　30
　　　　　　——乙　　12.5
　　　　　　——丙　　7.5

C. 借：资本公积　　50
　　贷：实收资本——甲　　16
　　　　　　——乙　　16
　　　　　　——丙　　18

D. 借：盈余公积　　50
　　贷：实收资本　　50

『答案』B

『解析』企业实收资本增加的途径之一是将资本公积转增资本，按转增的资本金额确认实收资本。

借：资本公积　　50
　　贷：实收资本——甲　　30　（50×60%）
　　　　　　——乙　　12.5　（50×25%）
　　　　　　——丙　　7.5　（50×15%）

【例题·单选题】因扩大经营规模需要，经批准，A 有限责任公司按甲、乙、丙持股比例 60%、25%和 15%将盈余公积 100 万元转增资本。A 有限责任公司应编制如下会计分录：

A. 借：实收资本——甲　　60
　　　　　　——乙　　25
　　　　　　——丙　　15
　　贷：盈余公积　　100

B. 借：盈余公积　　100
　　贷：实收资本——甲　　33.3
　　　　　　——乙　　33.3
　　　　　　——丙　　33.4

C. 借：盈余公积　　100
　　贷：实收资本——甲　　60
　　　　　　——乙　　25
　　　　　　——丙　　15

D. 借：资本公积　　100
　　贷：实收资本——甲　　60
　　　　　　——乙　　25
　　　　　　——丙　　15

『答案』C

『解析』企业实收资本增加的途径之一是将盈余公积转增资本，按转增的资本金额确认实收资本。

借：资本公积　　　　　　　　　　　　　　　　　100

　贷：实收资本——甲　　　　　　　　　　　　　　100　（100×60%）

　　　　　　　——乙　　　　　　　　　　　　　　12.5　（50×25%）

　　　　　　　——丙　　　　　　　　　　　　　　7.5　（50×15%）

【例题·单选题】B股份有限公司发行普通股500万股，每股面值1元，每股发行价格4元。假定股票发行成功，股款2 000万元已全部收到，不考虑发行过程中的税费等因素。B股份有限公司应编制会计分录(　　)

A. 借：银行存款　　　　　　　　　　　　　　　2 000

　　贷：股本　　　　　　　　　　　　　　　　　　500

　　　　资本公积——股本溢价　　　　　　　　　　1 500

B. 借：银行存款　　　　　　　　　　　　　　　2 000

　　贷：实收资本　　　　　　　　　　　　　　　　500

　　　　资本公积——股本溢价　　　　　　　　　　1 500

C. 借：借：银行存款　　　　　　　　　　　　　2 000

　　　贷：股本　　　　　　　　　　　　　　　　　500

　　　　　盈余公积——股本溢价　　　　　　　　　1 500

D. 借：银行存款　　　　　　　　　　　　　　　2 000

　　贷：股本　　　　　　　　　　　　　　　　　2 000

『答案』A

『解析』企业实收资本增加的途径之一是将资本公积转增资本，按转增的资本金额确认实收资本。

B. 借：银行存款　　　　　　　　　　　　2 000

　　贷：股本　　　　　　　　　　　　　　　500　（500×1）

　　　　资本公积——股本溢价　　　　　　1 500　（500×4-500）

【例题·不定项选择题】A上市公司2020年1月2日的股本为10 000万元(面值为1元)，资本公积(股本溢价)为1 200万元，盈余公积为4 000万元。经股东大会批准，A上市公司以现金回购方式回购本公司股票1 000万股并注销。该公司发生与所有者权益有关的业务如下：

(1)假定A上市公司按每股2元回购股票，不考虑其他因素。

(2)假定A上市公司按每股3元回购股票，其他条件不变。

(3)假定A上市公司按每股0.9元回购股票，其他条件不变。

要求：根据上述资料，不考虑其他因素，分析回答下列小题。

1. A上市公司按2元回购本公司股票时应编制如下会计分录：

A. 借：库存股　　　　　　　　　　　　　　　　2 000

　　贷：银行存款　　　　　　　　　　　　　　　2 000

B. 借：股本　　　　　　　　　　　　　　　　　2 000

　　贷：银行存款　　　　　　　　　　　　　　　2 000

C. 借：库存股　　1 000

　　贷：银行存款　　1 000

D. 借：股本　　1 000

　　贷：银行存款　　1 000

『答案』A

『解析』借：库存股　　2 000(1 000×2)

　　贷：银行存款　　2 000

2. 承题(1)A公司注销本公司股份时：

A. 借：库存股　　1 000

　　资本公积——股本溢价　　1 000

　　贷：股本　　2 000

B. 借：股本　　1 000

　　资本公积——股本溢价　　1 000

　　贷：库存股　　2 000

C. 借：股本　　1 000

　　盈余公积——股本溢价　　1 000

　　贷：库存股　　2 000

D. 借：股本　　2 000

　　贷：库存股　　2 000

『答案』B

『解析』回购价格大于对应的股本时，先冲减股本溢价，溢价余额不够扣除的，再依次冲减盈余公积和未分配利润。

借：股本　　1 000(1 000×1)

　　资本公积——股本溢价　　1 000

（该企业资本公积——股本溢价余额为1 200万）

　　贷：库存股　　2 000(1 000×2)

3. 假定A上市公司按每股3元回购股票，其他条件不变，A上市公司应编制如下会计分录(　　)回购本公司股份时：

A. 借：库存股　　3 000

　　贷：银行存款　　3 000

B. 借：股本　　3 000

　　贷：银行存款　　3 000

C. 借：库存股　　1 000

　　贷：银行存款　　1 000

D. 借：股本　　1 000

　　贷：银行存款　　1 000

『答案』A

『解析』借：库存股　　3 000(1 000×3)

　　贷：银行存款　　3 000

4. 注销本公司股份时：

A. 借：库存股　2 000

资本公积——股本溢价　1 000

贷：股本　3 000

B. 借：股本　1 000

资本公积——股本溢价　2 000

贷：库存股　3 000

C. 借：股本　1 000

盈余公积——股本溢价　2 000

贷：库存股　3 000

D. 借：股本　1 000

资本公积——股本溢价　1 200

盈余公积　800

贷：库存股　3 000

『**答案**』D

『**解析**』回购价格大于对应的股本时，先冲减股本溢价，溢价余额不够扣除的，再依次冲减盈余公积和未分配利润。

借：股本　1 000　(1 000×1)

资本公积——股本溢价

1 200(A 企业的资本公积——股本溢价的余额为 1200)

盈余公积　800(股本溢价 1 200 不足冲减，继续冲减盈余公积)

贷：库存股　3 000(3 000×1)

5. 假定 A 上市公司按每股 0.9 元回购股票，其他条件不变，A 上市公司注销本公司股份时应编制如下哪些分录(　　)

A. 借：股本　1 000

贷：库存股　900

资本公积——股本溢价　100

B. 借：股本　1 000

贷：库存股　900

盈余公积——股本溢价　100

C. 借：股本　1 000

贷：库存股　900

未分配利润——股本溢价　100

D. A. 借：股本　900

资本公积——股本溢价　100

贷：库存股　1 000

『**答案**』A

『**解析**』借：股本　1 000　(1 000×1)

贷：库存股　900　(100×0.9)

资本公积——股本溢价　100(由于折价回购，股本与库存股间差额 100 元应作增加资本公积核算)

真题回顾

【单选题】(2019年)某上市公司经股东大会批准以现金回购并注销本公司股票1 000万股，每股面值为1元，回购价为每股1.5元，该公司注销股份时“资本公积——股本溢价”科目余额为1 000万元，“盈余公积”科目余额为500元。不考虑其他因素，该公司注销股份的会计处理正确的是(　　)。

A. 借记“资本公积——股本溢价”科目500万元

B. 借记“股本”科目1 500万元

C. 借记“盈余公积”科目500万元

D. 借记“库存股”科目1 000万元

『答案』A

『解析』回购时：

借：库存股　　　　1 500(1 000×1.5)

　　贷：银行存款　　　　1 500

注销本公司股本时：

借：股本　　　　1 000　(1 000×1)

　　资本公积——股本溢价　　　　500

　　贷：库存股　　　　1 500

【多选题】(2020年)某公司由甲、乙投资者分别出资100万元设立，为扩大经营规模，该公司的注册资本由200万元增加到250万元，丙企业以现金出资100万元享有公司20%的注册资本。不考虑其他因素，该公司接受丙企业出资相关科目的会计处理结果正确的有(　　)。

A. 贷记“实收资本”科目100万元　　B. 借记“银行存款”科目100万元

C. 贷记“资本公积”科目50万元　　D. 贷记“盈余公积”科目100万元

『答案』BC

『解析』接受丙公司现金投资时(金额单位为万元)：

借：银行存款　　　　100

　　贷：实收资本——丙公司　　　　(250×20%)50

　　　　资本公积——资本溢价　　　　50

【多选题】(2018年)下列各项中，会导致企业实收资本增加的有(　　)。

A. 盈余公积转增资本　　B. 接受非流动资产捐赠

C. 资本公积转增资本　　D. 接受投资者追加投资

『答案』ACD

『解析』选项B，接受非流动资产捐赠应记入“营业外收入”。

【多选题】(2017年)2020年12月31日，某股份有限公司股本为10 000 000元(每股面值为1元)，资本公积1 500 000元，盈余公积1 000 000元，经股东大会批准，该公司以每股2元价格回购公司股票2 000 000股并注销。下列各项中，关于该公司注销所回购股份相关会计处理结果正确的有(　　)。

A. 借记“股本”2 000 000元

B. 借记“资本公积——股本溢价”科目 1 500 000 元

C. 借记“盈余公积”科目 500 000 元

D. 贷记“库存股”科目 2 000 000 元

『答案』ABC

『解析』回购时：

借：库存股	4 000 000	
贷：银行存款		4 000 000

注销时：

借：股本	2 000 000	
资本公积——股本溢价		1 500 000
盈余公积		500 000
贷：库存股		4 000 000

【判断题】(2020 年)企业接受投资者作价投入的材料物资，按投资合同或协议约定的投资者在企业注册资本中所占份额的部分作为实收资本入账。(　　)

『答案』√

【判断题】(2018 年)除投资合同或协议约定价值不公允的以外，企业接受投资者作为资本投入的固定资产，应按投资合同或协议的约定价值确定其入账价值。(　　)

『答案』√

【判断题】(2017 年)有限责任公司以资本公积转增资本，应当按照原出资者各自出资比例相应增加各出资者的出资金额。(　　)

『答案』√

第二节　资本公积

学情分析

本节重点掌握以下内容：

1. 资本公积：掌握资本公积的来源。
2. 资本溢价：资本溢价的账务处理。
3. 股本溢价：股本溢价的账务处理。
4. 其他资本公积：其他资本公积的账务处理

主要内容导图

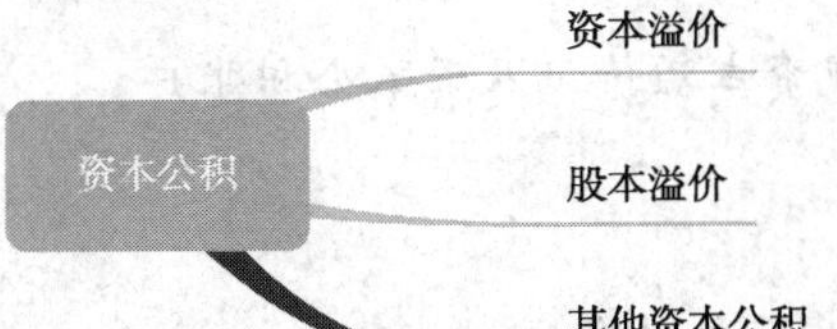

重、难点解析

	来源	账务处理
资本公积	资本溢价：投资者超额缴入资本	借：银行存款 　　贷：实收资本 　　　　资本公积
	股本溢价：溢价发行股票	借：银行存款 　　贷：股本 　　　　资本公积——股本溢价 交易费用处理： 借：资本公积——股本溢价 　　贷：银行存款
	其他资本公积：除资本/股本溢价、净损益、其他综合收益和利润分配以外所有者权益的其他变动	借：长期股权投资——F公司 　　资本公积——其他资本公积

【例题·单选题】甲有限责任公司由两位投资者投资200万元设立，每人各出资100万元。一年后，为扩大经营规模，经批准，A有限责任公司注册资本增加到300万元，并引入第三位投资者加入。按照投资协议，新投资者需缴入现金110万元，同时享有该公司1/3的股份。甲有限责任公司已收到该现金投资。假定不考虑其他因素，该公司应编制的会计分录为(　　)

A. 借：银行存款　110
　　贷：实收资本　110

B. 借：银行存款　110
　　贷：实收资本　100
　　　　资本公积——资本溢价　10

C. 借：银行存款　110
　　贷：实收资本　100
　　　　盈余公积——资本溢价　10

D. 借：银行存款　110
　　贷：资本公积　110

『答案』B

『解析』有限责任公司出现资本溢价记入资本公积账户。

A. 借：银行存款　110
　　贷：实收资本　100(300×1/3)
　　　　资本公积——资本溢价　10(110−100)

【例题·单选题】甲股份有限公司首次公开发行了普通股5 000万股，每股面值1元，每股发行价格为4元。甲股份有限公司与证券公司约定，按发行收入的3%收取佣金，从发行收入中扣除。该企业资本公积——股本溢价余额为40 000万元，假定收到的股款已存入银行。甲公司发行股票会计处理正确的是(　　)

A. 借：银行存款　　20 000
　　贷：股本　　5 000
　　　　资本公积——股本溢价　　15 000

B. 借：银行存款　　19 400
　　贷：股本　　5 000
　　　　资本公积——股本溢价　　14 400

C. 借：银行存款　　19 400
　　贷：股本　　5 000
　　　　资本公积——股本溢价　　14 400

D. 借：银行存款　　19 400
　　贷：实收资本——股本　　5 000
　　　　资本公积——股本溢价　　14 400

『答案』C

『解析』企业发行股票取得的收入，等于股票面值部分计入股本，超出股票面值的溢价收入计入股本溢价，发行股票的相关手续费、佣金等交易费用，如果溢价发行，应从溢价中抵扣冲减资本公积，无溢价发行或者溢价不足以抵扣，应将不足抵扣部分冲减盈余公积，盈余公积不足抵扣部分冲减未分配利润。

交易费用=20 000×3%=600(万元)冲减资本公积，

发行股票溢价部分=5 000×4−5 000×1=15 000(万元)计入资本公积。

资本公积为：15 000−600=14 400

借：银行存款　　19 400
　贷：股本　　5 000（5 000×1）
　　　资本公积——股本溢价　　14 400(15 000−600)

【例题·单选题】甲有限责任公司于2020年1月1日向A公司投资8 000 000元，拥有该公司20%的股份，并对该公司有重大影响，因而对F公司长期股权投资采用权益法核算。2020年12月31日，F公司除净损益、其他综合收益和利润分配以外的所有者权益增加了1 000 000元。不考虑其他因素，C有限责任公司应编制如下会计分录：

A. 借：长期股权投资　　200 000
　　贷：资本公积——其他资本公积　　200 000

B. 借：长期股权投资　　500 000
　　贷：资本公积——其他资本公积　　500 000

C. 借：长期股权投资　　100 000
　　贷：盈余公积——其他资本公积　　100 000

D. 借：长期股权投资　　500 000
　　贷：资本公积——其他资本公积　　500 000

『答案』A

『解析』甲有限责任公司对A公司投资增加的资本公积=1 000 000×20%=200 000

【例题·多选题】下列各项中，关于公司资本公积的表述正确的有(　　)。

A. 资本公积可以用于转增资本

B. 溢价发行股票发生的相关交易费用冲减资本公积

C. 资本公积可以用于弥补上年度发生的亏损

D. 资本公积可以体现不同所有者的占有比例

『答案』AB

『解析』选项C，资本公积不可以弥补企业的亏损；选项D，实收资本可以体现不同所有者的占有比例。

【例题·多选题】下列各项中，关于股份公司溢价发行股票的相关会计处理表述错误的是(　　)。

A. 发行股票溢价计入盈余公积

B. 发行股票相关的印花税计入股票成本

C. 发行股票相关的手续费应从溢价中抵扣

D. 发行股票取得的款项全部记入股本

『答案』ABD

『解析』选项C股份公司溢价发行股票的会计处理为：

借：银行存款

　　贷：股本

　　　　资本公积——股本溢价

选项A，发行股票的溢价记入"资本公积"科目；选项B，发行股票相关的印花税记入"税金及附加"科目；选项D，发行股票取得的款项记入"银行存款"等科目，股票的面值记入"股本"科目。

【例题·单选题】甲股份有限公司首次公开发行普通股1 500万股。每股面值2元，发行价格6元，相关手续费和佣金共计180万元(不考虑增值税)。不考虑其他因素，该公司发行股票应记入"资本公积"科目的金额为(　　)万元。

A. 6 000　　B. 5 820　　C. 8 820　　D. 6 000

『答案』B

『解析』应计入资本公积的金额=1 500×6-(1 500×2)-180=5 820(万元)。

真题回顾

【单选题】(2019年)下列各项中，关于股份公司溢价发行股票的相关会计处理表述正确的是(　　)。

A. 发行股票溢价计入盈余公积

B. 发行股票相关的印花税计入股票成本

C. 发行股票相关的手续费应从溢价中抵扣

D. 发行股票取得的款项全部记入股本

『答案』C

『解析』股份公司溢价发行股票的会计处理为：

借：银行存款

　　贷：股本

　　　　资本公积——股本溢价

选项A，发行股票的溢价记入“资本公积”科目；选项B，发行股票相关的印花税记入“税金及附加”科目；选项D，发行股票取得的款项记入“银行存款”等科目，股票的面值记入“股本”科目。

【单选题】(2018年)某公司公开发行普通股100万股，每股面值1元，每股发行价格为10元，按发行收入的3%向证券公司支付佣金，从发行收入中扣除，收到的款项已存入银行。不考虑其他因素，该公司发行股票应计入资本公积的金额为(　　)万元。

A. 893　　B. 970　　C. 870　　D. 900

『答案』C

『解析』发行股票时(单位为万元)：

借：银行存款		1 000	
贷：股本			100
资本公积——股本溢价			900
借：资本公积——股本溢价		30	
贷：银行存款	(100×10×3%)		30

所以，应计入资本公积的金额=900-30=870(万元)。

【多选题】(2020年)下列各项中，企业应通过“资本公积”科目核算的有(　　)。

A. 投资者实际出资额超出其在注册资本中所占的份额

B. 盈余公积转增资本

C. 回购的本公司股票

D. 股份有限公司溢价发行股票扣除交易费用后的股本溢价

『答案』AD

『解析』选项A，投资者实际出资额超出其在注册资本中所占的份额：

借：银行存款

　　贷：实收资本/股本

　　　　资本公积

选项B，盈余公积转增资本：

借：盈余公积

　　贷：实收资本

选项C，回购的本公司股票：

借：库存股

　　贷：银行存款

选项D，股份有限公司溢价发行股票：

借：银行存款

　　贷：股本

资本公积——股本溢价(扣除交易费用后的股本溢价)

【多选题】(2018 年)下列各项中，关于公司资本公积的表述错误的有(　　)。

A. 资本公积可以用于转增资本

B. 溢价发行股票发生的相关交易费用冲减资本公积

C. 资本公积可以用于弥补上年度发生的亏损

D. 资本公积可以体现不同所有者的占有比例

『答案』CD

『解析』选项 C，资本公积不可以弥补企业的亏损；选项 D，实收资本可以体现不同所有者的占有比例。

【判断题】(2020 年)公司按面值发行股票时，发生的相关交易费用冲减“资本公积——其他资本公积”科目。(　　)

『答案』×

『解析』发行股票时发生的相关交易费用冲减“资本公积——股本溢价”，股本溢价不足冲减的，冲减留存收益。

【例题·判断题】(2017 年)投资者的出资额超过其在被投资企业注册资本中应享有份额的部分，应计入其他综合收益。(　　)

『答案』×

『解析』投资者的出资额超过其在被投资企业注册资本中应享有份额的部分，应计入资本公积。

第三节　留存收益

学情分析

本节重点掌握以下内容：

1. 留存收益：留存收益计算。
2. 利润分配：利润分配的账务处理。
3. 盈余公积：盈余公积计算及盈余公积的账务处理。

主要内容导图

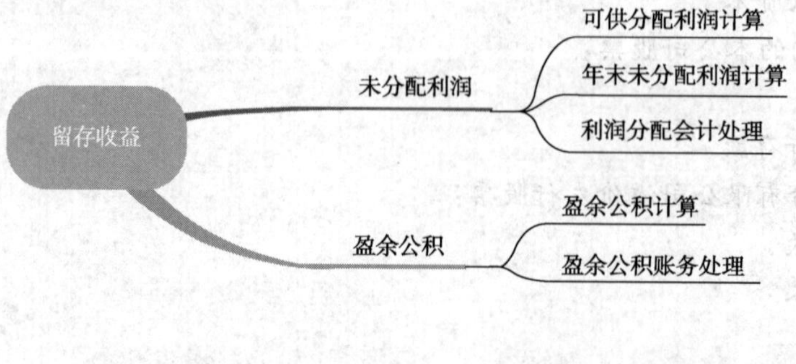

重、难点解析

留存收益计算	可供分配的利润=当年实现的净利润(或-净亏损)+年初未分配利润(或-年初未弥补亏损)+其他转入	
	年末未分配利润=可供分配利润-提取盈余公积-分配的现金股利或利润	
利润分配账务处理	结转实现净利润	借：本年利润 贷：利润分配——未分配利润
	结转利润分配明细科目余额	借：利润分配——未分配利润 贷：利润分配——其他明细科目(或相反)
盈余公积账务处理	盈余公积计算	以前年度有亏损： 法定盈余公积=补亏后的净利润×10% 以前年度有盈余： 法定盈余公积=当年实现净利润×10%
	盈余公积提取	借：利润分配——提取法定/任意盈余公积 贷：盈余公积
	盈余公积弥补亏损	借：盈余公积 贷：利润分配——盈余公积补亏
	盈余公积转增资本	借：盈余公积 贷：实收资本/股本
	盈余公积发放现金股利、利润	借：盈余公积 贷：应付股利

【例题·单选题】甲股份有限公司年初未分配利润为0元，本年实现净利润3 000 000元，假定不考虑其他因素，结转甲股份有限公司实现净利润会计分录(　　)。

A. 借：本年利润　　3 000 000
　　贷：利润分配——未分配利润　　3 000 000

B. 借：利润分配——未分配利润　　3 000 000
　　贷：本年利润　　3 000 000

C. 借：应付利润　　3 000 000
　　贷：本年利润　　3 000 000

D. 借：利润分配——应付利润　　3 000 000
　　贷：本年利润　　3 000 000

『答案』A

『解析』本年实现净利润应记“利润分配——未分配利润”，如企业当年发生亏损，则应借记“利润分配——未分配利润”科目，贷记“本年利润”科目。

【例题·单选题】甲股份有限公司年初未分配利润为0元，本年实现净利润3 000 000元，本年提取法定盈余公积300 000元，宣告发放现金股利700 000元。假定不考虑其他因素，甲股份有限公司提取法定盈余公积、宣告发放现金股利的会计分录为(　　)。

A. 借：利润分配——提取法定盈余公积 300 000

——应付现金股利或利润 700 000

贷：盈余公积——法定盈余公积 300 000

应付股利 700 000

B. 借：利润分配——未分配利润 1 000 000

贷：利润分配——提取法定盈余公积 300 000

——应付现金股利或利润 700 000

C. 借：盈余公积——法定盈余公积 300 000

应付股利 700 000

贷：利润分配——提取法定盈余公积 300 000

——应付现金股利或利润 700 000

D. 贷：利润分配——提取法定盈余公积 300 000

——应付现金股利或利润 700 000

借：利润分配——未分配利润 1 000 000

『答案』A

『解析』分配本年利润应借记利润分配——未分配利润，贷记盈余公积、应付利润等账户。

结转利润分配明细账科目余额为

借：利润分配——提取法定盈余公积 300 000

——应付现金股利或利润 700 000

借：利润分配——未分配利润 1 000 000

【例题·单选题】经股东大会批准，甲股份有限公司用以前年度提取的盈余公积弥补当年亏损，当年弥补亏损的数额为20万元。假定不考虑其他因素，丙股份有限公司编制会计分录正确的是：

A. 借：盈余公积 20

贷：利润分配——盈余公积补亏 20

B. 借：资本公积 20

贷：利润分配——盈余公积补亏 20

C. 借：利润分配——盈余公积补亏 20

贷：盈余公积 20

D. 借：资本公积 20

贷：盈余公积 20

『答案』A

『解析』盈余公积的其中一个用途可以用于弥补亏损，盈余公积补亏，盈余公积减少。

借：盈余公积 20

贷：利润分配——盈余公积补亏 20

【例题·单选题】因扩大经营规模需要，经股东大会批准，甲股份有限公司将盈余公积30万元转增资本。假定不考虑其他因素，丁公司应编制如下会计分录：

A. 借：盈余公积 30

贷：实收资本 30

B. 借：盈余公积　30
　　贷：股本　30

C. 借：股本　30
　　贷：盈余公积　30

D. 借：盈余公积　30
　　贷：资本公积　30

『**答案**』A

『**解析**』盈余公积的其中一个用途可以用于转增资本，盈余公积转增资本后，盈余公积减少。

【例题·单选题】乙股份有限公司2019年12月31日股本为5 000万元(每股面值2元)，可供投资者分配的利润为400万元，盈余公积2 000万元。2020年2月20日，股东大会批准了2019年度利润分配方案，按每10股2元发放现金股利。乙公司共需要分派1 000万元现金股利，其中动用可供投资者分配的利润400万元、盈余公积600万元。假定不考虑其他因素，宣告发放现金股利时应编制的分录为(　　)。

A. 借：利润分配——应付现金股利或利润　400
　　盈余公积　600
　　贷：应付股利　1 000

B. 借：应付股利　1 000
　　贷：利润分配——应付现金股利或利润　400
　　　　盈余公积　600

C. 借：应付股利　1 000
　　贷：银行存款　1 000

D. 借：应付利润——应付现金股利或利润　400
　　盈余公积　600
　　贷：应付股利　1 000

『**答案**』A

『**解析**』盈余公积可用于发放现金股利。

借：利润分配——应付现金股利或利润　400
　　盈余公积　600
　　贷：应付股利　1 000

【例题·单选题】2020年1月1日，某企业"利润分配——未分配利润"科目借方余额为1 000万元，"盈余公积"科目贷方余额为1 500万元，当年实现净利润6 000万元，提取盈余公积500万元。不考虑其他因素，2020年12月31日该企业的留存收益总额为(　　)万元。

A. 5 000　　B. 6 000　　C. 6 500　　D. 4 500

『**答案**』C

『**解析**』留存收益＝盈余公积+未分配利润；期末盈余公积＝期初盈余公积+本期增加额－本期减少额＝1 500+500＝2 000(万元)；期末未分配利润＝期初未分配利润+本期增加额－本期减少额＝－1 000+6 000－500＝4 500(万元)；所以期末留存收益＝2 000+4 500＝6 500(万元)。

【例题·单选题】下列各项中，年终结转后“利润分配——未分配利润”科目借方余额反映的是(　　)。

A. 本年实现的净利润　　　　B. 本年发生的净亏损

C. 历年累积未分配的利润　　　　D. 历年累积未弥补的亏损

『答案』D

『解析』年终结转后，“利润分配——未分配利润”科目借方余额反映企业历年累积未弥补的亏损，选项D正确。

【例题·单选题】2020年1月1日，某股份有限公司未分配利润为100万元，2020年度实现净利润300万元，法定盈余公积的提取比例为10%，不考虑其他因素，下列关于盈余公积的账务处理正确的是(　　)。

A. 借：利润分配——提取法定盈余公积　　30

　　贷：盈余公积　　30

B. 借：本年利润——提取法定盈余公积　　30

　　贷：盈余公积　　30

C. 借：本年利润——提取法定盈余公积　　40

　　贷：盈余公积　　40

D. 借：利润分配——提取法定盈余公积　　40

　　贷：盈余公积　　40

『答案』A

『解析』如果以前年度未分配利润有盈余(即年初未分配利润余额为正数)，在计算提取法定盈余公积的基数时，不应包括年初未分配利润，所以2020年提取法定盈余公积的金额=400×10%=40(万元)。企业按规定提取盈余公积时，应通过“利润分配”和“盈余公积”科目核算。

真题回顾

【单选题】(2018)2020年年初某企业“利润分配——未分配利润”科目借方余额为20万元，2020年度该企业实现净利润160万元，根据净利润的10%提取盈余公积，2020年年末该企业可供分配利润的金额为(　　)万元。

A. 126　　B. 124　　C. 140　　D. 160

『答案』C

『解析』2020年年末该企业的可供分配利润的金额=年初未分配利润+本年实现的净利润+其他转入=-20+160=140(万元)。

【多选题】(2020年)下列各项中，年度终了需要转入“利润分配——未分配利润”科目的有(　　)。

A. 本年利润　　　　B. 利润分配——应付现金股利或利润

C. 利润分配——盈余公积补亏　　　　D. 利润分配——提取法定盈余公积

『答案』ABCD

『解析』年度终了，“本年利润”科目需转入“利润分配——未分配利润”科目，同时，

“利润分配”科目下除“未分配利润”明细科目以外所有的明细科目，都需转入“利润分配——未分配利润”科目。

【多选题】(2019年)下列各项中，应通过“利润分配”科目核算的有(　　)。

A. 提取法定盈余公积　　B. 用可供分配利润分配现金股利

C. 用盈余公积转增资本　　D. 用盈余公积弥补亏损

『答案』ABD

『解析』

选项A，借：利润分配——提取法定盈余公积
　　　　贷：盈余公积——法定盈余公积

选项B，借：利润分配——应付现金股利
　　　　贷：应付股利

选项C，借：盈余公积
　　　　贷：实收资本/股本

选项D，借：盈余公积
　　　　贷：利润分配——盈余公积补亏

【判断题】(2018年)企业应以年初未分配利润和当年度实现的利润总额为基数计算提取法定盈余公积。(　　)

『答案』×

『解析』如果以前年度未分配利润有盈余(即年初未分配利润余额为正数)，在计算提取法定盈余公积的基数时，不应包括年初未分配利润；如果以前年度有亏损(即年初未分配利润为负数)，应先弥补以前年度亏损再提取盈余公积。

同步练习

第一节　实收资本

一、单项选择题

1. 某非上市公司为一般纳税人，于设立时接受商品投资，则实收资本的入账金额为(　　)。

A. 评估确认的商品价值加上或减去商品进销差价

B. 商品的市场价值

C. 评估确认的商品价值

D. 商品的公允价值加上进项税额

2. 甲、乙公司均为增值税一般纳税人，适用增值税税率13%，甲公司收到乙公司投资转入的不需要安装的机器设备一台，账面价值1 800 000元，合同约定该机器设备的价值为2 000 000元，增值税进项税额260 000元(由投资方支付税款，并提供或开具增值税专用发票)。假定投资协议约定的价值与公允价值相符，该项投资没有产生资本溢价。则甲公司实收资本应增加的金额为(　　)元。

A. 1 500 000　　B. 1 760 000　　C. 2 000 000　　D. 2 260 000

3. 甲企业以一项专利权对乙有限责任公司进行投资，该专利权的原价为350万元，已

摊销 50 万元，双方确认该项专利权的价值为 300 万元(与其公允价值相等)。增资后乙公司的注册资本总额为 650 万元，甲企业占注册资本的 40%。不考虑其他因素，乙公司应作的会计处理中正确的是(　　)。

A. 借：无形资产　260
　　贷：实收资本　260

B. 借：无形资产　268
　　贷：实收资本　268

C. 借：无形资产　300
　　贷：实收资本　260
　　　　资本公积　40

D. 借：无形资产　300
　　贷：累计摊销　50
　　　　实收资本　250

4. 甲公司是 2019 年 6 月 25 日由乙公司和丙公司共同出资设立的，注册资本为 200 万元，乙公司以一台设备进行投资，该台设备的原价为 85 万元，已计提折旧 25 万元，投资双方经协商确认的价值为 65 万元，设备投资当日公允价值为 60 万元。投资后，乙公司占甲公司注册资本的 20%。假定不考虑其他相关税费，则甲公司由于乙公司设备投资而应确认的实收资本为(　　)万元。

A. 40　　B. 84　　C. 59　　D. 60

5. 股份有限公司采用溢价发行股票方式筹集资本，其“股本”科目所登记的金额是(　　)。

A. 实际收到的款项

B. 股票面值与发行股票总数的乘积

C. 发行总收入减去支付给证券商的费用

D. 发行总收入加上支付给证券商的费用

6. 某上市公司发行普通股 1 000 万股，每股面值 2 元，每股发行价格 5 元，支付手续费 20 万元，支付咨询费 60 万元。该公司发行普通股计入股本的金额为(　　)万元。

A. 2 000　　B. 4 920　　C. 4 000　　D. 5 000

7. 甲、乙公司均为增值税一般纳税人，适用的增值税税率为 13%，甲公司接受乙公司投资转入的原材料一批，账面价值 100 000 元，投资协议约定价值 120 000 元，假定投资协议约定的价值与公允价值相符，该项投资没有产生资本溢价，不考虑其他因素，则下列会计处理中正确的是(　　)。

A. 借：原材料　100 000
　　　　应交税费——应交增值税(进项税额)　13 000
　　贷：实收资本　113 000

B. 借：原材料　113 000
　　贷：实收资本　113 000

C. 借：原材料　120 000
　　　　应交税费——应交增值税(进项税额)　15 600
　　贷：实收资本　135 600

D. 借：原材料　135 600

贷：实收资本 135 600

8. 下列各项中，可能记入“资本公积”的是(　　)。

A. 银行承兑汇票的手续费　　B. 发行股票的手续费

C. 外币应收账款的汇兑损失　　D. 销售商品的现金折扣

9. 某上市公司发行普通股 2 000 万股，每股面值 1 元，每股发行价格 5 元，支付手续费 20 万元。该公司发行普通股计入股本的金额为(　　)万元。

A. 2 000　　B. 3 980　　C. 4 980　　D. 5 000

10. 甲、乙公司均为增值税一般纳税人，适用的增值税税率为 13%，甲公司接受乙公司投资转入的一批原材料，账面价值 130 000 元，投资协议约定价值 120 000 元，假定投资协议约定的价值与公允价值相符，该项投资没有产生资本溢价。甲公司实收资本应增加(　　)元。

A. 100 000　　B. 113 000　　C. 120 000　　D. 135 600

11. 2020 年 12 月 31 日，某股份有限公司股本为 10 000 000 元(每股面值为 1 元)，资本公积 1 500 000 元，盈余公积 1 000 000 元，经股东大会批准，该公司以每股 2 元价格回购公司股票 2 000 000 股并注销。下列各项中，关于该公司注销所回购股份相关会计处理结果错误的有(　　)。

A. 借记“股本”2 000 000 元

B. 借记“资本公积——股本溢价”科目 1 500 000 元

C. 借记“盈余公积”科目 500 000 元

D. 贷记“库存股”科目 2 000 000 元

12. 甲公司股本 3 000 万元(面值每股 1 元)，资本公积(股本溢价)400 万元，盈余公积 1500 万元，甲公司回购 1 000 万股股票注销，以每股 1.8 元回购，不考虑其他因素，注销股本的正确分录是(　　)。

A. 借：股本 1 800
　　贷：库存股 1 800

B. 借：股本 1 000
　　资本公积——股本溢价 400
　　盈余公积 400
　　贷：库存股 1 800

C. 借：股本 1 000
　　资本公积——股本溢价 800
　　贷：库存股 1 500

D. 借：资本公积——股本溢价 1 800
　　贷：库存股 1 800

13. 甲股份有限公司按法定程序报经批准后，采用收购本公司股票方式减资，购回股票支付价款低于股票面值总额的，所注销库存股账面余额与冲减股本的差额应计入(　　)。

A. 盈余公积　　B. 营业外收入　　C. 资本公积　　D. 未分配利润

14. 甲股份有限公司委托券商代理发行股票 20 000 万股，每股面值 1 元，每股发行价格 1.1 元。按发行价格的 1%向券商支付发行费用。该公司资本公积(股本溢价)账户的贷方余额为 120 万元，盈余公积账户的贷方余额为 160 万元。假定不考虑其他因素，该公司在收到股款后，应记入“资本公积”科目的金额为(　　)万元。

A. 2 000　　B. 120　　C. 2 100　　D. 1 780

15. 甲公司为股份有限公司。2019 年 12 月 1 日，甲公司以每股 4 元的价格回购股票 2 000 万股，股票每股面值 1 元，共支付回购款 8 000 万元。回购前，公司的股本为 22 000 万元，资本公积为 6 000 万元(均为发行股票产生的溢价)，盈余公积为 900 万元，未分配利润为 1 100 万元。回购股票后甲公司经股东大会决议，并报有关部门核准，将回购的本公司股票注销，注销股票后所有者权益总额为(　　)万元。

A. 30 000　　B. 28 000　　C. 23 900　　D. 22 000

二、多项选择题

1. 下列属于所有者权益特征的有(　　)。

A. 所有者凭借所有者权益能够参与企业的利润分配

B. 企业清算时，只有在清偿所有负债后，所有者权益才会返还给所有者

C. 除非发生减资、清算或分配现金股利，企业不需要偿还所有者权益

D. 企业清算时，只有在清偿所有者权益之后，才能偿还负债

2. 所有者权益的来源包括(　　)。

A. 未分配利润　　B. 所有者投入的资本

C. 借入的款项　　D. 直接计入所有者权益的利得

3. 下列各项中，关于实收资本的表述中，正确的有(　　)。

A. 实收资本是指企业按照章程规定或合同、协议约定，接受投资者投入企业的资本

B. 实收资本的构成比例或股东的股份比例是确定所有者在企业所有者权益中份额的基础

C. 实收资本的构成比例或股东的股份比例是企业进行利润分配或股利分配的主要依据

D. 实收资本的构成比例或股东的股份比例不是企业进行利润分配或股利分配的主要依据

4. 下列有关股份有限公司的各事项中，会引起股本发生变动的有(　　)。

A. 派发股票股利　　B. 用盈余公积补亏

C. 回购并注销本公司的股票　　D. 接受外币资本投资

5. 下列关于股份有限公司发行股票的账务处理，表述错误的是(　　)。

A. 发行股票收到的现金资产按每股面值和发行股份总额的乘积计算得出

B. 实际收到的金额与股本之间的差额，计入盈余公积

C. 发生的手续费计入管理费用

D. 发生的佣金从溢价中抵扣，冲减资本公积(股本溢价)

6. 下列项目中，最终能引起资产和所有者权益同时减少的项目有(　　)。

A. 计提短期借款的利息　　B. 计提行政管理部门固定资产折旧

C. 计提坏账准备　　D. 管理用无形资产摊销

7. 实收资本增加的途径有(　　)。

A. 接受投资者追加投资　　B. 本年度实现净利润

C. 盈余公积转增资本　　D. 资本公积转增资本

8. 下列有关股份有限公司的各事项中，会引起股本发生变动的有(　　)。

A. 派发股票股利　　B. 用盈余公积补亏

C. 回购并注销本公司的股票　　　　　　　　D. 接受外币资本投资

9. 股份有限公司委托其他单位发行股票，支付手续费或佣金等相关费用，如果发行股票的溢价不够冲减或者无溢价的，其差额可能记入的科目有(　　)。

A. 未分配利润　　B. 盈余公积　　C. 管理费用　　D. 财务费用

10. 下列各项中，应直接记入所有者权益类科目的有(　　)。

A. 接受投资者以无形资产进行的投资

B. 接受投资者追加投资

C. 持有的交易性金融资产期末公允价值的增加额

D. 出资者实际缴付的出资额超出在注册资本中占有份额的部分

11. 下列各项中，会导致企业实收资本增加的有(　　)。

A. 资本公积转增资本　　　　　　　　B. 接受投资者追加投资

C. 盈余公积转增资本　　　　　　　　D. 接受非流动资产捐赠

12. 下列各项中，会引起企业实收资本金额发生增减变动的有(　　)。

A. 资本公积转增资本　　　　　　　　B. 对外债券投资

C. 盈余公积转增资本　　　　　　　　D. 处置长期股权投资

13. 某公司 2020 年年初股本为 8 000 万元(每股面值为 2 元)，资本公积为 5 000 万元(为股本溢价)，2020 年公司按照每股 4 元的价格回购本公司股票 1 000 万股并注销。不考虑其他因素，下列各项中，关于该公司注销所回购股份相关科目的会计处理结果正确的有(　　)。

A. 借记“盈余公积”科目 2 000 万元　　　　B. 借记“资本公积”科目 2 000 万元

C. 借记“库存股”科目 2 000 万元　　　　　D. 借记“股本”科目 2 000 万元

14. 某股份有限公司按法定程序报经批准后采用收购本公司股票方式减资，购回股票支付价款高于股票面值总额的，所注销库存股账面余额与冲减股本的差额有可能记入的科目有(　　)。

A. 盈余公积　　B. 营业外收入　　C. 资本公积　　D. 利润分配

15. 甲公司注册资本总额为 500 万元，收到乙公司投入的现金 120 万元，在原注册资本中占 20%的份额，甲公司进行账务处理时，可能涉及的科目有(　　)。

A. 银行存款　　　　　　　　　　　　B. 实收资本(股本)

C. 资本公积　　　　　　　　　　　　D. 盈余公积

三、判断题

1. 企业接受的投资者以固定资产投资，其增值税额不能计入实收资本。(　　)

2. 企业创立时，投资者认缴的出资额与注册资本一致，一般不会产生资本溢价；但有新的投资者加入时，往往会出现资本溢价。(　　)

3. 企业破产清算时，所有者权益的偿还优于负债。(　　)

4. 股份公司发行股票相关的手续费、佣金等，应计入当期损益。(　　)

5. 企业溢价发行股票发生的手续费、佣金应从溢价中抵扣，溢价金额不足抵扣的调整留存收益。(　　)

6. 企业接受投资者作价投入的材料物资，按投资合同或协议约定的投资者在企业注册资本或股本中所占份额的部分作为实收资本或股本入账。(　　)

7. 企业以资本公积转增资本会导致实收资本增加，从而导致企业所有者权益总额增

加。(　　)

8. 有限责任公司以资本公积转增资本，应当按照原出资者各自出资比例相应增加各出资者的出资金额。(　　)

9. 企业减少实收资本应按法定程序报经批准，股份有限公司采用收购本公司股票方式减资的，按股票面值和注销股数计算的股票面值总额冲减股本，按注销库存股的账面余额与所冲减股本差额冲减盈余公积。(　　)

10. 公司按面值发行股票时，相关的交易费用应冲减资本公积——其他资本公积。(　　)

四、不定项选择题

(一)甲上市公司2020年发生与其所有者权益有关的业务如下：

1. 2020年1月2日，经股东大会决议，并报有关部门核准，增发普通股20 000万股，每股面值2元，每股发行价格5元，支付发行费400万元，扣除发行费用后的余款已全部收到并存入银行。假定不考虑相关税费。

2. 2020年6月10日，经股东大会决议，并报有关部门核准，以资本公积4 000万元转增股本。

3. 2020年6月15日，经股东大会决议，并报有关部门核准，以银行存款回购本公司股票1 000万股，每股回购价格为3元。

4. 2020年6月18日，经股东大会决议，并报有关部门核准，将回购的本公司股票100万股注销。

要求：根据上述资料，不考虑其他因素，分析回答下列小题。(答案中金额单位用万元表示)

1. 2020年1月2日确认的资本公积为(　　)万元。

A. 40 000　　B. 200 000　　C. 160 000　　D. 59 600

2. 2020年6月20日资本公积转增资本的会计处理是(　　)。

A. 借：实收资本　　4 000
　　贷：资本公积　　4 000

B. 借：资本公积　　4 000
　　贷：实收资本　　4 000

C. 借：股本　　4 000
　　贷：资本公积　　4 000

D. 借：资本公积　　4 000
　　贷：股本　　4 000

3. 注销本公司股票对资本公积的影响为(　　)万元。

A. 借1 000　　B. 贷1 000　　C. 贷2 000　　D. 借2 000

4. 股份有限公司注销库存股涉及的会计科目可能是(　　)。

A. 股本　　B. 资本公积　　C. 盈余公积　　D. 利润分配

第二节　资本公积

一、单项选择题

1. 下列各项中，通过“资本公积”科目核算的有(　　)。

A. 接受固定资产捐赠　　B. 划转无法支付的应付账款

C. 固定资产的盘盈　　D. 股本溢价

2. 企业增资扩股时，投资者实际缴纳的出资额大于其按约定比例计算的其在注册资本中所占的份额部分，应作为(　　)。

A. 资本溢价　　B. 实收资本　　C. 盈余公积　　D. 营业外收入

3. 下列关于资本公积的表述，正确的是(　　)。

A. 直接表明所有者对企业的基本产权关系

B. 是所有者参与企业经营决策的基础

C. 来源于企业实现的利润

D. 主要用来转增资本

4. 某股份有限公司首次公开发行普通股，股票面值总额为 10 000 万元，发行收入为 40 000 万元，发行费用按照发行收入总额的 3%计算。该公司因发行股票计入资本公积的金额为(　　)万元。

A. 20 000　　B. 30 000　　C. 18 000　　D. 40 000

5. 下列各项中，属于资本公积来源的是(　　)。

A. 盈余公积转入　　B. 直接计入所有者权益的利得

C. 资本溢价或股本溢价　　D. 从企业实现的净利润中提取

6. 甲股份有限公司发行股票 1 000 万股，每股面值 1 元，每股发行价格 8 元，向证券公司支付佣金 500 万元。该公司应记入“资本公积——股本溢价”科目的金额为(　　)万元。

A. 6 450　　B. 6 500　　C. 6 550　　D. 6 600

7. 甲公司发行普通股 1 000 万股，每股面值 1 元，每股发行价格 5 元，支付手续费 20 万元，支付咨询费 60 万元。该公司发行普通股计入股本的金额为(　　)万元。

A. 1 000　　B. 4 920　　C. 4 980　　D. 5 000

8. 乙公司首次公开发行普通股 600 万股，每股面值为 1 元，每股发行价格为 6 元，支付佣金 72 万元，手续费 20 万元，该业务使企业资本公积增加金额为(　　)万元。

A. 2 926　　B. 2 980　　C. 3 000　　D. 2 908

9. 下列各项中应记入“资本公积——其他资本公积”科目的是(　　)。

A. 权益法核算的长期股权投资被投资单位除净损益、其他综合收益和利润分配以外所有者权益的其他变动

B. 可供出售金融资产期末公允价值上升

C. 自有资产转换为采用公允价值模式进行后续计量的投资性房地产，转换日自有资产的公允价值大于其账面价值的差额

D. 回购股票价格低于其面值的差额

10. 某公司年初资本公积为 2 000 万元，本年已入账可供出售金融资产公允价值增值净额 450 万元；经股东大会批准，用资本公积转增资本 300 万元。不考虑其他因素，该公司年末的资本公积为(　　)万元。

A. 1 700　　B. 1 500　　C. 1 200　　D. 1 400

11. 下列各项中，关于股份公司溢价发行股票的相关会计处理表述正确的是(　　)。

A. 发行股票溢价计入资本公积

B. 发行股票相关的印花税计入股票成本

C. 发行股票相关的手续费不应从溢价中抵扣

D. 发行股票取得的款项全部记入股本

12. 某股份有限公司首次公开发行普通股500万股。每股面值1元，发行价格6元，相关手续费和佣金共计95万元(不考虑增值税)。不考虑其他因素，该公司发行股票应记入"资本公积"科目的金额为(　　)万元。

A. 2 905　　B. 2 405　　C. 2 500　　D. 3 000

13. 某公司公开发行普通股100万股，每股面值1元，每股发行价格为10元，按发行收入的3%向证券公司支付佣金，从发行收入中扣除，收到的款项已存入银行。不考虑其他因素，该公司发行股票应计入资本公积的金额为(　　)万元。

A. 893　　B. 970　　C. 870　　D. 900

14. 下列各项中，一般不会引起资本公积发生变动的是(　　)。

A. 经批准将资本公积转增资本

B. 投资者投入的资金大于其按约定比例在注册资本中应享有的份额

C. 股东大会宣告分配现金股利

D. 注销库存股

15. 下列事项中，一般不会引起资本公积总额发生变动的有(　　)。

A. 用盈余公积转增资本

B. 企业接受投资者投入的资本

C. 与发行权益性证券直接相关的手续费、佣金等交易费用

D. 企业接受捐赠的无形资产

二、多项选择题

1. 下列各项中，企业应通过"资本公积"科目核算的有(　　)。

A. 投资者实际出资额超出其在企业注册资本的所占份额

B. 盈余公积转增资本

C. 回购股票确认库存股科目的账面价值

D. 股份有限公司溢价发行股票扣除交易费用后的股本溢价

2. 下列各项中，不属于资本公积来源的有(　　)。

A. 盈余公积转入　　B. 股本溢价

C. 资本溢价　　D. 从企业实现的净利润提取

3. 某公司由甲、乙投资者分别出资100万元设立，为扩大经营规模，该公司的注册资本由200万元增加到250万元，丙企业以现金出资100万元享有公司20%的注册资本。不考虑其他因素，该公司接受丙企业出资相关科目的会计处理结果正确的有(　　)。

A. 贷记"实收资本"科目100万元　　B. 借记"银行存款"科目100万元

C. 贷记"资本公积"科目50万元　　D. 贷记"盈余公积"科目100万元

4. 下列各项中，不会使资本公积发生增减变动的有(　　)。

A. 企业实现净利润

B. 可供出售金融资产公允价值变动

C. 资本公积转增资本

D. 投资者超过注册资本额的投入资本

5. 下列各项中，关于公司资本公积的表述正确的有(　　)。

A. 资本公积可以用于转增资本

B. 溢价发行股票发生的相关交易费用冲减资本公积

C. 资本公积可以用于弥补上年度发生的亏损

D. 资本公积可以体现不同所有者的占有比例

6. 下列各项中，应计入资本公积的有(　　)。

A. 交易性金融资产的公允价值变动　　B. 投资者超额投入的资本

C. 股票发行的溢价　　D. 可供出售金融资产的公允价值变动

7. 下列各项中，不通过“资本公积”科目核算的有(　　)。

A. 接受固定资产捐赠　　B. 划转无法支付的应付账款

C. 固定资产的盘盈　　D. 股本溢价

8. 下列各项中，会引起实收资本或股本增加的有(　　)。

A. 将资本公积转增资本　　B. 将盈余公积转增资本

C. 注销库存股　　D. 回购本公司股票

9. 在持股比例不变的情况下，采用权益法核算长期股权投资时，下列各项中，不会引起投资企业“资本公积——其他资本公积”发生变化的有(　　)。

A. 被投资单位以盈余公积弥补亏损

B. 被投资单位其他资本公积发生增减变动

C. 被投资单位以税后利润补亏

D. 被投资单位以资本公积转增股本

10. 甲公司在筹建期间委托A证券公司代理发行普通股3 000万股，每股面值1元，按每股1.02元的价格发行。甲公司与A证券公司约定，A证券公司按发行收入的3%收取手续费，从发行收入中扣除，收到的股款已存入银行。假定发行股票前甲公司的资本公积科目余额为100万元，均是发行股票产生的溢价收入。则甲公司相关会计分录可能涉及的科目有(　　)。

A. 银行存款　　B. 财务费用　　C. 股本　　D. 盈余公积

三、判断题

1. 股份有限公司溢价发行股票时，按股票面值计入股本，溢价收入扣除发行手续费、佣金等发行费用后的金额计入盈余公积。(　　)

2. 年度终了，除“未分配利润”明细科目外，“利润分配”科目下的其他明细科目应当无余额。(　　)

3. 企业提取的盈余公积可用于发放现金股利。(　　)

4. 企业接受投资者投资，投资者超额缴入的资本应该计入资本公积。(　　)

5. 企业溢价发行股票发生的手续费、佣金应从溢价中抵扣，溢价金额不足抵扣的计入财务费用。(　　)

6. 公司按面值发行股票时，发生的相关交易费用冲减“资本公积——其他资本公积”科目。(　　)

7. 股份有限公司，溢价发行股票时，按面值计入股本，溢价收入扣除发行手续费、佣金等发行费用后的金额计入资本公积。(　　)

8. 资本公积的来源是企业实现的利润。(　　)

9. 除股份有限公司以外的其他类型的企业，在企业创立时，投资者认缴的出资额与注

册资本一致，一般不会产生资本溢价。(　　)

10. 其他资本公积是指除资本溢价(或股本溢价)、净损益、其他综合收益和利润分配以外所有者权益的其他变动。(　　)

第三节　留存收益

一、单项选择题

1. 甲企业实收资本 5 150 万元，该企业本年度实现净利润 200 万元，提取盈余公积 20 万元。不考虑其他因素，2020 年 12 月 31 日，该企业所有者权益总额为(　　)万元。

A. 5 330　　B. 5 130　　C. 5 350　　D. 5 150

2. 下列各项中，会导致企业留存收益发生增减变动的有(　　)。

A. 盈余公积分配现金股利　　B. 盈余公积弥补亏损

C. 资本公积转增资本　　D. 投资者追加投资

3. 下列各项中，不属于留存收益的是(　　)。

A. 资本溢价　　B. 任意盈余公积

C. 未分配利润　　D. 法定盈余公积

4. 下列各项中，不会引起企业留存收益总额发生增减变动的有(　　)。

A. 盈余公积转增资本　　B. 提取法定盈余公积

C. 向投资者宣告分配现金股利　　D. 本年度实现净利润

5. 下列各项中，导致留存收益总额减少的是(　　)。

A. 以盈余公积弥补亏损　　B. 接受非现金资产投资

C. 以盈余公积转增资本　　D. 以资本公积转增资本

6. 2020 年 1 月 1 日某企业所有者权益情况如下：股本 100 万元，资本公积 34 万元，盈余公积 19 万元，未分配利润 64 万元。则该企业 2020 年 1 月 1 日留存收益为(　　)万元。

A. 64　　B. 98　　C. 83　　D. 217

7. 甲企业年初“利润分配——未分配利润”科目借方余额为 60 万元，当年实现净利润为 300 万元。不考虑其他因素，该企业年末可供分配利润为(　　)万元。

A. 60　　B. 360　　C. 300　　D. 240

8. 甲企业 2020 年年初盈余公积为 200 万元，当年实现净利润为 100 万元，提取盈余公积 20 万元，用盈余公积转增资本 30 万元，用盈余公积向投资者分配现金股利 10 万元，2020 年年末该企业盈余公积为(　　)万元。

A. 170　　B. 180　　C. 190　　D. 160

9. 下列各项中，会引起企业留存收益总额发生变动的是(　　)。

A. 股本溢价　　B. 提取任意盈余公积

C. 接受现金资产投资　　D. 盈余公积转增资本

10. 下列各项中，会引起资产负债表负债和所有者权益项目同时发生变动的有(　　)。

A. 以盈余公积补亏　　B. 以现金回购本公司股票

C. 宣告发放现金股利　　D. 资本公积转增资本

11. 下列各项中，不影响当年可供分配利润的是(　　)。

A. 当年资本公积转增资本　　B. 年初未弥补亏损

C. 当年盈余公积补亏　　D. 当年实现净利润

12. 2020 年初某企业“利润分配——未分配利润”科目借方余额 40 万元，2020 年度该企业实现净利润为 160 万元，根据净利润的 10%提取盈余公积，2020 年年末该企业可供分配利润的金额为(　　)万元。

A. 126　　B. 200　　C. 120　　D. 160

13. 甲企业年末“本年利润”结转前贷方余额为 200 万元，“利润分配——未分配利润”账户期初贷方余额为 120 万元，本期分配现金股利 40 万元，当期资产负债表中“未分配利润”项目金额应为(　　)万元。

A. 320　　B. 280　　C. 360　　D. 200

14. 甲企业年初未分配利润贷方余额为 400 万元，本年实现净利润 1 600 万元，按净利润的 10%提取法定盈余公积，提取任意盈余公积 100 万元，向投资者分配利润 80 万元。不考虑其他因素，则本年年末该企业的可供分配利润为(　　)万元。

A. 1 840　　B. 2 000　　C. 1 740　　D. 1 680

15. 甲企业年初未分配利润贷方余额 60 万元，本年实现净利润 200 万元，按净利润的 10%提取法定盈余公积，按 5%提取任意盈余公积，向投资者分配利润 80 万元，年末未分配利润为(　　)万元。

A. 200　　B. 150　　C. 60　　D. 260

16. 甲企业盈余公积年初余额为 50 万元，本年利润总额为 600 万元，所得税费用为 150 万元，按净利润的 10%提取法定盈余公积，并将盈余公积 10 万元转增资本。该企业盈余公积年末余额为(　　)万元。

A. 40　　B. 85　　C. 95　　D. 110

17. 2020 年 1 月 1 日，某股份有限公司未分配利润为 100 万元，2020 年度实现净利润 400 万元，按 10%提取法定盈余公积，不考虑其他因素，下列关于计提盈余公积的账务处理正确的是(　　)。

A. 借：利润分配——提取法定盈余公积　　40
　　贷：盈余公积　　40

B. 借：本年利润——提取法定盈余公积　　40
　　贷：盈余公积　　40

C. 借：本年利润——提取法定盈余公积　　50
　　贷：盈余公积　　50

D. 借：利润分配——提取法定盈余公积　　50
　　贷：盈余公积　　50

18. 甲企业年初未分配利润贷方余额为 200 万元，本年实现净利润 750 万元，按净利润的 10%提取法定盈余公积，提取任意盈余公积 50 万元，向投资者分配利润 100 万元。该企业年末未分配利润贷方余额为(　　)万元。

A. 925　　B. 875　　C. 725　　D. 700

19. 甲企业年初所有者权益 160 万元，本年度实现净利润 300 万元，以资本公积转增资本 50 万元，提取盈余公积 30 万元，向投资者分配现金股利 20 万元。假设不考虑其他因素，该企业年末所有者权益为(　　)万元。

A. 360　　B. 410　　C. 440　　D. 460

20. 2019 年初某公司“盈余公积”科目余额为 120 万元，当年实现利润总额 900 万元，所得税费用300万元，按10%提取盈余公积，经股东大会批准用盈余公积50万元转增资本，2019年12月31日，该公司资产负债表中“盈余公积”科目年末余额为( )万元。

A. 120　　B. 180　　C. 70　　D. 130

二、多项选择题

1. 下列各项中，会引起留存收益总额发生增减变动的有( )。

A. 资本公积转增资本　　B. 盈余公积转增资本

C. 盈余公积弥补亏损　　D. 发生业务招待费

2. 下列各项中，能引起盈余公积发生增减变动的有( )。

A. 提取法定盈余公积　　B. 以盈余公积转增资本

C. 用任意盈余公积弥补亏损　　D. 用盈余公积派发新股

3. 下列各项中，引起企业资产和所有者权益同时减少的经济业务有( )。

A. 以盈余公积弥补以前年度亏损　　B. 宣告发放并支付现金股利

C. 以现金资产回购本公司股票并注销　　D. 以资本公积转增资本

4. 下列各项是甲企业2020年发生的经济业务，其中会影响年末未分配利润金额的有( )。

A. 出售一项固定资产实现净收益150万元

B. 将盈余公积中225万元用于转增资本

C. 由于收发计量的差错造成存货盘盈100万元

D. 接受一项无形资产捐赠，价值221万元

5. 下列关于利润分配的表述中，正确的有( )。

A. 年度终了，应将“本年利润”的余额结转入“利润分配”中

B. 利润分配贷方余额表示累计未弥补的亏损

C. 利润分配借方余额表示累计未分配的利润

D. 相对于所有者权益的其他部分，企业对于“利润分配——未分配利润”的使用有较大自主权

6. 下列各项中，年度终了需要转入“利润分配——未分配利润”科目的有( )。

A. 本年利润　　B. 利润分配——应付现金股利

C. 利润分配——盈余公积补亏　　D. 利润分配——提取法定盈余公积

7. 下列各项中，导致企业留存收益发生增减变动的有( )。

A. 盈余公积分配现金股利　　B. 盈余公积弥补亏损

C. 资本公积转增资本　　D. 盈余公积转增资本

8. 下列各项中，属于企业留存收益的有( )。

A. 发行股票的溢价收入

B. 按规定从净利润中提取的法定盈余公积

C. 累计未分配利润

D. 按股东大会决议从净利润中提取的任意盈余公积

9. 下列各项中，关于留存收益的表述正确的有( )。

A. 留存收益包括盈余公积和未分配利润

B. 法定盈余公积经批准可用于转增资本

C. 任意盈余公积可用于发放现金股利

D.“未分配利润”明细科目年末借方余额表示累积的亏损额

10. 下列各项中，不会引起留存收益总额发生增减变动的有(　　)

A. 资本公积转增资本　　B. 盈余公积转增资本

C. 盈余公积弥补亏损　　D. 本年实现的净利润

11. 下列各项中，不会使盈余公积减少的有(　　)。

A. 计提任意盈余公积　　B. 资本公积转增资本

C. 盈余公积转增资本　　D. 盈余公积补亏

12. 下列各项中，引起企业留存收益总额发生增减变动的有(　　)。

A. 盈余公积转增资本　　B. 提取法定盈余公积

C. 向投资者宣告分配现金股利　　D. 本年度实现净利润

13. 下列各项，不会引起所有者权益总额发生增减变动的有(　　)。

A. 宣告发放股票股利　　B. 资本公积转增资本

C. 盈余公积转增资本　　D. 接受投资者追加投资

14. 下列各项中，会引起负债和所有者权益同时发生变动的有(　　)。

A. 以盈余公积补亏　　B. 以现金回购本公司股票

C. 宣告发放现金股利　　D. 转销确实无法支付的应付账款

15. 下列项目中，最终能引起资产和所有者权益同时减少的项目有(　　)。

A. 计提短期借款的利息　　B. 计提行政管理部门固定资产折旧

C. 计提坏账准备　　D. 管理用无形资产摊销

三、判断题

1. 企业接受投资者投资，投资者超额缴入的资本应该计入资本公积。(　　)

2. 企业接受的投资者以原材料投资，其增值税额不能计入实收资本。(　　)

3. 企业减少实收资本应按法定程序报经批准，股份有限公司采用收购本公司股票方式减资的，按股票面值和注销股数计算的股票面值总额冲减股本，按注销库存股的账面余额与所冲减股本差额冲减盈余公积。(　　)

4. 公司按面值发行股票时，相关的交易费用应冲减资本公积——其他资本公积。(　　)

5. 期初未分配利润有贷方余额，期末获利的情况下，计提盈余公积时，要包含期初的贷方余额。(　　)

6. 期初未分配利润有贷方余额，期末获利的情况下，计提盈余公积时，要包含期初的贷方余额。(　　)

7. 企业用盈余公积转增资本，留存收益总额不会发生变动。(　　)

8. 留存收益包括盈余公积和资本公积。(　　)

9. 企业在年末“未分配利润”余额的基础上提取法定盈余公积。(　　)

10. 企业用当年实现的利润弥补亏损时，应单独作出相应的会计处理。(　　)

11. 企业向投资者宣告发放现金股利，应在宣告时确认为费用。(　　)

12. 年度终了，除“未分配利润”明细科目外，“利润分配”科目下的其他明细科目应当无余额。(　　)

13. 企业年末资产负债表中的未分配利润金额一定等于“本年利润”科目的年末余额。(　　)

14. 企业应以年初未分配利润和当年度实现的利润总额为基数计算提取法定盈余公积。(　　)

15. 企业提取的盈余公积可用于发放现金股利。(　　)

四、不定项选择题

(一)2020 年年初，甲股份有限公司所有者权益总额为 3 400 万元，其中：股本 1 000 万元，资本公积 1 600 万元，盈余公积 300 万元，未分配利润 500 万元。2020 年该公司发生的有关股东权益业务资料如下：

(1) 1 月 15 日，委托证券公司发行普通股 300 万股，每股面值 1 元，每股发行价格 5 元，按照发行价的 2%向证券公司支付相关手续费。(不考虑发行过程中的税费等因素)

(2) 2 月 5 日，经股东大会批准将资本公积 800 万元转增股本。

(3) 6 月 20 日，经股东大会批准，甲公司以每股 4 元价格回购本公司股票 100 万股并予以注销。

(4) 2020 年度实现利润总额 2 000 万元，其中包括本年实现的国债利息收入 25 万元，并且当年营业外支出中有 15 万元为税收滞纳金罚金，所得税税率为 25%。甲公司按净利润的 10%提取法定盈余公积。

(5) 经股东大会批准宣告发放现金股利 450 万元。

要求：

根据上述资料，不考虑其他因素，分析回答下列小题。

(1) 根据资料(1)，甲公司发行股票应计入资本公积的金额为(　　)万元。

A. 1 000　　B. 1 170　　C. 1 200　　D. 1 500

(2) 根据资料(2)，下列各项中，会计处理结果表述正确的是(　　)。

A. 企业所有者权益总额减少 800 万元

B. 企业留存收益减少 800 万元

C. 不会导致企业所有者权益总额发生增减变化

D. 企业股本增加 800 万元

(3) 根据资料(3)，甲公司回购并注销库存股的会计处理正确的是(　　)。

A. 回购本公司股票时：

借：库存股　　400

　　贷：银行存款　　400

B. 回购本公司股票时：

借：股本　　400

　　贷：库存股　　400

C. 注销本公司股票时：

借：股本　　100

　　资本公积——股本溢价 300

　　贷：库存股　　400

D. 注销本公司股票时：

借：股本　　400

　　贷：库存股　　400

(4) 根据期初资料和资料(4)，下列各项中，会计处理结果正确的是(　　)。

A. 期末盈余公积余额为 350 万元　　B. 期末盈余公积余额为 450.25 万元
C. 本年增加盈余公积 50 万元　　D. 本年增加盈余公积 150.25 万元

(5) 根据以上资料，甲公司 2020 年年末未分配利润金额为(　　)万元。

A. 1 402.25　　B. 1 492.5　　C. 1 843.25　　D. 1 992.5

(二) 2020 年年初，甲股份有限公司(以下简称甲公司)所有者权益总额为 3 000 万元，其中股本 800 万元，资本公积 1 600 万元，盈余公积 300 万元，未分配利润 300 万元，甲公司适用的所得税税率为 25%。2019 年甲公司发生如下事项：

(1) 1 月 13 日，甲公司委托证券公司代理发行普通股 200 万股，每股面值 1 元，每股发行价 4 元，按协议约定，证券公司从发行收入中提取 2%的手续费。

(2) 3 月 5 日，经股东大会批准，甲公司以每股 3 元价格回购本公司股票 100 万股并予以注销。

(3) 4 月 1 日，经股东大会批准，甲公司将资本公积 100 万元、盈余公积 100 万元转增股本。

(4) 2020 年度，甲公司共实现利润总额 2 000 万元，假定不存在纳税调整事项及递延所得税；甲公司按净利润的 10%提取盈余公积，分配现金股利 50 万元。

要求：根据上述资料，不考虑其他因素，分析回答下列小题。

(1) 根据资料(1)，甲公司发行普通股应计入资本公积的金额为(　　)万元。

A. 600　　B. 584　　C. 588　　D. 616

(2) 根据资料(2)，下列关于该公司注销库存股时的会计处理正确的是(　　)。

A. 借：股本　　100
　　　资本公积——股本溢价　　200
　　　贷：库存股　　300

B. 借：股本　　100
　　　资本公积——股本溢价　　150
　　　盈余公积　　50
　　　贷：银行存款　　300

C. 借：库存股　　300
　　　贷：银行存款　　300

D. 借：股本　　300
　　　贷：银行存款　　300

(3) 根据上述资料，下列各项中会引起甲公司所有者权益总额发生增减变动的是(　　)。

A. 回购股票　　B. 提取盈余公积
C. 实现净利润　　D. 分配现金股利

(4) 根据资料(4)，甲公司 2019 年度应提取盈余公积(　　)万元。

A. 50　　B. 100　　C. 150　　D. 200

(5) 根据以上资料，甲公司 2019 年年末所有者权益总额为(　　)万元。

A. 3 500　　B. 4 934　　C. 4 984　　D. 5 800

(三) 某公司适用的所得税税率为 25%，2019 年有关交易或事项如下：

(1) 2020 年 1 月初，该公司股东权益总额是 20 500 万元，其中股本为 10 000 万元(股数 10 000 万股，每股 1 元)，资本公积为 3 000 万元，盈余公积为 6 000 万元，未分配利润为 1 500 万元。

(2) 经股东大会决议并报有关部门核准，2020 年 6 月 28 日该公司以银行存款回购本公司股票 100 万股，每股回购的价格为 5 元，每股原发行价格为 3 元，7 月 3 日将回购的股票 100 万股注销。

(3) 2020 年实现利润总额为 1 800 万元，其中相关会计处理与税法规定存在差异的事项有：①支付税收滞纳金 300 万元已计入营业外支出；②本年取得的国债利息收入 100 万元已经计入投资收益，不考虑递延所得税。

(4) 根据股东大会批准的 2019 年利润分配方案，该公司按实现净利润的 10%提取法定盈余公积；按实现净利润的 10%提取任意盈余公积；向股东分配现金股利 400 万元。

要求：根据上述资料，不考虑其他因素，分析回答下列小题(答案中的金额单位用万元表示)。

(1) 根据资料(1)，2019 年 1 月初，该公司留存收益的金额是(　　)万元。

A. 10 500　　B. 9 000　　C. 4 500　　D. 7 500

(2) 根据资料(2)，下列各项中，关于回购与注销本公司股票的会计处理结果正确的是(　　)。

A. 6 月 28 日回购股票确认库存股增加 500 万元

B. 6 月 28 日回购股票确认库存股增加 100 万元

C. 7 月 3 日注销库存股冲减股本 100 万元

D. 7 月 3 日注销库存股冲减资本公积 200 万元

(3) 根据资料(3)，下列各项中，该公司的会计处理正确的是(　　)。

A. 计算所得税：

借：所得税费用　　500

　贷：应交税费——应交所得税　　500

B. 计算所得税：

借：所得税费用　　450

　贷：应交税费——应交所得税　　450

C. 将本年利润结转至未分配利润时：

借：本年利润　　1 300

　贷：利润分配——未分配利润　　1 300

D. 将本年利润结转至未分配利润时：

借：本年利润　　1 350

　贷：利润分配——未分配利润　　1 350

(4) 根据资料(4)，下列各项中，该公司 2020 年未分配利润的年末余额是(　　)万元。

A. 640　　B. 2140　　C. 670　　D. 2170

(5) 根据资料(1)至(4)，2020 年 12 月 31 日该公司资产负债表“股东权益”下列项目期末余额填列正确的是(　　)。

A. 库存股无余额　　B. 资本公积 2 600 万元

C. 股本 9 900 万元　　D. 盈余公积 6 260 万元

第五章　收入、费用和利润

学情分析

本章重点掌握以下几点：

1. 销售商品的收入与计量。
2. 商业折扣、现金折扣、销售退回的处理。
3. 营业成本、税金及附加、期间费用。
4. 所得税费用的账务处理。

主要内容导图

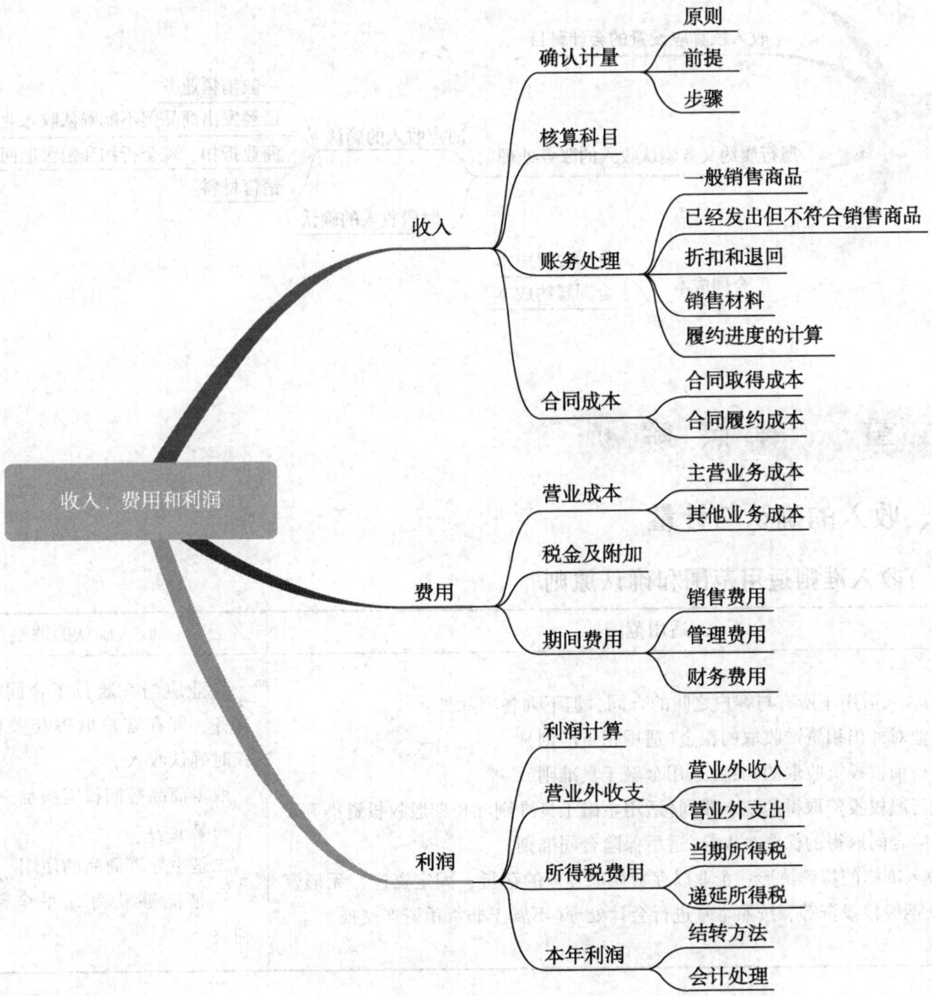

第一节　收　入

学情分析

本节重点掌握以下内容：

1. 收入的确认和计量。
2. 收入核算应设置的会计科目。
3. 履行履约义务确认收入的账务处理。
4. 合同成本。

主要内容导图

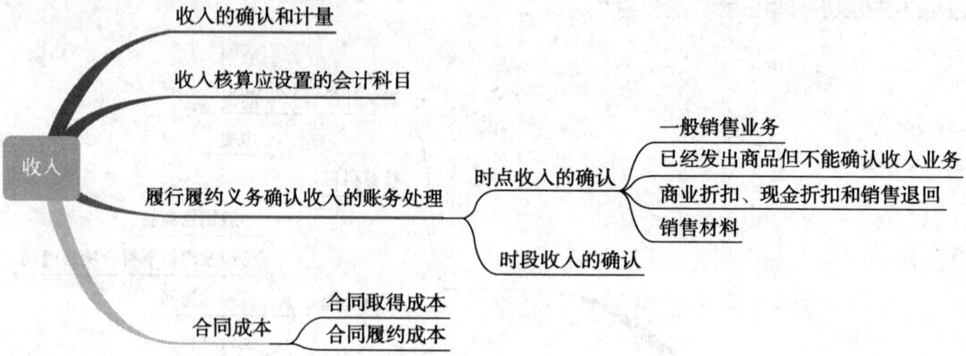

重、难点解析

一、收入的确认与计量

(一)收入准则适用范围和确认原则

适用范围	收入确认的原则
本章的收入适用于所有与客户之间的合同，但下列各项除外： (1)企业对外出租资产收取的租金(适用租赁准则) (2)进行债权投资收取的利息(适用金融工具准则) (3)进行股权投资取得的现金股利(适用金融工具准则和长期股权投资准则) (4)保险合同取得的保费收入等(适用保险合同准则) 适用收入准则的特殊情形：企业以存货换取客户的存货、固定资产、无形资产以及长期股权投资等，按照本章进行会计处理(不属于非货币资产交换)	企业应当在履行了合同中的履约义务，即在客户取得相关商品控制权时确认收入。 取得商品控制权需满足三要素： 一是能力 二是主导该商品的使用 三是能够获得几乎全部的经济利益

(二)收入确认的条件

项目	内容
客户取得相关商品控制权时确认收入(卖房子案例)	(1)合同各方已批准该合同并承诺将履行各自义务
	(2)合同明确了权利和义务
	(3)有明确的支付条款(首付三成，剩余七成20年按揭)
	(4)具有商业实质(做生意)
	(5)对价很可能收回(钱能够收到)

【例题·多选题】下列各项中，关于收入确认与计量的表述正确的有(　　)。

A. 企业应当在履行了合同中的履约义务时确认收入

B. 企业应当在客户取得相关商品控制权时确认收入

C. 同一笔销售业务的收入和成本应在同一会计期间确认

D. 客户只能在未来的某一期间主导该商品的使用并从中获益，则表明其取得该商品的控制权

『**答案**』ABC

『**解析**』选项D错误，客户必须拥有现时权利，客户只能在未来的某一期间主导该商品的使用并从中获益，则表明其尚未取得该商品的控制权。

【例题·单选题】下列关于收入确认的前提条件表述正确的有(　　)。

A. 该合同明确了合同各方与所转让的商品相关的权利和义务

B. 该合同有明确的与所转让的商品相关的风险和时间分布

C. 该合同如不具有商业实质，可以根据合同各方已批准的合同确认收入

D. 企业因向客户转让商品而有权取得的对价可能收回

『**答案**』A

『**解析**』选项B，该合同有明确的与所转让的商品相关的支付条款，不是风险和时间分布；选项C，该合同具有商业实质，才能确认收入，没有实质不能确认收入；选项D，企业因向客户转让商品而有权取得的对价应是很可能收回，不是可能收回。

(三)收入确认和计量的步骤

步骤	内　容	处理类别
第一步	识别与客户订立的合同(卖车合同)。	确认
第二步	识别合同中的单项履约义务(卖车、提供保养服务)下列情况下，企业应当将向客户转让商品的承诺作为单项履约义务： 一是企业向客户转让可明确区分商品(或者商品的组合)的承诺 二是企业向客户转让一系列实质相同且转让模式相同的、可明确区分商品的承诺	
第三步	确定交易价格(合同价格9万元)	计量
第四步	将交易价格分摊至各单项履约义务[车：9×8/10＝7.2(万元)；保养：9×2/10＝1.8(万元)]	
第五步	履行各单项履约义务时(时点义务、时段义务)确认收入 [卖车：时点义务，2019年确认收入7.2万元；保养：时段义务，2019年、2020年分别确认收入0.9万元(1.8×1/2)]	确认

【**例题·多选题**】下列属于收入确认与计量的步骤的有(　　)。

A. 合同各方已批准该合同并承诺将履行各自义务

B. 识别合同中的单项履约义务

C. 确定交易价格和合同履约成本

D. 将交易价格分摊至各项履约义务

『**答案**』BD

『**解析**』选项 A 属于收入确认的前提条件；选项 C 只应包括确定交易价格；

【**例题·单选题**】下列关于收入确认与计量的表述正确的有(　　)。

A. 合同有书面形式以及其他形式，不含口头形式

B. 交易价格包括企业代第三方收取的款项以及企业预期将退还给客户的款项

C. 合同条款所承诺的对价，可能是固定金额、可变金额或两者兼有

D. 按照各单项履约义务承诺商品成本的相对比例，将交易价格分摊至各单项履约义务

『**答案**』C

『**解析**』选项 A，合同有书面形式、口头形式以及其他形式；选项 B，交易价格不包括企业代第三方收取的款项以及企业预期将退还给客户的款项；选项 D，按照各单项履约义务所承诺商品的单独售价的相对比例，将交易价格分摊至各单项履约义务。

二、常用会计科目

科目名称	类　别	内　容
合同取得成本	成本类	核算企业取得合同发生的、预计能够收回的增量成本(主要指业务费或佣金)
合同履约成本	成本类	核算企业为履行当前或预期取得的合同所发生的、不属于其他企业会计准则规范范围且按照收入准则应当确认为一项资产的成本
合同资产	资产类	核算企业已向客户转让商品而有权收取对价的权利，且该权利取决于时间流逝之外的其他因素(如履行合同中的其他履约义务)，它是“应收账款”的前序账户
合同负债	负债类	核算企业已收或应收客户对价而应向客户转让商品的义务。在收入准则范围内，该科目替代“预收账款”和“递延收益”科目
“合同取得成本减值准备” “合同履约成本减值准备” “合同资产减值准备”		核算合同相关资产发生减值的业务

三、在某一时点履行履约义务确入收入

项目	内容
在判断控制权是否转移时，企业应当考虑的五个迹象	(1)企业就该商品享有现时收款权利，即客户就该商品负有现时付款义务
	(2)企业已将该商品的法定所有权转移给客户，即客户已拥有该商品的法定所有权
	(3)企业已将该商品所有权上的主要风险和报酬转移给客户
	(4)客户已接受该商品
	(5)企业已将该商品实物转移给客户，即客户已占有该商品实物

1. 一般销售商品业务收入的处理

【例题·综合题】甲公司向乙公司销售一批商品，开出的增值税专用发票上注明售价为400 000元，增值税税额为52 000元，甲公司收到乙公司开出的不带息银行承兑汇票一张，票面金额452 000元，期限为2个月；

甲公司以银行存款支付代垫运费，增值税专用发票上注明运输费2 000元，增值税税额为180元，所垫运费尚未收到；该批商品成本为320 000元；乙公司收到商品并验收入库。

甲公司应编制如下会计分录：

(1) 确认商品销售收入、同时结转销售成本时：

借：应收票据　　452 000

　　贷：主营业务收入　　400 000

　　　　应交税费——应交增值税(销项税项)　　52 000

借：主营业务成本　　320 000

　　贷：库存商品　　320 000

(2) 支付代垫运费时：

借：应收账款　　2 180

　　贷：银行存款　　2 180

【拓展】甲公司以银行存款支付销售运费，收到增值税专用发票上注明运输费2 000元，增值税税额为180元；

借：销售费用　　2 000

　　应交税费——应交增值税(进项税项)　　180

　　贷：银行存款　　2 180

2. 已经发出商品但不能确认收入的处理

企业向客户转让商品的对价未达到“很可能收回”的收入确认条件，在发出商品时，企业不应确认收入，将发出商品的成本记入“发出商品”科目。

“发出商品”科目，核算企业商品已发出但客户未取得商品控制权时的商品成本。

【例题·综合题】甲公司与乙公司均为增值税一般纳税人。2019年6月3日，甲公司与乙公司签订委托代销合同，甲公司委托乙公司销售W商品1 000件，W商品已经发出，每件商品成本为70元。合同约定乙公司应按每件100元对外销售，甲公司按不含增值税的销售价格的10%向乙公司支付手续费。

除非这些商品在乙公司存放期间内由于乙公司的责任发生毁损或丢失，否则在W商品对外销售之前，乙公司没有义务向甲公司支付货款。乙公司不承担包销责任，没有售出的W商品须退回给甲公司，同时，甲公司也有权要求收回W商品或将其销售给其他的客户。

至2019年6月30日，乙公司实际对外销售100件，开出的增值税专用发票上注明销售价款100 000元，增值税税额13 000元。

甲公司编制会计分录如下：

（1）2019年6月10日，甲公司按合同约定发出商品时：

借：发出商品——乙公司　　70 000

　贷：库存商品——W商品　　70 000

（2）2019年6月30日，甲公司收到乙公司开具的代销清单时：

借：应收账款　　113 000

　贷：主营业务收入　　100 000

　　应交税费——应交增值税（销项税额）　　13 000

借：主营业务成本　　70 000

　贷：发出商品　　70 000

借：销售费用　　10 000

　应交税费——应交增值税（进项税额）　　600

　贷：应收账款　　10 600

（3）收到乙公司支付的货款时：

借：银行存款　　102 400

　贷：应收账款　　102 400

【例题·单选题】甲公司本年度委托乙商店代销一批零配件，代销价款200万元。本年度收到乙商店交来的代销清单，代销清单列明已销售代销零配件的60%，甲公司收到代销清单时向乙商店开具增值税专用发票。乙商店按代销价款的5%收取手续费、增值税率6%。该批零配件的实际成本为110万元。则甲公司本年度应确认的销售收入为（　　）万元。

A. 120　　B. 114　　C. 200　　D. 68.4

『**答案**』A

3. 商业折扣、现金折扣的处理

	商业折扣	现金折扣
目的	促销	尽快回笼资金
符号		“折扣率/付款期限”表示，例如“2/10，1/20，*N*/30”
确认收入	扣除商业折扣后的金额确定销售商品收入金额	扣除现金折扣前的金额确定
科目		财务费用
注意		折扣包含增值税
		折扣不包含增值税

【例题·综合题】甲公司为增值税一般纳税人，2019年9月1日销售A商品5 000件并开具增值税专用发票，每件商品的标价为200元（不含增值税），A商品适用的增值税税率为13%；每件商品的实际成本为120元；

由于是成批销售，甲公司给予购货方10%的商业折扣，并在销售合同中规定现金折扣条件为2/10，1/20，$N/30$；A商品于9月1日发出，符合销售收入实现条件，购货方于9月9日付款。假定计算现金折扣不考虑增值税。

(1) 9月1日销售实现时：

借：应收账款　　1 017 000

　贷：主营业务收入　　900 000

　　应交税费——应交增值税(销项税额)　　117 000

借：主营业务成本　　600 000

　贷：库存商品　　600 000

(2) 如果折扣期后收款：(21~30日)，则应按全额收款。

借：银行存款　　1 017 000

　贷：应收账款　　1 017 000

销售时：按照扣除商业折扣后的金额确定销售商品收入金额；但不扣除现金折扣，现金折扣对确认收入、成本、应收账款没有影响。

(3) 如果折扣期(1~20日)内收款

本题：9月9日 享受2%现金折扣

① 计算现金折扣不考虑增值税(本题)：

借：银行存款　　999 000

　财务费用　　18 000(收入金额的2%)

　贷：应收账款　　1 017 000

② 假定计算现金折扣考虑增值税：

借：银行存款　　996 660

　财务费用　　20 340(应收账款金额的2%)

　贷：应收账款　　1 017 000

4. 销售退回

已确认销售商品收入的售出商品发生销售退回的，除属于资产负债表日后事项的外，企业收到退回的商品时，应退回货款或冲减应收账款，并冲减主营业务收入和增值税销项税额。

如该项销售退回已发生现金折扣，应同时调整相关财务费用的金额。

【例题·综合题】甲公司2019年5月20日销售A商品一批，增值税专用发票上注明售价为350 000元，增值税税额是45 500元，该批商品成本为182 000元。A商品于2019年5月20日发出，购货方于5月27日付款，甲公司对该项销售确认了销售收入。

2019年9月16日，该商品质量出现严重问题，客户将该批商品全部退回给甲公司。甲公司同意退货，于退货当日支付了退货款，并按规定向购货方开具了增值税专用发票(红字)。

甲公司应编制如下会计分录：

(1) 2019年5月20日确认收入时：

借：应收账款　　395 500

　贷：主营业务收入　　350 000

　　应交税费——应交增值税(销项税额)　　45 500

借：主营业务成本　　182 000

贷：库存商品　　182 000

(2) 2019 年 5 月 27 日收到货款时：

借：银行存款　　395 500

贷：应收账款　　395 500

(3) 2019 年 9 月 16 日销售退回时：

借：主营业务收入　　350 000

应交税费——应交增值税(销项税额)　　45 500

贷：银行存款　　395 500

借：库存商品　　182 000

贷：主营业务成本　　182 000

5. 销售材料等存货的处理

【例题·综合题】甲公司向乙公司销售一批原材料，开具的增值税专用发票上注明售价为 100 000 元，增值税税额为 13 000 元；甲公司收到乙公司支付的款项存入银行；该批原材料的实际成本为 90 000 元；乙公司收到原材料并验收入库。

(1) 确认原材料销售收入：

借：银行存款　　113 000

贷：其他业务收入　　100 000

应交税费——应交增值税(销项税额)　　13 000

(2) 结转已销原材料的成本：

借：其他业务成本　　90 000

贷：原材料　　90 000

四、在某一时段内履行履约义务确认收入

项目	内容
(1)满足下列条件之一的，属于在某一时段内履行的履约义务	① 客户在企业履约的同时即取得并消耗企业履约所带来的经济利益
	② 客户能够控制企业履约过程中在建的商品
	③ 企业履约过程中所产出的商品具有不可替代用途，且该企业在整个合同期间内有权就累计至今已完成的履约部分收取款项
(2)企业应当在该段时间内按照履约进度确认收入	① 产出法，看结果
	② 投入法，看投入
(3)企业按可照累计实际发生的成本占预计总成本的比例(即成本法)确定履约进度	
(4)不能合理确定履约进度的情形	企业已经发生的成本预计能够得到补偿的，应当按照已经发生的成本金额确认收入，直到履约进度能够合理确定为止

【例题·综合题】甲公司为增值税一般纳税人，装修服务适用增值税税率为 9%。2019 年 12 月 1 日，甲公司与乙公司签订一项为期 3 个月的装修合同，合同约定装修价款为 500 000 元，增值税税额为 45 000 元，装修费用每月末按完工进度支付。

2019 年 12 月 31 日，经专业测量师测量后，确定该项劳务的完工程度为 25%；乙公司按完工进度支付价款及相应的增值税款。截至 2019 年 12 月 31 日，甲公司为完成该合同累计发生劳务成本 100 000 元(假定均为装修人员薪酬)，估计还将发生劳务成本 300 000 元。

假定该业务属于甲公司的主营业务，全部由其自行完成；该装修服务构成单项履约义务，属于在某一时段内履行的履约义务；甲公司按照实际测量的完工进度确定履约进度。

甲公司应编制如下会计分录：

(1) 实际发生劳务成本100 000元：

借：合同履约成本　　100 000

　贷：应付职工薪酬　　100 000

(2) 2019年12月31日确认劳务收入并结转劳务成本：

2019年12月31日确认的劳务收入=500 000×25%-0=125 000(元)

借：银行存款　　136 250

　贷：主营业务收入　　125 000

　　应交税费——应交增值税(销项税额)　　11 250

借：主营业务成本　　100 000

　贷：合同履约成本　　100 000

【例题·综合题】(续1)2020年1月31日，经专业测量师测量后，确定该项劳务的完工程度为70%；乙公司按完工进度支付价款同时支付对应的增值税款。2020年1月，为完成该合同发生劳务成本180 000元(假定均为装修人员薪酬)，为完成该合同估计还将发生劳务成本120 000元。甲公司应编制如下会计分录：

(1) 实际发生劳务成本180 000元：

借：合同履约成本　　180 000

　贷：应付职工薪酬　　180 000

(2) 2020年1月31日确认劳务收入并结转劳务成本：

2020年1月31日确认的劳务收入

=500 000×70%-125 000=225 000(元)

借：银行存款　　245 250

　贷：主营业务收入　　225 000

　　应交税费——应交增值税(销项税额)　　20 250

借：主营业务成本　　180 000

　贷：合同履约成本　　180 000

【例题·综合题】(续2)2020年2月28日，装修完工；乙公司验收合格，按完工进度支付价款同时支付对应的增值税款。2020年2月，为完成该合同发生劳务成本120 000元(假定均为装修人员薪酬)。甲公司应编制如下会计分录：

(1) 实际发生劳务成本120 000元：

借：合同履约成本　　120 000

　贷：应付职工薪酬　　120 000

(2) 2020年2月28日确认劳务收入并结转劳务成本：

2020年2月28日确认的劳务收入=500 000-125 000-225 000=150 000(元)

借：银行存款　　163 500

　贷：主营业务收入　　150 000

　　应交税费——应交增值税(销项税额)　　13 500

借：主营业务成本　　120 000

贷：合同履约成本　　120 000

【例题·综合题】甲公司经营一家健身俱乐部。2019 年 7 月 1 日，某客户与甲公司签订合同，成为甲公司的会员，并向甲公司支付会员费 3600 元(不含税价)，可在未来的 12 个月内在该俱乐部健身，且没有次数的限制。该业务适用的增值税税率为 6%。甲公司于每月末确认收入时开具增值税专用发票并收到税款。

该履约义务属于在某一时段内履行的履约义务，并且该履约义务在会员的会籍期间内随时间的流逝而被履行。因此，甲公司按照直线法确认收入，每月应当确认的收入为 300 元(3600÷12)。

甲公司应编制如下会计分录：

(1) 2019 年 7 月 1 日收到会员费时：

借：银行存款　　3 600

　　贷：合同负债　　3 600

企业在向客户转让商品之前产生一项负债，即合同负债。

(2) 2019 年 7 月 31 日确认收入，开具增值税专用发票并收到税款时：

借：合同负债　　300

　　银行存款　　18

　　贷：主营业务收入　　300

　　　　应交税费——应交增值税(销项税额)　　18

2019 年 8 月至 2020 年 6 月，每月确认收入同上。

【例题·单选题】下列各项中，关于收入确认和计量表述正确的有(　　)。

A. 对于在某一时段内履行的履约义务，企业应当在该段时间内履约义务完成时确认收入

B. 当履约进度能合理确定时，企业已经发生的成本预计能够得到补偿的，应当按照已经发生的成本金额确认收入

C. 资产负债表日，企业按照合同的交易价格总额乘以履约进度确认当期收入

D. 可以采用实际测量的完工进度、评估已实现的结果、时间进度、已完工或交付的产品等产出指标确定恰当的履约进度

『答案』D

『解析』选项 A，对于在某一时段内履行的履约义务，企业应当在该段时间内按照履约进度确认收入，履约进度不能合理确定的除外；选项 B，当履约进度不能合理确定时，企业已经发生的成本预计能够得到补偿的，应当按照已经发生的成本金额确认收入，直到履约进度能够合理确定为止；选项 C，资产负债表日，企业按照合同的交易价格总额乘以履约进度扣除以前会计期间累计已确认的收入后的金额，确认当期收入。

【例题·多选题】提供劳务交易的履约进度，可以选择的确定方法有(　　)。

A. 技术人员测量的完工进度　　B. 已经收到的款项比例

C. 已经发生的成本的比例　　D. 采用投入的材料数量比例

『答案』ACD

『解析』采用投入的材料数量、花费的人工工时、机器工时、发生的成本和时间进度等投入指标确定恰当的履约进度。

【例题·单选题】属于在某一时段内履行的履约义务，应满足的条件有(　　)。

A. 客户在企业履约的同时即取得并消耗企业履约所带来的经济利益

B. 客户已接受该商品

C. 企业履约过程中所产出的商品具有不可替代用途

D. 企业就该商品享有现时收款的权利

『**答案**』A

『**解析**』选项 BD 是控制权转移的迹象；选项 C 表述不完整。

五、合同成本

	合同取得成本	合同履约成本
内容	1. 企业为取得合同发生的增量成本预期能够收回的，应当作为合同取得成本确认为一项资产；（增量成本：指企业不取得合同就不会发生的成本，如销售佣金）；2. 企业为取得合同发生的、除预期能够收回的增量成本之外的其他支出，例如，无论是否取得合同均会发生的差旅费、投标费、为准备投标资料发生的相关费用等，应当在发生时计入当期损益，除非这些支出明确由客户承担	与合同直接相关的成本（料、工、制造费用）和明确由客户承担的成本以及仅因该合同而发生的成本（支付给分包商的成本）
科目	核算企业取得合同发生的、预计能够收回的增量成本。 借方登记发生的合同取得成本 贷方登记摊销的合同取得成本 期末借方余额，反映企业尚未结转的合同取得成本	借方登记发生的合同履约成本， 贷方登记摊销的合同履约成本， 期末借方余额，反映企业尚未结转的合同履约成本

【**例题·综合题**】甲公司是一家咨询公司，通过竞标赢得一个服务期为 5 年的客户，该客户每年末支付含税咨询费 1 908 000 元。为取得与该客户的合同，甲公司聘请外部律师进行尽职调查支付相关费用 15 000 元，为投标而发生的差旅费 10 000 元，支付销售人员佣金 50 000 元。甲公司预期这些支出未来均能够收回。此外，甲公司根据其年度销售目标、整体盈利情况及个人业绩等，向销售部门经理支付年度奖金 10 000 元。

（1）支付相关费用

借：合同取得成本　50 000

　　管理费用　25 000

　　销售费用　10 000

　　贷：银行存款　85 000

（2）每月确认服务收入（结转营业成本略），摊销佣金：

服务收入＝1 908 000÷(1+6%)÷12＝150 000（元）

销售佣金摊销额＝50 000÷5÷12＝833.33（元）

借：应收账款　159 000

　　贷：主营业务收入　150 000

　　　　应交税费——应交增值税（销项税额）　9 000

借：销售费用　833.33

　　贷：合同取得成本　833.33

【例题·多选题】下列各项关于合同取得成本表述正确的有（　　）。

A. 企业为取得合同发生的增量成本，应当作为合同取得成本确认为一项资产

B. 取得合同发生的为准备投标资料发生的相关费用等，应当在发生时计入当期损益

C. “合同取得成本”科目核算企业取得合同发生的、预计能够收回的成本

D. “合同取得成本”摊销期限不超过一年的，可以在发生时计入当期损益

『答案』BD

『解析』选项 A，且增量成本预期能够收回的，才确认为资产；选项 C，应是预计能够收回的增量成本。

【例题·综合题】甲公司经营一家酒店，该酒店是甲公司的自有资产。2019 年 12 月甲公司计提与酒店经营直接相关的酒店、客房以及客房内的设备家具等折旧 120 000 元、酒店土地使用权摊销费用 65 000 元。经计算，当月确认房费、餐饮等服务含税收入 424 000 元（增值税税率 6%），全部存入银行。

甲公司应编制如下会计分录：

① 确认资产的折旧费、摊销费：

借：合同履约成本	185 000	
贷：累计折旧		120 000
累计摊销		65 000

② 12 月确认酒店服务收入并摊销合同履约成本：

借：银行存款	424 000	
贷：主营业务收入		400 000
应交税费——应交增值税（销项税额）		24 000
借：主营业务成本	185 000	
贷：合同履约成本		185 000

【例题·多选题】下列各项关于合同履约成本表述错误的有（　　）。

A. 非正常消耗的直接材料、直接人工和制造费用应记入合同履约成本

B. 行政管理部门的管理费用支出应记入合同履约成本

C. 合同履约成本账户借方登记摊销的合同履约成本

D. 合同履约成本期末借方余额，反映企业尚未结转的合同履约成本

『答案』ABC

『解析』选项 AB 不属于履行合同的直接相关支出，所以不能记入合同履约成本；选项 C，贷方登记摊销的合同履约成本。

【例题·判断题】企业摊销合同履约成本时应借记“合同履约成本”，贷记“主营业务成本”“其他业务成本”等。（　　）

『答案』×

『解析』应借记“主营业务成本”，贷记“合同履约成本”。

【例题·不定项】甲公司为增值税一般纳税人。假定销售商品和提供服务（经营租赁除外）均为企业的主营业务，都符合收入确认条件，其成本在确认收入时逐笔结转，不考虑其他因素。

2019 年 12 月，甲公司发生如下交易或事项：

(1) 1 日，甲公司通过竞标赢得一个服务期为 5 年的客户，该客户每年末支付含税咨询

费 1 908 000 元，增值税税率 6%。为取得与该客户的合同，甲公司聘请外部律师进行尽职调查支付相关费用 15 000 元，为投标而发生的差旅费 10 000 元，支付销售人员佣金 50 000 元。甲公司预期这些支出未来均能够收回。此外，甲公司根据其年度销售目标、整体盈利情况及个人业绩等，向销售部门经理支付年度奖金 10 000 元。

(2) 1 日，甲公司与乙公司签订为期 6 个月的装修合同，合同总价款为 300 万元，该业务适用增值税税率 9%，装修费用每月末按完工进度支付。至 12 月 31 日，实际发生劳务成本 50 万元(均为职工薪酬)，估计为完成该合同还将发生劳务成本 150 万元，乙公司按进度支付了价款和税款。假定该项业务属于甲公司的主营业务，按实际发生的成本占估计总成本的比例确定劳务完工进度，发生的成本预期能够收回。

(3) 甲公司经营一家健身俱乐部。12 月 1 日，A 客户与甲公司签订合同，成为甲公司的会员，并向甲公司支付会员费 3 600 元(不含税价)，可在未来的 12 个月内在该俱乐部健身，且没有次数的限制。该业务适用的增值税税率为 6%。甲公司于每月末确认收入时开具增值税专用发票并收到税款。

(4) 甲公司经营一家酒店，该酒店是甲公司的自有资产。2019 年 12 月甲公司计提与酒店经营直接相关的酒店、客房以及客房内的设备家具等折旧 120 000 元、酒店土地使用权摊销费用 65 000 元。经计算，当月确认房费、餐饮等服务含税收入 424 000 元，增值税税率 6%，全部存入银行。

(5) 12 月 31 日，甲公司与乙公司签订经营租赁(非主营业务)吊车合同，向乙公司出租吊车三台，期限为 6 个月，起租日为 2020 年 1 月 1 日，三台吊车租金(含税)共计 67 800 元。合同签订日，甲公司收到租金并存入银行，开具的增值税专用发票注明租金 20 000 元、增值税 2 600 元。租赁期满日，甲公司收到租金余款及相应的增值税。该项业务适用增值税税率为 13%。

1. 根据资料(1)，下列各项中，甲公司会计处理正确的有(　　)。

A. 甲公司支付销售人员佣金时，记入销售费用 50 000 元

B. 甲公司取得合同时，记入合同取得成本 85 000 元

C. 甲公司每月确认收入时，应贷记主营业务收入 150 000 元

D. 甲公司取得合同当月开展服务，影响当月营业利润的金额为 149 166.67 元

『答案』C

『解析』选项 AB，销售人员佣金属于增量成本，应记入合同取得成本 50 000 元；选项 D，还应扣除取得合同当月的销售费用和管理费用。

(1) 支付相关费用

借：合同取得成本	50 000	
管理费用	25 000	
销售费用		10 000
贷：银行存款		85 000

(2) 每月确认服务收入，摊销销售佣金：

服务收入＝1 908 000÷(1+6%)÷12＝150 000(元)

销售佣金摊销额＝50 000÷5÷12＝833.33(元)

借：应收账款	159 000	
贷：主营业务收入		150 000

应交税费——应交增值税(销项税额)　　9 000

借：销售费用　　833.33

贷：合同取得成本　　833.33

2. 根据资料(2)，甲公司账务处理正确的有(　　)。

A. 实际发生劳务成本时借记主营业务成本 50 万元

B. 实际发生劳务成本时借记合同履约成本 50 万元

C. 12 月应确认的主营业务收入是 81.75 万元

D. 12 月应确认的主营业务成本是 50 万元

『答案』BD

『解析』劳务履约进度=50/(150+50)×100%=25%

应该确认的劳务收入=300×25%=75(万元)。

(1)发生劳务成本时：

借：合同履约成本　　50

贷：应付职工薪酬　　50

(2)年末确认收入、结转成本

借：银行存款　　81.75

贷：主营业务收入　　75

应交税费——应交增值税(销项税额)　　6.75

借：主营业务成本　　50

贷：合同履约成本　　50

3. 根据资料(3)，甲公司会计处理正确的有(　　)。

A. 12 月 1 日甲公司收到会员费时，甲公司应确认收入

B. 12 月 1 日甲公司收到会员费时，甲公司应贷记合同负债 3 600 元

C. 12 月 31 日确认收入时，甲公司贷记主营业务收入 300 元

D. 12 月 31 日确认收入时，甲公司贷记应交税费——应交增值税(销项税额)18 元

『答案』BCD

『解析』选项 A，7 月 1 日甲公司收到会员费时，甲公司不应确认收入，而确认为合同负债。

(1) 2019 年 12 月 1 日收到会员费时：

借：银行存款　　3 600

贷：合同负债　　3 600

(2) 2019 年 12 月 31 日确认收入，开具增值税专用发票并收到税款时：

借：合同负债　　300

银行存款　　18

贷：主营业务收入　　300

应交税费——应交增值税(销项税额)　　18

4. 根据资料(4)，甲公司会计处理正确的有(　　)。

A. 甲公司确认资产的折旧费、摊销费，应借记主营业务成本

B. 甲公司确认资产的折旧费、摊销费，应借记合同履约成本

C. 确认 12 月收入时，甲公司贷记主营业务收入 400 000 元

D. 确认 12 月收入时，甲公司贷记应交税费——应交增值税(销项税额)24 000 元

『答案』BCD

『解析』①确认资产的折旧费、摊销费：

借：合同履约成本　185 000

　贷：累计折旧　120 000

　　累计摊销　65 000

② 12 月确认酒店服务收入并摊销合同履约成本：

借：银行存款　424 000

　贷：主营业务收入　400 000

　　应交税费——应交增值税(销项税额)　24 000

借：主营业务成本　185 000

　贷：合同履约成本　185 000

5. 根据资料(5)，下列各项中，甲公司会计处理正确的有(　　)。

A. 收到乙公司预付租金，应贷记预收账款 22 600 元

B. 收到乙公司预付租金，应贷记预收账款 20 000 元

C. 2020 年 1 月末确认租金收入，贷记主营业务收入 10 000 元

D. 2020 年 1 月末由于未收款不确认租金收入

『答案』B

『解析』

(1) 收到乙公司预付租金

借：银行存款　22 600

　贷：预收账款——乙公司　20 000

　　应交税费——应交增值税(销项税额)　2 600

(2) 每月末确认租金收入

借：预收账款——乙公司　10 000

　贷：其他业务收入　10 000

(3) 租赁期满收到租金余款及增值税

借：银行存款　45 200

　贷：预收账款——乙公司　40 000

　　应交税费——应交增值税(销项税额)　5 200

真题回顾

【判断题】(2014 年)企业在商品售出后，即使仍然能够对售出商品实施有效控制，也应确认商品销售收入。(　　)

『答案』×

『解析』企业应当在履行了合同中的履约义务，即在客户取得相关商品控制权时确认收入。若企业仍然能够对售出商品实施有效控制，不应确认收入。

【单选题】(2019 年)企业对不符合收入确认条件的售出商品进行会计处理，应借记的会计科目是(　　)。

A. 在途物资　　B. 库存商品　　C. 主营业务成本　　D. 发出商品

『答案』D

『解析』“发出商品”科目核算一般销售方式下，已经发出但尚未确认收入的商品成本。

【判断题】(2017 年)如果销售商品不符合收入确认条件，在商品发出时不需要进行会计处理。(　　)

『答案』×

『解析』“发出商品”科目，核算企业商品已发出但客户未取得商品控制权时的商品成本。

借：发出商品

　　贷：库存商品

【单选题】(2018 年)下列各项中，关于企业采用支付手续费方式委托代销商品会计处理的表述正确的是(　　)。

A. 支付的代销手续费计入主营业务成本

B. 发出委托代销商品时确认相应的主营业务成本

C. 发出委托代销商品时确认销售收入

D. 收到受托方开出的代销清单时确认销售收入

『答案』D

『解析』选项 A，应计入销售费用；选项 B，发出委托代销商品应计入发出商品，不需要确认主营业务成本；选项 C，应在收到受托方开出的代销清单时确认销售商品收入。

【单选题】(2017 年)某企业为增值税一般纳税人，适用的增值税税率为 13%。2019 年 11 月 1 日，对外销售 M 商品 20 000 件，每件不含增值税销售价格为 15 元，给予 10%的商业折扣，符合收入确认条件。下列各项中，该企业销售商品会计处理正确的是(　　)。

A. 确认应交税费 3.9 万元　　B. 确认主营业务收入 27 万元

C. 确认管理费用 3 万元　　D. 确认财务费用 3 万元

『答案』B

『解析』相关会计分录为：

借：应收账款 30.51

　　贷：主营业务收入 27[20 000×15×(1-10%)]

　　　　应交税费——应交增值税(销项税额)3.51

【多选题】(2019 年)某企业为增值税一般纳税人，确认商品销售收入同时结转成本。2019 年 11 月 2 日，赊销一批商品开具的增值税专用发票上注明的价款为 100 000 元，增值税税额为 13 000 元，合同规定的现金折扣条件为“1/10，0.5/20，*N*/30”。该批商品的成本为 70 000 元，符合收入确认条件。不考虑其他因素，该企业销售商品会计处理正确的有(　　)。

A. 借记“主营业务成本”科目 70 000　　B. 贷记“主营业务收入”科目 99 000

C. 借记“应收账款”1 130 000　　D. 贷记“库存商品”70 000

『答案』ACD

『解析』会计分录：

借：应收账款　　113 000

贷：主营业务收入　　100 000

应交税费——应交增值税(销项税额)　　13 000

借：主营业务成本　　70 000

贷：库存商品　　70 000

【单选题】(2014 年)甲、乙公司均为增值税一般纳税人，适用的增值税税率为 13%。2020 年 3 月 2 日，甲公司向乙公司赊销商品一批，商品标价总额为 200 万元(不含增值税)。由于成批销售，乙公司应享受 10%的商业折扣，销售合同规定的现金折扣条件为 2/10，1/20，*N*/30。假定计算现金折扣时不考虑增值税。乙公司于 3 月 9 日付清货款，甲公司收到的款项为(　　)万元。

A. 226　　B. 203. 4　　C. 222. 4　　D. 199. 8

『答案』D

『解析』应收金额＝(200－200×10%)×(1＋13%)＝203. 4(万元)；少收金额＝(200－200×10%)×2%＝3. 6(万元)。

【单选题】(2019 年)下列各项中，关于销售商品并提供现金折扣的会计处理正确的是(　　)。

A. 实际收到款项时，应将发生的现金折扣计入营业外支出

B. 确认应收账款时，应扣除预计可能发生的现金折扣

C. 确认销售收入时，应扣除预计可能发生的现金折扣

D. 实际收到款项时，应将发生的现金折扣计入财务费用

『答案』D

『解析』选项 A，应计入财务费用；选项 B，应在实际发生现金折扣时将其计入财务费用，不影响应收账款的入账金额；选项 C，应在实际发生现金折扣时将其计入财务费用，不影响销售收入的确认金额。

【判断题】(2019 年)企业为了鼓励客户在规定的时间内付款而给予的现金折扣，应在发生时计入销售费用。(　　)

『答案』×

『解析』企业为了鼓励客户在规定的时间内付款而给予的现金折扣，应在发生时计入财务费用。

【判断题】(2017 年)企业售出商品发生销售退回，对于已确认收入且不属于资产负债表日后事项的，企业收到退回的商品时，应退回货款或冲减应收账款，并冲减销售当期的主营业务收入和增值税销项税额。(　　)

『答案』×

『解析』已确认销售商品收入的售出商品发生销售退回的，除属于资产负债表日后事项的外，企业收到退回的商品时，应退回货款或冲减应收账款，并冲减主营业务收入和增值税销项税额。

【判断题】(2016 年)企业销售商品已确认收入但货款尚未收到，在资产负债表日得知客户资金周转困难而无法收回货款，该企业应冲减已确认的商品销售收入。(　　)

『答案』×

『解析』无法收回货款时，应当对应收账款计提坏账准备。

【单选题】(2019 年)下列各项中，已确认销售成本的售出商品被退回，应借记的会计科

目是(　　)。

A. 发出商品　　B. 主营业务成本　　C. 销售费用　　D. 库存商品

『答案』D

『解析』会计分录：

借：库存商品

　贷：主营业务成本

【单选题】(2017 年)某企业售出商品发生销售退回，该商品销售尚未确认收入且增值税纳税义务尚未发生，该企业收到退回的商品应贷记的会计科目是(　　)。

A. 应收账款　　B. 其他业务成本　　C. 发出商品　　D. 主营业务成本

『答案』C

『解析』借记库存商品，贷记发出商品。

【单选题】(2018 年)2017 年 5 月企业销售一批商品已经确认收入，已给予现金折扣 1 000元。6 月，因商品发生质量问题，所有商品被退回。2017 年 6 月该企业发生商品退回时，关于现金折扣的相关的会计处理正确的是(　　)。

A. 冲减营业外支出 1 000 元　　B. 冲减财务费用 1 000 元

C. 冲减销售费用 1 000 元　　D. 冲减管理费用 1 000 元

『答案』B

『解析』企业销售商品时，给予购买方的现金折扣，计入财务费用，所以发生销售退回时，对已经发生的现金折扣，应同时冲减财务费用的金额。

【单选题】(2018 年)2016 年 10 月，某企业签订一项劳务合同，合同收入为 300 万元，预计合同成本为 240 万元，合同价款在签订合同时已收取，该企业采用履约进度确认收入，2016 年已确认收入 80 万元，截至 2017 年年底，累计完工进度为 60%，不考虑其他因素，2017 年企业应确认该项业务的收入为(　　)万元。

A. 64　　B. 144　　C. 100　　D. 180

『答案』C

『解析』2017 年应确认的收入 = 收入总额×完工进度 - 已确认的收入 = 300×60% - 80 = 100(万元)。

【多选题】(2017 年)甲公司为一家培训公司，2016 年 12 月 1 日，甲公司与乙公司签订一项培训合同，期限 3 个月，截至 12 月 31 日，劳务履约进度不能合理确定，已实际发生劳务 40 万元，预计仅收回 20 万元，下列处理正确的有(　　)。

A. 银行存款借记 20 万元　　B. 主营业务成本借记 40 万元

C. 主营业务收入贷记 20 万元　　D. 劳务成本借记 20 万元

『答案』BC

『解析』劳务结果不能可靠计量的跨期劳务，已经发生的劳务成本预计部分能够得到补偿，以实际发生的成本确认劳务成本，按预计能够得到部分补偿的劳务成本的金额确认劳务收入。

【不定项 1】(2019 年)甲公司为增值税一般纳税人，其主营业务为生产并销售 M 和 W 产品。M、W 产品的售价中不包含增值税，确认销售收入的同时结转销售成本。该公司 2019 年适用的增值税税率为 13%。第四季度发生经济业务如下：

(1) 10 月 10 日，向乙公司销售 M 产品 200 件并开具增值税专用发票，每件产品的售价为 110 元，实际成本为 70 元。M 产品已发出并符合收入确认条件。此外，现金折扣条件为

2/10、1/20、N/30，计算现金折扣不考虑增值税。10 月 24 日，乙公司付清了扣除现金折扣后的剩余款项。

(2) 10 月 16 日，委托丙公司销售 M 产品 400 件，每件成本为 70 元，合同约定丙公司按每件 110 元的价格对外销售。甲公司按照售价的 10%支付手续费。10 月 31 日，收到丙公司开具的代销清单和已经税务机关认证的增值税专用发票。丙公司实际对外销售 M 产品 200 件，应收代销手续费 2 200 元，增值税税额 132 元，全部款项尚未结算。

(3) 11 月 29 日，向丁公司销售 M 产品 1 000 件并开具了增值税专用发票，每件产品的售价为 110 元，实际成本为 70 元，由于是成批销售，甲公司给予丁公司 10%的商业折扣，M 产品于当日发出，符合销售收入确认条件，全部款项至月末尚未收到。

(4) 12 月 3 日，因上月 29 日售出 M 商品存在质量瑕疵，丁公司要求退货，甲公司同意其要求并开出增值税专用发票(红字)，全部退货款从应收丁公司款项中扣减。

(5) 12 月 15 日，向丁公司销售 W 商品一批，开具的增值税专用发票上注明增值税价款 30 000 元，增值税税额 3 900 元，该批商品实际成本 25 000 元。销售商品时，已知丁公司资金周转困难，但为了减少库存仍向丁公司发货。

要求：根据上述资料，不考虑其他因素，分析回答下列小题。

1. 根据资料(1)，下列各项中，关于甲公司向乙公司销售 M 产品相关会计科目处理正确的是(　　)。

A. 10 月 24 日，借记“银行存款”科目 24 860 元

B. 10 月 10 日，贷记“主营业务收入”科目 22 000 元

C. 10 月 10 日，贷记“库存商品”科目 14 000 元

D. 10 月 24 日，借记“财务费用”科目 220 元

『答案』BCD

『解析』资料(1)会计分录：

10 月 10 日：

借：应收账款　24 860

　　贷：主营业务收入　(200×110)22 000

　　　　应交税费——应交增值税(销项税额)　2 860

借：主营业务成本　(200×70)14 000

　　贷：库存商品　14 000

10 月 24 日：

借：银行存款　24 640

　　财务费用　(22 000×1%)220

　　贷：应收账款　24 860

2. 根据资料(2)，下列各项中，甲公司委托丙公司代销 M 产品会计处理正确的是(　　)。

A. 10 月 16 日，向丙公司发出 M 产品时：

借：应收账款　49 720

　　贷：主营业务收入　44 000

　　　　应交税费——应交增值税(销项税额)　5 720

B. 10 月 16 日，向丙公司发出 M 产品时：

借：发出商品 44 000

贷：库存商品 44 000

C. 10月31日，收到丙公司代销清单时：

借：销售费用 2 200

应交税费——应交增值税(进项税额) 132

贷：应收账款 2 332

D. 10月31日，收到丙公司代销清单时：

借：主营业务成本 14 000

贷：发出商品 14 000

『答案』CD

『解析』10月16日，发出商品时：

借：发出商品 (400×70)28 000

贷：库存商品 28 000

10月31日，收到代销清单时：

借：应收账款 24 860

贷：主营业务收入 (200×110)22 000

应交税费——应交增值税(销项税额) 2 860

借：主营业务成本 (200×70)14 000

贷：发出商品 14 000

借：销售费用 2 200

应交税费——应交增值税(进项税额) 132

贷：应收账款 2 332

3. 根据资料(3)，下列各项中，甲公司向丁公司销售M产品会计处理结果正确的是(　　)。

A. 结转主营业务成本63 000元　　B. 结转主营业务成本70 000元

C. 确认主营业务收入110 000元　　D. 确认主营业务收入99 000元

『答案』BD

『解析』资料(3)会计分录：

11月29日：

借：应收账款 111 870

贷：主营业务收入 [110 000×(1-10%)]99 000

应交税费——应交增值税(销项税额) 12 870

借：主营业务成本 (1 000×70)70 000

贷：库存商品 70 000

4. 根据资料(4)和(5)，下列各项中，甲公司给予丁公司M商品销售退回的会计处理结果正确的是(　　)。

A. 退回M产品冲减主营业务收入99 000元

B. 退回M产品冲减主营业务成本70 000元

C. 发出W产品应确认主营业务收入30 000元

D. 应交税费的净发生额为-8 970元

『**答案**』ABD

『**解析**』资料(4)会计分录：

借：主营业务收入　　99 000

　　应交税费——应交增值税(销项税额)　　12 870

　　贷：应收账款　　111 870

借：库存商品　　(1 000×70)70 000

　　贷：主营业务成本　　70 000

资料(5)会计分录：

借：发出商品　　25 000

　　贷：库存商品　　25 000

借：应收账款　　3 900

　　贷：应交税费——应交增值税(销项税额)　　3 900

5. 根据资料(1)至(5)，下列各项中，销售M产品应列入甲公司2019年度利润表“营业收入”项目本期金额的是(　　)元。

A. 41 800　　B. 44 000　　C. 41 580　　D. 43 780

『**答案**』B

『**解析**』“营业收入”项目=主营业务收入+其他业务收入=22 000(资料1)+22 000(资料2)+99 000(资料3)-99 000(资料4)=44 000(元)。

【不定项2】(2018年)甲公司为从事商品流通的增值税一般纳税人，适用的增值税税率为13%，该公司主营业务为经销W产品并按实际成本核算。W商品的售价中不含增值税，销售商品的同时结转销售成本。11月30日，W商品账面余额为1 000万元，其中包含上月已入库但未收到增值税发票暂估入账的800万元。12月发生的经济业务如下：

(1) 1日，收到上月暂估入库的发票账单，W商品增值税专用发票上注明的价款800万元，增值税税额104万元，款项以银行汇票支付；取得运费增值税专用发票，价款10万元，增值税额0.9万元，运费价款开出转账支票支付；

(2) 8日，向乙公司销售W商品一批，开具的增值税专用发票上注明增值税价款700万元，增值税税额91万元，尚未收到货款，符合收入确认条件。支付运费价款20万元，增值税税额1.8万元，取得运费增值税专用发票。该批商品实际成本600万元。

(3) 15日，经甲公司管理处研究决定，向行政管理人员发放自产产品作为福利，该福利已于当日发放。该批产品的实际成本为16万元，市场销售价格为20万元。

(4) 20日，销售一批材料，增值税专用发票上注明的销售价格为40万元，增值税额5.2万元，款项尚未收到。以银行存款支付代垫运费价款2万元，增值税税额0.18万元，取得运费增值税专用发票。该批材料的实际成本为30万元。

1. 根据期初资料和资料(1)，12月1日，收到暂估入账的存货时，下列相关科目会计处理正确的是(　　)。

A. 借：库存商品——W商品　　800(红字)

　　贷：应付账款——暂估应付账款　　800(红字)

B. 借：库存商品——W商品　　800

　　应交税费——应交增值税(进项税额)　　104

　　贷：其他货币资金　　904

C. 借：库存商品——W 商品　　800

应交税费——应交增值税(进项税额)　　104

贷：银行存款　　904

D. 借：库存商品——W 商品　　10

应交税费——应交增值税(进项税额)　　0.9

贷：银行存款　　10.9

『答案』ABD

『解析』选项 C，以银行汇票结算应通过其他货币资金账户核算；

2. 根据资料(2)，销售 W 商品的会计处理正确的是(　　)

A. 借记“应收账款”791 万元　　B. 贷记“主营业务收入”680 万元

C. 借记“主营业务成本”620 万元　　D. 借记“销售费用”21.8 万元

『答案』A

『解析』确认收入、结转成本：

借：应收账款　　791

贷：主营业务收入　　700

应交税费——应交增值税(销项税额)　　91

借：主营业务成本　　600

贷：库存商品——W 商品　　600

支付运费：

借：销售费用　　20

应交税费——应交增值税(进项税额)　　1.8

贷：银行存款　　21.8

3. 根据资料(3)，下列各项中，甲公司发放职工福利的会计处理表述正确的是(　　)。

A. 确认应交增值税销项税额 2.6 万元　　B. 确认主营业务收入 20 万元

C. 确认主营业务成本 16 万元　　D. 影响应付职工薪酬 22.6 万元

『答案』ABCD

『解析』资料(3)的账务处理如下：

借：管理费用　　22.6

贷：应付职工薪酬　　22.6

借：应付职工薪酬　　22.6

贷：主营业务收入　　20

应交税费——应交增值税(销项税额)　　2.6

借：主营业务成本　　16

贷：库存商品　　16

4. 根据资料(4)，下列各项中，甲公司销售原材料会计处理结果正确的是(　　)。

A. 确认应收账款 47.38 万元　　B. 确认销售费用 0.18 万元

C. 结转其他业务成本 30 万元　　D. 确认其他业务收入 40 万元

『答案』ACD

『解析』资料(4)会计分录：

借：应收账款　　45.2

　　贷：其他业务收入　　40

　　　　应交税费——应交增值税(销项税额)　　5.2

借：其他业务成本　　30

　　贷：原材料　　30

借：应收账款　　2.18

　　贷：银行存款　　2.18

5. 根据资料(1)至(4)，甲公司2019年12月的营业利润增加的金额是(　　)万元。

A. 94　　B. 71.4　　C. 80　　D. 61.4

『**答案**』B

『**解析**』营业利润影响金额：

(资料2)700-600-20=80(万元)

(资料3)20-16-22.6=-18.6(万元)

(资料4)40-30=10(万元)

第二节　费用

学情分析

本节重点掌握以下内容：

1. 营业成本；
2. 税金及附加；
3. 期间费用。

主要内容导图

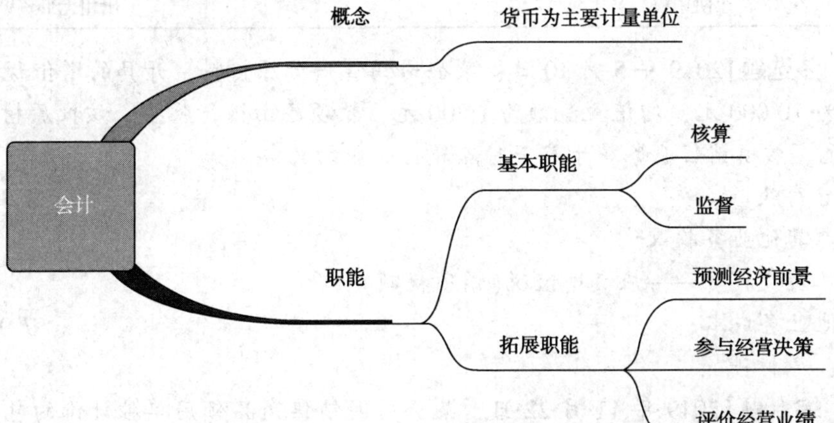

重、难点解析

收入、利得、费用、损失对比表

	收入	利得	费用	损失
活动	日常	非日常	日常	非日常
所有者权益	增加		减少	
经济利益	总流入	净流入	总流出	净流出
其他	投入资本无关		分配利润无关	

一、营业成本

	主营业务成本	其他业务成本
含义	指企业销售商品、提供服务等经常性活动所发生的成本	其他业务成本是指企业确认的除主营业务活动以外的其他日常经营活动所发生的支出。出租、包装(出售单独计价的包装物)、原材料的出售
常见处理	借：银行存款 　贷：主营业务收入 　　应交税费——应交增值税(销项税额) 借：主营业务成本 　贷：库存商品/合同履约成本	借：银行存款 　贷：其他业务收入 　　应交税费——应交增值税(销项税额) 借：其他业务成本 　贷：原材料/累计折旧/累计摊销/周转材料

其他业务收入科目与其他业务成本科目：

	其他业务收入	其他业务成本
销售材料	销售收入	销售材料的成本
随同产品出售单独计价的包装物		包装物的成本
出租——包装物	租金收入	包装物成本或摊销额
出租——固定资产		出租固定资产折旧
出租——无形资产(转让使用权)		出租无形资产摊销

【例题·多选题】2019年5月10日，某公司销售一批原材料，开具的增值税专用发票上注明的售价为10 000元，增值税税额为1 300元，款项已由银行收妥。该批原材料的实际成本为7 000元。该项销售业务属于某一时点履行的履约义务。

借：银行存款　　11 300

　贷：其他业务收入　　10 000

　　应交税费——应交增值税(销项税额)　　1 300

借：其他业务成本　　7 000

　贷：原材料　　7 000

【例题·综合题】2019年11月22日，某公司因销售商品领用单独计价的包装物的实际成本为40 000元，开具的增值税专用发票上注明价款为100 000元，增值税税额为13 000元，款项已存入银行。销售商品领用单独计价包装物属于销售商品和包装物两项履行的履约义务。

该公司确认商品销售收入的同时应编制如下会计分录：

(1) 出售包装物时：

借：银行存款　　　　11 3000

　　贷：其他业务收入　　　　10 0000

　　　　应交税费——应交增值税(销项税额)　　　　43 000

(2) 结转出售包装物成本时：

借：其他业务成本　　　　40 000

　　贷：周转材制——包装物　　　　40 000

【例题·多选题】下列各项中，不应列入利润表"营业成本"项目的有(　　)。

A. 销售材料的成本　　B. 支付的委托代销商品代销费用

C. 计入合同取得成本的销售佣金摊销　　D. 提供服务应摊销的合同履约成本

『答案』BC

『解析』选项A，销售材料成本计入其他业务成本；选项BC都计入销售费用；

【例题·多选题】下列各项中，应计入工业企业其他业务成本的有(　　)。

A. 生产领用包装物成本

B. 出租包装物的成本

C. 结转随同产品出售单独计价的包装物成本

D. 结转随同产品出售不单独计价的包装物成本

『答案』BC

『解析』选项A，生产领用包装成本计入生产成本；选项D，结转随同产品出售不单独计价的包装物成本计入销售费用。

二、税金及附加

税金及附加是指企业经营活动应负担的相关税费，包括消费税、城市维护建设税、教育费附加、房产税、车船税、城镇土地使用税、印花税、(矿产资源补偿费)、资源税、房地产开发企业销售房地产应缴纳的土地增值税等。(不包括增值税和企业所得税、个人所得税、契税、车辆购置税、耕地占用税)

基本账务处理：

1. 计算应交××税额：

借：税金及附加　　　　100

　　贷：应交税费——应交××税　　　　100

2. 交税时：

借：应交税费——应交××税　　　　100

　　贷：银行存款　　　　100

【例题·综合题】2019年12月，某公司一幢房产的原值为200万元，已知房产税税率为1.2%，当地规定的房产税扣除比例为30%。

(1)计算应交房产税额16 800元

应交房产税=[2 000 000×(1-30%)×1.2%]=16 800元

借：税金及附加　　　　16 800

　　贷：应交税费——应交房产税　　　　16 800

(2)缴纳房产税时：

借：应交税费——应交房产税　　16 800

　　贷：银行存款　　16 800

三、期间费用

期间费用是指企业日常活动发生的不能计入特定核算对象的成本，而应计入发生当期损益的费用。

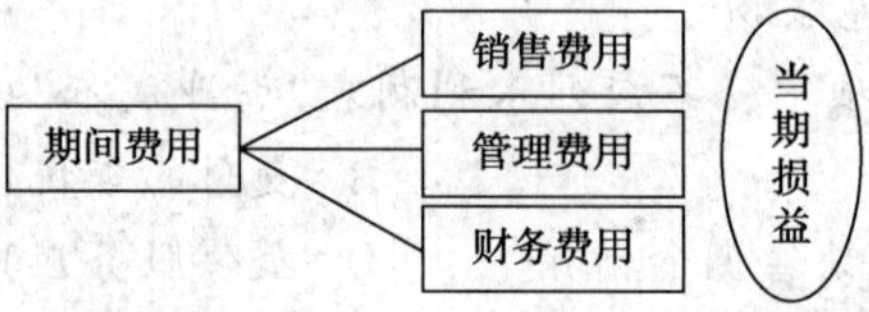

(一)销售费用

销售费用(五项)	销售机构	职工薪酬、折旧费、修理费
	售前	广告费、展览费
	售中	包装费、运输费、保险费、不单独计价包装物的成本
	售后	商品维修费、预计产品质量保证损失
	委托代销	委托方支付的代销费用

【例题·综合题】某公司为增值税一般纳税人，2019 年 6 月 12 日销售一批产品，取得的增值税专用发票上注明的运输费为 7 000 元，增值税税额为 630 元，取得的增值税普通发票上注明的装卸费价税合计为 3 000 元，上述款项均用银行存款支付。该公司应编制如下会计分录：

借：销售费用　　10 000

　　应交税费——应交增值税(进项税额)　　630

　　贷：银行存款　　10 630

(二) 管理费用

管理费用	管理部门	职工薪酬、修理费、折旧费、差旅费
	筹建期间	开办费
	统一负担	技术转让费、研究费用、业务招待费、诉讼费、咨询费、中介机构费、生产车间固定资产日常维修费

商品流通企业管理费用不多的，可不设置管理费用科目，相关核算内容可并入“销售费用”科目核算。

【例题·综合题】某公司 2017 年 4 月 5 日为拓展产品销售市场发生业务招待费 50 000 元，取得的增值税专用发票上注明的增值税税额为 3 000 元，已用银行存款支付价款和税款。

借：管理费用——业务招待费　　50 000

　　应交税费——应交增值税(进项税额)　　3 000

贷：银行存款 53 000

(三) 财务费用

利息支出	短期借款的利息支出
	贴现的利息支出
相关手续费	办理银行承兑汇票的银行手续费
汇兑损益	汇兑损失
	汇兑收益(冲减财务费用)
现金折扣	销售企业发生的现金折扣
	购买企业收到的现金折扣(冲减财务费用)

【例题·多选题】下列各项中，应计入财务费用的有(　　)。

A. 企业发行股票支付的手续费

B. 采购材料办理银行承兑汇票支付的手续费

C. 企业购买商品时取得的现金折扣

D. 企业销售商品时发生的现金折扣

『答案』BCD

『解析』选项 A，应冲减“资本公积——股本溢价”。

真题回顾

【单选题】(2013 年)销售库存商品，收到价款 200 万元，该商品成本 170 万元，已提存货跌价准备 35 万元，应结转销售成本(　　)万元。

A. 135　　B. 200　　C. 170　　D. 165

『答案』A

『解析』因为已经计提存货跌价准备 35 万元，所以应结转销售成本 = 170 − 35 = 135(万元)。

借：主营业务成本 135

　　存货跌价准备 35

　　贷：库存商品 170

【多选题】(2019 年)下列各项中，属于制造业企业“营业成本”核算内容的有(　　)。

A. 计提的投资性房地产的折旧额或摊销额(改编)

B. 预提产品质量保证损失

C. 计提设备在经营出租期间的折旧费

D. 转销出售设备的账面价值

『答案』AC

『解析』选项 B，应计入销售费用；选项 D，先通过固定资产清理核算，最终计入资产处置损益。

【多选题】(2019 年)下列各项中，制造业企业应通过“其他业务收入”科目核算的有(　　)。

A. 对外出租闲置设备取得的租金收入

B. 出售自产产品取得的销售收入

C. 转让无形资产使用权的收入

D. 对外提供运输服务取得的劳务收入

『答案』ACD

『解析』选项 B，计入主营业务收入。

【多选题】(2018 年)下列各项中，属于工业企业其他业务收入的有(　　)。

A. 出售辅料取得的收入　　B. 出售包装物(单独计价)取得的收入

C. 出售设备取得的净收入　　D. 出租包装物取得的收入

『答案』ABD

『解析』选项 C，计入资产处置损益。

【单选题】(2013 年)2016 年 10 月，甲公司销售商品实际应交资源税 38 万元、应交消费税 20 万元，提供运输劳务实际应交增值税 15 万元、土地增值税 3 万元；适用的城市维护建设税税率为 7%，教育费附加为 3%，假定不考虑其他因素，甲公司当月应列入利润表“税金及附加”项目的金额为(　　)万元。

A. 58　　B. 63.8　　C. 61.5　　D. 80.3

『答案』C

『解析』“税金及附加”项目金额 = 38+20+(20+15)×(7%+3%) = 61.5(万元)。

【单选题】(2019 年)下列各项中，应列入利润表“税金及附加”项目的是(　　)。

A. 销售自产应税化妆品应交的消费税　　B. 进口原材料应交的关税

C. 购进生产设备应交的增值税　　D. 购入土地使用权应交纳的契税

『答案』A

『解析』选项 B，计入原材料的入账成本；选项 C，通过“应交税费”科目核算；选项 D，计入无形资产的入账成本。

【多选题】(2016 年)下列各项中，应计入“税金及附加”的有(　　)。

A. 自用办公楼应交的城镇土地使用税　　B. 销售应税矿产品应交的资源税

C. 销售商品应交的增值税　　D. 工程自用应税消费品应交的消费税

『答案』AB

『解析』选项 C，是价外税，销售商品应交的增值税计入“应交税费——应交增值税”；选项 D，工程自用应税消费品应交的消费税是为取得资产而发生的，应计入工程成本。

【多选题】(2019 年)下列各项中，导致企业期间费用增加的有(　　)。

A. 确认销售人员的薪酬　　B. 计提行政部门固定资产的折旧费

C. 以银行存款支付生产车间的水费　　D. 以银行存款偿还银行短期借款的本金

『答案』AB

『解析』期间费用包括财务费用、销售费用和管理费用。

【多选题】(2011 年)下列各项中，应计入期间费用的有(　　)。

A. 已确认收入的售出商品发生销售退回　　B. 销售商品发生的售后服务费

C. 销售商品发生的商业折扣　　D. 委托代销商品支付的手续费

『答案』BD

『解析』选项 A，冲减主营业务收入；选项 C，在发生时直接抵减主营业务收入。

【单选题】(2015 年)下列各项中，应计入期间费用的是(　　)。

A. 计提车间使用固定资产的折旧费　　B. 支付车间固定资产日常维修费

C. 车间管理人员的工资费用　　D. 发行股票的交易费用

『答案』B

『解析』期间费用包括销售费用、管理费用和财务费用。车间固定资产日常维修费计入管理费用。

【多选题】(2019 年)下列各项中，企业应计入销售费用的有(　　)。

A. 已售商品的成本　　　　　　　　B. 预计产品质量保证损失

C. 随同商品销售不单独计价的包装物成本　D. 销售过程中代客户垫付的运输费

『答案』BC

『解析』选项 A，应计入主营业务成本；选项 D，应计入应收账款。

【单选题】(2017 年)下列各项中，应计入销售费用的是(　　)。

A. 推广新产品的宣传费　　　　　　B. 销售商品发生的商业折扣

C. 销售商品发生的销售退回　　　　D. 销售产品发生的现金折扣

『答案』A

『解析』选项 B，发生的商业折扣直接从售价中扣减；选项 C，已确认销售商品收入的售出商品发生销售退回，除属于资产负债表日后事项外，应冲减已确认的销售商品收入；选项 D，发生的现金折扣增加财务费用。

【多选题】(2019 年)下列各项中，应计入管理费用的有(　　)。

A. 合同违约支付的诉讼费　　　　　B. 专设销售机构发生的计算机维修费用

C. 聘请会计师事务所支付的审计费用　D. 筹建期间发生的开办费

『答案』ACD

『解析』选项 B，计入销售费用。

【单选题】(2017 年)下列各项中，应计入企业管理费用的是(　　)。

A. 收回应收账款发生的现金折扣　　B. 生产车间机器设备的日常修理费

C. 生产车间机器设备的折旧费　　　D. 生产车间发生的环境保护税

『答案』B

『解析』选项 A，计入财务费用；选项 C，计入制造费用；选项 D，计入税金及附加；

【单选题】(2018 年)2017 年 4 月，某企业发生行政管理部门工资 50 万元，诉讼费 5 万元，销售商品时发生的装卸费价税合计 3 万元，发生银行汇票手续费 2 万元，该企业 4 月应计入管理费用的金额是(　　)万元。

A. 55　　B. 50　　C. 60　　D. 58

『答案』A

『解析』计入管理费用的金额 = 50+5 = 55(万元)。销售商品发生的装卸费应计入销售费用，银行汇票手续费应计入财务费用。

【单选题】(2019 年)2018 年度，某企业“财务费用”科目核算内容如下，短期借款利息支出 600 万元，银行存款利息收入 20 万元，银行手续费支出 10 万元。不考虑其他因素，2018 年度该企业利润表中“财务费用”科目本年度金额为(　　)万元。

A. 580　　B. 590　　C. 600　　D. 610

『答案』B

『解析』短期借款利息支出记入“财务费用”的借方；银行存款利息收入记入“财务费用”的贷方；银行手续费支出记入“财务费用”的借方，所以期末“财务费用”的金额 = 600−20+10 = 590(万元)。

【多选题】(2019 年)2018 年 8 月 31 日，某企业发生有关经济业务如下，书立销售合约支付印花税 0.1 万元，支付商品展览费 4 万元，收取货款发生现金折扣 2 万元，支付销售商品保险费1.06万元。不考虑其他因素，下列各项中，该企业相关会计科目处理正确的有(　　)。

A. 借记“销售费用”科目5.06万元　　B. 借记“税金及附加”科目0.1万元

C. 借记“财务费用”科目2万元　　D. 借记“管理费用”科目1.06万元

『答案』ABC

『解析』选项A，销售费用=4+1.06=5.06(万元)；选项B，税金及附加是指企业经营活动应负担的相关税费，包括消费税、城市维护建设税、教育费附加、资源税、房产税、城镇土地使用税、车船税、印花税等，所以税金及附加为0.1万元；选项C，现金折扣计入财务费用，所以财务费用为2万元。

【不定项选择题】(2015年)某企业为增值税一般纳税人，适用的增值税税率为13%，2019年1月至11月“利润表”部分相关项目的累计发生额为：税金及附加600万元、销售费用500万元、管理费用1 000万元、财务费用200万元。2019年12月该企业发生如下经济业务：

(1)10日，将50台自产产品作为福利发放给本企业行政管理人员，该产品每台生产成本为1.2万元，市场售价为1.5万元(不含增值税)。

(2)31日，计提所属销售机构上月购入并投入使用的设备折旧费，该设备价款为360万元，增值税税额为46.8万元，预计使用寿命为5年，预计净残值为0，采用年数总和法计提折旧。

(3)31日，确认2019年长期借款利息费用。2019年7月1日，该企业为筹集生产经营所需资金，向银行借入8 000万元、5年期、每年末计息、次年初付息、到期一次还本，年利率为4%(与实际利率一致)，收到的款项已全部存入银行。

(4)31日，计算确定本月应交城市维护建设税35万元(不考虑教育费附加)，车船税5万元、支付印花税3万元，确认短期借款利息费用15万元，取得银行存款利息收入3万元。

要求：

根据上述资料，不考虑其他因素，分析回答下列小题(答案中的金额单位用万元表示)。

1. 根据资料(1)，该企业下列各项会计处理中，正确的是(　　)。

A. 主营业务成本增加60万元　　B. 应交税费增加9.75万元

C. 管理费用增加84.75万元　　D. 确认应付职工薪酬60万元

『答案』ABC

『解析』确认应付职工薪酬=50×1.5×(1+13%)=84.75(万元)，选项D不正确。

(1)分配费用

借：管理费用(1.5×50×1.13)84.75

　　贷：应付职工薪酬——非货币性福利　　84.75

(2)确认销售抵债

借：应付职工薪酬——非货币性福利　　84.75

　　贷：主营业务收入　　75

　　　　应交税费——应交增值税(销项税额)　　9.75

借：主营业务成本(1.2×50)60

　　贷：库存商品　　60

2. 根据资料(2)，该企业12月31日对所属销售机构设备计提折旧费的会计处理结果正确的是(　　)。

A. 计入管理费用11.3万元　　B. 计入管理费用10万元

C. 计入销售费用 10 万元　　　　D. 计入销售费用 11. 3 万元

『答案』C

『解析』该设备是销售机构使用的，所以应计入销售费用；折旧额 = 360×5/15×1/12 = 10（万元），所以选项 C 正确。

3. 根据资料(3)，12 月 31 日该企业确认利息费用的会计处理正确的是(　　)。

A. 借：财务费用　160
　　贷：应付利息　160

B. 借：财务费用　320
　　贷：应付利息　320

C. 借：财务费用　320
　　贷：长期借款——应计利息　320

D. 借：财务费用　160
　　贷：长期借款——应计利息 160

『答案』A

『解析』7 月 1 日借款，年末应计提半年的利息；分期付息的利息债务通过应付利息核算。

4. 根据资料(4)，该企业的会计处理结果正确的是(　　)。

A. 应交税费增加 43 万元　　　　B. 财务费用增加 12 万元

C. 管理费用增加 3 万元　　　　D. 税金及附加增加 43 万元

『答案』BD

『解析』城市维护建设税 35 万元：税金及附加

应交车船税 5 万元：税金及附加

支付印花税 3 万元：税金及附加（不通过应交税费）

确认短期借款利息 15 万元：借记财务费用

取得银行存款利息收入 3 万元：贷记财务费用

5. 根据所给资料，该企业全年的期间费用是(　　)万元。

A. 277. 75　　B. 1 966. 75　　C. 1 700　　D. 1 960

『答案』B

『解析』12 月初：销售费用 500 万元、管理费用 1 000 万元、财务费用 200 万元。

12 月发生额：(1)管理费用增加 84. 75 万元；(2)计入销售费用 10 万元；(3)计入财务费用 160 万元（根据题意 7~11 月没有按月计提利息费用）；(4)财务费用(15−3)万元。

第三节　利润

学情分析

本节重点掌握以下内容：

1. 利润的构成。

2. 营业外收支。

3. 所得税费用。

4. 本年利润。

主要内容导图

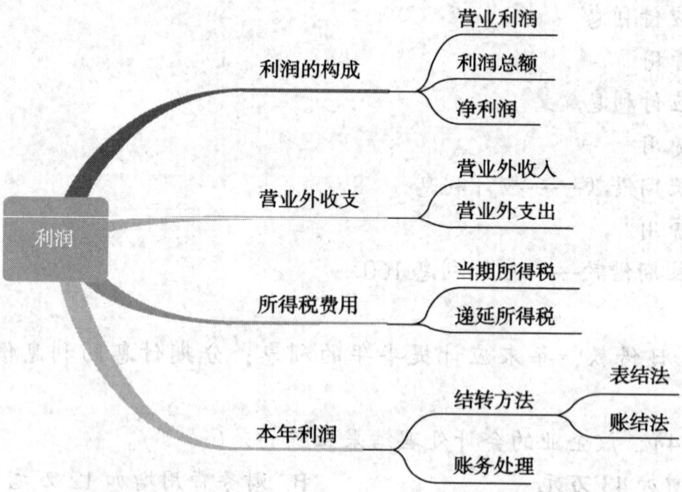

重、难点解析

一、利润的构成

1. 利润与利得

利润	包括收入减去费用后的净额、直接计入当期利润的利得和损失等
利得	指由企业非日常活动所形成的、会导致所有者权益增加的、与所有者投入资本无关的经济利益的流入
损失	指由企业非日常活动所发生的、会导致所有者权益减少的、与向所有者分配利润无关的经济利益的流出

2. 利润的计算

一、营业收入	
减：营业成本	加：其他收益
税金及附加	投资收益（损失—）
销售费用	公允价值变动收益（损失—）
管理费用	资产处置收益（损失—）
研发费用	净敞口套期收益（损失—）
财务费用	
资产减值损失	
信用减值损失	
一、营业收入	

续表

二、营业利润(亏损以"-"号填列)
加:营业外收入
减:营业外支出
三、利润总额(亏损总额以"-"号填列)
减:所得税费用
四、净利润(净亏损以"-"号填列)
五、其他综合收益的税后净额
六、综合收益总额
七、每股收益

营业收入=主营业务收入+其他业务收入

营业成本=主营业务成本+其他业务成本

其他收益:主要是指企业日常活动相关,除冲减相关成本费用以外的政府补助。

净利润与其他综合收益的税后净额的合计金额为综合收益总额。

【例题·多选题】下列各项中,既影响企业营业利润又影响利润总额的有(　　)。

A. 出租包装物取得的收入　　B. 经营租出固定资产的折旧额

C. 接受捐赠利得　　D. 所得税费用

『答案』AB

『解析』选项C,计入营业外收入,选项D,在利润表项目营业利润的下面,均不影响营业利润。

【例题·多选题】下列各项中,影响当期利润表中利润总额的有(　　)。

A. 固定资产盘盈　　B. 确认所得税费用

C. 对外捐赠固定资产　　D. 无形资产出售利得

『答案』CD

『解析』选项A,固定资产的盘盈用来调整年初留存收益;选项B,所得税费用是在利润总额确认后计算的,不影响利润总额。

二、营业外收支

营业外收入	营业外支出
非流动资产毁损报废收益	非流动资产毁损报废损失
盘盈利得——仅现金盘盈	盘亏损失——固定资产盘亏
捐赠利得	捐赠支出
与日常活动无关的政府补助	罚款支出
无法支付的应付账款	非常损失(自然灾害)

营业外收入与营业外支出账务处理对比表

序号	营业外收入	会计处理	营业外支出	会计处理
	与其日常活动无直接关系的各项利得		与其日常活动无直接关系的各项损失	
速记	双“飞”付债，盘捐(补)罚长		三非债，盘捐罚	
1	非流动资产(固定资产)毁损报废利得	固定资产： 借：固定资产清理 贷：营业外收入	非流动资产(固定资产、无形资产)毁损报废损失	固定资产： 借：营业外支出 贷：固定资产清理 无形资产： 借：累计摊销 无形资产减值准备 营业外支出(亏) 贷：无形资产
2	非货币性资产交换利得	考试不要求	非货币性资产交换损失	考试不要求
3	确实无法支付的应付账款	借：应付账款 贷：营业外收入	非常损失	借：营业外支出 贷：待处理财产损溢等
4	盘盈(现金)利得	借：库存现金 贷：待处理财产损溢 借：待处理财产损溢 贷：营业外收入	盘亏(固定资产)损失	借：营业外支出 贷：待处理财产损溢
5	捐赠利得	借：银行存款 贷：营业外收入	公益性捐赠支出	借：营业外支出 贷：银行存款
6	罚款利得	借：银行存款 贷：营业外收入	罚款支出	借：营业外支出 贷：银行存款
7	长期股权投资权益法：初始投资成本<被投资方份额>	仅满足好奇心，了解即可。 借：长期股权投资——投资成本 贷：银行存款 营业外收入		

【例题·综合题】某企业结转固定资产报废清理的净收益179 800元。

借：固定资产清理　　17 9800

　　贷：营业外收入——非流动资产毁损报废收益　　17 9800

【例题·综合题】某企业在现金清查中盘盈200元，无法查明原因，按管理权限报经批准后处理。

(1) 发现盘盈时：

借：库存现金　　200

　　贷：待处理财产损溢　　200

(2)经批准转入营业外收入时：

借：待处理财产损溢　　200

　　贷：营业外收入　　200

【例题·多选题】下列各项中，不应确认为营业外收入的有(　　)。

A. 存货盘盈　　B. 固定资产出租收入

C. 固定资产盘盈　　D. 无法查明原因的现金溢余

『答案』ABC

『解析』选项A，冲减管理费用；选项B，计入其他业务收入；选项C，通过“以前年度损益调整”科目核算。

【例题·多选题】下列各项中，应计入营业外收入的是(　　)。

A. 出售固定资产净收益　　B. 出售无形资产的净收益

C. 结转毁损固定资产的净收益　　D. 债务重组利得

『答案』CD

【例题·综合题】2017年2月1日，某公司取得一项价值1 000 000元的非专利技术并确认为无形资产，采用直线法摊销，摊销期限为10年。2019年2月1日，由于该技术已被其他新技术替代，公司决定将其报废处理，报废时以累计摊销200 000元，未计提减值准备。

借：营业外支出　　80 0000

　　累计摊销　　20 0000

　　贷：无形资产　　10 00000

【例题·综合题】A企业发生原材料自然灾害损失270 000元，经批准后全部转作营业外支出。该企业对原材料采用实际成本进行日常核算。

1. 发生原材料自然灾害损失时：

借：待处理财产损溢　　27 0000

　　贷：原材料　　27 0000

2. 批准处理时：

借：营业外支出　　27 0000

　　贷：待处理财产损溢　　270 000

【例题·多选题】下列应计入营业外支出的有(　　)。

A. 固定资产出售损失　　B. 固定资产减值损失

C. 固定资产毁损损失　　D. 固定资产盘亏损失

『答案』CD

『解析』出售损失计入资产处置损益、减值损失计入资产减值损失。

三、所得税费用

所得税费用是指企业确认的应从当期利润总额中扣除的所得税费用。

一、营业利润(14项收支相抵)
+营业外收入-营业外支出
二、利润总额
减：所得税费用
三、净利润

所得税费用包括当期所得税和递延所得税两个部分。

（一）当期所得税（=应交所得税）

1. 应纳税所得额

应纳税所得额=利润总额+纳税调整增加额−纳税调整减少额

纳税调整增加	①企业已计入当期损失但税法规定不允许扣除项目的金额（如：税收滞纳金、罚款）	【例】收入 100 万元，罚款 100 万元，利润总额 0。应纳税所得额=0+100=100（万元）
	②税法规定允许扣除项目中，企业已计入当期费用但超过税法规定扣除标准的金额	
纳税调整减少	①前五年内的未弥补亏损	【例】会计利润总额 100 万元，去年亏损 90 万元；应纳税所得额=100−90=10（万元）
	②国债利息收入	

2. 应交所得税的计算

纳税调整增加额主要包括税法规定允许扣除项目中，企业已计入当期费用但超过税法规定扣除标准的金额（如超过税法规定标准的职工福利费、工会经费、职工教育经费、业务招待费、公益性捐赠支出、广告费和业务宣传费等），以及企业已计入当期损失但税法规定不允许扣除项目的金额（如税收滞纳金、罚金、罚款）。

纳税调整减少额主要包括按税法规定允许弥补的亏损和准予免税的项目。如前五年内未弥补亏损和国债利息收入等。

应纳税所得额=（税前会计利润）+纳税调整增加额−纳税调整减少额

应交所得税=（应纳税所得额）×所得税税率

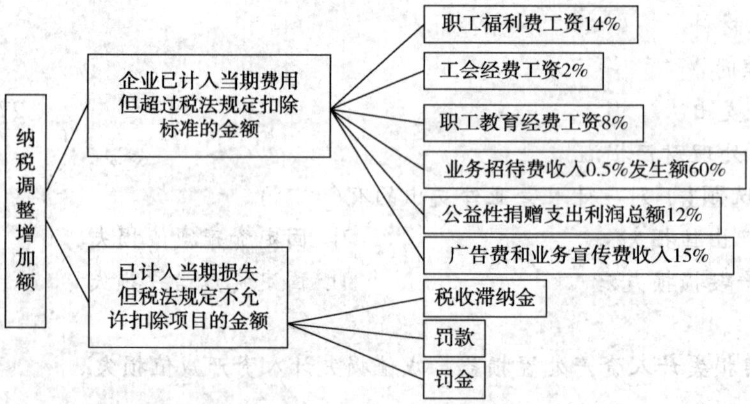

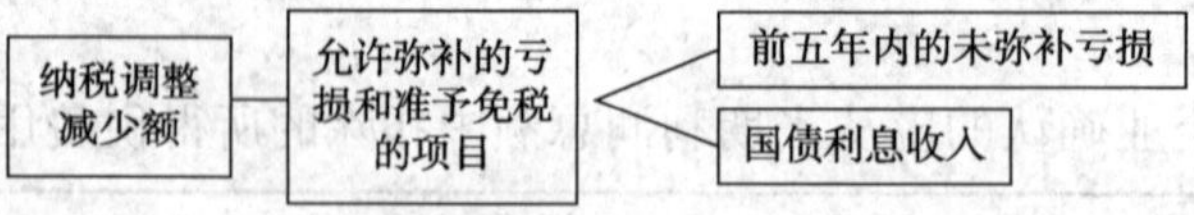

【例题·综合题】甲公司 2019 年度利润总额（税前会计利润）为 1 980 万元，所得税税率为 25%。甲公司全年实发工资、薪金为 200 万元，职工福利费 30 万元，工会经费 5 万元，职工教育经费 21 万元；经查，甲公司当年营业外支出中有 12 万元为税收滞纳罚金。（职工福利费 14%、工会经费 2%、职工教育经费 8%）

纳税调整数=职工福利费（30−28）+工会经费（5−4）+职工教育经费（21−16）+罚金 12=20（万元）

应纳税所得额=1 980+20=2 000（万元）

当期应交所得税额=2 000×25%=500（万元）

借：所得税费用　　　　500

　　贷：应交税费——应交所得税　　　　500

【例题·综合题】甲公司2019年全年利润总额(即税前会计利润)为1 020万元，其中包括本年收到的国债利息收入20万元，所得税税率为25%。假定甲公司全年无其他纳税调整因素。甲公司当期所得税的计算如下：

应纳税所得额＝1 020－20＝1 000(万元)

当期应交所得税额＝1 000×25%＝250(万元)

借：所得税费用　　　　250

　　贷：应交税费——应交所得税　　　　250

(二) 递延所得税

递延所得税包括递延所得税资产和递延所得税负债。

递延所得税资产	指以未来期间很可能取得用来抵扣可抵扣暂时性差异的应纳税所得额为限确认的一项资产(将来少交)	
	借：递延所得税资产+ 　贷：所得税费用	借：所得税费用 　贷：递延所得税资产-
递延所得税负债	指根据应纳税暂时性差异计算的未来期间应付所得税的金额(将来多交)	
	借：所得税费用 　贷：递延所得税负债+	借：递延所得税负债- 　贷：所得税费用

【例题·综合题】2019年，甲公司递延所得税负债年初数为40万元，年末数为50万元，递延所得税资产年初数为25万元，年末数为20万元；当期应交所得税500万元。

递延所得税负债变动数＝50－40＝10(万元)

递延所得税资产变动数＝20－25＝－5(万元)

借：所得税费用　　　　10

　　贷：递延所得税负债　　　　10

借：所得税费用　　　　5

　　贷：递延所得税资产　　　　5

递延所得税＝10+5＝15＝递延所得税负债(期末余额－期初余额)－递延所得税资产(期末余额－期初余额)＝(50－40)－(20－25)＝15

(三) 所得税费用

所得税费用＝当期所得税+递延所得税

当期所得税	借：所得税费用 　贷：应交税费——应交所得税	
递延所得税	借：递延所得税资产+ 　贷：所得税费用	借：所得税费用 　贷：递延所得税资产-
	借：所得税费用 　贷：递延所得税负债+	借：递延所得税负债- 　贷：所得税费用

【例题·综合题】(续)2019年，甲公司递延所得税负债年初数为40万元，年末数为50万元，递延所得税资产年初数为25万元，年末数为20万元；当期应交所得税500万元。

①借：所得税费用　　500

　　贷：应交税费——应交所得税　　500

②递延所得税负债变动数＝50-40＝10(万元)

递延所得税资产变动数＝20-25＝-5(万元)

借：所得税费用　　10

　　贷：递延所得税负债　　10

借：所得税费用　　5

　　贷：递延所得税资产　　5

递延所得税＝10+5＝15(万元)

所得税费用＝500+15＝515(万元)

四、本年利润

(一) 结转本年利润方法(账结法和表结法)

1. 账结法

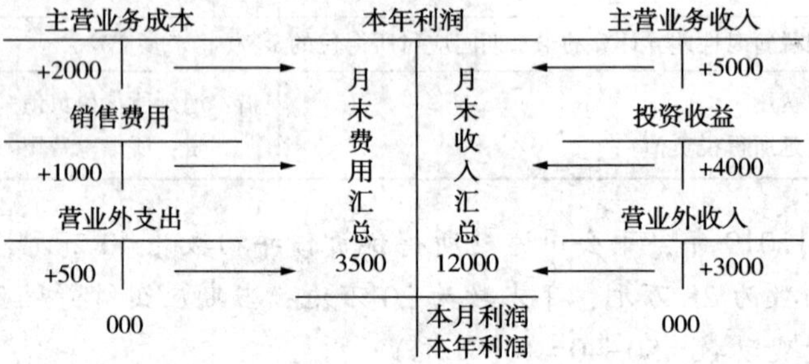

2. 表结法

	账结法	表结法
编制凭证	每月末均需编制转账凭证，将在账上结计出的各损益类科目的余额结转入“本年利润”科目	各损益类科目每月末只需结计出本月发生额和月末累计余额，不结转到“本年利润”科目；只有在年末时才将全年累计余额结转入“本年利润”科目
利润计算	账结法在各月均可通过“本年利润”科目提供当月及本年累计的利润(或亏损)额	表结法下，年中损益类科目无需结转入“本年利润”科目
工作量	增加了转账环节和工作量	减少了转账环节和工作量，同时并不影响利润表的编制及有关损益指标的利用

【例题·单选题】下列各项中，关于企业期末结转本年利润的“表结法”表述正确的是(　　)。

A. 每月末需要编制将损益类科目发生额合计结转到本年利润的转账凭证

B. 1 至 11 月损益类科目发生额合计无需转入“本年利润”科目

C. 月末“本年利润”科目的余额反映当月实现的利润或发生的亏损

D. 不需要设置“本年利润”科目

『答案』B

『解析』表结法下，各损益类科目每月月末只需结计出本月发生额和月末累计余额，不结转到“本年利润”科目，只有在年末时才将全年累计余额结转入“本年利润”科目。但每月月末要将损益类科目的本月发生额合计数填入利润表的本月数栏，同时将本月末累计余额填入利润表的本年累计数栏，通过利润表计算反映各期的利润(或亏损)。

【例题·单选题】下列各项中，关于本年利润结转方法表述正确的是(　　)。

A. 采用表结法，增加“本年利润”科目的结转环节和工作量

B. 采用表结法，每月月末应将各损益类科目的余额结转记入“本年利润”科目

C. 采用账结法，每月月末应将各损益类科目的余额结转记入“本年利润”科目

D. 采用账结法，减少“本年利润”科目的结转环节和工作量

『答案』C

『解析』表结法下，各损益类科目每月月末只需要结计出本月发生额和月末累计余额，不结转到“本年利润”科目，只有在年末时才将全年累计余额结转入“本年利润”科目。表结法下，年中损益类科目无需结转入“本年利润”科目，从而减少了转账环节和工作量，同时并不影响利润表的编制及有关损益类指标的利用。账结法下，每月月末均需编制转账凭证，将在账上结计出的各损益类科目的余额结转入“本年利润”科目。账结法在各月均可通过“本年利润”科目提供当月及本年累计的利润(或亏损)额，但增加了转账环节和工作量。

(二) 结转本年利润的会计处理(表结法的年末处理)

会计期末，结转损益类账户到“本年利润”科目：

借：主营业务收入

　　其他业务收入

　　营业外收入

　　投资收益

　　公允价值变动损益等益类

　　贷：本年利润

　　　　或做相反的会计分录。

借：本年利润

　　贷：主营业务成本

　　　　其他业务成本

　　　　营业外支出

　　　　销售费用

　　　　管理费用

　　　　财务费用等损类

　　　　年度终了，结转“本年利润”科目：

借：本年利润

　　贷：利润分配——未分配利润

　　　　或做相反的会计分录。

　　　　结转后“本年利润”科目应无余额。

【例题·综合题】乙公司 2019 年有关损益类科目的年末余额如下：

主营业务收入	贷	600	主营业务成本	借	400
其他业务收入	贷	70	其他业务成本	借	40
其他收益	贷	15	税金及附加	借	8
投资收益	贷	90	销售费用	借	50
营业外收入	贷	5	管理费用	借	77
资产处置损益	贷	10	财务费用	借	30
			营业外支出	借	25

1. 将损益类科目年末余额结转“本年利润”科目

（1）结转各项收入、利得类科目

借：主营业务收入　600

　　其他业务收入　70

　　其他收益　15

　　投资收益　90

　　资产处置损益　10

　　营业外收入　5

　　贷：本年利润　790

（2）结转各项费用、损失类科目

借：本年利润　630

　　贷：主营业务成本　400

　　　　其他业务成本　40

　　　　税金及附加　8

　　　　销售费用　50

　　　　管理费用　77

　　　　财务费用　30

　　　　营业外支出　25

经过上述结转后，“本年利润”科目发生额及余额如下：

本年利润

汇总费用 630	汇总收入 790
	160万元 利润总额

2. 计算并结转所得税费用

假设乙公司 2019 年国债利息收入 30 万元，税收滞纳金罚款 10 万元，企业所得税税率 25%。假设不存在其他纳税调整因素。

应纳税所得额＝160+10−30＝140（万元）

应交所得税＝140×25%＝35（万元）

（1）确认所得税费用

借：所得税费用　35

　　贷：应交税费——应交所得税　35

(2) 将所得税费用结转入“本年利润”科目

借：本年利润　　35

　　贷：所得税费用　　35

结转所得税费用后，“本年利润”科目发生额及余额如下：

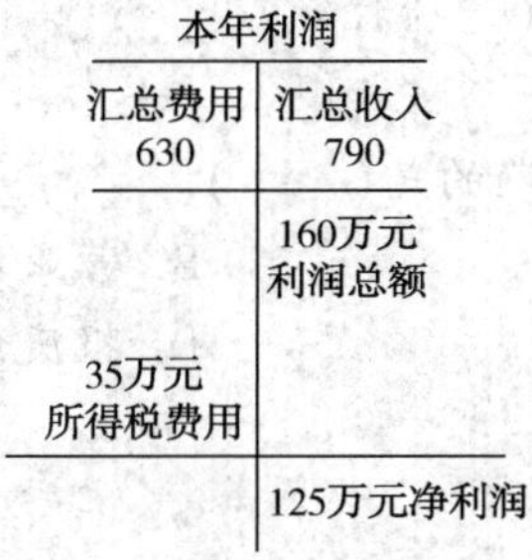

3. 将“本年利润”科目年末余额125万元转入“利润分配——未分配利润”科目

借：本年利润　　125

　　贷：利润分配——未分配利润　　125

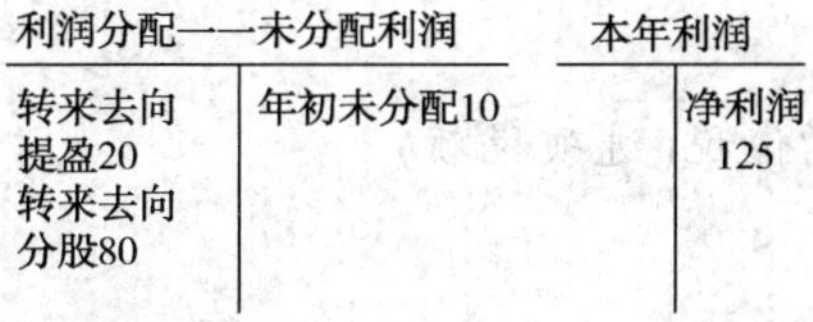

年度终了：将本年利润余额结转到“利润分配——未分配利润”科目中，结转利润分配后“本年利润”科目无余额。

【例题·不定项】甲公司为一般纳税人，增值税税率13%，所得税税率25%，2020年度，甲公司发生如下交易事项：

(1) 2月25日，购入乙公司股票200万股，作为交易性金融资产，该股票支付价款2 050万元(含已宣告尚未发放现金股利50万元)，另支付交易费用5万元，增值税额为0.3万元，款项已支付。

(2) 3月6日，一台设备提前报废，原价40万元，已提折旧25万元，固定资产减值准备5万元；报废残料变价收入2万元，增值税税额为0.26万元；发生清理费用3万元，增值税税额为0.18万元，收支均用银行存款结算。

(3) 12月31日，发行股票面值总额1 000万元、发行价款1 100万元、发行费用80万元，发行款项已存银行。

(4) 除上述事项外，当年实现营业收入15 000万元，期间费用2 000万元，税金及附加1 000万元，营业成本7 000万元。

(5) 年末，当年业务招待费超标50万元，福利费超标30万元，不考虑其他调整事项。公司董事会决定按税后利润10%提取法定盈余公积，不向投资者分配利润。

要求：根据上述资料，不考虑其他因素，分析回答下列小题(答案中金额单位用万元表示)。

1. 根据资料(1)，会计处理正确的是(　　)。

A. 应收股利增加50万元　　B. 投资收益增加5万元

C. 交易性金融资产增加2 050万元　　D. 交易性金融资产增加2 000万元

『答案』AD

『解析』

借：交易性金融资产　2 000

　　应收股利　50

　　投资收益　5(减少)

　　应交税费——应交增值税(进项税额)　0.3

　　贷：其他货币资金　2055.3

2. 根据资料(2)，会计处理正确的是(　　)。

A. 营业外支出增加16万元　B. 营业外支出增加11万元

C. 报废设备账面价值10万元　D. 报废设备账面价值15万元

『答案』BC

『解析』会计分录：

借：固定资产清理　10

　　累计折旧　25

　　固定资产减值准备　5

　　贷：固定资产　40

借：固定资产清理　3

　　应交税费——应交增值税(进项税额)　0.18

　　贷：银行存款　3.18

借：银行存款　2.26

　　贷：固定资产清理　2

　　　　应交税费——应交增值税(销项税额)　0.26

借：营业外支出　11

　　贷：固定资产清理　11

3. 根据资料(3)，会计处理正确的是(　　)。

A. 贷记股本1 020万元　B. 贷记股本1 000万元

C. 贷记资本公积100万元　D. 贷记资本公积20万元

『答案』BD

『解析』会计分录：

借：银行存款　1 020

　　贷：股本　1 000

　　　　资本公积——股本溢价　20

4. 根据资料(1)至(4)，2020年度利润总额(　　)万元。

A. 4 981　B. 4 984　C. 7 000　D. 4 989

『答案』B

『解析』利润总额=15 000-2 000-1 000-7 000-①5-②11=4 984(万元)。

5. 根据资料(1)至(5)，会计处理正确的是(　　)。

A. 当期应交所得税1 246万元　B. 当期应交所得税1 266万元

C. 盈余公积增加373.8万元　D. 盈余公积增加371.8万元

『答案』BD

『解析』应纳税所得额=4 984+50+30=5 064(万元)；

当期应交所得税=5 064×25%=1 266(万元);

净利润=4 984-1 266=3 718(万元);

盈余公积增加=3 718×10%=371.8(万元)。

真题回顾

【判断题】(2017年)损失是指由企业非日常活动所发生的,会导致所有者权益减少的,与向所有者分配利润无关的经济利益的流出。(　　)

『答案』√

【单选题】(2018年)2017年12月,某企业实现主营业务收入60万元,其他业务收入10万元,营业外收入5万元,不考虑其他因素,该企业12月份实现的营业收入金额为(　　)万元。

A. 75万元　　B. 60万元　　C. 70万元　　D. 65万元

『答案』C

『解析』营业收入=主营业务收入+其他业务收入=60+10=70(万元)。

【多选题】(2017年)下列各项中,属于工业企业营业收入的有(　　)。

A. 债权投资的利息收入　　B. 出租无形资产的租金收入

C. 销售产品取得的收入　　D. 出售无形资产的净收益

『答案』BC

『解析』选项A,计入投资收益;选项B,计入其他业务收入;选项C,计入主营业务收入;选项D,计入资产处置损益。

【单选题】(2019年)某企业2018年发生的销售商品收入为1 000万元,销售商品成本为600万元,销售过程中发生广告宣传费用为20万元,管理人员工资费用为50万元,短期借款利息费用为10万元,股票投资收益为40万元,资产减值损失为70万元,公允价值变动损益为80万元(收益),因自然灾害发生固定资产的净损失为25万元,因违约支付罚款15万元。不考虑其他因素,该企业2018年的营业利润为(　　)万元。

A. 370　　B. 330　　C. 320　　D. 390

『答案』A

『解析』营业利润=1000-600-20-50-10+40-70+80=370(万元)。因自然灾害发生固定资产的净损失为25万元和因违约支付罚款15万元均应计入“营业外支出”科目,不影响企业营业利润。

【单选题】(2019年)下列各项中,影响当期营业利润的是(　　)。

A. 所得税费用　　B. 公允价值变动损益

C. 其他综合收益　　D. 营业外收入

『答案』B

『解析』选项A,影响当期净利润;选项C,为所有者权益类科目,对当期利润无影响;选项D,影响当期利润总额。

【单选题】(2019年)下列各项中,会导致企业当期营业利润增加的是(　　)。

A. 确认无法查明原因的现金溢余　　B. 计提固定资产的减值损失

C. 结转出售生产设备收益　　D. 分配在建工程人员薪酬

『答案』C

『解析』选项A，计入营业外收入，导致利润总额增加；选项B，计入资产减值损失，导致营业利润减少；选项C，计入资产处置损益，导致营业利润增加；选项D，计入在建工程，不影响营业利润。

【单选题】(2015年)下列各项中，不影响净利润的是(　　)。

A. 其他综合收益的税后净额　　B. 转回已计提的存货跌价准备

C. 出租包装物的摊销额　　D. 计算确认应交的房产税

『答案』A

『解析』选项B，贷记资产减值损失；选项C，要借记其他业务成本；选项D计入税金及附加，所以选项BCD都会影响净利润。

【判断题】(2015年)企业出售生产经营用固定资产实现的净收益，应列入利润表的"营业收入"项目。(　　)

『答案』×

『解析』企业出售固定资产的净收益计入资产处置损益，不属于营业收入项目。

【判断题】(2018年)企业收到与日常经营活动相关的且计入当期损益的政府补助，应列入利润表的"营业外收入"项目。(　　)

『答案』×

『解析』其他收益主要是指与企业日常活动相关，除冲减相关成本费用以外的政府补助。如果是非日常活动的政府补助才列入"营业外收入"。

【单选题】(2019年)2018年9月某企业发生捐赠支出8万元，非专利技术转让损失20万元，补缴税款缴纳税收滞纳金3万元。不考虑其他因素，该企业2018年9月应记入"营业外支出"科目的金额是(　　)万元。

A. 28　　B. 31　　C. 11　　D. 23

『答案』C

『解析』捐赠支出和税收滞纳金记入"营业外支出"科目，所以确认的营业外支出金额=8+3=11(万元)。非专利技术转让损失记入"资产处置损益"科目。

【单选题】(2019年)2018年9月，某企业因合同纠纷导致专利权提前失效，该专利权入账价值为100万元，累计摊销80万元，企业支付合同纠纷诉讼费10万元，律师服务费3万元。不考虑其他因素，企业当月转销专利权计入营业外支出的金额应为(　　)万元。

A. 33　　B. 3　　C. 20　　D. 13

『答案』C

『解析』专利权提前失效的净损失计入营业外支出；支付的诉讼费和律师费计入管理费用。所以计入营业外支出的金额=100-80=20(万元)。

【单选题】(2015年)某公司因雷电造成损失共计250万元，其中流动资产100万元，非流动资产150万元，获得保险公司赔偿80万元，不考虑其他因素，则计入营业外支出的金额为(　　)万元。

A. 250　　B. 170　　C. 150　　D. 100

『答案』B

『解析』自然灾害导致的资产毁损，扣除责任人、保险公司等赔款后剩余的净损失，应计入营业外支出，所以本题是250-80=170(万元)。

【单选题】(2019 年)下列各项中，应记入“营业外支出”科目的是(　　)。

A. 无法查明原因的现金盘亏损失　　B. 自然灾害造成的存货毁损净损失

C. 预计产品质量保证损失　　D. 无形资产减值损失

『答案』B

『解析』选项 A，记入“管理费用”科目；选项 C，记入“销售费用”科目；选项 D，记入“资产减值损失”科目。

【单选题】(2018 年)下列各项中，企业应通过“营业外支出”科目核算的是(　　)。

A. 支付会计师事务所审计费　　B. 发生的环保罚款支出

C. 收回货款发生的现金折扣　　D. 计提应收账款坏账准备

『答案』B

『解析』选项 A，通过“管理费用”科目核算；选项 C，通过“财务费用”科目核算；选项 D，通过“信用减值损失”科目核算。

【判断题】(2019 年)企业当期的所得税费用应根据当期所得税和递延所得税计算确定。(　　)

『答案』√

『解析』企业的所得税费用包括当期所得税和递延所得税两个部分，其中，当期所得税是指当期应交所得税。

【多选题】(2016 年)下列各项中，计算应纳税所得额需要进行纳税调整的项目有(　　)。

A. 税收滞纳金　　B. 超过税法规定标准的业务招待费

C. 国债利息收入　　D. 超过税法规定标准的职工福利费

『答案』ABCD

『解析』选项 ABD 计算应纳税所得额时应该纳税调增；选项 C 计算应纳税所得额时应该纳税调减。

【单选题】(2018 年)某企业适用的所得税税率为 25%，2017 年实现利润总额 1 350 万元，其中，取得国债利息收入 150 万元，发生税收滞纳金 3 万元，不考虑其他因素，该企业 2017 年度利润表中所得税费用为(　　)万元。

A. 374. 25　　B. 337. 5　　C. 338. 25　　D. 300. 75

『答案』D

『解析』所得税费用＝(1350－150＋3)×25%＝300. 75(万元)。

【单选题】(2017 年)2016 年某企业取得债券投资利息收入 15 万元，其中国债利息收入 5 万元，全年税前利润总额为 150 万元，所得税税率为 25%，不考虑其他因素，2016 年该企业的净利润为(　　)万元。

A. 112. 5　　B. 113. 75　　C. 116. 75　　D. 111. 25

『答案』B

『解析』2016 年该企业的净利润＝利润总额－所得税费用＝150－(150－5)×25%＝113. 75(万元)。

【单选题】(2018 年)某企业 2017 年度实现利润总额 1450 万元，当年发生的管理费用中按规定不能税前扣除的业务招待费为 10 万元，企业适用所得税税率为 25%，该企业 2017 年实现的净利润为(　　)万元。

A. 1085　　B. 1087.5　　C. 1095　　D. 1450

『答案』A

『解析』所得税费用＝(1 450＋10)×25%＝365(万元)；该企业 2017 年实现的净利润＝1450－365＝1 085(万元)。

【单选题】(2019 年)甲企业 2018 年应交所得税 100 万元，“递延所得税负债”年初余额为 30 万元，年末余额为 35 万元；“递延所得税资产”年初余额为 20 万元，年末余额为 18 万元。甲企业 2018 年的所得税费用是(　　)万元。

A. 127　　B. 97　　C. 107　　D. 105

『答案』C

『解析』所得税费用＝当期应交所得税＋递延所得税＝当期应交所得税＋(递延所得税负债的期末余额－递延所得税负债的期初余额)－(递延所得税资产的期末余额－递延所得税资产的期初余额)＝100＋(35－30)－(18－20)＝107(万元)。

【单选题】(2016 年)2015 年度某企业实现利润总额为 1 000 万元，当年应纳税所得额为 800 万元，适用的所得税税率为 25%，当年影响所得税费用的递延所得税负债增加 50 万元。该企业 2015 年度利润表“所得税费用”项目本期金额为(　　)万元。

A. 250　　B. 240　　C. 150　　D. 200

『答案』A

『解析』2015 年度利润表“所得税费用”项目本期金额＝800×25%＋50＝250(万元)。

【单选题】(2018 年)2017 年度，企业应交所得税为 300 万元，递延所得税负债年末数为 40 万元，年初数为 100 万元，该企业递延所得税的影响计入当期损益。不考虑其他因素，该企业年末确认的所得税费用是(　　)万元。

A. 240　　B. 360　　C. 400　　D. 260

『答案』A

『解析』所得税费用＝当期所得税＋递延所得税＝300＋(40－100)＝240(万元)。

【判断题】(2018 年)企业年末将损益类科目结转后，“本年利润”科目的借方余额表示实现的净利润，贷方余额表示发生的净亏损。(　　)

『答案』×

『解析』“本年利润”为所有者权益科目，借方表示减少，贷方表示增加，所以贷方表示企业的净利润，借方表示企业的净亏损。

【多选题】(2019 年)下列各项中，企业期末应将其本期发生额结转至“本年利润”科目的有(　　)。

A. 营业外收入　　B. 管理费用　　C. 财务费用　　D. 制造费用

『答案』ABC

【不定项】(2016 年)甲公司 2019 年 1~11 月的相关资料如下：

名称	借方	名称	贷方
主营业务成本	1 350	主营业务收入	1 500
税金及附加	125	其他业务收入	500
管理费用	200	投资收益	30
销售费用	100	营业外收入	65
财务费用	20		
合计	1 795	合计	2 095

2019年12月甲公司发生有关业务资料如下：

(1) 6日，向乙公司销售M商品一批，增值税专用发票上注明的价款为150万元，增值税税额为19.5万元，为乙公司代垫运费2万元、增值税额为0.18万元，全部款项已办妥托收手续，该批商品成本为100万元，商品已经发出。

(2) 15日，向丙公司销售H商品一批，增值税专用发票注明的价款为30万元，增值税税额为3.9万元，该批商品成本为25万元，合同规定的现金折扣条件为“2/10，1/20，*N*/30”。23日收到丙公司扣除享受现金折扣后全部款项存入银行，计算现金折扣不考虑增值税。

(3) 收到丁公司退回商品一批，该批商品系上月所售，质量有瑕疵，不含增值税的售价为60万元，实际成本50万元，增值税专用发票已开具并交付丁公司，该批商品未确认收入，也未收取货款，经核查，甲公司同意退货，已办妥退货手续，并向丁公司开具了红字增值税专用发票。

(4) 31日，应收账款科目余额183万元(坏账准备期初余额为零)，当月，经减值测试，应收账款预计未来现金流量现值为175万元，本月发生财务费用5万元，销售费用10万元，管理费用12万元。

要求：根据上述资料，不考虑其他因素，分析回答下列小题。(答案中金额单位用万元表示)

(1)下列各项中，关于甲公司1~11月收入、费用及利润计算结果正确的是(　　)。

A. 营业利润235万元

B. 营业收入2 000万元

C. 期间费用320万元

D. 利润总额300万元

『答案』ABCD

『解析』甲公司1~11月的营业收入=1 500+500=2 000(万元)；

甲公司1~11月的期间费用=200+100+20=320(万元)；

甲公司1~11月的营业利润=2 000-1 350-125-320+30=235(万元)；

甲公司1~11月的利润总额=235+65=300(万元)。

(2) 根据资料(1)，下列各项中，关于甲公司向乙公司销售商品的会计处理正确的是(　　)。

A. 确认主营业务收入152万元

B. 结转商品销售成本100万元

C. 确认应收账款171.68万元

D. 确认其他应收款2万元

『答案』BC

『解析』

借：应收账款	171.68	
贷：主营业务收入		150
应交税费——应交增值税(销项税额)		19.5
银行存款		2.18
借：主营业务成本	100	
贷：库存商品		100

(3)根据资料(2)，甲公司23日收到丙公司货款，会计处理正确的是(　　)。

A. 借：银行存款	26.9	
财务费用		0.7
贷：应收账款		33.9

B. 借：银行存款　　33.9

　　贷：应收账款　　33.9

C. 借：银行存款　　33.6

　　财务费用　　0.3

　　贷：应收账款　　33.9

D. 借：银行存款　　27.9

　　财务费用　　0.6

　　贷：应收账款　　33.9

『答案』D

『解析』丙公司享有的现金折扣=30×2%=0.6(万元)，甲公司将其记入财务费用借方。

(4)根据资料(3)，下列各项中，关于甲公司收到丁公司退货的会计处理表述正确的(　　)。

A. 按销售价格计算的增值税借记“应交税费”科目

B. 按销售价格计算的增值税贷记“应收账款”科目

C. 按商品成本贷记“发出商品”科目

D. 按商品成本借记“库存商品”科目

『答案』ABCD

『解析』

借：应交税费——应交增值税(销项税额)7.8(60×13%)

　　贷：应收账款　　7.8

借：库存商品　　50

　　贷：发出商品　　50

(5)根据1~11月份资料、资料(1)至(4)，甲公司2019年利润总额是(　　)万元。

A. 319.4　　B. 320　　C. 310　　D. 318

『答案』B

『解析』2019年利润总额=300(1~11月)+(150-100)[资料(1)]+(30-25)[资料(2)]-(183-175)[资料(4)]-5[资料(4)]-10[资料(4)]-12[资料(4)]=320(万元)。【本月发生的财务费用5万元，已包括资料(2)中现金折扣记入财务费用的金额】

同步练习

第一节　收入

一、单项选择题

1. 下列各项中，不符合会计要素收入定义的是(　　)。

A. 出售材料收入　　B. 出售单独计价的包装物收取的价款

C. 销售商品收入　　D. 固定资产报废净收益

2. 下列选项中，属于主营业务收入的是(　　)。

A. 烟草公司销售香烟收入　　B. 工业企业销售原材料收入

C. 水泥厂出租办公楼的租金收入　　D. 工业企业出租包装物的租金收入

3. 下列各项会计科目中，期末通常有余额的是(　　)。

A. 合同履约成本　　B. 主营业务收入

C. 其他业务收入　　D. 管理费用

4. 企业对于已经发出但不符合收入确认条件的商品，按其成本应贷记的科目是(　　)。

A. 在途物资　　B. 发出商品

C. 库存商品　　D. 主营业务成本

5. 2019 年 8 月 1 日，甲公司向乙公司销售一批商品，开出的增值税专用发票上注明售价为 100 万元，增值税税额为 13 万元，商品成本为 80 万元。该批商品已经发出，甲公司以银行存款代垫运杂费 10 万元(不考虑增值税)。假定不考虑其他因素，则甲公司应确认的销售商品收入的金额为(　　)万元。

A. 20　　B. 100　　C. 110　　D. 113

6. 某企业为增值税一般纳税人，适用的增值税税率为 13%。2019 年 10 月 1 日，该企业向某客户销售商品 20 000 件，单位售价为 20 元(不含增值税)，单位成本为 10 元，给予客户 10%的商业折扣，当日发出商品，并符合收入确认条件。销售合同约定的现金折扣条件为：2/10，1/20，*N*/30(计算现金折扣时不考虑增值税)。不考虑其他因素，该客户于 2019 年10 月15 日付款时应享有的现金折扣为(　　)元。

A. 5 200　　B. 3 600　　C. 4 068　　D. 4 000

7. 甲公司接受一项设备安装服务，该服务可以一次完成。同行业服务收入标准为 11 万元，但双方合同总价款规定为 10 万元，实际发生安装成本 6 万元。该安装服务属于甲公司的主营业务，假设不考虑相关税费，甲公司应确认的主营业务收入的金额为(　　)万元。

A. 11　　B. 10　　C. 6　　D. 0

8. 当履约进度不能合理确定时，企业已经发生的成本预计能够得到补偿的，应当按照(　　)金额确认收入，直到履约进度能够合理确定为止。

A. 预计能够得到补偿的成本　　B. 已经发生的成本

C. 预计将发生的成本　　D. 合同总价款

9. 甲公司销售的 A 产品每件 200 元(不含税)，丙公司 2019 年 10 月 15 日购买甲公司 A 产品 100 件，由于是批量购买甲公司给予 10%的商业折扣。按合同规定的现金折扣条件为：2/10，1/20，*N*/30。假定计算现金折扣时考虑增值税。适用的增值税税率为 13%。甲公司 10 月 22 日收到该笔款项。该业务甲公司实际收到的价款为(　　)元。

A. 19933. 2　　B. 20 340　　C. 20 000　　D. 18 000

10. 甲公司 2019 年 10 月承接了一项安装服务，合同总收入为 1 000 万元，合同预计总成本为 500 万元，合同价款已收取，甲公司按照履约进度确认收入。2019 年已经确认 400 万的收入，至 2020 年年底，该安装服务的履约进度累计为 70%。2020 年甲公司应确认的收入为(　　)万元。

A. 1 000　　B. 700　　C. 300　　D. 500

11. 下列各项中，应确认为合同取得成本的是(　　)。

A. 投标费　　B. 销售佣金

C. 投标发生的差旅费　　D. 聘请外部律师尽职调查费

二、多项选择题

1. 下列各项中，企业与客户之间的合同同时满足(　　)条件，应当在客户取得相关商品控制权时确认收入。

A. 合同各方已批准该合同并承诺将履行各自的义务

B. 该合同明确了合同各方与所转让商品相关的权利和义务

C. 该合同有明确的与所转让商品相关的支付条款

D. 该合同具有商业实质，因履行该合同将改变企业未来现金流量的风险、时间分布或金额

2. 下列各项中，关于收入确认表述正确的有(　　)。

A. 已确认收入的商品发生销售退回，除属于资产负债表日后事项外，一般应在发生时冲减当期销售收入

B. 采用支付手续费方式委托代销商品的，应在发出商品时确认收入

C. 销售商品发生商业折扣的，销售收入应按扣除商业折扣后的金额确认

D. 对于在某一时点履行的履约义务，在客户取得相关商品控制权时确认收入

3. B公司2019年12月5日收到A公司因质量不合格而被退回的商品100件，每件商品的成本为200元，该批商品于2019年9月3日出售给A公司，每件商品的售价为300元，适用的增值税税率是13%，货款尚未收到，B公司未确认销售收入。A公司提出的退货要求合理，B公司同意退货，并向A公司开具了增值税专用发票(红字)，以下描述中错误的有(　　)。

A. B公司应冲减发出商品20 000元

B. B公司应增加库存商品20 000元

C. B公司应冲减当月主营业务收入30 000元

D. B公司应冲减当月主营业务成本20 000元

4. 下列各项中，为判断是否属于在某一时段内履行的履约义务，应满足的条件有(　　)。

A. 客户在企业履约的同时即取得并消耗企业履约所带来的经济利益

B. 客户能够控制企业履约过程中在建的商品

C. 企业履约过程中所产出的商品具有不可替代用途，且该企业在整个合同期间内有权就累计至今已完成的履约部分收取款项

D. 企业履约过程中所产出的商品具有不可替代用途，且该企业在整个合同期间内有权收取全部合同价款

三、判断题

1. 企业确认和计量收入的基本原则是确认收入的方式应当反映其向客户转让商品或提供服务的模式，收入的金额应当反映企业因转让商品或提供服务而预期有权收取的对价金额。(　　)

2. 确定交易价格时，代第三方收取的款项不应计入交易价格。(　　)

3. 企业销售原材料、包装物等存货也视同商品销售，其收入确认和计量原则比照商品销售，其实现的收入应该作为主营业务收入处理。(　　)

4. 企业出租无形资产的租金收入，一般通过“其他业务收入”科目核算；所出租的无形资产计提的摊销额等，一般通过“其他业务成本”科目核算。(　　)

5. 企业已完成销售手续但购买方在月末尚未提取的商品，不应确认收入的实现。(　　)

6. 企业销售货物后发生的现金折扣应冲减管理费用。(　　)

7. 资产负债表日，企业按照合同的交易价格总额乘以履约进度后的金额，确认当期收入。(　　)

第二节　费用

一、单项选择题

1. 下列关于费用和损失的表述中，不正确的是(　　)。

A. 工业企业销售产品结转的成本属于费用

B. 损失是在企业日常活动中发生的

C. 商品维修费、向咨询公司支付的咨询费用、业务费等属于费用

D. 因违约支付的罚款、对外捐赠等属于企业的损失

2. 下列各项中，应计入期间费用的是(　　)。

A. 计提车间管理用固定资产的折旧费　　B. 预计产品质量保证损失

C. 车间管理人员的工资费用　　D. 销售商品发生的商业折扣

3. 企业为销售产品而专设的销售机构的职工工资应计入(　　)。

A. 管理费用　　B. 销售费用

C. 财务费用　　D. 制造费用

4. 2019 年 12 月份，甲公司管理部门使用的固定资产累计折旧金额为 30 万元，车间管理部门使用固定资产累计折旧金额为 15 万元，销售部门发生的业务费为 26 万元，财务部门人员的职工薪酬为 10 万元，则 2019 年 12 月份甲公司计入管理费用的金额为(　　)万元。

A. 81　　B. 71　　C. 45　　D. 40

二、多项选择题

1. 甲公司将自产的空气净化器作为福利发放给财务部的 30 名职工，每人 1 台，每台不含增值税的市场售价为 15 000 元，生产成本为 10 000 元。适用的增值税税率为 13%，甲公司下列会计处理正确的有(　　)。

A. 确认空气净化器作为福利时：

借：财务费用　　358 500

　　贷：应付职工薪酬——非货币性福利　　358 500

B. 发放空气净化器时：

借：应付职工薪酬——非货币性福利　　358 500

　　贷：库存商品　　300 000

　　　　应交税费——应交增值税(销项税额)　　58 500

C. 发放空气净化器时：

借：应付职工薪酬——非货币性福利　　508 500

　　贷：主营业务收入　　450 000

　　　　应交税费——应交增值税(销项税额)　　58 500

借：主营业务成本　　300 000

　　贷：库存商品　　300 000

D. 确认空气净化器作为福利时：

借：管理费用　　508 500

　　贷：应付职工薪酬——非货币性福利　　508 500

2. 下列为取得合同发生的各项支出，应计入当期损益的有(　　)。

A. 明确由客户承担的场地清理费

B. 增加企业未来用于履行履约义务资源的成本

C. 该支出与过去的履约合同相关

D. 应由企业负担的关联费用

3. 下列各项中，属于费用的有(　　)。

A. 生产车间管理人员的工资　　B. 专设售后服务网点的职工薪酬

C. 支付的城镇土地使用税　　D. 企业负担的生产职工养老保险费

4. 以下关于期间费用的说法中，正确的有(　　)。

A. 当实际发生现金折扣时，销货方应增加期间费用总额

B. 当实际发生现金折扣时，购货方应冲减期间费用总额

C. 印花税的发生不影响期间费用总额

D. 行政管理部门发生的固定资产修理费用增加期间费用总额

5. 下列各项中，应计入销售费用的有(　　)。

A. 销售商品时发生的包装费

B. 销售商品时发生的装卸费

C. 为宣传产品发生的广告费

D. 与专设销售机构相关的固定资产的后续支出

6. 下列各项中，应计入管理费用的有(　　)。

A. 诉讼费　　B. 聘请中介机构费

C. 城镇土地使用税　　D. 车船税

7. 2019 年 10 月 1 日，甲公司购入一台不需要安装的生产设备，增值税专用发票上注明的价款为 600 万元，增值税税额为 78 万元。同时，甲公司开出银行承兑汇票一张，面值为 678 万元，期限 3 个月，交纳银行承兑手续费 0. 3 万元。下列各项中，甲公司的会计处理正确的有(　　)。

A. “应付票据”科目增加 678 万元　　B. “其他货币资金”科目增加 678 万元

C. “财务费用”科目增加 0. 3 万元　　D. “固定资产”科目增加 600 万元

三、判断题

1. 导致经济利益流出的支出都构成费用。(　　)

2. 期间费用是指企业日常活动发生的不能计入特定核算对象的成本，应在发生时计入当期损益。(　　)

3. 企业发生的与专设销售机构相关的固定资产修理费用属于期间费用。(　　)

4. 某公司将聘请甲会计师事务所审计其 2019 年度财务报告发生的相关审计费用计入管理费用。(　　)

5. 企业筹建期间的开办费、销售商品发生的商业折扣以及支付银行承兑汇票的手续费均通过“财务费用”科目核算。(　　)

第三节　利润

一、单项选择题

1. 某企业 2019 年 12 月份发生如下事项：A 材料的实际成本为 20 万元，销售 A 材料的同时出售单独计价的包装物的成本为 5 万元；生产车间固定资产的修理费用为 2 万元；出租

无形资产的摊销额为1万元，出借包装物的摊销额为0.5万元。则该企业2019年12月份应计入其他业务成本的金额为(　　)万元。

A. 28.5　　B. 26　　C. 8　　D. 6

2. 下列选项中，属于其他业务成本核算内容的是(　　)。

A. 交易性金融资产的公允价值变动　　B. 出售固定资产的净损失

C. 出售原材料结转的成本　　D. 出售无形资产的净损失

3. 2019年11月甲公司发生如下税费：增值税60万元，消费税80万元，销售产品应交资源税5万元，印花税2万元，适用的城市维护建设税和教育费附加的税率分别为7%和3%，假定不考虑其他因素，下列关于甲公司11月份相关税费计算的说法中，正确的是(　　)。

A. 城市维护建设税为7.7万元　　B. 教育费附加为3.3万元

C. 教育费附加为4.2万元　　D. 税金及附加为99万元

4. 甲企业2019年5月份发生的下列相关税费中，不应通过"税金及附加"科目核算的是(　　)。

A. 房产税　　B. 城市维护建设税

C. 城镇土地使用税　　D. 进口应税物资在进口环节交纳消费税

5. 下列各项中，工业企业期末需要将科目的期末余额转入生产成本的是(　　)。

A. 行政管理人员招待客户发生的用餐费　　B. 销售部门人员销售过程中发生的业务费

C. 财务部门人员的职工福利　　D. 生产车间人员耗用的低值易耗品

6. 下列各项中，不影响企业营业利润的是(　　)。

A. 销售商品收入　　B. 出售不单独计价包装物成本

C. 毁损报废固定资产的净损失　　D. 确认的存货跌价准备

7. 下列各项中，不会引起企业利润总额发生增减变动的是(　　)。

A. 计提存货跌价准备　　B. 确认服务收入

C. 确认所得税费用　　D. 取得持有国债的利息收入

8. 以下各项中，不应计入营业外收入的是(　　)。

A. 确实无法支付的应付账款　　B. 接受捐赠利得

C. 债务重组利得　　D. 固定资产盘盈

9. 下列各项中，计入营业外支出的是(　　)。

A. 结转售出材料的成本　　B. 采购原材料运输途中合理损耗

C. 管理原因导致的原材料盘亏净损失　　D. 自然灾害导致的原材料净损失

10. A公司2019年度利润总额为300万元，其中本年度国债利息收入15万元，税收滞纳金5万元，实际发生的业务招待费25万元(税法核定的业务招待费15万元)。递延所得税负债年初数为2万元，年末数为3万元，递延所得税资产年初数为5万元，年末数为3万元。适用的企业所得税税率为25%，假定不考虑其他因素，A公司2019年度应纳税所得额为(　　)万元。

A. 299　　B. 300　　C. 295　　D. 294

二、多项选择题

1. 以下关于营业成本的表述中，正确的有(　　)。

A. 营业成本是日常活动形成的

B. 营业成本由主营业务成本和其他业务成本组成

C. 营业成本会导致利润总额减少

D. 企业在确认销售商品收入时，应将已销售的商品的成本计入营业外支出

2. 下列企业发生的事项中，通过“主营业务成本”核算的有(　　)。

A. 工业企业销售产品结转的产品成本　　B. 安装公司提供安装服务发生的支出

C. 工业企业出租固定资产发生的折旧　　D. 租赁公司出租固定资产发生的折旧

3. 下列各项中，不应计入工业企业其他业务成本的有(　　)。

A. 短期租入的固定资产计提的折旧额

B. 行政管理部门使用的固定资产计提的折旧额

C. 专设销售机构使用的固定资产计提的折旧额

D. 经营租出的固定资产计提的折旧额

4. 下列各项中，不通过“税金及附加”科目核算的有(　　)。

A. 委托加工物资受托方代收代缴的消费税　B. 厂部车辆应交车辆购置税

C. 销售矿产品应交的资源税　　D. 销售应税消费品缴纳的消费税

5. 下列各项中，影响企业当期营业利润的有(　　)。

A. 生产车间使用固定资产的日常修理费用　B. 计提的车间机器设备减值损失

C. 出租机器设备取得的收入　　D. 车间使用固定资产的折旧费

6. 以下有关利润的计算公式中，表达正确的有(　　)。

A. 利润总额=营业收入-营业成本-税金及附加-期间费用

B. 利润总额=营业收入-营业成本-税金及附加-销售费用-管理费用-财务费用-信用减值损失-资产减值损失+公允价值变动收益(-公允价值变动损失)+投资收益(-投资损失)+净敞口套期收益(-净敞口套期损失)+其他收益+资产处置收益(-资产处置损失)+营业外收入-营业外支出

C. 净利润=营业利润+营业外收入-营业外支出

D. 净利润=利润总额-所得税费用

7. 下列各项中，影响企业净利润的有(　　)。

A. 计提生产车间固定资产折旧

B. 交易性金融资产公允价值上升

C. 购买交易性金融资产时支付的相关交易费用

D. 年末交纳的所得税费用

8. 下列各项中，属于直接计入当期利润的利得和损失的有(　　)。

A. 财务费用　　B. 管理费用

C. 营业外支出　　D. 营业外收入

9. 下列各项中，属于纳税调减项目的有(　　)。

A. 收到的国债利息收入　　B. 超过税法规定标准的广告费支出

C. 弥补前五年内的未弥补亏损额　　D. 支付的行政罚款

三、判断题

1. 期末，将已销售商品结转的主营业务成本余额转入“本年利润”科目，结转后该科目无余额。(　　)

2. 其他业务成本年末时应转入“资本公积”科目，结转后本科目无余额。(　　)

3. 随同商品出售单独计价的包装物成本通过“其他业务成本”科目核算。(　　)

4. 企业计提的印花税、房产税、土地增值税均通过“应交税费”科目核算。(　　)

5. 利润是指企业在一定会计期间的经营成果，因此包括收入减去费用后的净额，不包括计入当期利润的利得和损失等。(　　)

6. 计提资产减值损失会增加营业利润的金额。(　　)

7. 资产处置损益包括企业处置未划分为持有待售的固定资产、在建工程及无形资产等而产生的处置利得或损失。(　　)

8.“营业外收入”科目核算企业除主营业务活动以外的其他经营活动实现的收入。(　　)

收入、费用和利润综和训练

不定项选择题

(一) 甲公司为增值税一般纳税人，适用增值税税率为13%，所得税税率为25%，2019年甲公司发生如下经济活动：

(1) 5月10日，甲公司向乙公司销售一批商品，售价为500万元，该批商品实际成本为300万元。甲公司给予乙公司15%的商业折扣并开具了增值税专用发票，合同中规定的现金折扣为：2/10、1/20、*N*/30，甲公司于当日发出商品，乙公司于5月25日付款，假定计算现金折扣时不考虑增值税。

(2) 6月，销售一批商品给丙公司，开出的增值税专用发票上注明的售价为100万元，增值税税额为13万元。该批商品的成本为50万元。丙公司收到货后发现质量不符合要求，要求在价格上给予10%的折让。甲公司检测后同意丙公司提出的要求。假定此前甲公司已经确认了该批商品的收入，尚未收到货款，发生的销售折让允许扣减当期的增值税销项税额。

(3) 7月，甲公司销售原材料收入10万元(不含税)，成本为8万元。

(4) 8月，出租包装物租金收入2万元，出租无形资产租金收入6万元，罚款收入3万元。

要求：根据上述资料，不考虑其他相关因素，分析回答下列问题(答案中金额单位用万元表示)。

(1) 针对资料(1)，甲公司下列会计处理中正确的是(　　)。

A. 确认主营业务收入425万元

B. 确认主营业务成本300万元

C. 在收到货款时确认财务费用4.25万元

D. 在收到货款时确认银行存款476万元

(2) 根据资料(2)，下列说法中正确的是(　　)。

A. 销售实现时确认主营业务收入113万元

B. 销售实现时结转主营业务成本50万元

C. 发生销售折让时冲减主营业务收入10万元

D. 实际收到货款时应确认银行存款113万元

(3) 针对资料(3)，下列关于甲公司销售原材料的会计处理正确的是(　　)。

A. 贷记“主营业务收入”科目10万元　　B. 贷记“其他业务收入”科目10万元

C. 借记“主营业务成本”科目8万元　　D. 借记“其他业务成本”科目8万元

（4）根据资料(4)，下列说法中正确的是(　　)。

A. 应计入主营业务收入的金额为 8 万元　　B. 应计入其他业务收入的金额为 8 万元

C. 应计入其他业务收入的金额为 3 万元　　D. 应计入营业外收入的金额为 3 万元

（5）根据上述资料，甲公司应确认的营业收入为(　　)万元。

A. 528. 75　　B. 536　　C. 543　　D. 533

（二）乙公司为增值税一般纳税人，适用的增值税税率为 13%，城市维护建设税税率为 5%，教育费附加征收率为 3%，企业所得税税率为 25%。销售商品和提供安装服务均为乙公司的主营业务，商品售价均不含增值税，销售实现时结转成本，乙公司 2019 年度发生如下经济业务活动：

（1）5 月 3 日，对丙公司出售一批商品并开出增值税专用发票，发票金额注明销售价款为 500 万元，增值税税额为 65 万元，该批商品成本为 280 万元，为了尽早收回货款，乙公司给予丙公司现金折扣条件如下：2/10，1/20，N/30(假定计算现金折扣时不考虑增值税的因素)，丙公司于 5 月 15 日支付货款。

（2）6 月，销售一批原材料，销售收入为 60 万元，增值税税额为 7. 8 万元，材料的成本为 40 万元。

（3）7 月，乙公司应交纳的增值税为 26 万元，消费税为 27 万元。

（4）12 月，乙公司支付商品展览费和广告费共 10 万元，发生售后服务网点的职工薪酬 15 万元，因销售商品纠纷而发生的诉讼费 2 万元，为扩展市场而发生的业务招待费 4 万元，汇兑损失 3 万元。

要求：根据上述资料，不考虑其他相关因素，不考虑纳税调整事项，分析回答下列问题。(答案中金额单位用万元表示)

（1）根据资料(1)，乙公司做出的下列会计处理中正确的是(　　)。

A. 5 月 3 日确认主营业务收入 500 万元　　B. 5 月 3 日确认主营业务收入 495 万元

C. 5 月 15 日确认财务费用 5 万元　　D. 5 月 15 日确认财务费用 5. 65 万元

（2）根据资料(2)，下列说法中错误的是(　　)。

A. 乙公司应确认主营业务收入 60 万元　　B. 乙公司应确认其他业务收入 60 万元

C. 乙公司应确认主营业务成本 40 万元　　D. 乙公司应确认其他业务成本 40 万元

（3）根据资料(3)，下列各项中正确的是(　　)。

A. 乙公司应确认税金及附加的金额为 57. 24 万元

B. 乙公司应确认城市维护建设税金额为 2. 65 万元

C. 乙公司应确认的教育费附加金额为 1. 59 万元

D. 乙公司应确认税金及附加的金额为 31. 24 万元

（4）根据资料(4)，乙公司下列会计处理中正确的是(　　)。

A. 确认销售费用 27 万元　　B. 确认管理费用 6 万元

C. 确认财务费用 3 万元　　D. 确认期间费用 34 万元

（5）根据上述资料，乙公司计算的营业利润和所得税费用的金额正确的是(　　)。

A. 营业利润为 169. 76 万元　　B. 营业利润为 163. 94 万元

C. 所得税费用为 42. 44 万元　　D. 所得税费用为 40. 99 万元

（三）甲公司为增值税一般纳税人，适用的增值税税率为 13%，商品售价中不包含增值税。销售商品和提供服务均符合收入确认条件，其成本在确认收入时逐笔结转。2019 年 12

月，甲公司发生如下交易或事项：

(1) 6日，向乙公司销售A一批商品，商品售价为200万元，增值税税额为26万元，该批商品的成本为120万元。商品已发出，款项已收到并存入银行，开出增值税专用发票。销售前，该批商品已计提了20万元的存货跌价准备。

(2) 18日，因资金周转困难，急需资金一笔，将购买成本为30万元的原材料出售。售价28万元，当月收到款项。

(3) 19日，与丙公司签订销售协议，采用预收款方式向丙公司销售一批商品，实际成本90万元。销售协议约定，售价120万元，相关增值税税额15.6万元，丙公司预付60%的货款(按不含增值税价格计算)，其余款项于2019年12月31日发货时结算。

(4) 28日，与戊公司签订为期3个月的服务合同，合同总价款为70万元。至12月31日，已经预收合同款50万元，实际发生服务成本30万元，估计为完成该合同还将发生服务成本20万元，该公司按实际发生的成本占估计总成本的比例确定合同履约进度。

要求：根据上述资料，不考虑其他因素，分析回答下列小题。(答案中的金额单位用万元表示)

(1) 根据资料(1)，下列说法中正确的是(　　)。

A. 应确认主营业务收入200万元　　B. 应确认主营业务收入180万元

C. 应确认主营业务成本120万元　　D. 应确认主营业务成本100万元

(2) 根据资料(2)，甲企业应将销售原材料结转的成本计入(　　)。

A. 主营业务成本　　B. 其他业务成本

C. 生产成本　　D. 制造费用

(3) 根据资料(3)，下列分录中正确的是(　　)。

A. 借：银行存款　　72
　　贷：合同负债　　72

B. 借：银行存款　　135.6
　　贷：主营业务收入　　120
　　　　应交税费——应交增值税(销项税额)　　15.6

C. 借：合同负债　　135.6
　　贷：主营业务收入　　120
　　　　应交税费——应交增值税(销项税额)　　15.6

D. 借：主营业务成本　　90
　　贷：库存商品　　90

(4) 根据资料(4)，关于甲公司12月31日会计处理结果正确的是(　　)。

A. 结转提供服务成本30万元　　B. 确认提供服务收入50万元

C. 确认提供服务收入42万元　　D. 结转提供服务成本50万元

(5) 根据资料(1)至(5)，甲公司本期应结转的营业成本的金额是(　　)万元。

A. 270　　B. 180　　C. 250　　D. 160

(四) 甲公司为增值税一般纳税人，适用的增值税税率为13%，甲公司2019年12月发生如下交易或事项：

(1) 5日，向乙公司销售一批商品，开出的增值税专用发票上注明的售价为60 000元，增值税税额为7 800元。该批商品的成本为40 000元。甲公司为了尽早收回货款，在合同中规定的现金折扣条件为：2/10，1/20，*N*/30。

(2) 13日，收到乙公司扣除所享受现金折扣后的全部款项，并存入银行。假定计算现金折扣时不考虑增值税。

(3) 15日，对已租入的固定资产进行改良，发生费用60 000元，假定当月不分摊改良支出。

(4) 19日，向丙公司销售一批商品，开出的增值税专用发票上注明的售价为90 000元，增值税税额为11 700元，该批商品的成本为70 000元。商品已发出，货款尚未收到。

(5) 24日，丙公司发现19日所购商品不符合合同规定的质量标准，要求甲公司在价格上给予8%的销售折让。甲公司经查明后，同意给予折让，收到丙公司转来的税务部门出具的增值税专用发票(红字)。

(6) 25日，销售商品领用一批单独计价的包装物成本20 000元，增值税专用发票上注明销售收入40 000元，增值税税额为5 200元，款项已存入银行。

(7) 31日，车间管理部门使用的固定资产发生日常修理费用20 000元、发生折旧30 000元。销售商品发生的售后商品维修费100 000元，专设销售网点机器设备折旧80 000元，销售人员薪酬150 000元，销售过程中发生汇兑损失60 000元。

要求：根据上述资料，不考虑其他因素，分析回答下列小题。(答案中的金额单位用元表示)

(1) 根据资料(1)至(2)，甲公司应确认的现金折扣为(　　)元。

A. 1 200　　B. 2 000　　C. 1 500　　D. 1 800

(2)根据资料(3)，下列会计处理正确的是(　　)。

A. 借记“其他应收款”60 000元　　B. 借记“长期待摊费用”60 000元

C. 贷记“银行存款”60 000元　　D. 贷记“长期待摊费用”60 000元

(3)根据资料(4)，下列各项中，甲公司处理正确的是(　　)。

A. 货款尚未收到不符合收入确认条件

B. 货款尚未收到，确认应收账款101 700元

C. 货款尚未收到，确认应收账款90 000元

D. 确认主营业务收入90 000元

(4)根据资料(6)，下列说法中正确的是(　　)。

A. 出售包装物时，贷方确认其他业务收入40 000元

B. 出售包装物时，贷方确认营业外收入40 000元

C. 在结转出售包装物成本时，借方确认其他业务成本25 200元

D. 在结转出售包装物成本时，借方确认其他业务成本20 000元

(5)根据上述资料，甲公司12月份应计入期间费用的金额为(　　)元。

A. 471 200　　B. 411 200　　C. 441 200　　D. 431 200

(五) 甲公司是增值税一般纳税人，适用的增值税税率为13%。销售商品、材料的价款中均不包含增值税，其成本随销售收入的确认逐笔结转，本年利润采用表结法核算。2019年1月至11月实现主营业务收入1 500万元，主营业务成本1 000万元，其他业务收入500万元，其他业务成本为400万元，税金及附加80万元，管理费用100万元，财务费用15万元，投资收益30万元，公允价值变动损益100万元，营业外收入30万元。2019年12月份甲公司发生的交易或事项如下：

(1) 12月1日，出售一项无形资产，共取得价款20万元，支付相关税费1万元，该设

备原价 50 万元，采用直线法摊销，无残值，该无形资产原计划摊销 10 年，到出售时已经摊销了 8 年。

（2）12 月 5 日，甲公司委托乙公司代销一批商品，售价 100 万元，实际成本 60 万元，月底，甲公司收到乙公司的代销清单，列明已经出售了商品的 80%，甲公司按照代销价款的 10%支付了乙公司代销手续费。

（3）12 月 10 日，甲公司将一栋写字楼出租给丙公司，月底取得本月的租金收入 2 万元。

（4）12 月 15 日，甲公司用银行存款支付产品保险费 3 万元。

（5）12 月 20 日，甲公司用银行存款支付印花税 0.2 万元。

（6）12 月 20 日，因债务重组获取收益 5 万元。

要求：根据上述资料，不考虑其他因素，分析回答下列小题。（答案中金额单位用万元表示）

（1）甲公司 2019 年 1 至 11 月份的营业利润为（　　）万元。

A. 535　　B. 565　　C. 505　　D. 465

（2）根据资料（2），甲公司应该确认的收入为（　　）万元。

A. 0　　B. 100　　C. 40　　D. 80

（3）根据资料（2）至（4），甲公司应该计入销售费用的金额为（　　）万元。

A. 13.2　　B. 11.2　　C. 11　　D. 3.2

（4）根据资料（1）至（6），甲公司 12 月份应该计入营业外收入的金额为（　　）万元。

A. 9　　B. 5　　C. 14　　D. 16

（5）根据资料（1）至（6），甲公司 2019 年的利润总额为（　　）万元。

A. 535　　B. 565　　C. 596.8　　D. 601.8

（六）甲公司为增值税一般纳税人，适用的增值税税率为 13%，2019 年 12 月发生如下相关交易或事项：

（1）3 日，甲公司采用托收承付方式向乙公司销售一批商品，增值税专用发票上注明售价 200 万元，增值税税额 26 万元，该批商品成本为 120 万元，双方签订合同时，甲公司得知乙公司资金流转暂时发生困难，但为了减少库存商品积压，仍将商品发出并办妥托收手续，同时纳税义务已发生。

（2）5 日，甲公司向丙公司销售一批商品，该批商品的标价为 200 万元（不含增值税），实际成本为 160 万元，由于成批销售，甲公司给予丙公司 10%的商业折扣，并在销售合同中规定现金折扣条件为：2/10、1/20、*N*/30，甲公司于当日发出商品同时开具增值税专用发票，符合商品销售收入确认条件，于当月 20 日收到丙公司支付的货款，计算现金折扣时考虑增值税。

（3）15 日，甲公司将仓库积压的一批原材料出售，开具的增值税专用发票上注明的售价为 20 万元，增值税税额为 2.6 万元，款项已存入银行。该批原材料的计划成本为 18 万元，材料成本差异率为-2%。

（4）31 日，本月月初与乙公司签订一项安装工程合同，合同总价款为 160 万元，合同签订时预收服务款 50 万元，至月末累计发生服务支出 60 万元，工程尚未完工，预计至完工还需要发生服务支出 40 万元，属于在某一时段内履行的履约义务，履约进度不能合理估计，企业发生的成本预计能够得到补偿。

（5）12 月发生相关税费如下：增值税 56 万元，消费税 15 万元，印花税 2 万元，适用的城市维护建设税税率为7%，教育费附加征收率是3%。

要求：假定不考虑其他因素，分析回答下列问题。(答案中的金额单位用万元表示)

(1) 根据资料(1)，下列选项中正确的是(　　)。

A. 主营业务成本120万元　　B. 发出商品120万元

C. 应收账款226万元　　D. 主营业收入200万元

(2) 根据资料(2)，下列各项中，关于甲公司会计处理结果正确的是(　　)。

A. 20日，“财务费用”科目借方登记2.26万元

B. 20日，“财务费用”科目借方登记2.034万元

C. 5日，“主营业务收入”科目贷方登记200万元

D. 5日，“主营业务收入”科目贷方登记180万元

(3) 根据资料(3)，甲公司应结转的原材料实际成本是(　　)万元。

A. 18　　B. 17.64　　C. 18.36　　D. 20

(4) 根据资料(4)，甲公司安装工程业务的会计处理正确的是(　　)。

A. 结转合同履约成本60万元　　B. 确认营业收入60万元

C. 确认营业收入50万元　　D. 暂不能确认收入、结转成本

(5) 根据上述资料，甲公司12月份的营业利润是(　　)万元。

A. 68.26　　B. -1.774　　C. -3.774　　D. 66.154

第六章　财务报表

学情分析

1. 掌握财务报表的组成；
2. 掌握资产负债表的填列方法；
3. 掌握利润表的相关计算；
4. 结合前面各章节学习学会填制相关财务报表。

主要内容导图

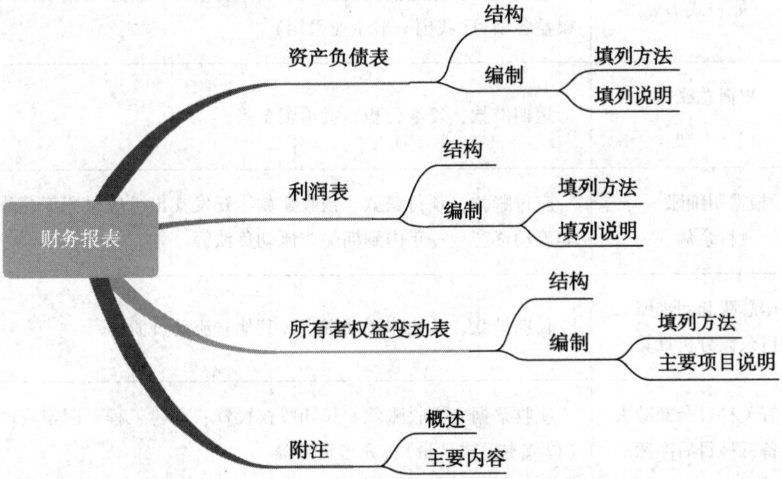

第一节　资产负债表

学情分析

本节重点掌握以下内容：

1. 资产负债表的组成部分和结构；
2. 资产负债表的集中填列方法；
3. 资产负债表各个项目的填列说明。

主要内容导图

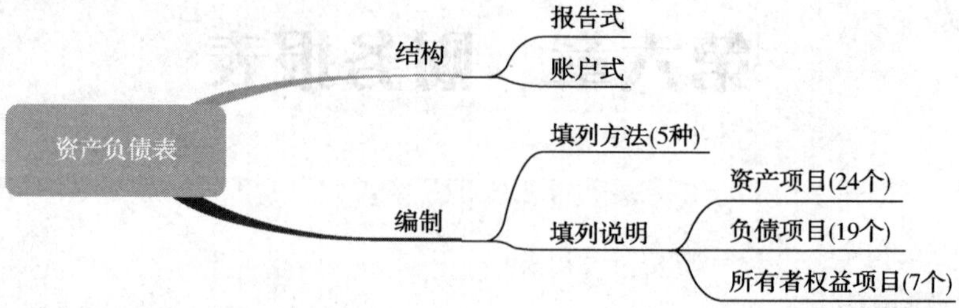

重、难点解析

组成	表头		报表名称、编制单位名称、资产负债表日、报表编号、计量单位
	标题		说明企业财务状况的各个项目
结构	报告式		上下结构：上半部分列示资产各项目，下半部分列示负债和所有者权益各项目
	账户式		左右结构：左边按流动性列示资产各项目，右边按流动性列示负债和所有者权益各项目（我国一般企业采用）
填列方法	根据总账科目余额		短期借款、资本公积、货币资金等
	根据明细账科目余额		应付账款、预付账款、预收账款、开发支出、应付职工薪酬、一年内到期的非流动资产、一年内到期的非流动负债等
	根据总账和明细账科目余额分析计算		长期借款、其他非流动资产、其他非流动负债
	根据有关科目余额减去其备抵科目后净额		应收票据、应收账款、长期股权投资、在建工程、固定资产、投资性房地产（以成本模式计量）、无形资产等
	综合运用以上方法		存货
填列说明	资产项目	货币资金	库存现金+银行存款+其他货币资金
		交易性金融资产	交易性金融资产
		应收票据	应收票据-坏账准备
		应收账款	“应收账款”明细借方余额+“预收账款”明细借方余额-坏账准备
		应收款项融资	以公允价值计量且其变动计入其他综合收益的应收票据和应收账款
		预付款项	“预付账款”明细借方余额+“应付账款”明细借方余额-坏账准备
		其他应收款	应收利息+应收股利+其他应收款-坏账准备
		存货	材料采购+在途物资+原材料+周转材料+委托加工物资+库存商品+发出商品+生产成本+委托代销商品+受托代销商品-受托代销商品款-商品进销差价+材料成本差异（借方+贷方-）-存货跌价准备+摊销期限在一年以内的合同履约成本

续表

填列说明	负债项目	合同资产	一年内到期的合同资产-合同资产减值准备同一合同下：合同资产-合同负债>0且期限在1年以内
		持有待售资产	持有待售资产-持有待售资产减值准备
		一年内到期的非流动资产	自资产负债表日起一年内变现的非流动资产
		其他流动资产	一年内到期的“债权投资”“其他债权投资”
		债权投资	债权投资-债权投资减值准备(注意：一年内到期的债权投资不在此处列示)
		其他债权投资	根据“其他债权投资”科目的相关明细科目余额分析填列(注意：一年内到期的债权投资不在此处列示)
		长期应收款	长期应收款-未实现融资收益-坏账准备
		长期股权投资	长期股权投资-长期股权投资减值准备
		其他权益工具投资	其他权益工具投资期末余额
		固定资产	固定资产-累计折旧-固定资产减值准备
		在建工程	在建工程+工程物资-在建工程减值准备-工程物资减值准备
		使用权资产	使用权资产-使用权资产累计折旧-使用权资产减值准备
		无形资产	无形资产-累计摊销-无形资产减值准备
		开发支出	开发支出——资本化支出
		长期待摊费用	“长期待摊费用”期末余额
		递延所得税资产	“递延所得税资产”期末余额
		其他非流动资产	有关科目期末余额
	所有者权益项目	短期借款	“短期借款”期末余额
		交易性金融负债	“交易性金融负债”相关明细科目期末余额
		应付票据	“应付票据”期末余额
		应付账款	“应付账款”期末明细贷方余额+“预付账款”期末明细贷方余额
		预收账款	“预收账款”期末明细贷方余额+“应收账款”期末明细贷方余额
		合同负债	“合同负债”相关明细科目期末余额
		应付职工薪酬	“应付职工薪酬”相关明细科目期末余额分析填列
		应交税费	“应交税费”期末贷方余额填列，若为借方余额则以“-”号填列
		其他应付款	应付股利+应付利息+其他应付款
		持有待售负债	“持有待售负债”期末余额
		一年内到期的非流动负债	将于资产负债表日后一年内到期的部分金额
		长期借款	长期借款-一年内到期的长期借款
		应付债券	“应付债券”期末余额
		租赁负债	租赁负债-一年内到期的租赁负债
		长期应付款	长期应付款-未确认融资费用+专项应付款
		预计负债	“预计负债”期末余额
		递延收益	“递延收益”期末余额

续表

填列说明	所有者权益项目	递延所得税负债	“递延所得税负债”期末余额
		其他非流动负债	有关科目期末余额-一年内到期部分金额
		实收资本(股本)	“实收资本(股本)”余额填列
		其他权益工具	优先股+永续债
		资本公积	“资本公积”余额填列
		其他综合收益	“其他综合收益”余额填列
		专项储备	“专项储备”余额填列
		盈余公积	“盈余公积”余额填列
		未分配利润	本年利润+利润分配(若为负数以“-”号填列)

【例题·单选题】2019 年 12 月 31 日，某企业“预付账款”科目所属明细科目的借方余额合计为 120 万元，“应付账款”科目所属明细科目的借方余额合计为 8 万元；“坏账准备”科目中有关预付账款计提的坏账准备余额为 6 万元。不考虑其他因素，该企业年末资产负债表中“预付款项”项目期末余额的列报金额为(   )万元。

A. 122　　B. 118　　C. 120　　D. 128

『答案』A

『解析』“预付款项”项目期末余额=120+8-6=122(万元)

【例题·单选题】下列项目中，属于资产负债表中“流动负债”项目的有(   )。

A. 预收款项　　B. 应付债券

C. 长期应付款　　D. 一年内到期的长期借款

『答案』AD

『解析』选项 B 属于非流动负债，选项 D“一年内到期的长期借款”填列在“一年内到期的非流动负债”项目，属于流动负债。

【例题·判断题】一套完整的财务报表体系由资产负债表、利润表、现金流量表、股东权益变动表及附注组成。(   )

『答案』√

第二节　利润表

学情分析

本节重点掌握以下内容：

利润表的编制。

主要内容导图

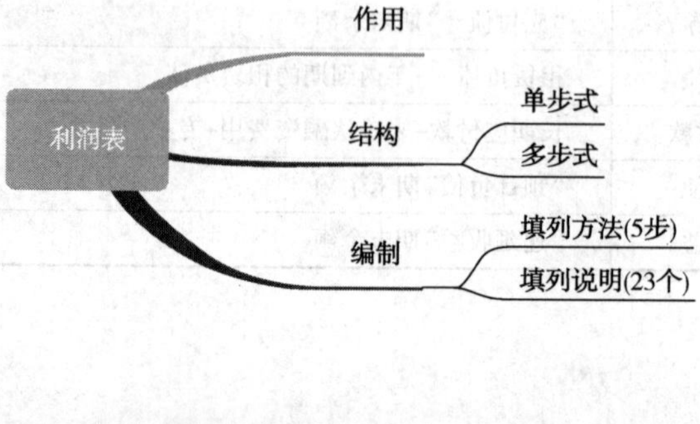

重、难点解析

作用	可以反映企业在一定会计期间收入、费用、利润(或亏损)的金额和构成情况，为财务报表使用者全面了解企业的经营成果、分析企业的获利能力及盈利增长趋势、做出经济决策提出依据	
结构	单步式	当期所有收入-当期所有利润=当期净损益
	多步式	当期的收入、费用、支出项目按性质加以归类，按利润形成的主要环节列示一些中间性利润指标，分布计算当期净损益。
编制	原理	收入-费用=利润
	营业利润	营业收入(主营业务收入+其他业务收入)-营业成本(主营业务成本+其他业务成本)-税金及附加-销售费用-管理费用-财务费用-研发费用+其他收益+投资收益(或-投资损失)+净敞口套期收益(或-净敞口套期损失)+公允价值变动收益(或-公允价值变动损失)-资产减值损失-信用减值损失+资产处置收益(或-资产处置损失)
	利润总额	营业利润+营业外收入-营业外支出
	净利润	利润总额-所得税费用
	每股收益	净利润/总股数
	综合收益总额	净利润+其他综合收益(税后净额)

【例题·单选题】乙公司2019年度“主营业务收入”科目发生额合计8 000万元，“其他业务收入”科目发生额合计600万元，“主营业务成本”科目发生额合计7 500万元，“其他业务成本”科目发生额合计500万元，则乙公司2019年度利润表中“营业成本”项目“本期金额”的列报金额为(　　)万元。

A. 8 600　　B. 600　　C. 8 000　　D. 15 500

『答案』C

『解析』营业成本=主营业务成本+其他业务成本=7 500+500=8 000(万元)

【例题·单选题】下列各项中，影响企业利润表中“利润总额”项目的是(　　)

A. 确认所得税费用

B. 向灾区捐款发生的支出

C. 收取股东超过注册资本的出资

D. 向投资者发放现金股利

『答案』B

『解析』A选项影响净利润，C选项计入“资本公积”对利润没有影响，D选项记“应付股利”减少不影响利润。

第三节　所有者权益变动表

学情分析

本节重点掌握以下内容：

所有者权益变动表的结构。

主要内容导图

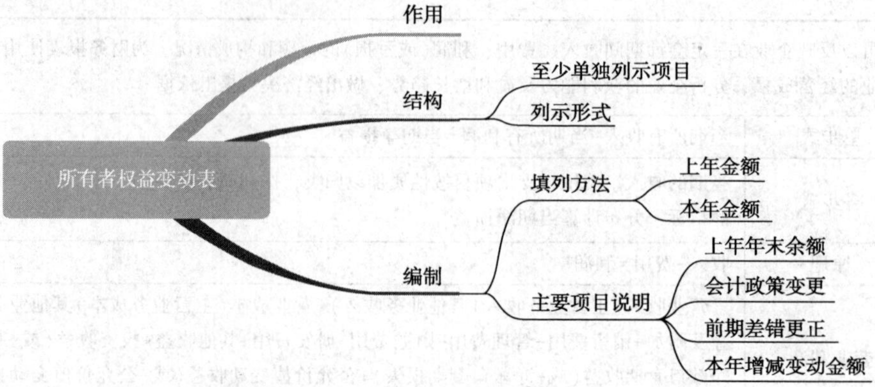

重、难点解析

作用	可以为财务报表使用者提供所有者权益总量增减变动的信息，也能为其提供所有者权益增减变动的结构性信息，特别是能够让财务报表使用者理解所有者权益增减变动的根源		
结构	至少单独列示项目	综合收益总额	
		会计政策变更和查错更正的累积影响金额	
		所有者投入资本和向所有者分配利润等	
		提取的盈余公积	
		实收资本、其他权益工具、资本公积、其他综合收益、专项储备、盈余公积、未分配利润的期初和期末余额及其调解情况	
	矩阵列示	列示导致所有者权益变动的交易或事项	
		按所有者权益各组成本部分列示交易或事项对所有者权益各部分的影响	
编制	填列方法	上年金额	根据上年度所有者权益变动表“本年金额”栏内所列数字填列
		本年金额	根据各项目的发生额分析填列
	主要项目说明	上年年末余额	反应上年资产负债表中个所有者权益项目的年末余额
		会计政策变更	采用追溯调整法处理的会计政策变更的累积影响金额
		前期差错更正	采用追溯重述法处理的会计差错更正的累积影响金额
		本年增减变动金额	各项目当年变动金额

【例题·单选题】下列各项中，不在所有者权益变动表中列示的项目是(　　)

A. 综合收益总额　　B. 所有者投入和减少资本

C. 利润分配　　D. 每股收益

『答案』D

『解析』D选项属于利润表列示项目。

第四节　附注

学情分析

本节重点掌握以下内容：
附注的定义。

主要内容导图

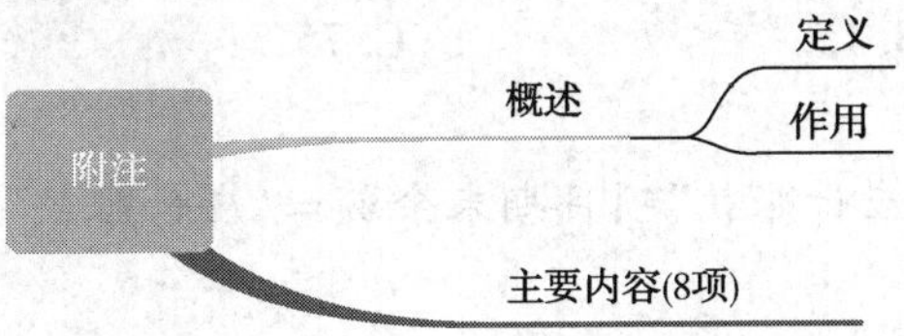

重、难点解析

概述	定义	是对资产负债表、利润表、现金流量表和所有者权益变动表等报表中列示项目的文字描述或明细资料，以及未能在这些报表中列示项目的说明
	作用	辅助的披露是对个报表列示项目含义的补充说明，以帮助财务报表使用者更准确地把握其含义
		附注提供了对各报表中未列示项目的详细或明细说明
主要内容	企业的基本情况	
	财务报表的编制基础	
	遵循企业会计准则的声明	
	重要会计政策和会计估计	
	会计政策和会计估计变更以及差错更正的说明	
	报表重要项目的说明	
	或有和承诺事项、资产负债表日后非调整事项、关联方关系及其交易等需要说明的事项	
	有助于财务报表使用者评价企业管理资本的目标、政策及程序的信息	

【例题·单选题】下列各项中，关于财务报表附注的表述不正确的是(　　)

A. 附注中包括财务报表重要项目的说明

B. 对未能在财务报表中列示的项目在附注中说明

C. 如果没有需要披露的重大事项，企业不必编制附注

D. 附注中包括会计政策和会计估计变更以及差错更正的说明

『**答案**』C

『**解析**』一套完整的财务报表体系由资产负债表、利润表、现金流量表、股东权益变动表及附注组成。

真题回顾

【单选题】(2019年)下列各项中应列入企业资产负债表"非流动负债"项目的是(　　)

A. 一年内到期的非流动负债　　B. 递延收益

C. 应付票据　　D. 合同负债

『答案』B

『解析』ACD均为流动负债。

【单选题】(2019年)2019年12月31日，某企业"应付票据""应付账款"和"其他应付款"相关明细科目期末贷方余额分别列示如下：商业承兑汇票60万元，应付账款15万元，其他应付款5万元。不考虑其他因素，该企业2019年12月31日资产负债表中"应付账款"项目期末余额为(　　)万元。

A. 65　　B. 15　　C. 75　　D. 80

『答案』B

『解析』资产负债表中"应付账款"项目期末余额="应付账款"期末明细贷方余额+"预付账款"期末明细贷方余额。

【单选题】(2018年)2017年11月，某企业计提短期借款利息7.2万元，折扣期内支付赊购货款取得现金折扣1.5万元，开具银行承兑汇票支付手续费0.5万元，不考虑增值税及其他因素，该企业11月利润表中"财务费用"项目金额为(　　)万元。

A. 7.7　　B. 5.2　　C. 6.2　　D. 5.7

『答案』C

『解析』"财务费用"项目金额=财务费用-财务收入=7.2+0.5-1.5=6.2(万元)

【单选题】(2019年)某企业一笔长期借款将于2020年7月1日到期，下列各项中该笔长期借款应列于企业2019年12月31日资产负债表的项目是(　　)

A. 一年内到期的非流动负债　　B. 其他非流动资产

C. 短期借款　　D. 长期借款

『答案』A

『解析』一年内到期的长期借款要在"一年内到期的非流动资产"项目列示。

【单选题】(2019年)下列各项中，影响企业利润表中"利润总额"项目的是(　　)

A. 确认的所得税费用　　B. 向灾区捐款发生的支出

C. 收取股东超过注册资本的出资　　D. 向投资者发放现金股利

『答案』B

『解析』利润总额=营业利润+营业外收入-营业外支出，B选项计入"营业外支出"。A选项计入"所得税费用"影响净利润，C选项计入"资本公积"与利润无关，D选项计入"应付股利"不影响利润。

【多选题】(2019年)下列资产负债表项目中，根据总账科目余额填列的有(　　)

A. 货币资金　　B. 固定资产　　C. 短期借款　　D. 应付账款

『答案』AC

『解析』解析固定资产根据有关科目余额减去其备抵科目余额后的净额填列；应付账款根据有关明细账科目余额计算填列。

【多选题】(2019 年)下列各项中，属于企业利润表列示项目的有(　　)

A. 每股收益　　B. 综合收益总额

C. 其他收益　　D. 信用减值损失

『答案』ABCD

【多选题】(2019 年)下列各项中，应在所有者权益变动表中单独列示反映的信息有(　　)

A. 财务报表的编制基础

B. 会计政策和会计估计变更以及差错更正的说明

C. 重要会计政策和会计估计

D. 遵循企业会计准则的声明

『答案』ABCD

【判断题】(2019 年)资产负债表中的“货币资金”项目，应根据“库存现金”“银行存款”和“其他货币资金”科目期末余额的合计数填列。(　　)

『答案』√

【判断题】(2018 年)企业年报中所有者权益变动表中，“未分配利润”项目本年年末余额应在与资产负债表中“未分配利润”项目年末余额相一致。(　　)

『答案』√

【判断题】(2018 年)营业利润项目根据本年利润发生额分析填列。(　　)

『答案』×

『解析』营业利润=营业收入(主营业务收入+其他业务收入)-营业成本(主营业务成本+其他业务成本)-税金及附加-销售费用-管理费用-财务费用-研发费用+其他收益+投资收益(或-投资损失)+净敞口套期收益(或-净敞口套期损失)+公允价值变动收益(或-公允价值变动损失)-资产减值损失-信用减值损失+资产处置收益(或-资产处置损失)

【判断题】(2018 年)企业在财务报表附注中应当披露采用的重要会计政策和会计估计，不重要的会计政策和会计估计可以不披露。(　　)

『答案』√

【不定项选择题】(2017 年改)某企业为增值税一般纳税人，适用的增值税税率为 13%。2019 年 12 月 1 日，该企业“原材料——甲材料”科目期初结存数量为 2 000 千克，单位成本为 15 元，未计提存货跌价准备。12 月份发生有关甲材料收发业务或事项如下：

(1) 10 日，购入甲材料 2 020 千克，增值税专用发票上注明的价款为 32 320 元，增值税额为 4 201.6 元，销售方代垫运杂费 2 680(不考虑增值税)，运输过程中发生合理损耗 20 千克。材料已验收入库，款项尚未支付。

(2) 20 日，销售甲材料 100 千克，开出的增值税专用发票上注明的价款为 2 000 元，增值税额为 260 元，材料已发出，并向银行办妥托收手续。满足收入确认条件。

(3) 25 日，本月生产产品耗用甲材料 3 000 千克，生产车间一般耗用甲材料 100 千克。

(4) 31 日，采用月末一次加权平均法计算结转发出甲材料的成本。

(5) 31 日，预计甲材料可变现净值为 12 800 元。

要求：根据上述资料，不考虑其他因素，分析回答下列小题。(题中金额单位以“元”表示)

(1) 根据资料(1)，下列各项中，该企业购入甲材料的会计处理结果正确的是(　　)

A. 甲材料实际入库数量为 2 000 千克

B. 甲材料入库单位成本为 17.5 元

C. 甲材料入库总成本为 35 000 元

D. 甲材料运输过程中的合理损耗使入库总成本减少 320 元

(2) 根据资料(2)，下列各项中，该企业销售甲材料的会计处理结果正确的是(　　)

A. 主营业务收入增加 2 000 元　　　　B. 银行存款增加 2 260 元

C. 应收账款增加 2 260 元　　　　D. 其他业务收入增加 2 000 元

(3) 根据资料(3)，下列各项中，关于该企业发出材料会计处理的表述正确的是(　　)

A. 生产产品耗用原材料应计入制造费用

B. 生产产品耗用原材料应计入生产成本

C. 生产车间一般耗用原材料应计入管理费用

D. 生产车间一般耗用原材料应计入制造费用

(4) 根据期初资料和资料(1)至(4)，下列各项中，关于结转销售材料成本的会计处理正确的是(　　)

A. 月末甲材料加权平均单位成本为 15.58 元

B. 主营业务成本增加 1 625 元

C. 其他业务成本增加 1 625 元

D. 月末甲材料加权平均单位成本为 16.25 元

(5) 根据期初资料和资料(1)至(5)，下列各项中，关于该企业 12 月末原材料的会计处理结果表述正确的是(　　)

A. 12 月末应计提存货跌价准备 200 元

B. 12 月末列入资产负债表“存货”项目的“原材料”金额为 12 800 元

C. 12 月末甲材料的成本为 13 000 元

D. 12 月末甲材料成本高于其可变现净值，不计提存货跌价准备

(1)『**答案**』ABC

『**解析**』甲材料入库金额 = 3 2320+2 680 = 35 000(元)

甲材料入库数量 = 2 020−20 = 2 000(千克)

甲材料单位成本 = 35 000/2 000 = 17.5(元/千克)

(2)『**答案**』CD

『**解析**』会计处理如下：

借：应收账款　　2 260

　　贷：其他业务收入　　2 000

　　　　应交税费——应交增值税(销项税额)　　260

(3)『**答案**』BD

(4)『**答案**』CD

『**解析**』月末甲材料加权平均单位成本 = (2 000×15+35 000)/(2 000+2 000) = 16.25(元/千克)

其他业务成本 = 100×16.25 = 1 625(元)

(5)『**答案**』ABC

『**解析**』期末“原材料——甲材料”金额 = 2 000×15+35 000−1 625−(3 000+100)×16.25 = 13 000(元)

应计提减值 = 13 000−12 800 = 200(元)

列入资产负债表“存货”项目的“原材料”金额=13 000-200=12 800(元)

【不定项选择题】(2017 年改)甲企业为增值税一般纳税人，适用的增值税税率为13%，销售商品价格均不含增值税。确认收入的同时，结转其销售成本。2019 年 11 月，该企业发生的经济业务如下：

(1) 1 日，向乙企业销售一批商品，增值税专用发票上注明的价款为 80 万元，增值税税额为 10.4 万元。实际成本为 35 万元。商品已发出，收到客户开具的商业承兑汇票结清全部款项。

(2) 5 日，采用托收承付结算方式向丙企业销售一批商品。增值税专用发票上注明的价款为 1 000 万元，增值税税额为 130 万元，实际成本为 800 万元，为客户代垫运输费 5 万元(不考虑增值税)。全部款项已办妥托收手续。

(3) 10 日，向丁企业赊销一批商品，增值税专用发票注明的价款为 40 万元，增值税税额为 5.2 万元，实际成本为 22 万元。销售合同规定的现金折扣条件为 2/10，1/20，*N*/30。计算现金折扣不考虑增值税。18 日，收到结算销售款项并存入银行。

(4) 25 日，收到丁企业退回本月 10 日购买的全部商品，同时向丁企业开具了红字增值税专用发票，并退回相关款项。

要求：根据上述材料，不考虑其他因素，分析回答下列小题。(答案中的金额单位用“万元”表示)

(1) 根据资料(1)，下列各项中，甲企业向乙企业销售商品会计处理表述正确的是(　　)

A. 确认主营业务收入 80 万元　　B. 确认主营业务成本 35 万元

C. 确认应收票据 90.4 万元　　D. 确认应收账款 90.4 万元

(2) 根据资料(2)，下列各项中，甲企业向乙企业销售商品应确认的应收账款为(　　)万元。

A. 1 000　　B. 1 160　　C. 1 135　　D. 1 005

(3)根据资料(3)，下列各项中，甲企业向丁企业销售商品会计处理正确的是(　　)

A. 收到客户款项时：

借：银行存款　　44.4

　　财务费用　　0.8

　　贷：应收账款　　45.2

B. 确认销售商品收入时：

借：应收账款　　45.2

　　贷：主营业务收入　　40

　　　　应交税费——应交增值税(进项税额)　　5.2

C. 结转销售商品成本时：

借：主营业务成本　　22

　　贷：库存商品　　22

D. 收到客户款项时：

借：银行存款　　44.4

　　销售费用　　0.8

　　贷：应收账款　　45.2

(4)根据资料(3)和(4)，下列各项中，甲企业收到丁企业退回商品的会计处理结果正

确的是(　　)

A. 应交税费减少 5.2 万元　　B. 财务费用减少 0.8 万元

C. 应收账款减少 45.2 万元　　D. 主营业务成本增加 22 万元

(5) 根据资料(1)至(4)，下列各项中，甲企业销售业务对其 2019 年 11 月利润表“营业利润”项目本期金额的影响是(　　)万元。

A. 262.2　　B. 240　　C. 245　　D. 263

(1)『答案』ABC

『解析』相关会计处理为：

借：应收票据　　90.4

　　贷：主营业务收入　　80

　　　　应交税费——应交增值税(销项税额)　　10.4

借：主营业务成本　　35

　　贷：库存商品　　35

(2)『答案』C

『解析』相关会计处理为：

借：应收账款　　1 135

　　贷：主营业务收入　　1 000

　　　　应交税费——应交增值税(销项税额)　　130

　　　　银行存款　　5

借：主营业务成本　　800

　　贷：库存商品　　800

(3)『答案』AC

『解析』相关会计处理为：

确认收入：

借：应收账款　　45.2

　　贷：主营业务收入　　40

　　　　应交税费——应交增值税(销项税额)　　5.2

　　　　结转成本：

借：主营业务成本　　22

　　贷：库存商品　　22

　　　　收到款项：

借：银行存款　　44.4

　　财务费用　　0.8

　　贷：应收账款　　45.2

(4)『答案』AB

『解析』相关会计处理为：

借：主营业务收入　　40

　　应交税费——应交增值税(销项税额)　　5.2

　　贷：银行存款　　44.4

　　　　财务费用　　0.8

借：库存商品　　22

　　贷：主营业务成本　　22

(6)『答案』C

『解析』对“营业利润”影响金额为：(1)(80−35)+(2)(1 000−800)+(3)(40−22−0.8)+(4)(−40+22+0.8)=245(万元)

同步练习

资产负债表

一、单项选择题

1. 某企业“本年利润”科目的期末借方余额为7万元，“利润分配”科目和“应付股利”科目的期末贷方余额分别为18万元和12万元，则当期资产负债表中“未分配利润”项目的期末余额应为(　　)万元。

A. 25　　B. 19　　C. 18　　D. 11

2. 下列资产负债表项目中，应根据有关科目余额减去其备抵科目余额之后的净额填列的是(　　)

A. 固定资产　　B. 开发支出

C. 长期待摊费用　　D. 货币资金

3. 某企业2020年12月31日“固定资产”账户余额为3 000万元，“累计折旧”账户余额为800万元，“固定资产减值准备”账户余额为200万元，“固定资产清理”账户借方余额为50万元，“在建工程”账户余额为200万元。不考虑其他因素，该企业2020年12月31日资产负债表中“固定资产”项目的期末余额为(　　)万元。

A. 3 000　　B. 1 950　　C. 2 050　　D. 3 200

4. 2020年12月31日，某企业“其他应收款”科目借方余额为1 000万元，“应收利息”科目借方余额为200万元，“应收股利”科目借方余额为150万元，“坏账准备”中对其他应收款计提的金额为60万元。不考虑其他因素，该企业2020年12月31日资产负债表中“其他应收款”项目的期末余额为(　　)万元。

A. 1 350　　B. 1 000　　C. 940　　D. 1 290

5. 下列有关科目的月末余额应列入资产负债表“在建工程”项目的是(　　)。

A. 在途物资　　B. 工程物资

C. 委托加工物资　　D. 固定资产清理

6. 2020年12月31日，某企业“应付账款——甲企业”明细科目贷方余额40 000元，“应付账款——乙企业”明细科目借方余额10 000元，“预付账款——丙企业”明细科目借方余额30 000元，“预付账款——丁企业”明细科目贷方余额6 000元。不考虑其他因素，该企业2020年12月31日资产负债表“应付账款”项目的期末余额为(　　)元。

A. 36 000　　B. 40 000　　C. 30 000　　D. 46 000

7. 2020年12月31日，某企业“预付账款”科目所属明细科目的借方余额合计为120万元，“应付账款”科目所属明细科目的借方余额合计为8万元；“坏账准备”科目中有关预付账款计提的坏账准备余额为6万元。不考虑其他因素，该企业年末资产负债表中“预付款项”项目期末余额的列报金额为(　　)万元。

A. 122　　B. 118　　C. 120　　D. 128

8. 某企业一笔长期借款将于2020年7月1日到期，下列各项中，该笔长期借款应列于2019年12月31日资产负债表的(　　)项目。

A. 一年内到期的非流动负债　　B. 其他非流动资产

C. 短期借款　　D. 长期借款

9. 2020年12月31日，某企业“生产成本”账户借方余额500万元，“原材料”账户借方余额300万元，“材料成本差异”账户贷方余额20万元，“存货跌价准备”账户贷方余额10万元，“工程物资”账户借方余额200万元。不考虑其他因素，该企业2020年12月31日资产负债表中“存货”项目的期末余额为(　　)万元。

A. 970　　B. 770　　C. 780　　D. 790

二、多项选择题

1. 下列资产负债表项目中，根据总账科目余额填列的有(　　)

A. 货币资金　　B. 固定资产　　C. 短期借款　　D. 应付账款

2. 下列会计科目的期末余额，应列入资产负债表“固定资产”项目的有(　　)。

A. 累计摊销　　B. 在建工程　　C. 固定资产清理　　D. 累计折旧

3. 下列各项中，关于资产负债表项目填列方法的表述，正确的有(　　)

A. “短期借款”项目应根据“短期借款”总账科目余额直接填列

B. “长期借款”项目应根据“长期借款”总账科目余额直接填列

C. “实收资本”项目应根据“实收资本”总账科目余额直接填列

D. “预收款项”项目应根据“预收账款”和“应收账款”科目所属各明细科目的期末贷方余额合计数填列

三、判断题

1. 资产负债表中的“货币资金”项目，应根据“库存现金”“银行存款”和“其他货币资金”科目期末余额的合计数填列。(　　)

四、不定项选择题

1. 甲股份有限公司为增值税一般纳税人，适用的增值税税率为13%，所得税税率为25%。2020年12月31日有关总账科目余额如下表：

总账科目余额表　　单位：元

总账科目	借方余额	总账科目	贷方余额
库存现金	12 025	坏账准备	3 510
银行存款	487 898	累计折旧	4 802 000
其他货币资金	200 000	累计摊销	48 000
应收票据	351 000	应付票据	510 000
应收账款	351 400	应付账款	360 000
预付账款	300 000	合同负债	300 000
其他应收款	3 000	应交税费	432 183
原材料	965 000	长期借款	192 000
库存商品	1 606 400	实收资本	8 000 000

续表

总账科目	借方余额	总账科目	贷方余额
周转材料	72 000	资本公积	964 430
固定资产	13 240 000	盈余公积	1 936 750
无形资产	240 000	本年利润	957 000
生产成本	1 475 350	利润分配	798 200
合计	19 304 073	合计	193 040 73

其他有关资料：

1.“坏账准备”余额全部为应收账款计提的坏账。

2.“长期借款”余额 192 000 元中，有 30 000 元将于 2021 年 6 月 30 日到期。

3.“应付账款”账户所属各明细科目均无借方余额。

根据期末科目汇总表，完成下列小题。

(1) 在资产负债表中，“固定资产”列示金额为(　　)

A. 13 240 000　　B. 8 438 000　　C. 13 192 000　　D. 8 390 000

(2)关于资产负债表列示，下列各项中，说法正确的有(　　)

A.“货币资金”项目金额为 699 923　　B.“长期借款”项目金额为 192 000

C.“未分配利润”项目金额为 798 200　　D.“长期借款”项目金额为 162 000

(3) 资产负债表中，“存货”项目的列示金额为(　　)

A. 1 606 400　　B. 1 678 400　　C. 2 643 400　　D. 4 118 750

(4) 关于资产负债表的列示，下列说法中正确的有(　　)

A.“其他应收款”项目按“其他应收款”科目余额直接填列

B.“应收账款”项目根据“应收账款”科目与“预收账款”期末明细科目借方余额计算后扣除“坏账准备”余额填列

C.“固定资产”项目按“固定资产”“在建工程”“累计折旧”“固定资产清理”计算填列

D.“长期待摊费用”按照长期待摊费用扣除一年内摊销的长期待摊费用后填列

利润表

一、单项选择题

1. 下列各项中，不属于企业利润表项目的是(　　)。

A. 综合收益总额　　B. 未分配利润

C. 每股收益　　D. 公允价值变动收益

2. 某企业销售原材料取得收入 40 000 元，增值税销项税额为 5 200 元，该材料成本为 30 000 元，出租设备取得租金收入 2 000 元(不含增值税)，该设备计提折旧 100 元。不考虑其他因素，上述业务导致当期营业利润增加(　　)元。

A. 10 000　　B. 10 800　　C. 800　　D. 42 000

3. 2020 年 11 月，甲企业确认短期借款利息 7.2 万元，收到银行活期存款利息收入 1.5 万元，开具银行承兑汇票支付手续费 0.5 万元。不考虑增值税与其他因素，11 月份企业利润表中“财务费用”项目的本期金额为(　　)万元。

A. 5.7　　B. 5.2　　C. 7.7　　D. 6.2

4. 2020 年 12 月 10 日，甲公司购入乙公司股票 10 万股，作为交易性金融资产核算，支付价款 249 万元，另支付交易费用 0.6 万元。12 月 31 日，该股票公允价值为 258 万元，2020 年甲公司利润表中“公允价值变动收益”项目的本年金额为(　　)万元。

A. 9　　B. 9.6　　C. 8.4　　D. 0.6

5. 下列各项中，影响企业利润表中“利润总额”项目的是(　　)。

A. 确认的所得税费用　　B. 向灾区捐款发生的支出

C. 收取股东超过注册资本的出资　　D. 宣告发放现金股利

6. 2020 年 12 月，宏天企业结转销售商品成本 100 000 元，结转销售材料成本 2 000 元，对外捐赠支出 5 000 元。不考虑其他因素，该企业 2020 年 12 月利润表“营业成本”项目的本期金额为(　　)元。

A. 105 000　　B. 107 000　　C. 102 000　　D. 100 000

二、多项选择题

1. 下列各项中，影响当期利润表“营业利润”项目金额的有(　　)

A. 转让专利所有权取得的净收益　　B. 出租机器设备取得的租金收入

C. 出售原材料取得的收入　　D. 支付税收滞纳金

2. 下列各项中，关于利润表项目本期金额填列方法表述正确的有(　　)

A. “税金及附加”项目应根据“应交税费”科目的本期发生额分析填列

B. “利润总额”项目应根据“本年利润”科目的本期发生额分析填列

C. “营业收入”项目应根据“主营业务收入”和“其他业务收入”科目的本期发生额计算填列

D. “财务费用”项目应根据“财务费用”科目的本期发生额分析填列

3. 下列各项中，属于企业利润表列示的项目的有(　　)

A. 每股收益　　B. 综合收益总额

C. 其他收益　　D. 信用减值损失

三、判断题

1. “营业利润”项目根据本年利润发生额分析填列。(　　)

2. 利润表中的“综合收益总额”项目，可以为财务报表使用者提供企业实现净利润和其他综合收益(税后净额)的信息。(　　)

四、不定项选择题

1. A 公司 2020 年度有关损益类科目本年累计发生额，见下表：

损益类科目本年累计发生额

单位：元

科目名称	借方发生额	科目名称	贷方发生额
主营业务成本	825 000	主营业务收入	1 375 000
其他业务成本	9 000	其他业务收入	11 000
税金及附加	3 200	公允价值变动损益	12 100
销售费用	79 000	投资收益	22 550
管理费用	116 810	营业外收入	55 000
财务费用	45 650		
资产减值损失	33 990		
营业外支出	21 670		
所得税费用	85 332		

根据上表，完成下列小题。

(1) 下列各项中，说法正确的有(　　)

A. 计入利润表中“营业收入”的金额为1 386 000元

B. 计入利润表中“营业成本”的金额为834 000元

C. 计入利润表中“营业利润”的金额为308 000元

D. 计入利润表中“营业利润”的金额为341 330元

(2) 本年度实现的净利润为(　　)元

A. 552 000　　B. 341 330　　C. 255 998　　D. 308 000

所有者权益变动表

一、多项选择题

1. 下列各项中，应在所有者权益变动表中单独列示的项目有(　　)

A. 向所有者(股东)分配利润　　B. 所有者投入资本

C. 综合收益总额　　D. 提取的盈余公积

二、判断题

1. 所有者权益变动表是反映企业当期所有者权益各构成部分增减变动情况的报表。(　　)

2. 企业所有者权益变动表中，“未分配利润”项目本年年末余额应与资产负债表中“未分配利润”项目的年末余额相一致。(　　)

3. 所有者权益变动表中，“综合收益总额”项目反映净利润和其他综合收益扣除所得税影响后的净额相加后的合计金额。(　　)

附注

一、单项选择题

1. 下列各项中，关于财务报表附注的表述不正确的是(　　)。

A. 附注中包括财务报表重要项目的说明

B. 对未能在财务报表列示的项目在附注中说明

C. 如果没有需要披露的重大事项，企业不必编制附注

D. 附注中包括会计政策和会计估计变更以及差错更正的说明

二、多项选择题

1. 下列各项中，应在企业财务报表附注中披露的内容有(　　)。

A. 财务报表的编制基础

B. 会计政策和会计估计变更以及差错更正的说明

C. 重要会计政策和会计估计

D. 遵循企业会计准则的声明

三、判断题

1. 财务报表附注是对在资产负债表、利润表、现金流量表和所有者权益变动表等报表中列示项目的文字描述或明细资料，以及对未能在这些报表中列示项目的说明等。(　　)

2. 企业在财务报表附注中应当披露采用的重要会计政策和会计估计，不重要的会计政策和会计估计可以不披露。(　　)

第七章　管理会计基础

学情分析

1. 准确掌握管理会计要素、熟练了解管理会计的工具方法。
2. 熟练掌握产品成本核算的一般程序、产品成本项目。
3. 熟练掌握产品成本各要素的归集、分配。
4. 熟练掌握直接分配法、交互分配法。
5. 熟练掌握约当产量比例法、定额成本计价法、定额比例法。
6. 准确掌握并区分产品成本计算方法。

主要内容导图

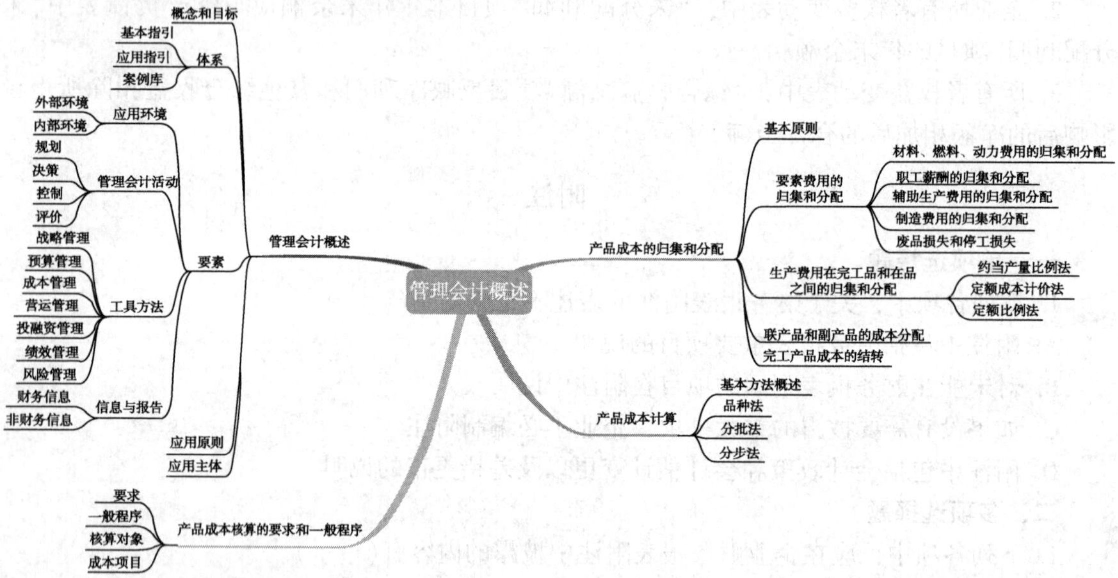

第一节　管理会计概述

学情分析

本节重点掌握以下内容：

1. 管理会计的目标。
2. 管理会计体系。

3. 管理会计要素。
4. 管理会计活动。
5. 管理会计工具方法。
6. 管理会计应用原则和应用主体。

主要内容导图

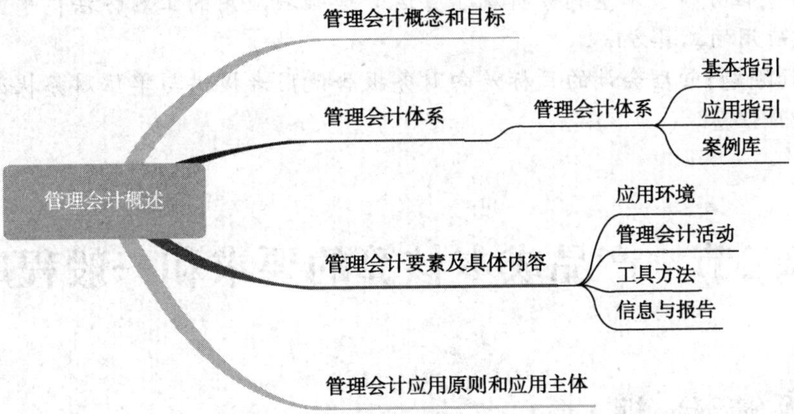

重、难点解析

概念	管理会计是会计的重要分支，主要服务于单位内部管理需要，是通过利用相关信息，有机融合财务与业务活动，在单位规划、决策、控制和评价等方面发挥重要作用的管理活动	
目标	通过运用管理会计工具方法，参与单位规划、决策、控制、评价活动并为之提供有用信息，推动单位实现战略规划	
体系	①由理论、指引、人才、信息化+咨询服务构成的“4+1”管理会计有机系统 ②理论——基础、指引——保障、人才——核心、信息——支撑、咨询服务——外部支持 ③包括基本指引（统领）、应用指引（主体）、案例库（总结提炼）	
要素	应用环境（基础）	外部环境：国内外经济、市场、法律、行业等因素
		内部环境：创造价值模式、组织架构、管理模式、资源、信息系统
	管理会计活动（具体展开）	应将管理会计活动嵌入规划、决策、控制、评价等环节，形成完整闭环
	工具方法（具体手段）	①战略管理领域：战略地图、价值链管理
		②预算管理领域： 滚动预算、零基预算、弹性预算、作业预算
		③成本管理领域： 目标成本法、标准成本法、变动成本法、作业成本法
		③营运管理领域： 本量利分析、敏感性分析、边际分析、内部转移定价、多维度盈利能力分析
		④投融资管理领域： 贴现现金流法、项目管理、情景分析、约束资源优化
		⑤绩效管理领域： 关键绩效指标法、经济增加值法、平衡计分卡、绩效棱柱模型
		⑥风险管理领域：风险矩阵、风险清单
应用原则	战略导向原则、融合性原则、适应性原则、成本效益原则	
应用主体	视管理决策主体确定 可以是企业、行政事业单位	

【例题·单选题】下列各项中，属于管理会计要素的有(　　)。

A. 工具方法　　B. 信息与报告　　C. 应用环境　　D. 管理会计活动

『答案』ABCD

【例题·单选题】下列各项中，可应用于企业成本管理领域的工具方法是(　　)。

A. 敏感性分析　　B. 变动成本法　　C. 平衡计分卡　　D. 本量利分析

『答案』B

『解析』敏感性分析、本量利分析属于营运管理领域应用的工具方法；平衡计分卡属于绩效管理领域应用的工具方法。

【例题·判断题】管理会计的目标是向财务报告使用者提供与单位财务状况和经营成果有关的会计核算信息。(　　)

『答案』×

第二节　产品成本核算的要求和一般程序

学情分析

本节重点掌握以下内容：

1. 产品成本核算的要求。
2. 产品成本核算的一般程序。
3. 产品成本核算对象。
4. 产品成本项目。

主要内容导图

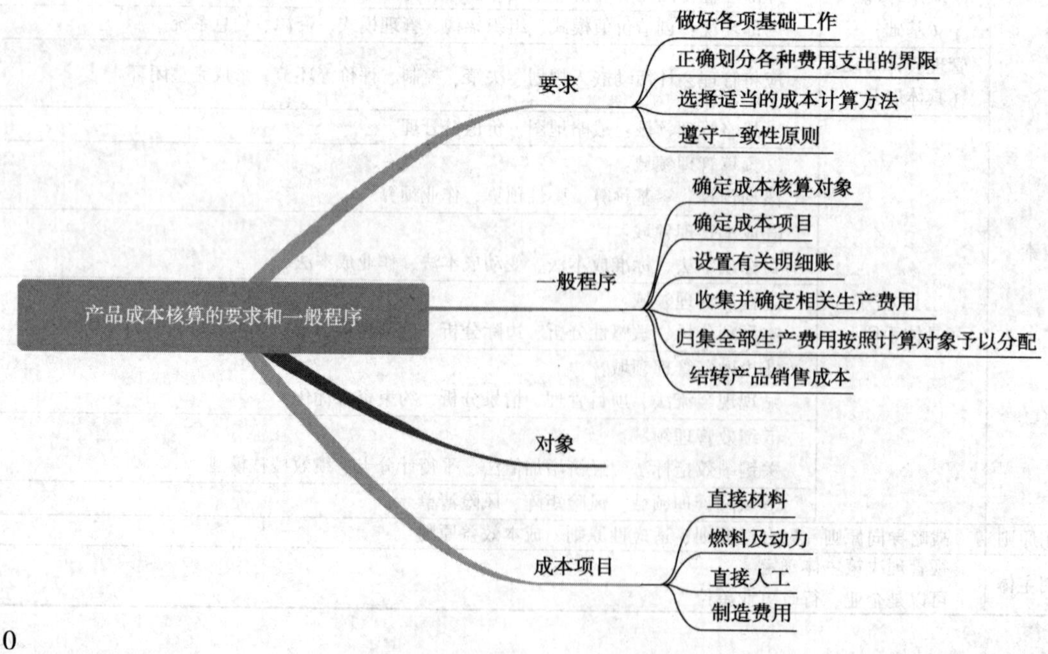

重、难点解析

要求	①做好各项基础工作 ②正确划分各种费用支出的界限 ③根据生产特点和管理要求选择适当的成本计算方法 ④遵守一致性原则 ⑤编制产品成本报表
一般程序	①确定成本核算对象 ②确定成本项目 ③设置成本费用明细账 ④收集确定各种产品相关资料(生产量、库存量、盘存量以及资源消耗) ⑤归集全部生产费用，并进行分配 ⑥结转产品销售成本
核算对象	大批大量单步骤生产产品或管理上不要求提供有关生产步骤成本信息的，以产品品种为成本核算对象 小批单件生产的产品，以每批或每件产品为成本核算对象 多步骤连续加工的产品且管理上要求提供有关生产步骤成本信息的，以每种产品及各生产步骤为成本核算对象 产品规格繁多的，可将产品结构、耗用原材料和工艺过程基本相同的各种产品，适当合并作为成本核算对象
成本项目	直接材料 燃料及动力 直接人工 制造费用

【例题·多选题】下列各项中，属于制造企业设置的成本项目有(　　)。

A. 制造费用　　B. 库存商品　　C. 直接人工　　D. 直接材料

『答案』ACD

【例题·单选题】下列各项中，企业生产产品耗用的外购半成品费用归类的成本项目是(　　)。

A. 制造费用　　B. 燃料及动力　　C. 直接人工　　D. 直接材料

『答案』D

【例题·单选题】某企业只生产和销售甲产品，2020年9月初，在产品成本为6.5万元。9月份发生如下费用：生产耗用材料9万元，生产工人工资4万元，行政管理部门人员工资4.5万元，制造费用1万元。月末在产品成本4万元，该企业9月份完工甲产品的生产成本为(　　)万元。

A. 16.5　　B. 17　　C. 15.5　　D. 20.5

『答案』A

『解析』该企业9月份完工甲产品的生产成本=6.5+9+4+1-4=16.5(万元)，行政管理部门人员的工资应该记入“管理费用”科目，不影响生产成本。

第二节　产品成本的归集和分配

学情分析

本节重点掌握以下内容：

1. 材料、燃料、动力费用的归集和分配。
2. 职工薪酬的归集和分配。
3. 辅助生产费用的分配方法：直接分配法、交互分配法和计划成本分配法。
4. 制造费用的归集和分配。
5. 废品损失和停工损失的核算。
6. 约当产量比例法。
7. 在产品按定额成本计价法。
8. 定额比例法。
9. 联产品和副产品的成本分配。

主要内容导图

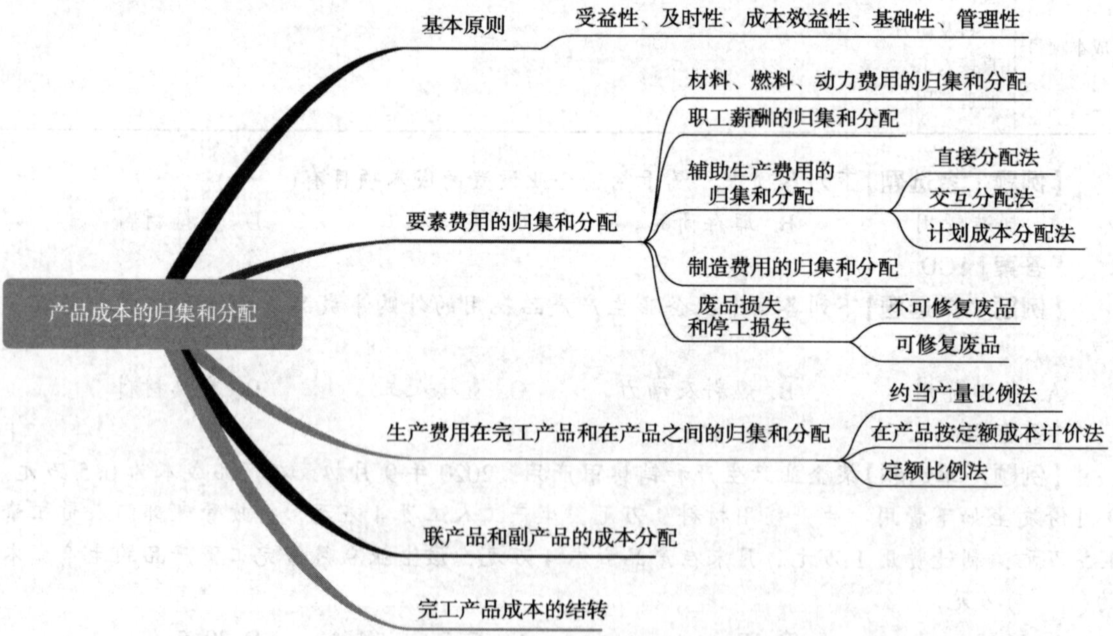

重、难点解析

一、基本原则

基本原则	根据生产经营特点，以正常生产能力水平为基础，按照资源耗费方式确定合理的分配标准
科目设置	生产成本——基本生产成本 ——辅助生产成本 制造费用

二、材料、燃料、动力费用的归集和分配

材料、燃料、动力费用的归集和分配	按照实际耗用数量进行归集分配 ①分产品领用——直接计入相应产品成本的“直接材料” ②不能分产品领用——分配计入相应产品成本的“直接材料” 分配公式： 分配率=待分配费用/分配标准之和 相应产品应分配的费用金额=分配率×该产品的分配标准
	在消耗定额比较准确的情况下，也可以按照产品的材料定额消耗量比例或材料定额费用比例进行分配 分配公式： 某种产品材料定额消耗量=该种产品实际产量×单位产品材料消耗定额 材料消耗量分配率=材料实际总消耗量/各种产品材料定额消耗量之和 相应产品应分配的材料费用=该种产品的材料定额消耗量×材料消耗量分配率×材料单价

【例题·单选题】某企业的燃料按工时定额来分配，本月燃料费为8 000元，甲产品生产工时为300小时，乙产品的生产工时为500小时，其中甲产品应分配的燃料费为(　　)元。

A. 5 000　　B. 8 000　　C. 3 000　　D. 6 000

『答案』C

『解析』甲产品应分担的材料费=8 000/(300+500)×300=3 000(元)。

【例题·单选题】某企业生产甲、乙两种产品的外购动力消耗定额分别为4工时和6工时。9月份生产甲产品500件，乙产品800件，共支付动力费23 120元。该企业按定额消耗量比例分配动力费，9月份甲产品应分配的动力费为(　　)元。

A. 1 700　　B. 6 800　　C. 4 800　　D. 6 000

『答案』B

『解析』甲产品应分担的动力费=23 120/(500×4+800×6)×500×4=6 800(元)。

三、职工薪酬的归集和分配

职工薪酬的归集和分配	分配公式： 职工薪酬分配率=各种产品生产职工薪酬总额/各种产品生产工时之和 相应产品应分配的生产职工薪酬=该种产品生产工时×职工薪酬分配率
	如果取得各种产品的实际生产工时数据比较困难，而各种产品的单件工时定额比较准确，可以按产品的定额工时比例分配职工薪酬 分配公式： 某种产品耗用的定额工时=该种产品投产量×单位产品工时定额 生产职工薪酬费用分配率=各种产品薪酬总额/各种产品定额工时之和 相应产品应分配的生产薪酬费用=该种产品定额工时×生产职工薪酬费用分配率

【例题·单选题】某企业本月生产完工甲产品 300 件，乙产品 200 件，月初月末均无在产品，该企业本月发生直接人工成本 6 万元，按定额工时比例在甲、乙产品之间分配，甲、乙产品的单位工时分别为 7 小时、2 小时，本月甲产品应分配的直接人工成本为（　　）万元。

A. 4.2　　B. 2.1　　C. 3.6　　D. 5.04

『答案』D

『解析』甲产品应分配的直接人工成本＝（300×7）×6/（300×7+200×2）＝5.04（万元）。

四、辅助生产费用的归集和分配

直接分配法	特点	不考虑各辅助生产车间之间相互提供劳务或产品的情况，而是将各种辅助生产费用直接分配给辅助生产以外的各受益单位
	优点	各辅助生产费用只进行对外分配，分配一次，计算简单
	缺点	分配结果不够准确
	适用范围	适用于辅助生产内部相互提供产品和劳务不多、不进行费用的交互分配、对辅助生产成本和企业产品成本影响不大的情况
	公式	辅助单位成本＝辅助生产费用总额/对辅助车间以外的部门提供的劳务总量各产品、车间、部门应分配费用＝辅助单位成本×相应耗用量

【例题·判断题】采用直接分配法分配辅助生产费用的企业，应将各辅助生产部门归集的辅助生产费用直接分配给其他受益的辅助生产车间。（　　）

『答案』×

『解析』采用直接分配法分配辅助生产费用的企业，应将各辅助生产部门归集的辅助生产费用直接分配给辅助生产以外的各受益单位。

交互分配法	特点	两次分配 ①各辅助生产车间之间交互分配 ②将交互分配后的实际费用在辅助生产车间以外的各受益单位进行分配
	优点	提高了分配的正确性
	缺点	加大了分配的工作量
	公式	对内交互分配率＝辅助生产费用总额/辅助车间提供的劳务总量对外分配率＝（交互分配前的成本费用+交互分配转入的成本费用－交互分配转出的成本费用）/对辅助车间以外的其他部门提供的劳务总量

【例题·单选题】某企业有甲乙两个辅助生产车间，采用交互分配法分配辅助生产费用。某月交互分配前，甲乙车间归集的辅助生产费用分别为 75 000 元和 90 000 元。甲车间向乙车间交互分配辅助生产费用 2 500 元，乙车间向甲车间交互分配辅助生产费 3 000 元。当月，甲车间向辅助生产车间以外的受益部门分配的辅助生产费用为（　　）元。

A. 75 000　　B. 74 000　　C. 75 500　　D. 72 500

『答案』C

『解析』甲车间向辅助生产车间以外的受益部门分配的辅助生产费用=75 000-2 500+3 000=75 500(元)。

<table>
<tr><td rowspan="5">计划成本分配法</td><td>特点</td><td>辅助生产为各受益单位提供的劳务，都按劳务的计划单位成本进行分配。
辅助生产车间实际发生的费用(包括辅助生产内部交互分配转入的费用，不需要减转出的费用)与按计划单位成本分配转出的费用之间的差额采用简化计算方法全部计入管理费用。</td></tr>
<tr><td>优点</td><td>便于考核和分析受益单位的成本，有利于分清各单位的经济责任</td></tr>
<tr><td>缺点</td><td>成本分配不够准确</td></tr>
<tr><td>适用范围</td><td>辅助生产劳务计划单位成本比较准确的企业</td></tr>
<tr><td>公式</td><td>成本差异=实际成本-按计划分配率分配转出的费用</td></tr>
</table>

【例题·单选题】某企业采用计划成本法分配辅助生产费用时，应将生产车间实际发生的费用与按计划单位成本分配转出的费用之间的差额记入的会计科目是(　　)。

A. 制造费用　　B. 管理费用

C. 生产费用　　D. 销售费用

『答案』B

五、制造费用的归集和分配

<table>
<tr><td>归集</td><td colspan="2">制造费用是指企业为生产产品或提供劳务发生的各项间接费用，包括物料消耗，车间管理人员的薪酬，车间管理用房屋和设备的折旧费、租赁费和保险费，车间管理用的照明费、水费以及季节性及修理期间停工损失等</td></tr>
<tr><td rowspan="5">分配</td><td>公式</td><td>制造费用分配率=制造费用总额/各产品分配标准之和
相应产品应分配的制造费用=分配率×该产品的分配标准</td></tr>
<tr><td rowspan="4">方法</td><td>生产工人工时比例法</td></tr>
<tr><td>生产工人工资比例法：适用于各种产品机械化程度差不多的企业</td></tr>
<tr><td>机器工时比例法：产品生产的机械化程度较高的车间</td></tr>
<tr><td>年度计划分配率分配法：适用于季节性生产企业</td></tr>
</table>

【例题·单选题】某企业本月生产甲产品耗用机器工时300小时，生产乙产品耗用机器工时200小时。本月发生车间管理人员工资120万元，福利费80万元，产品生产人员工资400万元，福利费100万元。该企业按机器工时比例分配制造费用。假设不考虑其他因素，本月乙产品应分配的制造费用为(　　)万元。

A. 48　　B. 280　　C. 208　　D. 80

『答案』D

『解析』本月乙产品应分配的制造费用=(120+80)/(300+200)×200=80(万元)

六、废品损失和停工损失的核算

<table>
<tr><td rowspan="3">废品损失</td><td colspan="2">在生产过程中发生的和入库后发现的超定额的不可修复废品的生产成本，以及可修复废品的修复费用，扣除回收的废品残料价值和应收赔款以后的损失
不包括：
质检部门鉴定不需要返修、可以降价出售的不合格品
入库后由于保管不善而损坏变质的产品
实行“三包”企业在产品出售后发现的废品</td></tr>
<tr><td rowspan="2">不可修复废品损失</td><td>①按废品所耗实际费用计算：
将废品报废前与合格品在一起计算的各项费用，采用适当的分配方法，在合格品与废品之间进行分配
借：废品损失
贷：生产成本——基本生产成本</td></tr>
<tr><td>②按废品所耗定额费用计算
不需要考虑废品实际发生的生产费用</td></tr>
<tr><td rowspan="2">废品损失</td><td rowspan="2">可修复废品损失</td><td>可修复废品返修前发生的生产费用，不属于废品损失，不需要计算其生产成本，而应留在“基本生产成本”科目和所属有关产品成本明细账中，不需要转出</td></tr>
<tr><td>返修发生的各种费用
①发生修复费用
借：废品损失
贷：原材料
②收回残料或过失人赔款
借：原材料
其他应收款
贷：废品损失
③结转损失
借：生产成本——基本生产成本
贷：废品损失</td></tr>
<tr><td rowspan="4">停工损失</td><td>概念</td><td>生产车间或车间内某个班组在停工期间发生的各项费用包括：
停工期间的原材料费用、人工费用和制造费用等，不包括：
应由过失单位或保险公司负担的赔款、不满一个工作日的停工</td></tr>
<tr><td colspan="2">不单独核算停工损失的企业：
不设立“停工损失”科目
直接反映在“制造费用”和“营业外支出”等科目中
辅助生产一般不单独核算停工损失</td></tr>
<tr><td colspan="2">单独核算停工损失的企业：
在成本项目中增设“停工损失”项目
①发生停工费用
借：停工损失
贷：银行存款等
②过失单位赔偿
借：其他应收款
贷：停工损失
③结转净损益
借：生产成本——基本生产成本　【由成本负担的部分】
营业外支出　【自然灾害】
贷：停工损失</td></tr>
<tr><td colspan="2">季节性生产企业：
停工期间发生的制造费用与开工期间发生的制造费用，在开工期间合理分摊计入生产成本</td></tr>
</table>

【例题·单选题】下列各项中，属于废品损失的是(　　)。

A. 由于保管不善导致产品损失变质的生产成本

B. 产品生产过程中由于不可修复废品所发生的生产成本

C. 经质监部门鉴定不需要返修可降价出售的不合格品的生产成本

D. 企业实施“三包”措施，出售后发现废品的生产成本

『答案』B

【例题·单选题】某企业产品入库后发现一批可修复废品，生产成本为20万元，返修过程中发生直接材料成本4万元，直接人工费用5万元，制造费用5万元，废品残料作价2万元已验收入库。不考虑其他因素，该企业可修复废品的净损失为(　　)万元。

A. 12　　B. 34　　C. 2　　D. 32

『答案』A

『解析』该企业可修复废品的净损失=4+5+5-2=12(万元)

【例题·单选题】某公司因持续暴雨导致停工5天，停工期间发生的原材料损耗7 000元，应分摊的人工费用3 000元，应分摊的水电费500元，该停工损失应由保险公司赔偿2 000元，假定不考虑其他因素，下列关于停工损失会计处理正确的是(　　)。

A. 净停工损失8 500，计入营业外支出　　B. 净停工损失8 500，计入基本生产成本

C. 净停工损失10 500，计入营业外支出　　D. 净停工损失10 500，计入基本生产成本

『答案』A

『解析』停工损失=7 000+3 000+500-2 000=8 500(元)，暴雨属于自然灾害，应转入营业外支出。

【例题·单选题】单独核算停工损失的企业，对于属于自然灾害导致的停工损失，应最终转入(　　)。

A. 生产成本　　B. 营业外收入　　C. 其他应收款　　D. 制造费用

『答案』B

七、生产费用在完工产品和在产品之间的归集和分配

方法	不计算在产品成本法、在产品按固定成本计价法、在产品按所耗直接材料成本计价法、约当产量比例法、在产品按定额成本计价法、在产品按完工产品成本计价法、定额比例法等
原理	月初在产品成本+本月发生生产成本=本月完工产品成本+月末在产品成本

(一) 约当产量比例法

适用情况	产品数量较多，各月在产品数量变化也较大，且生产成本中直接材料成本和直接人工等加工成本的比重相差不大的产品
计算公式	月末在产品约当产量=月末在产品数量×完工程度 分配率(单位成本) =(月初在产品成本+本月发生生产成本)/(完工产品产量+在产品约当产量) 完工产品成本=完工产品产量×单位成本 月末在产品成本=月末在产品约当产量×单位成本

完工程度	直接人工和制造费用完工程度： ①一般情况下，假定各工序在产品只完成本工序的50% 某道工序在产品完工程度 =（前面各工序工时定额之和+本工序工时定额×50%）/产品工时定额×100% ②已知条件中，指明各工序完工程度 某道工序在产品完工程度 =（前面各工序工时定额之和+本工序工时定额×本工序完工程度）/产品工时定额×100% ③若各工序在产品数量和单位工时定额相差不多，在产品的完工程度也可按50%计算
	直接材料完工程度： ①开始时一次投入 无论产品完工程度如何，原材料完工程度均为100% ②分工序投入，但在每道工序开始时一次性投入 某道工序在产品完工程度 =至本工序累计材料消耗定额/产品材料消耗定额×100% ③分工序投入，且每道工序均匀投入 某道工序在产品完工程度 =（前面各工序累计材料消耗定额+本工序材料消耗定额×50%）/产品材料消耗定额×100%

【例题·单选题】某企业只生产一种产品，采用约当产量比例法将生产费用在完工产品和在产品之间进行分配，材料在产品投产时一次性投入。月初在产品直接材料成本为10万元，当月耗用材料成本为50万元，当月完工产品30件，月末在产品30件，完工程度60%，本月完工产品成本中直接材料成本为（　　）万元。

A. 30　　B. 22.5　　C. 25　　D. 37.5

『答案』A

『解析』共耗用直接材料10+50=60（万元），因为材料在产品投产时一次投入，所以原材料在完工产品和在产品中进行分配的比例是一样的，不需要进行约当产量的计算。分配率=60/（30+30）=1，本月完工产品成本中直接材料成本=完工产品数量×分配率=30×1=30（万元）。

（二）在产品按定额成本计价法

适用情况	适用于各项消耗定额或成本定额比较准确、稳定，而且各月末在产品数量变化不是很大的产品
计算公式	月末在产品成本=月末在产品数量×在产品单位定额成本 本月完工产品成本=月初在产品成本+本月发生生产成本-月末在产品成本 【实际脱离定额的差异完全由完工产品承担】

【例题·判断题】采用在产品按定额成本计价的企业，每月生产成本脱离定额差异应当计入月末在产品成本。（　　）

『答案』×

（三）定额比例法

适用情况	适用于各项消耗定额或成本定额比较准确、稳定，但各月末在产品数量变动较大的产品
计算公式	分配率 =（月初在产品成本+本月发生生产成本）/（完工产品定额+月末在产品定额） 月末在产品应分配成本=月末在产品定额×分配率

【例题·多选题】采用定额比例法分配完工产品和月末在产品费用，应具备的条件有(　　)。

A. 各月末在产品数量变化较大　　B. 各月末在产品数量变化不大

C. 消耗定额或成本定额比较稳定　　D. 消耗定额或成本定额波动较大

『答案』AC

『解析』定额比例法适用于各项消耗定额或成本定额比较准确、稳定，但各月末在产品数量变动较大的产品。

【例题·多选题】企业生产费用在完工产品与在产品之间进行分配，其方法的选择是根据(　　)确定的。

A. 在产品数量的多少　　B. 各月在产品数量变化的大小

C. 各项成本比重的大小　　D. 企业成本会计人员的多少

『答案』ABC

【例题·多选题】下列各项中，属于将工业企业生产费用在完工产品与在产品之间进行分配的方法有(　　)。

A. 顺序分配法　　B. 约当产量比例法

C. 在产品按定额成本计价法　　D. 在产品按固定成本计价法

『答案』BCD

八、联产品和副产品的成本分配

联产品	使用同种原料，经过同一生产过程同时生产出来的两种或两种以上的主要产品
副产品	统一生产过程中，使用同种原料，在生产主产品的同时附带生产出来的非主要产品

【例题·单选题】某公司在生产主要产品的同时，还生产了某种副产品。该种副产品可直接对外出售，给公司规定的售价为每件100元。本月主产品和副产品发生的生产成本总额为150万元，副产品的产量为1000件。假定该公司按预先规定的副产品的售价确定副产品的成本。则主产品的成本为(　　)万元。

A. 140　　B. 150　　C. 10　　D. 160

『答案』A

『解析』副产品成本 = 100×1 000 = 10(万元)

主产品成本 = 150-10 = 140(万元)

第四节　产品成本计算

学情分析

本节重点掌握以下内容：

1. 产品成本计算的基本方法。

2. 品种法、分批法、分步法的特点、一般程序、适用范围。

主要内容导图

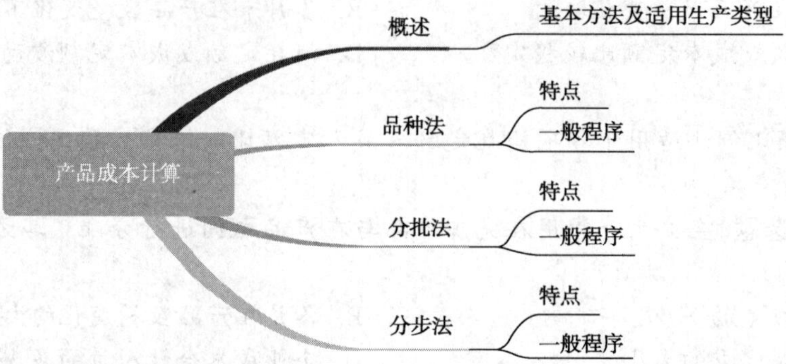

重、难点解析

品种法	【适用范围】 大量大批的单步骤生产的企业 大量大批的不要求分步计算成本的多步骤生产企业 例：发电、供水、采掘 【成本计算对象】 产品品种 【成本计算期】 一般定期计算产品成本，成本计算期与会计核算报告期一致 【完工产品与在产品成本划分】 月末一般不存在在产品，不需要划分；如果月末有在产品，需要划分
分批法	【适用范围】 单件小批类型的生产。 例：造船、重型机械、精密仪器、新产品试制、设备修理等 【成本计算对象】 产品的批别 【成本计算期】 成本计算期与产品生产周期基本一致，而与核算报告期不一致 【完工产品与在产品成本划分】 一般不需要划分
分步法	【适用范围】 大量大批的要求分步计算产品成本的多步骤生产企业 例：冶金、纺织、机械制造 【成本计算对象】 各种产品的生产步骤 【成本计算期】 一般定期计算产品成本，成本计算期与会计核算报告期一致 【完工产品与在产品成本划分】 月末有在产品，要划分

【例题·多选题】下列各项中，关于品种法的表述正确的有(　　)。

A. 广泛适用于单步骤、大量大批生产的企业

B. 广泛适用于单件小批生产的企业

C. 定期计算产品成本

D. 成本核算对象是产品品种

『答案』ACD

【例题·判断题】发电、供水、采掘等单步骤大量生产的企业宜采用品种法计算产品成本。(　　)

『答案』√

『解析』品种法适用于单步骤、大量生产的企业，如发电、供水、采掘等企业。

【例题·判断题】在采用分批法计算产品成本的企业，应按批设置制造费用明细账。(　　)

『答案』×

『解析』分批法下，按产品批别设置产品基本生产成本明细账、辅助生产成本明细账。账内按成本项目设置专栏，按照车间设置制造费用明细账。

【例题·多选题】下列各项中，关于分批法的表述正确的有(　　)。

A. 成本计算期与产品生产周期基本一致

B. 一般不需在完工产品和在产品之间分配成本

C. 以产品的批别作为成本核算对象

D. 需要计算和结转各步骤产品的生产成本

『答案』ABC

『解析』分批法下，不按产品的生产步骤而只按产品的批别(分批、不分步)计算成本。

【例题·判断题】分步法分为逐步结转分步法和平行结转分步法，采用平行结转分步法不需要进行成本还原。(　　)

『答案』√

『解析』平行结转分步法不必逐步结转半产品成本，不必进行成本还原，能够简化和加速成本计算工作。

【例题·多选题】下列各项中，关于产品成本计算方法表述正确的有(　　)。

A. 平行结转分步法不计算各步骤所产半成品的成本

B. 逐步结转分步法需要计算各步骤完工产品成本和在产品成本

C. 品种法下，月末存在在产品的，应将生产费用在完工产品与在产品之间进行分配

D. 分批法下，批内产品同时完工的，月末不需将生产费用在完工产品与在产品之间分配

『答案』ABCD

真题回顾

【单选题】(2018年)某企业有甲、乙两个辅助生产车间，采用交互分配法分配辅助生产费用，2017年5月分配辅助生产费用前，甲车间通过“生产成本——辅助生产成本”归集辅助生产费用21.6万元；当月交互分配时，甲车间由乙车间分入辅助生产费用1.4万元，向乙车间分出辅助生产费用1.8万元，不考虑其他因素，由甲车间向其他部门分配的辅助生产费用为(　　)万元。

A. 21.6　　B. 21.2　　C. 22　　D. 23

『答案』B

『解析』甲车间向其他部门分配的辅助生产费用=21. 6+1. 4-1. 8=21. 2(万元)。

【单选题】(2018年)某企业产品入库后发现一批可修复废品，生产成本为20万元，返修过程中发生直接材料2万元，直接人工3万元，制造费用4万元，废品残料作价1万元已验收入库。不考虑其他因素，该企业可修复废品的净损失为(　　)万元。

A. 8　　B. 29　　C. 1　　D. 20

『答案』A

【单选题】(2018年)某企业2017年10月31日，M产品完工产品数量150件，在产品数量50件，平均完工程度40%，发生的生产总费用为173 400元，原材料随生产过程陆续投入，采用约当产量法分配完工产品和在产品的成本，期末M产品完工产品的成本是(　　)元。

A. 153 000　　B. 104 400　　C. 69 360　　D. 130 500

『答案』A

『解析』M产品在产品约当产量=50×40%=20(件)，期末M产品完工产品成本=173 400×150/(150+20)=153 000(元)。

【单选题】(2018年)某企业期初无在产品，本月完工甲产品600件，乙产品400件，共耗用直接人工费12万元，采用定额工时比例法分配甲产品和乙产品直接人工费用。甲产品每件定额工时6小时，乙产品每件定额工时3小时。甲产品负担的直接人工费用是(　　)万元。

A. 7. 2　　B. 7. 3　　C. 4. 8　　D. 9

『答案』D

『解析』分配率=总费用/总工时=12/(600×6+400×3)=0. 0025

甲产品负担的直接人工=0. 0025×600×6=9(万元)

乙产品负担的直接人工=0. 0025×400×3=3(万元)。

【单选题】(2018年)下列各项中，适用于单件、小批生产企业的产品成本计算方法是(　　)。

A. 分批法　　B. 逐步结转分步法

C. 品种法　　D. 平行结转分步法

『答案』A

『解析』逐步结转分步法、平行结转分步法适用于大量大批的多步骤生产；品种法适用于单步骤、大量生产。

【单选题】(2019年)某企业采用计划成本法分配辅助生产费用时，应将生产车间实际发生的费用与按计划单位成本分配转出的费用之间的差额记入的会计科目是(　　)。

A. 制造费用　　B. 管理费用　　C. 生产费用　　D. 销售费用

『答案』B

『解析』计划成本分配法的特点是辅助生产车间为各受益单位提供的劳务或产品，都按劳务或产品的计划单位成本进行分配，辅助生产车间实际发生的费用与按计划单位成本分配转出的费用之间的差额采用简化计算方法全部计入管理费用。

【单选题】(2019年)下列各项中，属于废品损失的是(　　)。

A. 由于保管不善导致产品损失变质的生产成本

B. 企业实施“三包”措施，出售后发现废品的生产成本

C. 经质监部门鉴定不需要返修可降价出售的不合格品的生产成本

D. 产品生产过程中由于不可修复废品所发生的生产成本

『答案』D

【单选题】(2019 年)下列各项中，可应用于企业营运管理的管理会计工具方法的是(　　)。

A. 变动成本法　　B. 贴现现金流法　　C. 本利量分析　　D. 弹性预算

『答案』C

『解析』营运管理领域应用的管理会计工具方法一般包括：本量利分析、敏感性分析、边际分析和标杆管理等。

【单选题】(2019 年)下列各项中，可应用于企业成本管理领域的工具方法是(　　)。

A. 敏感性分析　　B. 变动成本法　　C. 平衡计分卡　　D. 本量利分析

『答案』B

『解析』敏感性分析、本量利分析属于营运管理领域应用的工具方法；平衡计分卡属于绩效管理领域应用的工具方法。

【单选题】(2019 年)企业生产 M 商品的单位工时定额为 500 小时，经过两道工序，各工序单位工时定额如下：第一道工序 200 小时，第二道工序 300 小时，假定各工序内在产品完工程度平均为 50%，第一道工序在产品 1000 件，其约当产量为(　　)。

A. 400 件　　B. 700 件　　C. 200 件　　D. 600 件

『答案』C

『解析』第一道工序的完工程度 = 200×50%/(200+300) = 20%，所以第一道工序的约当产量 = 1 000×20% = 200(件)。

【单选题】(2019 年)某企业按照产品的定额消耗量比例分配材料费用。2018 年 8 月该企业为生产 M、N 两种产品耗用某材料 1 680 千克，每千克 10 元。每月投产 M 产品 100 件，N 产品 200 件。M 产品的材料消耗定额为 6 千克，N 产品的材料消耗定额为 4 千克。不考虑其他因素，本月 M 产品应分配的材料费用为(　　)元。

A. 9 000　　B. 5 600　　C. 9 600　　D. 7 200

『答案』D

『解析』耗用材料的总额 = 1 680×10 = 16 800(元)，本月 M 产品应分配的材料费用 = 100×6/(100×6+200×4)×1 6800 = 7 200(元)。

【单选题】(2020 年)某工业企业有机修和供电两个辅助生产车间，2019 年 6 月份机修车间待分配费用为 900 万元，提供修理工时是 400 小时，其中基本生产车间耗用 200 小时，行政管理部门耗用 100 小时，供电车间耗用 100 小时，采用直接分配法，其费用分配率应是(　　)。

A. 3. 6　　B. 4. 5　　C. 9　　D. 3

『答案』D

『解析』采用直接分配法，只进行对外分配，对外提供的修理工时为 = 400−100 = 300 小时，分配率 = 900/300 = 3。

【单选题】(2020 年)不应计入产品生产成本的是(　　)。

A. 生产产品领用的原材料　　B. 车间照明的电费

C. 厂房的日常修理费用　　D. 车间管理人员的工资

『答案』C

『解析』厂房的日常修理费用计入管理费用。

【单选题】(2020 年)某产品需要经过三道工序加工完成，各工序单位工时定额为：第一道工序 120 小时，第二道工序 160 小时，第三道工序 220 小时。假定各工序内在产品完工程度平均为 50%，则采用约当产量比例法计算第二道工序在产品的完工率为(　　)。

A. 56%　　B. 40%　　C. 12%　　D. 24%

『答案』B

『解析』采用约当产量比例法计算第二道工序在产品的完工率=(120+160×50%)/(120+160+220)×100%=40%。

【单选题】(2020 年)某企业产品入库后发生一批可修复废品生产成本 14 万元，返修过程中发生材料费 1 万元，人工费用 2 万元，制造费用 3 万元，废品残料作价 0.5 万元已回收入库。假定不考虑其他因素，该批可修复废品的净损失为(　　)万元。

A. 5.5　　B. 14　　C. 19.5　　D. 20

『答案』A

『解析』可修复废品的净损失=1+2+3-0.5=5.5 万元。不包括可修复废品的生产成本。

【单选题】(2020 年)甲产品经过两道工序加工完成，采用约当产量比例法将直接人工成本在完工产品和月末在产品之间进行分配。甲产品月初在产品和本月发生的直接人工成本总计 23 200 元。本月完工产品 200 件；月末第一工序在产品 20 件，完成全部工序的 40%；第二工序在产品 40 件，完成全部工序的 60%。月末在产品的直接人工成本为(　　)元。

A. 2 400　　B. 3 200　　C. 6 000　　D. 20 000

『答案』B

『解析』月末第一道工序在产品约当产量=20×40%=8(件)，月末第二道工序在产品约当产量=40×60%=24(件)，分配率=23200/(200+8+24)=100(元/件)，月末在产品的直接人工成本=100×(8+24)=3 200(元)。

【多选题】(2018 年)下列各项中，属于管理会计要素的有(　　)。

A. 工具方法　　B. 信息与报告　　C. 应用环境　　D. 管理会计活动

『答案』ABCD

【多选题】(2018 年)下列各项中，属于企业生产费用在完工产品和在产品之间分配方法有(　　)。

A. 在产品按定额成本计价法　　B. 交互分配法

C. 约当产量比例法　　D. 不计算在产品成本法

『答案』ACD

【多选题】(2018 年)下列各项中，属于制造企业设置的成本项目有(　　)。

A. 制造费用　　B. 废品损失　　C. 直接人工　　D. 直接材料

『答案』ACD

【多选题】(2018 年)下列各项中，关于产品成本计算品种法特点的表述正确的有(　　)。

A. 不定期计算产品成本

B. 适用于单步骤，大量生产的企业

C. 期末在产品数量较多时，完工产品与在产品之间需分配生产费用

D. 以产品品种作为成本核算的对象

『答案』BCD

【多选题】(2019年)下列各项中，企业应用管理会计进行管理活动应当遵循的原则有(　　)。

A. 融合性原则　B. 战略导向原则　C. 适应性原则　D. 成本效益原则

『答案』ABCD

【多选题】(2020年)管理会计的目标是通过运用管理会计工具方法，参与单位(　　)活动并为之提供有用信息，推动单位实现战略规划。

A. 评价　B. 管理　C. 规划　D. 决策

『答案』ACD

『解析』管理会计的目标是通过运用管理会计工具方法，参与单位规划、决策、控制、评价活动并为之提供有用信息，推动单位实现战略规划。

【多选题】(2020年)基本指引是将管理会计普遍规律上升到标准，是对管理会计(　　)等内容的总结、提炼。

A. 基本原则　B. 基本概念　C. 基本技能　D. 基本方法

『答案』ABD

『解析』基本指引在管理会计指引体系中起统领作用，是制定应用指引和建设案例库的基础。是对管理会计基本概念、基本原则、基本方法、基本目标等内容的总结、提炼。

【多选题】(2020年)下列各项中，属于预算管理领域应用的管理会计工具方法有(　　)。

A. 滚动预算　B. 零基预算　C. 弹性预算　D. 作业预算

『答案』ABCD

『解析』预算管理领域应用的管理会计工具方法，一般包括滚动预算、零基预算、弹性预算、作业预算等。

【多选题】(2020年)下列各项中，属于绩效管理领域应用的管理会计工具方法有(　　)。

A. 关键绩效指标法　B. 经济增加值法

C. 贴现现金流法　D. 平衡计分法

『答案』ABD

『解析』绩效管理领域应用的管理会计工具方法一般包括关键绩效指标法、经济增加值法、平衡计分卡、绩效棱柱模型等。

【多选题】(2020年)下列不属于废品损失核算内容的有(　　)。

A. 不需要返修、可降价出售的不合格品

B. 入库后保管不善而损坏的产品

C. 实行“三包”企业在产品出售后发现的废品

D. 可修复废品的修复费用扣除回收的废品残料价值和应收赔款以后的损失

『答案』ABC

『解析』不需要返修、可降价出售的不合格品，以及产品入库后由于保管不善等原因而损坏变质的产品和实行“三包”企业在产品出售后发现的废品均不包括在废品损失内；废品损失是指在生产过程中发生的和入库后发现的不可修复废品的生产成本，以及可修复废品的修复费用，扣除回收的废品残料价值和应收赔款以后的损失。

【多选题】(2020年)下列关于成本计算品种法的表述中，正确的有(　　)。

A. 一般定期(每月月末)计算产品成本

B. 如果月末有在产品，要将生产成本在完工产品和在产品之间进行分配

C. 以产品品种作为成本计算对象，归集和分配生产费用，计算产品成本

D. 适用于多步骤生产，但管理上不要求分步计算成本的企业

『答案』ABCD

『解析』品种法适用于大量大批单步骤或多步骤但在成本管理上不要求分步计算成本的企业。品种法计算成本的主要特点：①成本核算对象是产品品种；②品种法下一般定期(每月月末)计算产品成本；③月末一般不存在在产品，如果企业月末有在产品，要将生产成本在完工产品和在产品之间进行分配。

【判断题】(2018 年)管理会计的目标是向财务报告使用者提供与单位财务状况和经营成果有关的会计核算信息。(　　)

『答案』×

『解析』管理会计的目标是通过运用管理会计工具方法，参与单位规划、决策、控制、评价活动并为之提供有用信息，推动单位实现战略规划。

【判断题】(2018 年)成本效益原则体现管理会计的应用应权衡实施成本和预期效益，合理、有效地推进管理会计应用。(　　)

『答案』√

【判断题】(2018 年)管理会计应用主体视管理决策主体确定，可以是单位整体，也可以是单位内部决策中心。(　　)

『答案』×

『解析』管理会计应用主体视管理决策主体确定，可以是单位整体，也可以是单位内部的责任中心

【判断题】(2018 年)采用直接分配法分配辅助生产费用的企业，应将各辅助生产部门归集的辅助生产费用直接分配给辅助生产车间以外的各受益单位。(　　)

『答案』√

【判断题】(2019 年)采用在产品按定额成本计价的企业，每月生产成本脱离定额差异应当计入月末在产品成本。(　　)

『答案』×

『解析』采用在产品按定额成本计价的企业，每月生产成本脱离定额的节约差异或超支差异全部计入当月完工产品成本。

【判断题】(2019 年)分步法以产品品种为成本计算对象，适用用于大量大批多步骤生产。(　　)

『答案』×

『解析』分步法，是指按照生产过程中各个加工步骤(分品种)为成本核算对象，归集和分配生产成本，计算各步骤半成品和最后产成品成本的一种方法。适用于大量大批的多步骤生产。

【判断题】(2020 年)单位应用管理会计，应包括应用环境、管理会计活动、工具方法、信息与报告四项管理会计要素。(　　)

『答案』√

【判断题】(2020 年)车间管理人员的工资不属于直接工资，因而不能计入产品成本，而应计入期间费用。(　　)

『答案』×

『**解析**』车间管理人员的工资应先计入制造费用，最终分配计入产品成本。

【判断题】(2020 年)分批法下，如果是小批生产，批内产品一般都能同时完工，在月末计算成本时，或是全部已经完工，或是全部没有完工，因而一般不存在完工产品与在产品之间分配费用的问题。(　　)

『**答案**』√

『**解析**』如果是小批生产，批内产品一般都能同时完工，在月末计算成本时，或是全部已经完工，或是全部没有完工，因而一般不存在完工产品与在产品之间分配费用的问题。

【不定项选择题】(2018 年)(根据 2020 年教材修改)某企业为增值税一般纳税人，设有一个基本生产车间，生产销售 M、N 两种产品。2019 年 10 月初，M 在产品直接材料成本 165 万元、直接人工及制造费用 60 万元，N 产品无在产品。2019 年 10 月份，该企业发生相关的经济业务如下：

(1) 8 日，采购生产 M、N 产品所需要的材料 1 500 千克，验收合格后入库。增值税专用发票上注明的价款为 80 万元，增值税税额为 10.4 万元，全部款项以银行承兑汇票结算，汇票的面值为 90.4 万元，另支付银行承兑手续费 0.05 万元。

(2) 20 日，发出材料共计 85 万元，其中 M、N 产品共同耗用 60 万元，车间一般耗用 12 万元，出售积压材料 13 万元。生产 M、N 产品共同耗用的材料费用采用定额消耗量比例法进行分配，M 产品材料定额消耗量 6 000 千克，N 产品定额消耗量 4 000 千克。

(3) 31 日，N 产品全部未完工，M 产品完工产品数量为 800 件、月末在产品数量为 400 件，在产品完工程度为 50%。生产 M、N 产品所耗材料均在生产开始时一次投入，生产费用按约当产量比例法在完工产品与期末在产品之间进行分配。

要求：根据上述资料，假定该企业取得的增值税专用发票均已经税务机关认证，不考虑其他因素，分析回答下列小题。

1. 根据资料(1)，下列各项中，关于材料采购业务相关科目的会计处理结果正确的是(　　)。

A. 材料采购时，应借记“原材料”科目 90.4 万元

B. 支付银行承兑手续费时，应借记“财务费用”科目 0.05 万元

C. 开具银行承兑汇票时，应贷记“其他货币资金”科目 90.4 万元

D. 结算采购材料货款时，应贷记“应付票据”科目 90.4 万元

2. 根据资料(2)，下列各项中，关于该企业 M、N 产品材料费用分配率计算结果正确的是(　　)。

A. 0.005　　B. 0.0072　　C. 0.0073　　D. 0.006

3. 根据资料(2)，下列各项中，关于该企业发出材料相关科目的会计处理结果正确的是(　　)。

A. 借记“主营业务成本”科目 13 万元

B. 借记“生产成本——N 产品”科目 34 万元

C. 借记“其他业务成本”科目 13 万元

D. 借记“生产成本——M 产品”科目 36 万元

4. 根据期初资料、资料(2)和(3)，下列各项中，关于 M、N 产品成本计算结果表述正确的是(　　)。

A. M 完工产品的直接材料成本为 134 万元　B. M 在产品直接材料成本为 40.2 万元

C. N 在产品的直接材料成本为 34 万元　　D. N 在产品的直接材料成本为 36 万元

5. 根据期初资料和资料(1)至(3)，该企业 10 月 31 日 M 产品“生产成本——直接材料”科目余额是(　　)万元。

A. 40.2　　B. 67　　C. 64.2　　D. 24

1.『**答案**』BD

『**解析**』资料(1)的账务处理为：

① 开出商业汇票购入材料：

借：原材料　　80

　应交税费——应交增值税(进项税额)　　10.4

　贷：应付票据　　90.4

② 支付商业汇票手续费：

借：财务费用　　0.05

　贷：银行存款　　0.05

2.『**答案**』D

『**解析**』材料费用分配率 = 材料消耗总额/各产品定额消耗量之和 = 60/(6000+4000) = 0.006。

3.『**答案**』CD

『**解析**』资料(2)的账务处理为：

借：生产成本——基本生产成本——M 产品　　36

　——N 产品　　24

　制造费用　　12

　贷：原材料　　72

借：其他业务成本　　13

　贷：原材料　　13

4.『**答案**』A

『**解析**』M 完工产品直接材料成本 = (165+36)/(800+400)×800 = 134(万元)；

M 在产品直接材料成本 = (165+36)/(800+400)×400 = 67(万元)；

N 完工产品直接材料成本 = 0；

N 在产品直接材料成本 = 24(万元)。

5.『**答案**』B

『**解析**』M 产品“生产成本——直接材料”科目余额为 M 在产品直接材料的成本为 67 万元。

【不定项选择题】(2019 年)某企业生产销售甲、乙两种产品，均采用品种法核算产品成本。2018 年 12 月初开始投产甲、乙产品，当月发生相关经济业务如下：

(1) 本月投产甲产品 600 件、乙产品 500 件，共同耗用 M 材料 9 000 千克，每千克 50 元，M 材料在生产开始时一次性投入，材料费用按材料定额消耗量比例分配，甲、乙产品材料消耗定额分别为 10 千克、6 千克。

(2) 本月生产工人薪酬为 180 000 元、厂部管理人员薪酬为 30 000 元、车间管理人员薪酬为 60 000 元。企业按生产工时比例在甲、乙产品之间分配职工薪酬和制造费用，甲产品耗用生产工时 9 000 小时、乙产品耗用生产工时 6 000 小时。

(3) 本月甲产品完工400件，月末在产品200件，在产品完工程度为50%，甲产品生产成本按约当产量比例法在完工产品和在产品之间分配。

(4) 本月乙产品500件全部完工，验收时发现5件产品需要修复后才能入库，额外发生修复费用1 400元，其中，直接材料成本400元，直接人工费用800元，制造费用200元。企业发生的返修费用通过"废品损失"科目核算。

要求：根据上述资料，不考虑其他因素，分析回答下列小题。(答案中的金额单位用元表示，计算结果保留小数点后两位)

1. 根据资料(1)，下列各项中，关于甲、乙产品材料费用分配的计算结果正确的是(　　)。

A. 甲产品材料定额消耗量为6 000千克　　B. 乙产品材料定额消耗量为3 000千克

C. 乙产品应负担材料费用为150 000元　　D. 甲产品应负担材料费用为300 000元

2. 根据资料(2)，甲、乙产品应负担的职工薪酬和制造费用的计算结果正确的是(　　)。

A. 甲产品应负担的制造费用为54 000元　　B. 乙产品应负担的职工薪酬为96 000元

C. 乙产品应负担的制造费用为24 000元　　D. 甲产品应负担的职工薪酬为108 000元

3. 根据资料(1)至(3)，下列各项中，关于甲产品完工入库会计处理结果表述正确的是(　　)。

A. 记入"库存商品——甲产品"科目借方315 200元

B. "生产成本——甲产品"科目借方余额为8 800元

C. 记入"库存商品——甲产品"科目借方355 200元

D. "库存商品——甲产品"科目借方余额为128 800元

4. 根据资料(4)，下列各项中，关于乙产品修复费用的会计处理正确的是(　　)。

A. 借：废品损失——乙产品　　1 400
　　贷：原材料　　400
　　　　应付职工薪酬　　800
　　　　制造费用　　200

B. 借：生产成本——乙产品　　1 400
　　贷：废品损失——乙产品　　1 400

C. 借：管理费用——乙产品　　1 400
　　贷：废品损失——乙产品　　1 400

D. 借：废品损失——乙产品　　1 400
　　贷：生产成本——乙产品　　1 400

5. 根据资料(1)至(4)，下列各项中，关于乙产品成本计算结果表述正确的是(　　)。

A. 乙产品生产总成本为246 000元　　B. 乙产品单位成本为每件492元

C. 乙产品生产总成本为247 400元　　D. 乙产品单位成本为每件494.8元

1.『答案』ABCD

『解析』甲产品材料定额消耗量=600×10=6 000(千克)

乙产品材料定额消耗量=500×6=3 000(千克)

甲产品应负担材料费用=9 000×50/(600×10+500×6)×600×10=300 000(元)

乙产品应负担材料费用=9 000×50/(600×10+500×6)×500×6=150 000(元)

2.『答案』CD

『解析』甲产品应负担的职工薪酬=18 000/(900+6 000)×9 000=108 000(元)

乙产品应负担的职工薪酬＝180 000/9 000+6 000)×6 000＝72 000(元)
甲产品应负担的制造费用＝60 000/(900+600)×9 000＝36 000(元)
乙产品应负担的制造费用＝60 000/(9 000+6 000)×6 000＝24 000(元)
厂部管理人员薪酬应计入管理费用，而非制造费用

3.『**答案**』AD

『**解析**』甲完工产品应负担的直接材料＝300 000/(400+200)×400＝200 000(元)
甲在产品应负担的直接材料＝300 000/(400+200)×200＝100 000(元)
甲完工产品应负担的直接人工＝108 000/(400+200×50%)×400＝86 400(元)
甲在产品应负担的直接人工＝108 000/(400+200×50%)×200×50%＝21 600(元)
甲完工产品应负担的制造费用＝36 000/(400+200×50%)×400＝28 800(元)
甲在产品应负担的制造费用＝36 000/(400+200×50%)×200×50%＝7 200(元)
甲完工产品成本＝200 000+86 400+28 800＝315 200(元)
甲在产品成本＝100 000+21 600+7 200＝128 800(元)
月末，账务处理如下：

借：库存商品——甲产品	315 200	
贷：生产成本——甲产品		315 200

4.『**答案**』AB

『**解析**』相关账务处理如下：

借：废品损失——乙产品	1 400	
贷：原材料		400
应付职工薪酬		800
制造费用		200
借：生产成本——乙产品	1 400	
贷：废品损失——乙产品		1 400

5.『**答案**』CD

『**解析**』乙产品生产总成本＝150 000+72 000+24 000+1 400＝247 400(元)
乙产品单位成本＝247 400/500＝494. 8(元)

同步练习

第一节　管理会计概述

一、单项选择题

1. 下列各项中，可应用于企业营运管理的管理会计工具方法的是(　　)。
A. 变动成本法　　B. 贴现现金流法　　C. 本量利分析　　D. 弹性预算

2. 下列各项中，关于管理会计工具方法的说法不正确的是(　　)。
A. 战略管理领域应用的管理会计工具方法一般包括战略地图、价值链管理等
B. 标准成本法一般适用于产品及其生产条件相对稳定，或生产流程与工艺标准化程度较高的企业
C. 风险矩阵适用于表示企业各类风险重要性等级，也适用于各类风险的分析评价和沟通报告
D. 绩效棱柱模型主要适用于制造业企业产品改造以及产品开发设计中的成本管理，在

物流、建筑、服务等行业也有应用

3. 单位应结合自身管理特点和时间需要选择适用的管理会计工具方法，这种方法体现的管理会计应用原则是(　　)。

A. 战略导向原则　B. 融合性原则　C. 成本效益原则　D. 适应性原则

4. 下列各项中，不属于成本管理领域应用的管理会计工具方法的是(　　)。

A. 敏感性分析　B. 变动成本法　C. 标准成本法　D. 目标成本法

5. 下列各项中，关于“4+1”的管理会计有机系统的说法中不正确的是(　　)。

A. 理论体系是基础　B. 指引体系是保障

C. 人才队伍是外部支持　D. 信息系统是支撑

6. 下列各项中，不属于预算管理领域应用的管理会计工具方法的是(　　)。

A. 滚动预算　B. 价值链管理　C. 弹性预算　D. 作业预算

二、多项选择题

1. 成本按照成本性态划分，可分为(　　)。

A. 固定成本　B. 混合成本　C. 变动成本　D. 作业成本

2. 管理会计是在单位(　　)等方面发挥重要作用的管理活动。

A. 规划　B. 决策　C. 控制　D. 评价

3. 下列各项中，属于营运管理领域应用的工具方法的有(　　)。

A. 敏感性分析　B. 本量利分析

C. 边际分析　D. 多维度盈利能力分析

4. 下列各项中，属于战略地图四个维度的有(　　)。

A. 内部业务流程　B. 客户　C. 财务　D. 学习与成长

5. 下列各项中，单位应用管理会计，应当遵循的原则包括(　　)。

A. 战略导向原则　B. 融合性原则　C. 适应性原则　D. 成本效益原则

6. 下列各项中，属于管理会计要素的有(　　)。

A. 管理会计活动　B. 信息与报告　C. 应用环境　D. 工具方法

7. 下列各项中，属于绩效管理领域应用的工具方法的有(　　)。

A. 关键绩效指标法　B. 经济增加值法　C. 平衡计分卡　D. 绩效棱柱模型

8. 下列各项中，属于管理会计指引体系的有(　　)。

A. 管理会计基本指引　B. 管理会计应用指引

C. 管理会计案例库　D. 企业会计基本准则

9. 下列各项中，属于成本管理领域应用的管理会计工具方法的有(　　)。

A. 目标成本法　B. 标准成本法　C. 变动成本法　D. 作业成本法

10. 在标准成本法下，关于成本差异的说法中正确的有(　　)。

A. 当实际成本大于标准成本时，形成节约差异

B. 当实际成本大于标准成本时，形成超支差异

C. 当实际成本小于标准成本时，形成超支差异

D. 当实际成本小于标准成本时，形成节约差异

三、判断题

1. 标准成本法主要适用于作业类型较多且作业链较长，同一生产线生产多种产品，企业规模较大且管理层对产品成本准确性要求较高，产品、顾客和生产过程多样化程度较高以

及间接或辅助资源费用所占比重较大等情况的企业。(　　)

2. 管理会计基本指引在管理会计指引体系中起统领作用，是制定应用指引和建设案例库的基础。(　　)

3. 经济增加值法可单独使用，应用对象可为企业、所属单位(部门)和员工。(　　)

4. 滚动预算一般由中期滚动预算和短期滚动预算组成。(　　)

5. 管理会计报告是管理会计活动成果的重要表现形式，可按内容分为综合性报告和专项报告等类别。(　　)

6. 单位应用管理会计，应包括会计政策的确认、计量和列报。(　　)

7. 约束资源优化一般适用于企业的投融资管理和营运管理等领域。(　　)

8. 管理会计是会计的重要分支，主要服务于单位内部管理需要，是通过利用相关信息，有机融合财务与业务活动，在单位规划、决策、控制和评价等方面发挥重要作用的管理活动。(　　)

9. 风险清单的基本原理是，根据企业风险偏好，判断并度量风险发生的可能性和后果严重程度，计算风险值，以此作为主要依据在矩阵中描绘出风险重要性等级。(　　)

10. 管理会计信息包括管理会计应用过程中所使用和生成的财务信息和非财务信息，是管理会计报告的基本元素。(　　)

11. 敏感性分析常用于长期投资决策等。(　　)

第二节　产品成本核算的要求和一般程序

一、单项选择题

1. 对于应计入产品成本，但不能分清应由何种产品负担的费用，下列说法正确的是(　　)。

A. 作为制造费用处理，期末通过分配计入产品成本

B. 直接计入当期损益

C. 作为管理费用处理

D. 直接计入生产成本科目

2. 为正确计算产品成本，必须正确划分五个方面的费用界限。以下各项中，不属于五个方面的费用界限的是(　　)。

A. 收益性支出和资本性支出的界限

B. 成本费用、期间费用和营业外支出的界限

C. 各种产品成本费用的界限

D. 本期成本费用与以前期间成本费用的界限

3. 企业应当根据生产经营特点，以正常生产能力水平为基础，按照资源耗费方式确定合理的分配标准，具体可以体现的原则不包括(　　)。

A. 受益性原则　　　　B. 成本效益性原则

C. 管理性原则　　　　D. 延迟性原则

4. 直接用于产品生产的外购和自制的染料和动力属于(　　)。

A. 直接材料　　B. 燃料及动力　　C. 直接人工　　D. 制造费用

5. 甲企业只生产和销售 A 产品，2020 年 7 月初在产品成本为 2. 5 万元，7 月份发生如下费用：生产耗用材料 7 万元，生产工人工资 2 万元，车间管理人员工资 2 万元，行政管理人员工资 2 万元，车间设备日常维修费用 1 万元，月末在产品成本 4 万元，该企业 7 月份 A

完工产品的生产成本为(　　)万元。

A. 9.5　　B. 12.5　　C. 13.5　　D. 10.5

二、多项选择题

1. 下列属于成本核算一般程序包含内容的有(　　)。

A. 根据生产特点和成本管理的要求，确定成本核算对象

B. 一般应当设置"直接材料""燃料及动力""直接人工""制造费用"等成本项目

C. 设置有关成本和费用明细账

D. 归集和分配成本费用

2. 成本核算对象应该结合企业的不同生产特点加以确定，下列确定成本核算对象的说法中，正确的有(　　)。

A. 大量大批单步骤生产产品的，以产品品种为成本核算对象

B. 多步骤连续加工的产品且管理上要求提供有关生产步骤成本信息的，以耗用的原材料为成本核算对象

C. 小批单件生产产品的，以每批或每件产品为成本核算对象

D. 产品规格繁多的，可将产品结构、耗用原材料和工艺过程基本相同的各种产品，适当合并作为成本核算对象

3. 下列应计入产品成本的有(　　)。

A. 直接材料　　B. 直接燃料

C. 直接动力　　D. 生产车间管理人员的工资

4. 下列各项中，企业应通过"制造费用"科目核算的有(　　)。

A. 生产车间管理用水电费　　B. 生产车间生产工人工资

C. 生产车间管理用具摊销额　　D. 生产车间管理用房屋折旧费

5. 下列各项中，属于"直接材料"的有(　　)。

A. 辅助材料　　B. 备用配件　　C. 包装物　　D. 外购半成品

三、判断题

1. 车间管理人员的工资不属于直接人工，因而不能计入产品成本，而应计入期间费用。(　　)

2. 设置成本项目可以反映产品成本的构成情况，满足成本管理的目的和要求，有利于了解企业生产费用的经济用途、便于企业分析和考核产品成本计划的执行情况。(　　)

3. 制造费用与管理费用不同，本期发生的管理费用直接影响本期损益，而本期发生的制造费用不一定影响本期的损益。(　　)

4. 产品成本的计算，关键是做好各项基础工作。(　　)

5. 期末，对共同负担的生产费用按照一定的分配标准分配至各受益对象。(　　)。

6. 企业产品成本核算采用的会计政策和会计估计一经确定，不得随意变更。(　　)

第三节　产品成本的归集和分配

一、单项选择题

1. 下列各项中，属于企业在产品的是(　　)。

A. 企业销售的自制半成品

B. 已经验收入库的在产品

C. 已经验收入库的外购材料

D. 已经完成全部生产过程并已验收入库的产品

2. 甲制造业企业生产A产品，经两道工序制成，生产成本采用约当产量比例法在完工产品和在产品之间分配。A产品单位定额工时120小时，各工序单位工时定额为：第一道工序50小时，第二道工序70小时。假定各工序内在产品完工程度平均为50%，则下列说法中，正确的是(　　)。

A. 第一道工序在产品的完工程度为50%

B. 第一道工序在产品的完工程度为41.67%

C. 第二道工序在产品的完工程度为29.17%

D. 第二道工序在产品的完工程度为70.83%

3. 企业采用计划成本分配法分配辅助生产费用，辅助生产车间实际发生的费用与按计划单位成本分配转出的费用之间的差额，应记入的科目是(　　)。

A. 生产成本　　B. 制造费用

C. 管理费用　　D. 销售费用

4. 甲公司2020年10月份生产产品领用原材料2 000千克，单位成本为1.2元；确认生产人员工资6 000元，车间管理人员工资2 000元。假定不考虑其他因素，应直接记入“生产成本”科目的金额为(　　)元。

A. 4 400　　B. 8 000　　C. 10 400　　D. 8 400

5. 甲制造业企业生产甲、乙两种产品，2020年8月两种产品共同耗用的燃料费用9 000元，按定额消耗量比例分配。甲、乙两种产品的定额消耗量分别为200千克和400千克。2020年8月，甲产品应分配的燃料费用为(　　)元。

A. 9 000　　B. 4 500　　C. 3 000　　D. 6 000

6. 某公司生产A、B两种联产品，采用相对销售价格分配法分配联合成本。3月份发生的全部成本是120万元，A、B产品在分离点上的销售价格总额是180万元，其中A产品的销售价格总额为60万元，B产品的销售价格总额是120万元，则B产品应分配的联合成本为(　　)万元。

A. 40　　B. 120　　C. 80　　D. 60

7. 甲公司采用交互分配法分配辅助生产成本，甲公司有供电和供水两个辅助生产车间。2020年12月份共发生电费30万元，水费10万元，供电车间共提供电量25万度，供水车间提供水量100万立方米，其中供水车间耗用3万度电，供电车间耗用20万立方米水；管理部门耗用5万度电、10万立方米水。假定不考虑其他因素，则甲公司应确认的管理费用为(　　)万元。

A. 5　　B. 6.57　　C. 7.32　　D. 7.95

8. 甲制造业企业生产A、B两种产品共同消耗的燃料费用为6 000元，本月投产A产品10件，B产品20件；A产品燃料定额消耗量为10千克，B产品燃料定额消耗量为25千克。则按定额消耗量比例分配计算的B产品应负担的燃料费用为(　　)元。

A. 1 000　　B. 5 000　　C. 2 000　　D. 4 000

9. 甲制造业企业生产甲、乙两种产品，甲产品的单位定额工时为30小时，乙产品的单位定额工时为50小时。2020年9月，甲企业生产甲、乙产品共发生生产工人职工薪酬18 000元。本月生产甲产品200件，乙产品180件，假定按工时比例分配职工薪酬，则乙产品应分配的职工薪酬为(　　)元。

A. 10 800　　B. 960　　C. 7 200　　D. 6 750

10. 甲制造业企业本月生产A产品的工人工资为20万元，生产B产品的工人工资为80万元。本月发生车间管理人员工资50万元。该企业按生产工人工资比例法分配制造费用。假设不考虑其他因素，本月B产品应分配的制造费用为(　　)万元。

A. 10　　B. 80　　C. 40　　D. 30

11. A制造企业甲产品在生产过程中发现一批不可修复废品，该批废品的成本构成为：直接材料3 200元，直接人工4 000元，制造费用2 000元。废品残料计价500元已回收入库，应收过失人赔偿款1 000元。假定不考虑其他因素，该批废品的净损失为(　　)元。

A. 7 700　　B. 8 700　　C. 9 200　　D. 10 700

12. 下列各项中，属于非正常停工的是(　　)。

A. 计划内减产停工　　B. 电力中断停工

C. 季节性停工　　D. 正常生产周期内修理期间的停工

13. 甲制造业企业2020年发生的费用如下：车间管理人员工资60万元，车间设备计提折旧100万元，车间设备日常修理费用25万元，行政管理部门办公费10万元。则该企业当年应记入“制造费用”科目的金额为(　　)万元。

A. 185　　B. 100　　C. 160　　D. 195

14. C产品在2020年7月共完工100件，月末在产品数量为50件。单位完工产品材料消耗定额500千克，工时消耗50小时；单位在产品材料消耗定额500千克，工时消耗25小时。假设7月初该类产品无在产品，本期发生直接材料15 000元，直接人工12 000元，制造费用10 000元。按定额比例法计算。则C产品本期完工产品成本为(　　)元。

A. 9 400　　B. 25 600　　C. 27 600　　D. 24 667

15. 月末完工产品成本和月末在产品成本之间的关系是(　　)。

A. 本月发生成本=月初在产品成本+本月完工产品成本-月末在产品成本

B. 月末在产品成本=本月发生成本+月初在产品成本-本月完工产品成本

C. 月末在产品成本+月初在产品成本=本月发生成本+本月完工产品成本

D. 月初在产品成本+本月完工产品成本=本月发生成本+月末在产品成本

16. 某企业2020年发生生产车间折旧费60万元，车间管理人员工资100万元，车间固定资产折旧费35万元，行政管理部门办公费15万元。则该企业当年应该记入“制造费用”科目的金额为(　　)万元。

A. 110　　B. 210　　C. 195　　D. 95

17. 甲制造业企业生产主产品的同时，还生产了某种副产品，共发生生产成本80 000元，副产品分离后需要进一步加工，才可以对外出售，当月完工主产品500件，副产品100件，副产品进一步加工发生成本4 000元，副产品的市场销售价格为142. 5元，单位税金和利润为25元，采用副产品作价扣除法确定的主产品成本为(　　)元。

A. 64 250　　B. 76 250　　C. 72 250　　D. 7 750

18. 将辅助生产费用直接分配给辅助生产车间以外的收益单位，这种分配方法是(　　)。

A. 直接分配法　　B. 代数分配法　　C. 顺序分配法　　D. 交互分配法

19. 某制造企业有机修和供电两个辅助生产车间，2020年11月份机修车间待分配费用700万元，提供修理工时是450小时。其中基本生产车间耗用200小时，行政管理部门耗用

150小时，供电车间耗用100小时，采用直接分配法，其费用分配率应是(　　)。

A. 3.6　　B. 2　　C. 2.57　　D. 2.3

二、多项选择题

1. 下列各种方法，适用于生产费用在完工产品和在产品之间分配的有(　　)。

A. 交互分配法　　B. 定额比例法

C. 在产品按定额成本计价法　　D. 在产品按固定成本计价法

2. 下列有关交互分配法的说法中，正确的有(　　)。

A. 这种方法提高了分配的正确性

B. 需要计算两次费用分配率

C. 主要适用于辅助生产内部相互提供产品和劳务不多的情况

D. 各辅助生产车间交互分配后的实际费用等于交互分配前的费用加上交互分配转入的费用，减去交互分配转出的费用

3. 下列有关停工损失核算表述正确的有(　　)。

A. "停工损失"科目月末可能会有余额

B. 不满一个工作日的停工，一般不计算停工损失

C. 辅助生产一般不单独核算停工损失

D. 应由过失单位负担的赔款，可从停工损失中扣除

4. 下列与辅助生产费用分配方法相关的表述正确的有(　　)。

A. 采用计划成本法，适用于辅助生产劳务或产品计划单位成本比较准确的企业

B. 采用交互分配法，可以减少分配的工作量

C. 采用直接分配法，辅助生产费用只分配给辅助生产车间以外的受益单位

D. 采用计划成本分配法，辅助生产车间实际发生的费用与按计划单位成本分配转出的费用之间的差额计入管理费用

5. 下列有关制造费用分配的说法中，正确的有(　　)。

A. 企业所选择的制造费用分配方法，必须与制造费用的发生具有比较密切的相关性

B. 在考虑制造费用的分配方法时，应该考虑计算手续的简便性

C. 生产工人工资比例分配法适用于各种产品生产机械化程度相差不多的企业

D. 企业具体选用哪种分配方法，由企业自行决定，分配方法可以随意变更

6. 下列各项中，关于废品损失的说法正确的有(　　)。

A. 生产过程中发生的和入库后发现的超定额的不可修复废品的生产成本构成废品损失

B. 可修复废品的修复费用，扣除回收的废品残料价值和应收赔款以后的损失构成废品损失

C. 经质量检验部门鉴定不需要返修、可以降价出售的不合格品构成废品损失

D. 废品损失可单独核算，也可体现在"制造费用""营业外支出"等科目

7. 制造费用的分配，通常采用的方法有(　　)。

A. 生产工人工时比例法　　B. 生产工人工资比例法

C. 交互分配法　　D. 约当产量比例法

8. 下列各项中，属于企业生产费用在完工产品和在产品之间的分配方法的有(　　)。

A. 约当产量比例法　　B. 交互分配法

C. 不计算在产品成本法　　D. 在产品按定额成本计价法

9. 下列各项中，属于制造费用核算内容的有(　　)。

A. 车间生产工人工资　　B. 车间管理人员薪酬

C. 车间固定资产折旧费　　D. 季节性停工损失

10. 某公司生产主产品的同时，还生产了副产品，以下关于副产品的说法中，正确的有(　　)。

A. 确定副产品的方法有不计算副产品成本扣除法、副产品作价扣除法等

B. 在分配主产品和副产品生产成本时，通常先确定主产品成本，后确定副产品成本

C. 副产品的产量随着主产品的产量变动而变动

D. 副产品可以按预先确定的固定单价确定成本

11. 甲制造业企业生产 A 产品的同时生产 B 联产品。生产过程中发生联合成本 10 000 元。A、B 产品在分离点的销售价格总额为 16 000 元，其中 A 产品的销售价格总额为 6 000 元，B 产品的销售价格总额为 10 000 元，企业采用相对销售价格分配法分配联产品成本。下列说法正确的有(　　)。

A. A 产品负担的联合成本为 3 750 元　　B. B 产品负担的联合成本为 6 250 元

C. A 产品负担的联合成本为 6 000 元　　D. B 产品负担的联合成本为 4 000 元

12. 下列关于约当产量比例法的说法中，正确的有(　　)。

A. 这种方法适用于各月月末在产品数量较多，各月在产品数量变化也较大，直接材料成本在生产成本中所占比重较大且材料在生产开始时一次就全部投入的产品

B. 各工序产品的完工程度可事先制定，产品工时定额不变时可长期使用

C. 如果材料是在生产开始时一次性投入的，无论在产品的完工程度如何，都应与完工产品负担同样材料成本

D. 如果材料是随着生产过程陆续投入的，则应按照各工序投入的材料成本在全部材料成本中所占的比例计算在产品的约当产量

13. 甲公司有供水和供电两个辅助生产车间，采用计划成本分配法分配辅助生产费用。2020 年 2 月份，供电车间发生电费 20 万元，共提供 20 万度电；供水车间发生水费 40 万元，共提供 80 万立方米水。假定供电车间每度电耗费 0.8 元，供水车间每立方米水费 0.6 元。不考虑其他因素，则下列说法中，正确的有(　　)。

A. 如果按照计划成本核算分配成本，则应分配电费 16 万元

B. 甲公司本月应确认管理费用 4 万元

C. 采用计划成本分配法便于考核各受益单位的成本，有利于分清各单位的经济责任

D. 这种分配方法适用于辅助生产劳务或产品计划单位成本不够准确的企业

三、判断题

1. 在分配主产品和副产品的加工成本时，通常先确定主产品的加工成本，再确定副产品的加工成本。(　　)

2. 如果期末在产品成本按定额成本计价法，则实际成本脱离定额的差异会完全由完工产品负担。(　　)

3. 单独核算停工损失的企业，应增设“停工损失”科目。(　　)。

4. 对于辅助生产车间规模很小、制造费用很少且辅助生产不对外提供产品和劳务的，为简化核算工作，辅助生产的制造费用可以直接记入“生产成本——辅助生产成本”科目。(　　)

5. 联产品是指在同一生产过程中，使用同种原料，在生产主产品的同时附带生产出来的非主要产品。(　　)

6. 对于企业发生的正常停工损失，比如季节性停工、修理期间的正常停工费用等，应于其发生时计入产品成本核算。(　　)

7. 机器工时比例法适用于产品生产的机械化程度较高的车间。(　　)。

8. 在采用品种法核算产品成本时，月末一般不存在在产品，所以一般不需要将生产费用在完工产品与在产品之间进行分配；如果企业月末有在产品，要将生产成本在完工产品和在产品之间进行分配。(　　)

9. 同一企业的不同车间由于其生产特点和管理要求的不同，可分别采用不同的成本计算方法。(　)

四、不定项选择题

(一) 某制造企业下设机修和供电两个辅助生产车间，采用交互分配法分配辅助生产费用。辅助生产车间的制造费用不通过“制造费用”科目核算。2020 年 9 月份各辅助生产车间发生的费用及提供的产品和劳务数量见下表：

数量单位：小时、万度　金额单位：万元

辅助生产车间名称		机修车间	供电车间	
待分配辅助生产费用		1 400	3 600	
供应劳务数量		500	30	
辅助生产车间耗用劳务量	供电车间	50		
	机修车间		5	
基本生产车间耗用劳务量	一车间	200	8	
	二车间	100	6	
行政部门耗用劳务量			130	4
销售部门耗用劳务量			20	7

要求：根据上述资料，不考虑其他因素，回答下列小题。(答案中的金额单位用万元表示，计算结果保留小数点后两位)

1. 交互分配法分配辅助生产费用的特点是(　　)。

A. 通过两次分配完成

B. 第一次分配将辅助生产费用在辅助生产车间之间进行交互分配

C. 第二次分配将交互前的费用加上交互分配转入的费用在辅助生产车间以外的各受益单位之间进行分配

D. 减少了分配的工作量

2. 对内交互分配时，机修车间和供电车间的费用分配率分别为(　　)。

A. 2.5、150　　B. 2.8、120　　C. 2.8、150　　D. 2.5、120

3. 对内交互分配的会计分录应该是(　　)。

A. 借：生产成本——辅助生产成本——机修车间　　600

——供电车间　　140

贷：生产成本——辅助生产成本——机修车间　　140

——供电车间　　600

B. 借：生产成本——辅助生产成本——机修车间　　140

——供电车间　　600

贷：生产成本——辅助生产成本——机修车间　　140

——供电车间　　600

C. 借：生产成本——辅助生产成本——机修车间　　14

——供电车间　　336

贷：生产成本——辅助生产成本——机修车间　　14

——供电车间　　336

D. 借：生产成本——辅助生产成本——机修车间　　336

——供电车间　　14

贷：生产成本——辅助生产成本——机修车间　　14

——供电车间　　336

4. 对外分配时，机修车间和供电车间的实际费用分别为(　　)万元。

A. 1 860、4 060　　B. 1 860、3 140　　C. 3 140、940　　D. 940、4 060

5. 对外分配时，计入制造费用的金额是(　　)万元。

A. 2581. 33　　B. 2997. 40　　C. 1830. 80　　D. 4036. 70

(二) 某工业企业大量生产甲产品，采用平行结转分步法计算产品成本。生产分为两个步骤，分别由第一和第二两个车间进行生产。第一车间为第二车间提供半成品，第二车间将半成品加工成为产成品。产成品和月末在产品之间分配生产成本的方法采用定额比例法，材料成本按定额材料成本比例分配，其他成本按定额工时比例分配。假定该公司月末没有盘点在产品，月末在产品的定额材料要根据月初在产品定额材料加上本月投产的定额材料减去产成品的定额材料计算求出。相关资料如下：

表 1　甲产品定额汇总表　　金额单位：元

生产步骤	月初在产品		本月投入		产成品				
	材料费用	工时(小时)	材料费用	工时(小时)	单件材料定额	单件工时定额	产量(件)	材料费用总定额	工时总定额
第一车间	5 000	200	20 000	1 500	110	7	220	24 200	1540

表 2　甲产品成本计算单　　车间名称：第一车间 金额单位：元

项目	直接材料费用(实际)	直接人工费用(实际)	制造费用(实际)
月初在产品	6 000	300	2 000
本月费用	21 500	6 500	8 200
合计	27 500	6 800	10 200

第二车间产成品耗用的直接人工费用为 3 000 元，制造费用为 6 000 元。

要求：根据上述资料，不考虑其他因素，回答下列小题。(答案中金额单位用元表示)

1. 下列关于平行结转分步法的表述中，正确的是(　　)。

A. 各生产步骤均不计算本步骤半成品成本

B. 能够直接提供按原始成本项目反映的产成品成本资料

C. 各步骤可以同时计算产品成本，平行汇总计入产成品成本

D. 能够为各个生产步骤在产品的实物和资金管理提供资料

2. 第一车间月末在产品直接材料定额成本为(　　)元。

A. 800　　B. 25 000　　C. 24 200　　D. 21 000

3. 第一车间生产出的甲产品(半成品)耗用直接材料费用为(　　)元。

A. 5 500　　B. 22 000　　C. 26 620　　D. 27 500

4. 第一车间生产出的甲产品(半成品)耗用的直接人工费用和制造费用分别为(　　)元。

A. 6 160　　B. 800　　C. 640　　D. 9 240

5. 第一车间结转至第二车间的半成品成本为(　　)元。

A. 0　　B. 42 020　　C. 26 620　　D. 9 240

(三) 某制造企业只生产甲产品，制造费用单独核算。生产费用在完工产品与在产品之间分配采用在产品按定额成本计价法，2020 年 12 月初无在产品，12 月份该企业基本生产车间发生经济业务如下：

(1) 本月耗用材料 315 万元，其中甲产品耗用 300 万元，车间机物料消耗 5 万元，厂房日常维修耗用 10 万元。

(2) 月末分配本月基本生产车间工资共计 125 万元，其中车间生产工人 100 万元、车间管理人员 25 万元，计提职工社会保险费 20 万元，其中车间生产工人 16 万元、车间管理人员 4 万元。

(3) 本月基本生产车间计提折旧费共计 30 万元，其中生产设备 18 万元，车间一般管理用设备 12 万元。

(4) 本月末完工甲产品 100 件，在产品 50 件：在产品直接材料定额成本为 80 万元、直接人工定额成本为 20 万元、定额制造费用为 15 万元。

要求：根据上述资料，不考虑其他因素，分析回答以下小题。(答案中的金额单位用万元表示)

1. 根据期初资料和材料(1)至(4)，下列各项中，本月完工甲产品成本和月末在产品成本计算结果正确的是(　　)。

A. 月末在产品总成本为 115 万元　　B. 月末在产品单位成本为 2.3 万元

C. 完工产品单位成本为 3.65 万元　　D. 完工产品总成本为 365 万元

2. 根据资料(2)，下列各项中，本月应付职工薪酬业务会计处理表述正确的是(　　)。

A. 计入应付职工薪酬总额为 145 万元

B. 计入制造费用的职工薪酬总额为 29 万元

C. 计入管理费用的职工薪酬总额为 29 万元

D. 计入生产成本的职工薪酬总额为 116 元

3. 下列各项中本月车间设备计提折旧会计处理正确的是(　　)。

A. 车间管理设备计提折旧：

借：制造费用　　12

　　贷：累计折旧　　12

B. 生产设备计提折旧：

借：生产成本　　18

　　贷：累计折旧　　18

C. 生产设备计提折旧：

借：制造费用　　18

　贷：累计折旧　　18

D. 管理设备计提折旧：

借：制造费用　　19

　贷：累计折旧　　19

4. 根据资料(1)至(3)，下列各项中，本月发生的制造费用总额是(　　)万元。

A. 64　　B. 56　　C. 490　　D. 434

5. 月末，完工甲产品的成本为(　　)万元。

A. 365　　B. 115　　C. 356　　D. 480

第四节　产品成本计算

一、单项选择题

1. 分步法适用于(　　)。

A. 大量成批生产　　B. 单件小批生产

C. 单步骤生产　　D. 大量大批多步骤生产

2. 适用于大量大批单步骤生产的企业的产品成本计算方法是(　　)。

A. 分类法　　B. 品种法　　C. 分步法　　D. 分批法

3. 某大型发电企业，不能在技术上划分为步骤，对此企业适合采用的成本计算方法是(　　)。

A. 分批法　　B. 品种法　　C. 分步法　　D. 定额法

4. 下列各项中，需要进行成本还原的成本计算方法是(　　)。

A. 逐步结转分步法的综合结转法

B. 逐步结转分步法的分项结转法

C. 平行结转分步法

D. 简化的分批法

5. 分批法下计算产品成本，以下月末在产品与完工产品之间的费用分配的说法中，不正确的是(　　)。

A. 如果是单件生产，不存在完工产品与在产品之间费用分配问题

B. 如果是小批生产，一般不存在完工产品与在产品之间的费用分配问题

C. 如果批内产品跨月陆续完工，需要在完工产品和在产品之间分配费用

D. 成本计算期与产品生产周期是一致的，不存在完工产品和在产品之间分配成本的问题

6. 下列关于成本计算分步法的表述中，正确的是(　　)。

A. 逐步结转分步法不利于各步骤在产品的实物管理和成本管理

B. 当企业经常对外销售半成品时，应采用平行结转分步法

C. 采用逐步分项结转分步法时，无须进行成本还原

D. 采用平行结转分步法时，无须将产品生产成本在完工产品和在产品之间进行分配

7. 甲公司为单步骤简单生产企业，只生产一种产品A产品，月初月末在产品比较稳定，计算产品成本时可以不予考虑。2020年5月份，A产品共发生材料费用300万元，直接人工100万

元，制造费用50万元，共生产A完工产品500件，则该A产品的单位成本为(　　)万元。

A. 0.8　　B. 0.9　　C. 450　　D. 500

8. 下列关于成本计算方法分批法的说法中，不正确的是(　　)。

A. 成本核算对象是产品的批别

B. 成本计算期与产品生产周期基本一致

C. 成本计算期与财务报告期基本一致

D. 在计算月末在产品成本时，一般不存在在完工产品与在产品之间分配成本的问题

二、多项选择题

1. 下列企业中，在产品成本核算中适用于分步法的有(　　)。

A. 采掘企业　　B. 纺织企业　　C. 冶金企业　　D. 造船企业

2. 逐步结转分步法可以分为(　　)。

A. 平行结转分步法　　B. 综合结转分步法

C. 定额比例法　　D. 分项结转分步法

3. 下列关于产品成本计算的平行结转分步法的表述中，正确的有(　　)。

A. 不必逐步结转半成品成本

B. 各步骤可以同时计算产品成本

C. 能提供各个步骤半成品的成本资料

D. 能直接提供按原始成本项目反映的产成品成本资料

4. 分批法计算成本的主要特点有(　　)。

A. 成本核算对象是产品的批别

B. 产品成本的计算是与生产任务通知单的签发和结束紧密配合的，因此，产品成本计算是不定期的

C. 成本计算期与产品生产周期基本一致，但与财务报告期不一致

D. 在计算月末在产品成本时，一般不存在在完工产品与在产品之间分配成本的问题

5. 下列关于品种法的表述中，正确的有(　　)。

A. 成本核算对象是产品品种

B. 成本计算期与产品生产周期基本一致

C. 单步骤大量生产的企业适宜采用品种广法核算产品成本

D. 期末在产品数量较多时，要将生产成本在完工产品和在产品之间进行分配

第八章　政府会计基础

学情分析

本章与之前的章节没有联系，主要介绍政府单位会计的相关内容，重点围绕基本概念与政府单位会计典型业务的账务处理进行考查，所涉题型多为单选题、多选题和判断题。

主要内容导图

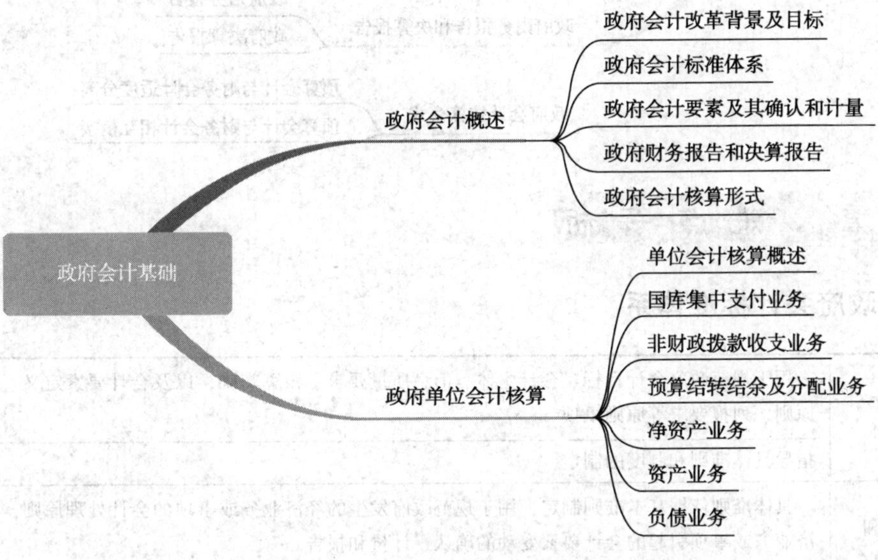

第一节　政府会计概述

学情分析

本节重点掌握以下内容：

1. 政府会计要素及其确认和计量。
2. 政府财务报告和决算报告。
3. 政府会计核算形式。

主要内容导图

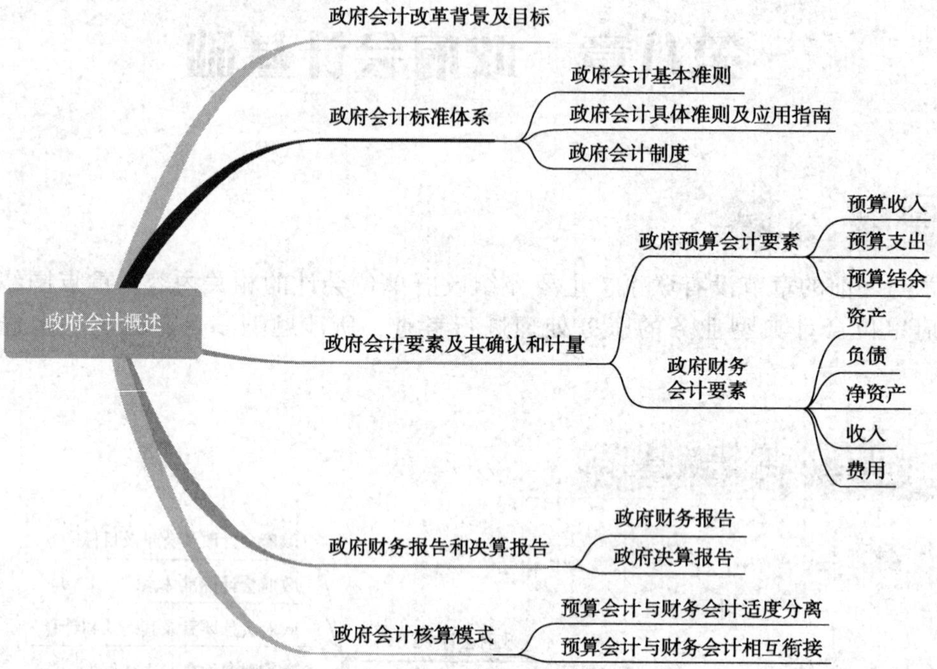

重、难点解析

一、政府会计标准体系

政府会计基本准则	用于规范政府会计目标、会计主体、信息质量要求、核算基础，以及会计要素定义、确认和计量原则、列报要求等原则事项
	指导具体准则和制度的制定
具体准则和应用指南	具体准则依据基本准则制定，用于规范政府发生的经济业务或事项的会计处理原则，详细规定经济业务或事项引起的会计要素变动的确认、计量和报告
	应用指南是对具体准则的实际应用作出的操作性规定
会计制度	依据基本准则制定，主要规定政府会计科目及账务处理、报表体系及编制说明等

【例题·多选题】下列属于政府会计标准体系组成的有(　　)。

A. 政府会计基本准则　　B. 政府会计具体准则及应用指南

C. 政府会计制度　　D. 预算法

『答案』ABC

『解析』政府会计标准体系构成：政府会计基本准则、政府会计具体准则及应用指南和政府会计制度。

【例题·单选题】下列执行政府会计准则的政府会计主体的是(　　)。

A. 各级政府

B. 国有企业

C. 已纳入企业财务管理体系的单位

D. 执行《民间非营利组织会计制度》的社会团体

『**答案**』A

『**解析**』政府会计主体主要包括各级政府、各部门、各单位。需要说明，军队、已纳入企业财务管理体系的单位和执行《民间非营利组织会计制度》的社会团体，不适用政府会计准则制度。

二、政府会计要素

（一）政府预算会计要素

预算收入	指政府会计主体在预算年度内依法取得的并纳入预算管理的现金流入。预算收入一般在实际收到时予以确认，以实际收到的金额计量
预算支出	指政府会计主体在预算年度内依法发生纳入预算管理的现金流出，一般在实际支付时予以确认，以实际支付的金额计量
预算结余	指政府会计主体预算年度内预算收入扣除预算支出后的资金余额以及历年滚存的资金余额
	预算结余=预算收入−预算支出+历年滚存的资金余额
	包括结余资金和结转资金

【例题·判断题】预算收入是指政府会计主体在预算年度内依法取得的并纳入预算管理的现金流入，预算收入一般在实际发生时予以确认。（　　）

『**答案**』×

『**解析**』预算收入是指政府会计主体在预算年度内依法取得的并纳入预算管理的现金流入。预算收入一般在实际收到时予以确认，以实际收到的金额计量。

【例题·判断题】结转资金是指年度预算执行终了，预算收入实际完成数扣除预算支出和结转资金后剩余的资金。（　　）

『**答案**』×

『**解析**』结余资金是指年度预算执行终了，预算收入实际完成数扣除预算支出和结转资金后剩余的资金。结转资金是指预算安排项目的支出年终尚未执行完毕或者因故未执行，且下年需要按原用途继续使用的资金。

（二）政府财务会计要素

1. 资产

资产	定义	资产是指政府会计主体过去的经济业务或者事项形成的，由政府会计主体控制的，预期能够产生服务潜力或者带来经济利益流入的经济资源（3个条件）	
	分类	流动资产	预计在1年内（含1年）耗用或者可以变现的资产，包括货币资金、短期投资、应收及预付款项、存货等
		非流动资产	包括固定资产、在建工程、无形资产、长期投资、公共基础设施，政府储备资产、文物文化资产、保障性住房和自然资源资产等

续表

资产	确认条件(共5个)还需满足2个	与该经济资源相关的服务潜力很可能实现或者经济利益很可能流入政府会计主体
		该经济资源的成本或者价值能够很可靠地计量
	计量属性(2019多选)	历史成本、重置成本、现值、公允价值和名义金额，采用名义金额(即人民币1元)计量(无企业的可变现净值)

2. 负债和净资产

负债	定义	是指政府会计主体过去的经济业务或者事项形成的，预期会导致经济资源流出政府会计主体的现时义务(3个条件)	
	分类	流动负债	预计≤1年偿还的负债，包括应付及预收账款、应缴款项等
		非流动负债	包括应付政府债券和政府依法担保形成的债务等
	确认条件还需满足	履行该义务很可能导致含有服务潜力或者经济利益的经济资源流出政府会计主体	
		该义务的金额能够可靠的计量	
净资产	是指政府会计主体资产扣除负债后的净额，其金额取决于资产和负债的计量		

3. 收入和费用

收入	是指报告期内导致政府会计主体净资产增加的、含有服务潜力或者经济利益的经济资源流入	
	确认条件	1. 很可能流入政府会计主体
		2. 导致政府会计主体资产增加或者负债减少
		3. 流入金额能够可靠地计量
费用	是指报告期内导致政府会计主体净资产减少的、含有服务潜力或者经济利益的经济资源的流出	
	确认条件	1. 很可能流出政府会计主体
		2. 导致政府会计主体资产减少或者负债增加
		3. 流出金额能够可靠的计量

【例题·单选题】下列各项中，关于政府会计要素的表述正确的有(　　)。

A. 资产按照现在购买相同或者相似资产所需支付的现金金额计量属于按历史成本计量

B. 政府会计主体在对资产和负债进行计量时，一般应当采用历史成本

C. 负债的计量属性主要包括历史成本、重置成本和公允价值

D. 收入是指报告期内导致政府会计主体资产增加的、含有服务潜力或者经济利益的经济资源的流入

『答案』B

三、政府财务报告和决算报告

（一）政府财务报告

<table>
<tr><td>定义</td><td colspan="3">政府财务报告是反映政府会计主体某一特定日期的财务状况和某一会计期间的运行情况和现金流量等信息的文件</td></tr>
<tr><td rowspan="3">构成</td><td rowspan="2">内容</td><td>财务报表</td><td>财务报表包括会计报表(资产负债表、收入费用表和现金流量表)和附注</td></tr>
<tr><td colspan="2">其他应当在财务报告中披露的相关信息和资料</td></tr>
<tr><td>编制主体</td><td colspan="2">政府部门财务报告和政府综合财务报告</td></tr>
<tr><td rowspan="2">编报</td><td colspan="3">政府部门财务报告</td></tr>
<tr><td colspan="3">政府综合财务报告</td></tr>
</table>

（二）政府决算报告

政府决算报告是综合反映政府会计主体年度预算收支执行结果的文件。

政府决算报告应当包括决算报表和其他应当在决算报告中反映的相关信息和资料。

政府决算报告 PK 政府综合财务报告：

<table>
<tr><td>编制</td><td>政府决算报告</td><td>政府综合财务报告</td></tr>
<tr><td>主体</td><td colspan="2">各级政府财政部门、各部门、各单位</td></tr>
<tr><td>反映</td><td>预算收支执行情况的结果</td><td>财务状况、运行情况</td></tr>
<tr><td>基础</td><td>收付实现制</td><td>权责发生制</td></tr>
<tr><td>来源</td><td>预算数据为准</td><td>财务会计数据</td></tr>
<tr><td>方法</td><td>汇总</td><td>合并</td></tr>
</table>

【例题·判断题】政府财务报告的编制主要以收付实现制为基础，以预算会计核算生成的数据为准。(　　)

『答案』×

『解析』政府财务报告的编制主要以权责发生制为基础，以财务会计核算生成的数据为准。

四、政府会计核算模式

<table>
<tr><td></td><td>预算会计</td><td>财务会计</td></tr>
<tr><td>1. 双功能</td><td>通过预算收入、预算支出与预算结余(3个要素)核算预算收支执行情况</td><td>通过资产、负债、净资产、收入和费用(5个要素)核算，反映财务状况、运行情况和现金流量等</td></tr>
<tr><td>2. 双基础</td><td>收付实现制</td><td>权责发生制</td></tr>
<tr><td>3. 双报告</td><td>政府决算报告</td><td>政府财务报告</td></tr>
<tr><td>4. 相互衔接</td><td colspan="2">不要求建立两套账，只要求两者相互补充、相互衔接，反映预算信息和财务信息</td></tr>
</table>

真题回顾

【单选题】(2018年)下列各项中，属于政府财务会计要素的是(　　)。

A. 预算结余　　B. 预算收入　　C. 净资产　　D. 预算支出

『答案』C

『解析』政府财务会计要素包括资产、负债、净资产、收入和费用。选项 ABD，属于政府预算会计要素。

【多选题】(2018 年) 下列属于政府会计核算模式的有(　　)。

A.“双功能”　　B.“双预算”　　C.“双基础”　　D.“双报告”

『答案』ACD

『解析』《政府基本准则》确立了“双功能”“双基础”“双报告”的政府会计核算体系。

【单选题】(2018 年) 下列各项中，属于政府预算会计要素的是(　　)。

A. 净资产　　B. 预算结余　　C. 所有者权益　　D. 利润

『答案』B

『解析』政府预算会计要素包括预算收入、预算支出与预算结余。

【多选题】(2019 年) 下列各项中，关于政府综合财务报告表述正确的有(　　)。

A. 数据来源于预算会计核算结果

B. 年度预算执行情况是其反映的对象

C. 编制基础为权责发生制

D. 编制主体是各级政府财政部门、各部门、各单位

『答案』CD

『解析』A、B 选项属于政府决算报告的内容。

【单选题】(2018 年) 下列各项中，关于政府决算报告的表达不正确的是(　　)。

A. 综合反映政府会计主体预算收支的年度执行结果

B. 是政府综合财务报告的重要组成内容

C. 以预算会计核算生成的数据为准

D. 主要以收付实现制为编制基础

『答案』B

『解析』政府决算报告的目标是向决算报告使用者提供与政府预算执行情况有关的信息，综合反映政府会计主体预算收支的年度执行结果，有助于决算报告使用者进行监督和管理，并为编制后续年度预算提供参考和依据。

【判断题】(2019 年) 事业单位预算安排项目的支出年末尚未执行完毕，且下年需要按原用途使用的资金不属于预算结余要素的内容。(　　)

『答案』×

『解析』预算结余包括结余资金和结转资金。其中结转资金是指预算安排项目的支出年终尚未执行完毕或者因故未执行，且下年需要按原用途继续使用的资金。

【多选题】(2018 年) 下列各项中，属于政府主体资产的有(　　)。

A. 在建工程　　B. 长期投资　　C. 保障性住房　　D. 自然资源资产

『答案』ABCD

『解析』流动资产包括货币资金、短期投资、应收及预付款项、存货等。非流动资产是指流动资产以外的资产，包括固定资产、在建工程、无形资产、长期投资、公共基础设施、政府储备资产、文物文化资产、保障性住房和自然资源资产等。

【多选题】(2018 年) 下列各项中，属于政府非流动资产的有(　　)。

A. 公共基础设施　　B. 文物文化资产　　C. 保障性住房　　D. 在建工程

『答案』ABCD

『**解析**』政府非流动资产是指流动资产以外的资产，包括固定资产、在建工程、无形资产、长期投资、公共基础设施、政府储备资产、文物文化资产、保障性住房和自然资源资产等。

【**多选题**】(2019 年)下列各项中，属于政府会计资产计量属性的有(　　)。

A. 重置成本　　B. 历史成本　　C. 名义金额　　D. 现值

『**答案**』ABCD

『**解析**』政府资产的计量属性主要包括历史成本、重置成本、现值、公允价值和名义金额。

【**判断题**】(2018 年)公允价值计量下，政府负债应按市场参与者在计量日发生的有序交易中，转移负债所需支付的价格计量。(　　)

『**答案**』√

『**解析**』在公允价值计量下，负债按照市场参与者在计量日发生的有序交易中，转移负债所需支付的价格计量。

【**判断题**】(2019 年)事业单位预算安排项目的支出年末尚未执行完毕，且下年需要按原用途使用的资金不属于预算结余要素的内容。(　　)

『**答案**』×

『**解析**』预算结余包括结余资金和结转资金。其中结转资金是指预算安排项目的支出年终尚未执行完毕或者因故未执行，且下年需要按原用途继续使用的资金。

【**单选题**】(2019 年)下列各项中，属于政府会计核算中财务会计报表的是(　　)。

A. 预算收入支出表　　B. 预算结转结余变动表

C. 收入费用表　　D. 财政拨款预算收入支出表

『**正确答案**』C

『**答案解析**』预算会计报表至少包括预算收入支出表、预算结转结余变动表、财政拨款预算收入支出表；财务会计报表包括资产负债表、收入费用表、净资产变动表。

【**单选题**】(2019 年)下列各项中，属于政府预算会计报表的是(　　)。

A. 收入费用表　　B. 资产负债表

C. 净资产变动表　　D. 预算结转结余变动表

『**答案**』D

『**解析**』选项 ABC，属于事业单位财务会计报表。

【**判断题**】(2018 年)政府决算报告是反映政府会计主体某一特定日期的财务状况，某一会计期间的运行情况和现金流量等信息的文件。(　　)

『**答案**』×

『**解析**』政府财务报告是反映政府会计主体某一特定日期的财务状况和某一会计期间的运行情况和现金流量等信息的文件。政府决算报告是综合反映政府会计主体年度预算收支执行结果的文件。

第二节　政府单位会计核算

学情分析

本节重点掌握以下内容：

1. 国库集中支付业务；
2. 非财政拨款收支业务；

3. 预算结转结余及分配业务；
4. 净资产、资产、负债业务。

主要内容导图

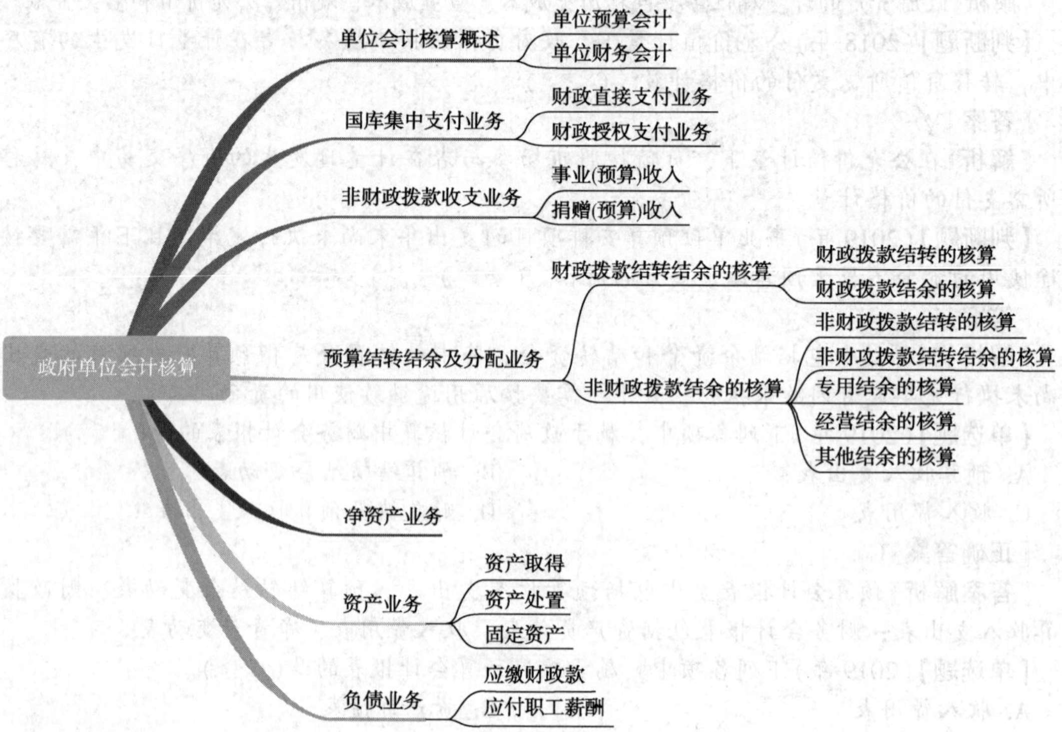

重、难点解析

一、单位会计核算概述

单位财务会计	财务状况	资产-负债=净资产
	运行情况	收入-费用=本期盈余 本期盈余经分配后最终转入净资产
	权责发生制	
预算会计	恒等式	预算收入-预算支出=预算结余
	收付实现制	

【例题·多选题】预算会计要素包括(　　)。

A. 预算收入　　　　B. 预算费用

C. 预算支出　　　　D. 预算结余

『**答案**』ACD

『**解析**』预算会计要素包括预算收入、预算支出和预算结余。

二、国库集中支付业务

（一）财政直接支付业务

财政直接支付业务处理表（理解：你消费，你妈买单）

业务与处理	财务会计	预算会计
（1）政府单位收到“财政直接支付入账通知书”时，按照通知书中的直接支付入账金额	借：库存物品、固定资产、应付职工薪酬、业务活动费用、单位管理费用 贷：财政拨款收入	借：行政支出、事业支出 贷：财政拨款预算收入
（2）年末，根据预算指标数与当年财政直接支付实际支出数的差额	借：财政应返还额度 贷：财政拨款收入	借：资金结存——财政应返还额度 贷：财政拨款预算收入
（3）下年度恢复财政直接支付额度后	借：库存物品、业务活动费用、单位管理费用等 贷：财政应返还额度	借：行政支出、事业支出 贷：资金结存——财政应返还额度

【例题·综合题】2019 年 10 月 9 日，某事业单位根据经过批准的部门预算和用款计划，向同级财政申请支付第三季度水费合计 105 000 元。10 月 18 日，财政部门经审核后，以财政直接支付方式向自来水公司支付了该单位的水费合计 105 000 元。10 月 23 日，该事业单位收到了“财政直接支付入账通知书”：

财务会计	借：单位管理费用	105 000	
	贷：财政拨款收入		105 000
预算会计	借：事业支出	105 000	
	贷：财政拨款预算收入		105 000

【例题·综合题】2018 年 12 月 31 日，某行政单位财政直接支付指标数与当年财政直接支付实际支出数之间的差额为 100 000 元。2019 年初，财政部门恢复了该单位的财政直接支付额度。

2019 年 1 月 15 日，该单位以财政直接支付方式购买一批办公用品（属于上年预算指标数），支付给供应商 50 000 元价款。该事业单位应编制如下会计分录：

（1）2018 年 12 月 31 日补记指标：

财务会计	借：财政应返还额度——财政直接支付	100 000	
	贷：财政拨款收入		100 000
预算会计	借：资金结存——财政应返还额度	100 000	
	贷：财政拨款预算收入		100 000

（2）2019 年 1 月 15 日使用上年预算指标购买办公用品：

财务会计	借：库存物品	50 000	
	贷：财政应返还额度——财政直接支付		50 000
预算会计	借：行政支出	50 000	
	贷：资金结存——财政应返还额度		50 000

（二）财政授权支付业务

财政授权支付业务处理表（理解：你妈给你有额度信用卡）

	财务会计	预算会计
(1)收到"授权支付到账通知书"时	借：零余额账户用款额度 　贷：财政拨款收入	借：资金结存——零余额账户用款额度 　贷：财政拨款预算收入
(2)按规定支用额度时	借：库存物品、业务活动费用 　贷：零余额账户用款额度	借：行政支出、事业支出 　贷：资金结存——零余额账户用款额度
(3)年末，依据对账单作注销额度	借：财政应返还额度 　贷：零余额账户用款额度	借：资金结存——财政应返还额度 　贷：资金结存——零余额账户用款额度
(4)下年初恢复额度	借：零余额账户用款额度 　贷：财政应返还额度——财政授权支付	借：资金结存——零余额账户用款额度 　贷：资金结存——财政应返还额度
(5)年末，预算指标数大于零余额账户用款额度下达数的	借：财政应返还额度 　贷：财政拨款收入	借：资金结存——财政应返还额度 　贷：财政拨款预算收入
(6)下年度收到上年末未下达零余额账户用款额度时	借：零余额账户用款额度 　贷：财政应返还额度	借：资金结存——零余额账户用款额度 　贷：资金结存——财政应返还额度

【例题·综合题】2019年3月，某科研所根据批准的部门预算和用款计划，向同级财政部门申请财政授权支付用款额度180 000元。4月6日，财政部门经审核后，以财政授权支付方式下达170 000元用款额度。4月8日，该科研所收到代理银行转来的"授权支付到账通知书"。

财务会计	借：零余额账户用款额度 　贷：财政拨款收入	170000	 170 000
预算会计	借：资金结存——零余额账户用款额度 　贷：财政拨款预算收入	170 000	 170 000

【例题·综合题】2019年6月1日，某事业单位采用国库授权支付方式购置一项价值为120 000元的固定资产，折旧年限为10年。假定不考虑其他因素，有关账务处理如下：

（1）6月1日，单位收到代理银行转来的"授权支付到账通知书"时，应编制如下财务会计分录：

财务会计	借：零余额账户用款额度 　贷：财政拨款收入	120000	 120 000
预算会计	借：资金结存——零余额账户用款额度 　贷：财政拨款预算收入	120 000	 120 000

（2）6月1日，单位购买固定资产时：

财务会计	借：固定资产 　贷：零余额账户用款额度	120 000	 120 000
预算会计	借：事业支出 　贷：资金结存——零余额账户用款额度	120000	 120 000

（3）6月末，单位计提固定资产折旧时：

财务会计	借：业务活动费用 　贷：固定资产累计折旧	1 000	 1 000
预算会计	不涉及现金收支业务，预算会计下不作计提固定资产折旧的处理		

【例题·综合题】2018 年 12 月 31 日，某事业单位经与代理银行提供的对账单核对无误后，将 150 000 元零余额账户用款额度予以注销。另外，本年度财政授权支付预算指标数大于零余额账户用款额度下达数，未下达的用款额度为 200 000 元。

2019 年度，该单位收到代理银行提供的额度恢复到账通知书及财政部门批复的上年末未下达零余额账户用款额度。

（1）注销额度(年末“零余额账户用款额度”余额为 0)

财务会计	借：财政应返还额度 　　贷：零余额账户用款额度	150 000	 150 000
预算会计	借：资金结存——财政应返还额度 　　贷：资金结存——零余额账户用款额度	150 000	 150 000

（2）补记指标数：

财务会计	借：财政应返还额度 　　贷：财政拨款收入	200 000	 200 000
预算会计	借：资金结存——财政应返还额度 　　贷：财政拨款预算收入	200 000	 200 000

（3）恢复额度：

财务会计	借：零余额账户用款额度 　　贷：财政应返还额度	150 000	 150 000
预算会计	借：资金结存——零余额账户用款额度 　　贷：资金结存——财政应返还额度	150 000	 150 000

（4）收到财政部门批复的上年末未下达的额度(收到补记)：

财务会计	借：零余额账户用款额度 　　贷：财政应返还额度	200 000	 200 000
预算会计	借：资金结存——零余额账户用款额度 　　贷：资金结存——财政应返还额度	200 000	 200 000

三、非财政拨款收支业务

（一）事业(预算)收入

事业(预算)收入的核算表

业务	财务会计		预算会计
采用财政专户返还方式	实际收到或应收应上缴财政专户的事业收入时	借：银行存款/应收账款等 　　贷：应缴财政款	
	向财政专户上缴款项时	借：应缴财政款 　　贷：银行存款等	
	收到从财政专户返还的款项时	借：银行存款等 　　贷：事业收入	借：资金结存——货币资金 　　贷：事业预算收入

续表

业务	财务会计		预算会计
采用预收款方式	实际收到款项时	借：银行存款等 贷：预收账款	借：资金结存——货币资金 贷：事业预算收入
	按合同完成进度确认收入时	借：预收账款 贷：事业收入	
采用应收款方式	根据合同完成进度计算本期应收的款项	借：应收账款 贷：事业收入	
	实际收到款项时	借：银行存款等 贷：应收账款	借：资金结存——货币资金 贷：事业预算收入
其他方式下	借：银行存款/库存现金等 贷：事业收入		借：资金结存——货币资金 贷：事业预算收入
期末/年末结转	借：事业收入 贷：本期盈余		①专项资金收入金额 借：事业预算收入 贷：非财政拨款结转——本年收支结转 ②非专项资金收入金额 借：事业预算收入 贷：其他结余

【例题·综合题】某事业单位部分事业收入采用财政专户返还的方式管理。2019年9月5日，该单位收到应上缴财政专户的事业收入5 000 000元。9月15日，该单位将上述款项上缴财政专户。10月15日，该单位收到从财政专户返还的事业收入5 000 000元。该事业单位应作如下账务处理：

(1) 9月5日，收到(应上缴财政专户的)事业收入时：

借：银行存款　　5 000 000

　　贷：应缴财政款　　5 000 000

(2) 9月15日，向财政专户上缴款项时：

借：应缴财政款　　5 000 000

　　贷：银行存款　　5 000 000

(3) 10月15日，收到从财政专户返还的事业收入时：

财务会计	借：银行存款 贷：事业收入	5 000 000	 5 000 000
预算会计	借：资金结存——货币资金 贷：事业预算收入	5 000 000	 5 000 000

【要点】收到上缴正相反、返还收入来预算

【例题·综合题】2019年3月，某科研事业单位(为增值税一般纳税人)对开展技术咨询服务开具的增值税专用发票上注明的劳务收入为200 000元，增值税税额为12 000元，全部款项已存入银行。该事业单位应作如下账务处理：

（1）收到劳务收入时：

财务会计	借：银行存款	212 000
	贷：事业收入	200 000
	应交增值税——应交税金（销项税额）	12 000
预算会计	借：资金结存——货币资金	212 000
	贷：事业预算收入	212 000（实际收到金额）

（2）实际缴纳增值税时：

财务会计	借：应交增值税——应交税金（已交税金）	12 000
	贷：银行存款	12 000
预算会计	借：事业支出	12 000
	贷：资金结存——货币资金	12 000

事业收入：按照实际收到的金额扣除增值税销项税额之后的金额入账；

事业预算收入：按照实际收入的金额入账。

（二）捐赠（预算）收入和支出

捐赠（预算）收入和支出核算表

	财务会计	预算会计	
捐赠（预算）收入	接受货币资金捐赠，按实际收到的金额	借：银行存款、库存现金 贷：捐赠收入	借：资金结存——货币资金 贷：其他预算收入——捐赠预算收入
	接受非现金资产捐赠	借：库存物品、固定资产 贷：捐赠收入（差额） 银行存款（运费、税费等）	借：其他支出（运费、税费等） 贷：资金结存——货币资金
捐赠（支出）费用	捐赠现金资产	借：其他费用 贷：银行存款、库存现金	借：其他支出 贷：资金结存——货币资金
	捐赠非现金资产	借：资产处置费用 贷：库存物品、固定资产等资产的账面价值	不做账

捐赠收入：现金捐赠收入+非现金资产捐赠收入

捐赠预算收入：现金捐赠收入

【例题·综合题】2019 年 3 月 12 日，某事业单位接受甲公司捐赠的一批实验材料，甲公司所提供的凭据表明其价值为 10 0000 元，事业单位以银行存款支付运输费 1 000 元。假设不考虑相关税费。

财务会计	借：库存物品	101 000
	贷：捐赠收入	100 000
	银行存款	1000
预算会计	借：其他支出	1 000
	贷：资金结存——货币资金	1 000

四、预算结转结余及分配业务

（一）财政拨款结转结余

1. 财政拨款结转

财政拨款结转的核算表

业务	财务会计	预算会计
年末	政府单位应将财政拨款收入和对应的财政拨款支出结转至"财政拨款结转"科目	
从其他单位调入的财政拨款结转资金	借：财政应返还额度、零余额账户用款额度 贷：累计盈余	借：资金结存 贷：财政拨款结转——归集调入
按规定上缴（注销）、向其他单位调出财政拨款结转资金	借：累计盈余 贷：财政应返还额度/零余额账户用款额度	借：财政拨款结转——归集上缴、归集调出 贷：资金结存
经财政部门批准对财政拨款结余资金改变用途		借：财政拨款结余——单位内部调剂 贷：财政拨款结转——单位内部调剂
单位发生会计差错等事项调整以前年度财政拨款结转资金	借：以前年度盈余调整 贷：零余额账户用款额度等 或做相反会计分录	借：资金结存 贷：财政拨款结转——年初余额调整 或做相反会计分录
年末冲销有关明细科目		将"财政拨款结转"除"累计结转"的明细科目转入"累计结转" 完成上述结转后，将符合财政拨款结余性质的项目余额转入财政拨款结余： 借：财政拨款结转——累计结转 贷：财政拨款结余——结转转入

2. 财政拨款结余

"财政拨款结余"科目核算单位滚存的财政拨款项目支出结余资金。

财政拨款结余的核算表

业务	财务会计	预算会计
年末		财政拨款结余性质的项目余额转入财政拨款结余 借：财政拨款结转——累计结转 贷：财政拨款结余——结转转入
资金改变用途		借：财政拨款结余——单位内部调剂 贷：财政拨款结转——单位内部调剂
上缴结余或注销拨款结余资金额度	借：累计盈余 贷：零余额账户用款额度/财政应返还额度	借：财政拨款结余——归集上缴 贷：资金结存
因发生会计差错等事项调整以前年度财政拨款结余资金	借：以前年度盈余调整 贷：零余额账户用款额度/银行存款等 或编制相反分录	借：资金结存 贷：财政拨款结余——年初余额调整 或编制相反分录
年末冲销有关明细科目		将"财政拨款结余"除"累计结余"外的明细科目余额转入"累计结余"明细科目

【例题·综合题】2019年6月，财政部门拨付某事业单位基本支出补助4 000 000元、项目补助1 000 000元；"事业支出"科目下"财政拨款支出(基本支出)""财政拨款支出(项目支出)"明细科目的当期发生额分别为4 000 000元和800 000元。

月末，该事业单位将本月财政拨款收入和支出结转：

(1) 结转财政拨款收入时：

借：财政拨款预算收入——基本支出　　4 000 000

——项目支出　　1 000 000

贷：财政拨款结转——本年收支结转——基本支出结转　　4 000 000

——项目支出结转　　1 000 000

(2) 结转财政拨款支出时：

借：财政拨款结转——本年收支结转——基本支出结转　　4 000 000

——项目支出结转　　800 000

贷：事业支出——财政拨款支出(基本支出)　　4 000 000

财政拨款支出(项目支出)　　800 000

【例题·综合题】承上题，2019年末，该单位完成财政拨款收支结转后，对财政拨款各明细项目进行分析，按照有关规定将某项目结余资金45 000元转入财政拨款结余，该单位应编制如下会计分录：

借：财政拨款结转——累计结转——项目支出结转　　45 000

贷：财政拨款结余——结转转入　　45 000

(二) 非财政拨款结转结余

1. 非财政拨款结转

非财政拨款结转资金是指事业单位除财政拨款收支、经营收支以外的各非同级财政拨款专项资金收入与其相关支出相抵后剩余滚存的、须按规定用途使用的结转资金。

非财政拨款结转的核算表

业务	财务会计	预算会计
年末		借："事业预算收入/上级补助预算收入/附属单位上缴预算收入/非同级财政拨款预算收入/债务预算收入/其他预算收入"科目下各专项资金收入明细科目 贷：非财政拨款结转——本年收支结转 借：非财政拨款结转——本年收支结转 贷："行政支出/事业支出/其他支出"科目下各非财政拨款专项资金支出明细科目
从科研项目预算收入中提取项目管理费或间接费	借：单位管理费用、业务活动费用等 贷：预提费用——项目间接费用或管理费	借：非财政拨款结转——项目间接费用或管理费 贷：非财政拨款结余——项目间接费用或管理费
缴回非财政拨款结转资金	借：累计盈余 贷：银行存款	借：非财政拨款结转——缴回资金 贷：资金结存——货币资金

续表

业务	财务会计	预算会计
因会计差错更正等事项调整非财政拨款结转资金	借：以前年度盈余调整 　贷：银行存款等 或编制相反分录	借：资金结存——货币资金 　贷：非财政拨款结转——年初余额调整 或编制相反分录
单位冲销有关明细科目余额		将“非财政拨款结转——年初余额调整、项目间接费用或管理费、缴回资金、本年收支结转”科目余额转入“非财政拨款结转——累计结转”科目 完成上述结转后，将留归本单位使用的非财政拨款专项（项目已完成）剩余资金转入非财政拨款结余： 借：非财政拨款结转——累计结转 　贷：非财政拨款结余——结转转入

2. 非财政拨款结余

非财政拨款结余是指单位历年滚存的非限定用途的非同级财政拨款结余资金，主要为非财政拨款结余扣除结余分配后滚存的金额。

非财政拨款结余的核算表

业务	财务会计	预算会计
年末		留归本单位使用的非财政拨款专项（项目已完成）剩余资金转入： 借：非财政拨款结转——累计结转 　贷：非财政拨款结余——结转转入
从科研项目预算收入中提取管理费	借：单位管理费用 　贷：预提费用——项目间接费用或管理费	借：非财政拨款结转——项目间接费用或管理费 　贷：非财政拨款结余——项目间接费用或管理费
有企业所得税缴纳义务的事业单位实际缴纳企业所得税	借：其他应缴税费——单位应交所得税 　贷：银行存款	借：非财政拨款结余——累计结余 　贷：资金结存——货币资金
差错更正等调整非财政拨款结余资金	借：以前年度盈余调整 　贷：银行存款 或编制相反分录	借：资金结存——货币资金 　贷：非财政拨款结余——年初余额调整 或编制相反分录
年末		将“非财政拨款结余——年初余额调整、项目间接费用或管理费、结转转入”科目余额结转入“非财政拨款结余——累计结余”科目。结转后，本科目除“累计结余”明细科目外，其他明细科目应无余额
		事业单位将“非财政拨款结余分配”科目余额转入非财政拨款结余： 借：非财政拨款结余——累计结余 　贷：非财政拨款结余分配 或编制相反分录
		行政单位将“其他结余”科目余额转入非财政拨款结余： 借：非财政拨款结余——累计结余 　贷：其他结余 或编制相反分录

【例题·综合题】2019 年 1 月，某事业单位启动一项科研项目。当年收到上级主管部门拨付的非财政专项资金 5 000 000 元，为该项目发生事业支出 4 800 000 元。2019 年 12 月，项目结项，经上级主管部门批准，该项目的结余资金留归事业单位使用。

该事业单位应编制如下会计分录：

(1) 收到上级主管部门拨付款项时：

财务会计	借：银行存款 贷：上级补助收入	5 000 000 5 000 000
预算会计	借：资金结存——货币资金 贷：上级补助预算收入	5 000 000 5 000 000

(2) 发生业务活动费用(事业支出)时：

财务会计	借：业务活动费用 贷：银行存款	4 800 000 4 800 000
预算会计	借：事业支出——非财政专项资金支出 贷：资金结存——货币资金	4 800 000 4 800 000

(3) 年末结转上级补助预算收入中该科研专项资金收入时：

借：上级补助预算收入 5 000 000

贷：非财政拨款结转——本年收支结转 5 000 000

(4) 年末结转事业支出中该科研专项支出时：

借：非财政拨款结转——本年收支结转 4 800 000

贷：事业支出——非财政专项资金支出 4 800 000

(5) 经批准确定结余资金留归本单位使用时：

借：非财政拨款结转——累计结转 200 000

贷：非财政拨款结余——结转转入 200 000

3. 专用结余

专用结余是指事业单位按照规定从非财政拨款结余中提取的具有专门用途的资金。

专用结余的年末贷方余额，反映事业单位从非同级财政拨款结余中提取的专用基金的累计滚存数额。

专用结余的核算表

业务	预算会计(2019 年单选题)
从本年度非财政拨款结余或经营结余中提取基金的	借：非财政拨款结余分配 贷：专用结余
使用基金时	借：专用结余 贷：资金结存——货币资金

4. 经营结余

“经营结余”科目，核算事业单位在本年度经营活动收支相抵后余额弥补以前年度经营亏损后的余额。

经营结余的核算表

业务	预算会计
期末，根据经营收入本期发生额	借：经营预算收入 　贷：经营结余
期末，根据经营支出本期发生额	借：经营结余 　贷：经营支出
年末，如“经营结余”科目为贷方余额	借：经营结余 　贷：非财政拨款结余分配
如为借方余额，即为经营亏损，不予结转	

【例题·综合题】2019年12月31日，某事业单位对其收支科目进行分析，事业收入和上级补助收入本月发生额中的非专项资金收入分别为1 000 000元、200 000元，事业支出和其他支出本年发生额中的非财政非专项资金支出分别为800 000元、100 000元，对附属单位补助支出本年发生额为200 000元。

经营预算收入本年发生额为94 000元，经营支出本年发生额为64 000元。

年末，该事业单位应编制如下会计分录：

(1) 结转本年非财政、非专项资金收入时：

借：事业预算收入　1 000 000

　上级补助预算收入　200 000

　贷：其他结余　1 200 000

(2) 结转本年非财政、非专项资金支出时：

借：其他结余　1 100 000

　贷：事业支出——其他资金支出　800 000

　　其他支出　100 000

　　对附属单位补助支出　200 000

(3) 结转本年经营预算收入时：

借：经营预算收入　94 000

　贷：经营结余　94 000

(4) 结转本年经营支出时：

借：经营结余　64 000

　贷：经营支出　64 000

【例题·综合题】2019年年终结账时，某事业单位当年经营结余的贷方余额为30 000元，其他结余的贷方余额为40 000元。该事业单位按照有关规定提取职工福利基金10 000元。该事业单位应编制如下会计分录：

(1) 结转其他结余时：

借：其他结余　40 000

　贷：非财政拨款结余分配　40 000

(2) 结转经营结余时：

借：经营结余　30 000

　贷：非财政拨款结余分配　30 000

(3) 提取专用基金时：

借：非财政拨款结余分配 10 000

　　贷：专用结余——职工福利基金 10 000

　　同时(财务会计)

借：本年盈余分配 10 000

　　贷：专用基金——职工福利基金 10 000

(4) 将“非财政拨款结余分配”的余额转入“非财政拨款结余”：

借：非财政拨款结余分配 60 000

　　贷：非财政拨款结余 60 000

(5) 其他结余：

其他结余是指单位本年度除财政拨款收支、非同级财政专项资金收支和经营收支以外各项收支相抵后的余额。

其他结余的核算表

业务	预算会计
结转收入	借："事业预算收入/上级补助预算收入/附属单位上缴预算收入/非同级财政拨款预算收入/债务预算收入/其他预算收入"科目下各非专项资金收入明细科目 投资预算收益 贷：其他结余
结转支出	借：其他结余 贷："行政支出/事业支出/其他支出"科目下各非同级财政、非专项资金支出明细科目/上缴上级支出/对附属单位补助支出/投资支出/债务还本支出

完成上述结转后，行政单位将本科目余额转入“非财政拨款结余——累计结余”科目；事业单位将本科目余额转入“非财政拨款结余分配”科目。

五、净资产业务

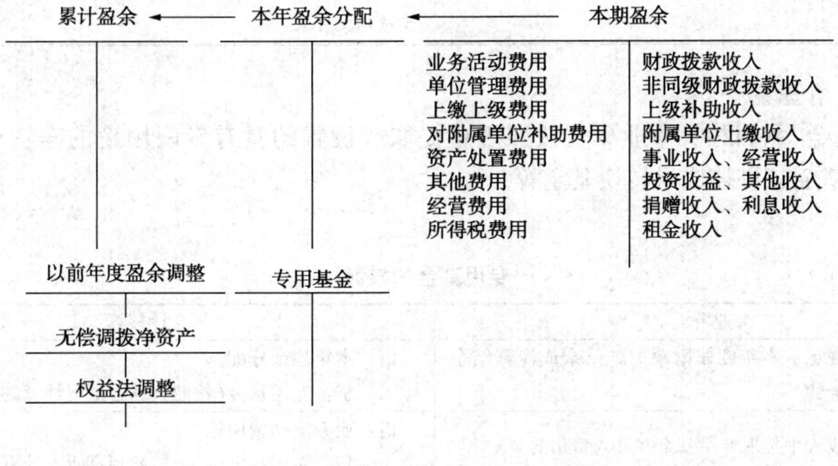

净资产是指单位资产扣除负债后的净额。

本期盈余	指单位本期各项收入、费用相抵后的余额
本年盈余分配	
累计盈余	指单位历年实现的盈余扣除盈余分配后滚存的金额，以及无偿调入调出资产产生的净资产变动额
专用基金	按照规定提取或设置的具有专门用途的净资产，主要包括职工福利基金、科技成果转换基金等
以前年度盈余调整+无偿调拨净资产+权益法调整	

（一）累计盈余

核算单位历年实现的盈余扣除盈余分配后滚存的金额，以及因无偿调入调出资产产生的净资产变动额。

累计盈余的核算

业务	会计分录
年末，将“本年盈余分配”科目余额转入	借：本年盈余分配 　　贷：累计盈余 或做相反会计分录
年末，将“无偿调拨净资产”科目余额转入	借：无偿调拨净资产 　　贷：累计盈余 或做相反会计分录
按照规定上缴财政拨款结转结余、缴回非财政拨款结转资金、向其他单位调出财政拨款结转资金时	借：累计盈余 　　贷：财政应返还额度/零余额账户用款额度/银行存款等 同时，预算会计做相应处理
按照规定从其他单位调入财政拨款结转资金时	借：零余额账户用款额度/银行存款等 　　贷：累计盈余 同时，在预算会计中做如下分录： 借：资金结存——零余额账户用款额度、货币资金 　贷：财政拨款结转——归集调入
“以前年度盈余调整”科目余额转入	借：以前年度盈余调整 　　贷：累计盈余 或做相反分录

（二）专用基金

“专用基金”科目核算事业单位按照规定提取或设置的具有专门用途的净资产，主要包括职工福利基金、科技成果转换基金等。

专用基金的核算

业务	会计核算
年末，按照规定从本年度非财政拨款结余或经营结余中提取专用基金的	借：本年盈余分配 　　贷：专用基金（按照预算会计下计算的提取金额）
根据规定从收入中提取专用基金并计入费用的	借：业务活动费用等 　　贷：专用基金（一般按照预算收入计算提取的金额）
根据有关规定设置的其他专用基金	借：银行存款等 　　贷：专用基金

续表

业务	会计核算
按照规定使用专用基金时	借：专用基金 　　贷：银行存款等 如果购置固定资产、无形资产的： 借：固定资产/无形资产 　　贷：银行存款等 借：专用基金 　　贷：累计盈余 同时，预算会计 使用从收入中提取并列入费用的专用基金： 借：事业支出等 　　贷：资金结存 使用从非财政拨款结余或经营结余中提取的专用基金： 借：专用结余 　　贷：资金结存——货币资金

（三）本期盈余

核算单位本期各项收入、费用相抵后的余额。

本期盈余的核算

业务	分类	会计分录
期末结转	结转收入	借：财政拨款收入 　　事业收入 　　上级补助收入 　　附属单位上缴收入 　　经营收入 　　非同级财政拨款收入 　　投资收益（可能在贷方） 　　捐赠收入 　　利息收入 　　租金收入 　　其他收入 　　贷：本期盈余
期末结转	结转费用	借：本期盈余 　　贷：业务活动费用 　　　　单位管理费用 　　　　经营费用 　　　　资产处置费用 　　　　上缴上级费用 　　　　对附属单位补助费用 　　　　所得税费用 　　　　其他费用
年末结转	借：本期盈余 　　贷：本年盈余分配 或反之	

（四）无偿调拨净资产

无偿调拨净资产科目核算单位无偿调入或调出非现金资产所引起的净资产变动金额。

无偿调拨净资产的核算

业务	财务会计	预算会计
取得无偿调入的资产时	借：库存物品/固定资产/无形资产/长期股权投资/公共基础设施/政府储备物资/保障性住房等 贷：无偿调拨净资产 零余额账户用款额度/银行存款等（发生的归属于调入方的相关费用）	借：其他支出 贷：资金结存
经批准无偿调出资产时	借：无偿调拨净资产 固定资产累计折旧/无形资产累计摊销/公共基础设施累计折旧（摊销）/保障性住房累计折旧 贷：库存物品/固定资产/无形资产/长期股权投资/公共基础设施/政府储备物资等（账面余额） 借：资产处置费用 贷：银行存款/零余额账户用款额度等（发生的归属于调出方的相关费用）	借：其他支出 贷：资金结存

（五）权益法调整

权益法调整核算表

业务与处理	财务会计
1. 被投资单位除净损益和利润分配以外的所有者权益变动	借：权益法调整 贷：长期股权投资——其他权益变动
2. 处置长期股权投资	借：权益法调整 贷：投资收益

（六）以前年度盈余调整

“以前年度盈余调整”科目核算单位本年度发生的调整以前年度盈余的事项。

以前年度盈余调整核算表

调增以前年度收入	借：有关科目 贷：以前年度盈余调整
调增以前年度费用	借：以前年度盈余调整 贷：有关科目
余额转入累计盈余	借：累计盈余 贷：以前年度盈余调整 或反之

六、资产业务

(一) 资产取得

外购	成本通常包括购买价款、相关税费(不包括按规定可抵扣的增值税进项税额)
加工建造	成本包括该项资产至验收入库或交付使用前所发生的全部必要支出
接受捐赠	成本按照有关凭据注明的金额加上相关税费等确定 没有相关凭据可供取得，但按规定经过资产评估的，其成本按照评估价值加上相关税费等确定 没有相关凭据可供取得、也未经资产评估的，其成本比照同类或类似资产的市场价格加上相关税费等确定
调入	成本按照调出方账面价值加上相关税费等确定
置换	成本按照换出资产的评估价值，加上支付的补价或减去收到的补价，加上为换入资产发生的其他相关支出确定

(二) 固定资产

1. 固定资产确认条件与分类

使用年限超过1年(不含1年)+单位价值在规定标准以上+并在使用过程中基本保持原有物质形态的资产。

单位价值虽未达到规定标准，但使用期限超过1年(不含1年)的大批同类物资，如图书、家具、用具、装具及动植物等，应当作为固定资产进行核算和管理。

单位的固定资产一般分为六类：

房屋及构筑物，专用设备，通用设备；家具、用具、装具及动植物；文物和陈列品，图书、档案。

2. 计提折旧

(1) 不计提折旧的固定资产：

文物和陈列品；动植物；图书、档案；

单独计价入账的土地；以名义金额计量的固定资产。

(2) 计提折旧的时间：

当月增加的固定资产，当月开始计提折旧；当月减少的固定资产，当月不再计提折旧。

固定资产提足折旧后，无论能否继续使用，均不再计提折旧；提前报废的固定资产，也不再补提折旧。已提足折旧的固定资产，可以继续使用的，应当继续使用，规范实物管理。

【例题·综合题】2019年7月18日，某事业单位(为增值税一般纳税人)经批准购入栋办公大楼，取得的增值税专用发票上注明的价款为8 000 000元。全部款项以银行存款支付。该事业单位应做如下账务处理：

7月18日购入设备时：

财务会计借：固定资产	8 000 000	
贷：银行存款		8 000 000
预算会计借：事业支出	8 000 000	
贷：资金结存——货币资金		8 000 000

七、负债业务

（一）负债类科目

负债类科目如下表所示：

负债类科目表

应付票据	其他应付款	应缴财政款	短期借款
应付账款	应交增值税	应付职工薪酬	长期借款
应付利息	其他应交税费	预收账款	长期应付款

（二）应缴财政款

应缴财政款是指单位取得或应收的按照规定应当上缴财政的款项，包括应缴国库的款项和应缴财政专户的款项。

应缴财政款的核算

业务	会计核算
取得或应收按照规定应缴财政的款项时	借：银行存款/应收账款等 贷：应缴财政款
处置资产取得的应上缴财政的净收入	借：待处理财产损溢 贷：应缴财政款
上缴财政款项时	借：应缴财政款 贷：银行存款等

（三）应付职工薪酬

应付职工薪酬的核算

业务	会计核算
计算确认当期应付职工薪酬	借：业务活动费用/单位管理费用/在建工程/加工物品/研发支出/经营费用 贷：应付职工薪酬 实际支付时： 借：应付职工薪酬 贷：财政拨款收入/零余额账户用款额度/银行存款等 同时，在预算会计中做如下分录： 借：行政支出/事业支出/经营支出 贷：财政拨款预算收入/资金结存
代扣个人所得税，代扣社会保险费，代扣住房公积金，代扣为职工代垫的水电费等	借：应付职工薪酬 贷：其他应交税费——应交个人所得税 应付职工薪酬——社会保险费/住房公积金 其他应收款等 实际缴纳时： 借：应付职工薪酬 贷：财政拨款收入/零余额账户用款额度/银行存款等 同时，在预算会计中做如下分录： 借：行政支出/事业支出/经营支出 贷：财政拨款预算收入/资金结存

续表

业务	会计核算
从应付职工薪酬中支付其他款项	借：应付职工薪酬 　贷：财政拨款收入/零余额账户用款额度/银行存款等 同时，在预算会计中做如下分录： 借：行政支出/事业支出/经营支出 　贷：资金结存

【例题·综合题】2019年5月，某事业单位为开展专业业务活动及其辅助活动人员发放基本工资50万元，津贴30万元，奖金10万元，按规定应代扣代缴个人所得税3万元，该单位以国库授权支付方式支付薪酬并上缴代扣的个人所得税。

该事业单位应做如下账务处理：

多选	财务会计	预算会计
(1)计算应付职工薪酬	借：业务活动费用　90 　贷：应付职工薪酬　90	
(2)代扣个人所得税	借：应付职工薪酬　3 　贷：其他应交税费　3	
(3)实际支付职工薪酬	借：应付职工薪酬　87 　贷：零余额账户用款额度　87	借：事业支出　87 　贷：资金结存　87
(4)上缴代扣个人所得税	借：其他应交税费　3 贷：零余额账户用款额度　3	借：事业支出　3 　贷：资金结存　3

真题回顾

【判断题】(2019年)某事业单位通过财政直接支付方式购买设备，不需要进行预算会计核算。(　)

『答案』×

『解析』单位对于纳入部门预算管理的现金收支业务，在采用财务会计核算的同时应当进行预算会计核算。

【判断题】(2019年)事业单位从同级政府财政部门取得的经费拨款应通过“财政拨款收入”科目进行核算。(　)

『答案』√

【判断题】(2019年)事业单位从上级政府财政部门取得拨款收入，应当确定为财政拨款收入。(　)

『答案』×

『解析』财政拨款(预算)收入是指事业单位从同级财政部门取得的各类财政拨款。

【单选题】(2018年改)2017年10月9日，某事业单位为增值税小规模纳税人，购入一台不需要安装的专用设备，用于本单位的专业业务活动，设备价款和增值税款合计为580 000元，由财政直接支付，假定不考虑其他因素，该事业单位购入固定资产的账务处理为(　)。

A. 借：固定资产　　580 000

　　贷：财政拨款预算收入　　580 000

B. 借：事业支出　　580 000

　　贷：财政拨款收入　　580 000

　　考法：考核财政直接与授权支付业务的核算？（2019 年单判）

C. 借：固定资产　　580 000

　　贷：财政拨款收入　　580 000

借：事业支出　　580 000

　　贷：财政拨款预算收入　　580 000

D. 借：固定资产　　580 000

　　贷：事业收入　　580 000

『答案』C

【单选题】（2019 年）下列各项中，事业单位预算会计应通过“事业（预算）收入”科目核算的是（　　）。

A. 从同级政府其他部门取得的横向转拨财政款

B. 开展专业业务活动取得的收入

C. 从上级财政部门取得的经费拨款

D. 从同级政府财政部门取得的各类财政拨款

『答案』B

『解析』A. 属于非同级财政拨款（预算）收入；C. 属于非同级财政拨款（预算）收入；D. 属于财政拨款（预算）收入。

【单选题】（2019 年）某事业单位年末按规定结转某项目财政拨款结余资金 50000 元，下列各项中，会计处理正确的是（　　）。

A. 借：财政拨款结转　　50 000

　　贷：其他结余　　50 000

B. 借：财政拨款结转　　50 000

　　贷：非财政拨款结余　　50 000

C. 借：财政拨款结转　　50 000

　　贷：专用结余　　50 000

D. 借：财政拨款结转　　50 000

　　贷：财政拨款结余　　50 000

『答案』D

『解析』期末事业单位按照有关规定将符合财政拨款结余性质的项目余额转入财政拨款结余，借记“财政拨款结转——累计结转”科目，贷记“财政拨款结余——结转转入”科目。

【单选题】（2019 年）下列各项中，事业单位预算会计按规定提取专用结余应借记的会计科目是（　　）。

A. 非财政拨款结余　　B. 非财政拨款结余分配

C. 非财政拨款结转　　D. 财政拨款结转

『答案』B

『解析』会计分录为：

借：非财政拨款结余分配

　　贷：专用结余

【单选题】(2019 年)下列各项中，应在事业单位资产负债表中“净资产”部分单独列示的是(　　)。

A. 财政拨款结余　B. 其他结余　C. 累计盈余　D. 经营结余

『答案』C

『解析』选项 ABD，属于事业单位预算会计科目，不列入事业单位资产负债表中。

【多选题】(2018 年)下列各项中，属于事业单位专用基金的是(　　)。

A. 科技成果转换基金　B. 无偿调拨净资产

C. 累计盈余　D. 职工福利基金

『答案』AD

『解析』事业单位的专用基金是指事业单位按规定提取或者设置的具有专门用途的净资产，主要包括职工福利基金、科技成果转换基金等。

【单选题】(2019 年)下列会计科目中，事业单位应在期末将其发生额结转计入“本期盈余”的是(　　)。

A. 以前年度盈余调整　B. 业务活动费用

C. 累计盈余　D. 财政拨款预算收入

『答案』B

『解析』期末，单位应当将“业务活动费用”科目本期发生额转入本期盈余，借记“本期盈余”科目，贷记“业务活动费用”科目。

【判断题】(2019 年)事业单位年末按照规定从本年度非财政拨款结余中提取专用基金的，按照预算会计下计算的提取金额，应借记“盈余分配”科目。(　　)

『答案』×

『解析』事业单位年末按照规定从本年度非财政拨款结余中提取专用基金的，按照预算会计下计算的提取金额，应借记“本年盈余分配”科目，贷记“专用基金”科目。

【判断题】(2019 年)事业单位接受从其他部门无偿调入的固定资产，应当确认为其他收入。(　　)

『答案』×

『解析』单位无偿调入的固定资产，按照确定的成本，借记“固定资产”科目或“在建工程”科目，按照发生的相关税费、运输费等，贷记“零余额账户用款额度”“银行存款”等科目，按照其差额，贷记“无偿调拨净资产”科目。

【单选题】(2019 年)2019 年 11 月，某事业单位“财政拨款收入”科目发生额为 40 万元，“事业收入”科目发生额为 100 万元，“业务活动费用”科目发生额为 20 万元，“单位管理费用”科目发生额为 30 万元，不考虑其他因素，该单位月末完成所有结转后，“本期盈余”科目余额为(　　)万元。

A. 110　B. 60　C. 80　D. 90

『答案』D

『解析』该单位月末完成所有结转后，“本期盈余”科目余额=40+100−20−30=90(万元)。

【单选题】(2019 年)下列各项中，属于事业单位资产的是(　　)。

A. 资金结存　B. 无偿调拨净资产

C. 财政应返还额度　　　　　　　　　　D. 应缴财政款

『答案』C

『解析』选项A，属于预算结余；选项B，属于事业单位净资产；选项D，属于事业单位负债。

【多选题】(2019年)下列各项中，除以名义金额计量的固定资产之外，事业单位应计提折旧的有(　　)。

A. 陈列品　　B. 动植物　　C. 钢结构的房屋　　D. 电影设备

『答案』CD

『解析』事业单位不提折旧的范围：文物和陈列品、动植物、图书、档案、单独计价入账的土地、以名义金额计量的固定资产、提足折旧的固定资产、提前报废的固定资产。

【判断题】(2019年)事业单位2019年1月购入固定资产并使用，2019年2月开始计提折旧。(　　)

『答案』×

『解析』事业单位当月增加的固定资产，当月开始计提折旧；当月减少的固定资产，当月不再计提折旧。事业单位2019年1月购入固定资产，应当自2019年1月开始计提折旧。

【单选题】(2019年)下列各项中，属于事业单位负债的是(　　)。

A. 应缴财政款　　　　　　　　　　B. 零余额账户用款额度

C. 财政拨款结余　　　　　　　　　D. 财政应返还额度

『答案』A

『解析』选项BD，属于事业单位资产类科目；选项C，属于事业单位预算结余类科目。

【单选题】(2019年)下列各项中，属于事业单位净资产的是(　　)。

A. 财政拨款结余　　　　　　　　　B. 累计盈余

C. 非财政拨款结余　　　　　　　　D. 专用结余

『答案』B

『解析』选项A，属于事业单位预算结余；选项C，属于事业单位预算结余；选项D，属于事业单位预算结余。

【单选题】(2018年改)下列各项中，属于事业收入的是(　　)。

A. 接受捐赠收入　　　　　　　　　B. 现金盘盈收入

C. 开展专业业务活动取得的收入　　D. 银行存款利息收入

『答案』C

『解析』选项A，属于捐赠收入；选项C，属于其他收入；选项D，属于利息收入。

【多选题】(2019年)下列各项中，属于事业单位净资产的有(　　)

A. 专用基金　　　　　　　　　　　B. 专用结余

C. 经营结余　　　　　　　　　　　D. 无偿调拨净资产

『答案』ABCD

『解析』政府非流动资产是指流动资产以外的资产，包括固定资产、在建工程、无形资产、长期投资、公共基础设施、政府储备资产、文物文化资产、保障性住房和自然资源资产等。

【判断题】(2019年)事业单位2019年1月购入固定资产并使用，2019年2月开始计提折旧。(　　)

『答案』×

『解析』事业单位当月增加的固定资产，当月开始计提折旧；当月减少的固定资产，当月不再计提折旧。事业单位 2019 年 1 月购入固定资产，应当自 2019 年 1 月开始计提折旧。

【判断题】(2019 年) 事业单位年末按照规定从本年度非财政拨款结余中提取专用基金的，按照预算会计下计算的提取金额，应借记“盈余分配”科目。(　　)

『答案』×

【解析】事业单位年末按照规定从本年度非财政拨款结余中提取专用基金的，按照预算会计下计算的提取金额，应借记“本年盈余分配”科目，贷记“专用基金”科目。

同步练习

第一节　政府会计概述

一、单项选择题

1. 下列有关政府会计要素表述正确的是(　　)。

A. 流动资产包括货币资金、短期投资、应收及预付款项、存货、公共基础设施、政府储备资产、文物文化资产

B. 资产计量属性只包括历史成本、现值和公允价值

C. 负债的计量属性主要包括历史成本、重置成本、现值、公允价值和名义金额

D. 收入是指报告期内导致政府会计主体净资产增加的、含有服务潜力或者经济利益的经济资源的流入

2. 下列各项中，属于政府财务会计要素的是(　　)。

A. 预算结余　　B. 预算收入　　C. 净资产　　D. 预算支出

3. 下列各项中，关于政府决算报告的表述不正确的是(　　)。

A. 综合反映政府会计主体预算收支的年度执行结果

B. 是政府综合财务报告的重要组成内容

C. 以预算会计核算生成的数据为准

D. 主要以收付实现制为编制基础

二、多项选择题

1. 下列属于政府会计标准体系组成的有(　　)。

A. 政府会计基本准则　　B. 政府会计具体准则及应用指南

C. 政府会计制度　　D. 预算法

2. 下列各项中，关于政府会计的表述正确的有(　　)。

A. 财务会计主要反映和监督预算收支执行情况

B. 政府会计主体应当编制决算报告和财务报告

C. 政府预算会计实行收付实现制，国务院另有规定的，从其规定

D. 政府财务会计实行权责发生制

3. 下列各项中，属于政府财务会计要素资产计量属性的有(　　)。

A. 重置成本　　B. 历史成本　　C. 名义金额　　D. 现值

4. 下列各项中，关于政府综合财务报告表述正确的有(　　)。

A. 数据来源于预算会计核算结果

B. 年度预算执行情况是其反映的对象

C. 编制基础为权责发生制

D. 编制主体是各级政府财政部门、各部门、各单位

三、判断题

1. 政府会计基本准则指导具体准则和制度的制定，并为政府会计实务问题提供处理原则。(　　)

2. 政府会计由预算会计和财务会计构成。(　　)

3. 政府预算支出一般在实际支付时予以确认，以实际支付的金额计量。(　　)

4. 事业单位预算安排项目的支出年末尚未执行完毕，且下年需要按原用途使用的资金不属于预算结余要素的内容。(　　)

5. 政府决算报告是对政府会计主体财务状况、运行情况和现金流量等信息的结构性表述。(　　)

6. 政府财务报告是反映政府会计主体某一特定日期的财务状况，某一会计期间的运行情况和现金流量等信息的文件。(　　)

第二节　政府单位会计核算

一、单项选择题

1. 下列各项中，关于政府单位“零余额账户用款额度”科目的表述正确的是(　　)。

A. 该科目年末应无余额

B. 该科目属于负债科目

C. 借方登记收到财政直接支付到账额度

D. 贷方登记收到财政授权支付到账额度

2. 实行国库集中支付的事业单位，对于应收财政下年度返还的资金额度，应当借记的会计科目是(　　)。

A. 应缴财政款　　　　B. 其他应收款

C. 财政应返还额度　　　　D. 应收账款

3. 事业单位因开展专业业务活动及其辅助活动取得的非同级财政拨款收入应通过(　　)科目核算。

A. 事业(预算)收入　　　　B. 非同级财政拨款(预算)收入

C. 财政拨款(预算)收入　　　　D. 其他(预算)收入

4. 单位接受固定资产等非现金资产捐赠时，应按照发生的相关税费、运输费等在预算会计中借记的科目是(　　)。

A. 其他支出　　B. 其他费用　　C. 事业支出　　D. 行政支出

5. 某事业单位年末按规定结转某项目财政拨款结余资金 50 000 元，下列各项中，会计处理正确的是(　　)。

A. 借：财政拨款结转　　50 000

　　贷：其他结余　　50000

B. 借：财政拨款结转　　50 000

　　贷：非财政拨款结余　　50 000

C. 借：财政拨款结转　　50 000

贷：专用结余　　　　　　　　　　　　　　　　　　　　　　　　50 000

D. 借：财政拨款结转　　　　　　　　　　　　　　　　　　　　50 000

贷：财政拨款结余　　　　　　　　　　　　　　　　　　　　　　50 000

6. 年末，事业单位除财政拨款收支、经营收支以外的各非同级财政拨款专项资金收入应结转至(　　)科目。

A. 财政拨款结转　　B. 非财政拨款结转

C. 非财政拨款结余　　D. 非财政拨款结余分配

7. 下列各项中，事业单位预算会计按规定提取专用结余应借记的会计科目是(　　)。

A. 非财政拨款结余　　B. 非财政拨款结余分配

C. 非财政拨款结转　　D. 财政拨款结转

8. 2019 年 12 月 31 日，某事业单位年末“经营预算收入”科目余额为 900 万元，“经营支出”科目余额为 1 000 万元。假定该事业单位“非财政拨款结余分配”科目年初贷方余额为 500，不考虑其他因素，该事业单位“非财政补助结余分配”科目的年末余额为(　　)万元。

A. 400　　B. 1400　　C. 600　　D. 500

9. 事业单位在期末应将各项收入、费用相抵后的余额转入(　　)。

A. 本期盈余　　B. 本年盈余分配

C. 累计盈余　　D. 以前年度盈余调整

10. 2020 年 11 月，某事业单位“财政拨款收入”科目的发生额为 40 万元，“事业收入”科目的发生额为 100 万元，“业务活动费用”科目的发生额为 20 万元，“单位管理费用”科目的发生额为 30 万元，不考虑其他因素，该单位月末完成所有结转后，“本期盈余”科目的余额为(　　)万元。

A. 110　　B. 60　　C. 80　　D. 90

11. 事业单位采用权益法核算的长期股权投资处置时，应将与所处置投资对应部分的权益法调整的金额转入(　　)科目。

A. 投资收益　　B. 本期盈余

C. 本年盈余分配　　D. 累计盈余

12. 下列各项中，属于事业单位净资产的是(　　)。

A. 财政拨款结余　　B. 累计盈余

C. 非财政拨款结余　　D. 专用结余

13. 单位固定资产转让处置时，应将其账面余额和相关的累计折旧额转入的会计科目是(　　)。

A. 资产处置费用　　B. 在建工程

C. 待处理财产损溢　　D. 固定资产

14. 下列各项中，属于事业单位负债的是(　　)。

A. 应缴财政款　　B. 零余额账户用款额度

C. 财政拨款结余　　D. 财政应返还额度

二、多项选择题

1. 关于政府会计核算的相关原则，下列说法中不正确的有(　　)。

A. 政府预算会计可全面反映单位财务状况、运行情况和现金流量情况

B. 反映政府单位运行情况的等式为“资产-负债=净资产”

C. 政府单位的现金包括库存现金、银行存款、其他货币资金、零余额账户用款额度、财政应返还额度，以及通过财政直接支付方式支付的款项

D. 政府单位受托代理的现金以及应上缴财政的现金所涉及的收支业务，仅需要进行财务会计处理，不需要进行预算会计处理

2. 下列各科目中，年末结账后，应无余额的有(　　)。

A. 事业收入　　B. 累计盈余

C. 本年盈余分配　　D. 本期盈余

3、下列各项中，属于事业单位净资产的有(　　)。

A. 本期盈余　　B. 权益法调整

C. 专用基金　　D. 以前年度盈余调整

4. 下列有关政府单位固定资产的核算，表述正确的有(　　)。

A. 当月减少的固定资产，当月不再计提折旧

B. 单位价值虽未达到规定标准，但是使用年限超过 1 年(不含 1 年)的大批同类物资应确认为固定资产

C. 固定资产计提折旧，应当按年计提

D. 固定资产提足折旧后，无论能否继续使用，均不再计提折旧

5. 下列各项固定资产中，不应计提折旧的有(　　)。

A. 文物和陈列品　　B. 动植物

C. 图书、档案　　D. 单独计价入账的土地

6. 下列各项中，应通过“应缴财政款”科目核算的有(　　)。

A. 应缴国库的款项　　B. 应缴财政专户的款项

C. 应缴纳的税费　　D. 从银行借入的款项

三、判断题

1. 某事业单位通过财政直接支付方式购买设备，不需要进行预算会计核算。(　　)

2. 年末结账后，“本期盈余”科目应无余额。(　　)

3. 事业单位年末按照规定从本年度非财政拨款结余中提取专用基金的，按照预算会计下计算的提取金额，应借记“盈余分配”科目。(　　)

4. 专用基金是指事业单位按照规定提取或设置的具有专门用途的净资产，主要包括职工福利基金、科技成果转换基金等。(　　)

5. 事业单位对以名义金额计量的固定资产不计提折旧。(　　)

6. 事业单位 2019 年 1 月购入固定资产并使用，2019 年 2 月开始计提折旧。(　　)